VOL. 1

Armadilha da renda média
Visões do Brasil e da China

Lia Valls Pereira, Fernando Veloso e Zheng Bingwen (Org.)

INSTITUTO BRASILEIRO DE ECONOMIA

Copyright © 2013 Instituto Brasileiro de Economia

Direitos desta edição reservados à
EDITORA FGV
Rua Jornalista Orlando Dantas, 37
22231-010 | Rio de Janeiro, RJ | Brasil
Tels.: 0800-021-7777 | 21-3799-4427
Fax: 21-3799-4430
editora@fgv.br | pedidoseditora@fgv.br
www.fgv.br/editora

Impresso no Brasil | *Printed in Brazil*

Todos os direitos reservados. A reprodução não autorizada desta publicação, no todo ou em parte, constitui violação do copyright (Lei nº 9.610/98).

Os conceitos emitidos neste livro são de inteira responsabilidade dos autores.

1ª edição — 2013

Coordenação editorial e copidesque: Ronald Polito
Revisão: Marco Antonio Corrêa e Sandro Gomes dos Santos
Projeto gráfico e diagramação: Luciana Inhan e Hamilton Ferreira
Capa: Luciana Inhan

Imagem da capa: Victor Arruda, "Homem no espelho" (Acrílica sobre tela, 46 × 55 cm, 1975; coleção do artista). Fotografia de Vicente de Mello.

O IBRE e a Editora FGV agradecem a Victor Arruda, que generosamente cedeu o uso de sua obra para a capa deste livro.

Ficha catalográfica elaborada pela Biblioteca Mario Henrique Simonsen/FGV

Armadilha da renda média : visões do Brasil e da China, v.1 / Lia Valls Pereira, Fernando Veloso e Zheng Bingwen (Org.). - Rio de Janeiro : Editora FGV : IBRE, 2013.
420 p.

Inclui bibliografia.
ISBN: 978-85-225-1422-9

1. Brasil – Política econômica. 2. Renda – Distribuição – Brasil. 3. Educação e Estado – Brasil. 4. Finanças – Brasil. 5. Previdência social – Brasil. 6. Investimentos estrangeiros – Brasil. 7. Brasil – Relações econômicas exteriores – China. 8. China – Relações econômicas exteriores – Brasil. I. Pereira, Lia Valls, 1952- . II. Veloso, Fernando A. (Fernando Augusto). III. Bingwen, Zheng. IV. Fundação Getulio Vargas. V. Instituto Brasileiro de Economia.

CDD – 338.981

Sumário

Prefácio — 7
Luiz Guilherme Schymura

Introdução: — 11
A perspectiva brasileira sobre a armadilha da renda média
Fernando Veloso e Lia Valls Pereira

Capítulo 1: — 25
O desenvolvimento econômico brasileiro em uma visão de longo prazo
Regis Bonelli

Capítulo 2: — 81
Inovação no Brasil: panorama geral, diagnóstico e sugestões de política
Mauricio Canêdo Pinheiro

Capítulo 3: — 107
Educação e desenvolvimento no Brasil
Fernando de Holanda Barbosa Filho e Rodrigo Leandro de Moura

Capítulo 4: — 135
Desigualdade e desenvolvimento econômico no Brasil
Fernando de Holanda Barbosa Filho

Capítulo 5: — 161
A Previdência Social no Brasil
Fabio Giambiagi

Capítulo 6: — 193
Causas e consequências da baixa poupança no Brasil
Gabriel Leal de Barros, Silvia Matos e Samuel Pessôa

Capítulo 7: 221
Federalismo fiscal no Brasil
Marcus Melo, Carlos Pereira e Saulo Souza

Capítulo 8: 257
Poupança e desenvolvimento financeiro no Brasil
Armando Castelar Pinheiro

Capítulo 9: 293
Ambiente de negócios e reformas institucionais no Brasil
Fernando Veloso

Capítulo 10: 323
O setor externo no Brasil: comércio e investimento direto
Lia Valls Pereira e Luiza Niemeyer

Capítulo 11: 367
A experiência brasileira de inovação tecnológica na agropecuária
Mauro de Rezende Lopes, Ignez Vidigal Lopes e Daniela de Paula Rocha

Capítulo 12: 397
Políticas públicas, degradação ambiental e crescimento econômico no Brasil
Ronaldo Seroa da Motta

Prefácio

Brasil e China, incluídos no grupo dos Brics (que conta ainda com Rússia, Índia e, dependendo do critério, África do Sul), são dois países emergentes que chamam a atenção tanto pelo que têm em comum, o que não é muito, quanto por suas marcantes diferenças. A principal semelhança é o fato de serem duas grandes economias — a China, evidentemente, maior. Além disso, são dois atores relevantes na geopolítica global, que não podem ser ignorados por empresas, governos e instituições em geral, quando se pensa em uma estratégia global.

As diferenças entre Brasil e China, por outro lado, são inúmeras. De um lado, está um país latino-americano, de raízes europeias, africanas e ameríndias, com uma história de cinco séculos, e hoje uma democracia em pleno funcionamento, com todas as liberdades, ruídos e dificuldades típicas de um país onde o poder se exerce com muitas limitações e contrapesos. Do outro, uma civilização oriental milenar, que passou pela experiência do socialismo real, com a economia centralmente planificada, mas cujo partido único introduziu mecanismos capitalistas e de mercado que levaram ao mais impressionante surto de crescimento da história humana.

A parceria entre o Instituto Brasileiro de Economia da Fundação Getulio Vargas (FGV/IBRE) e o Instituto de Estudos da América Latina da Academia de Ciências Sociais da China (ILAS/CASS) é uma aposta em que novas reflexões podem surgir a partir das experiências de cada um dos países, de modo a auxiliar nas proposições de caminhos para os desafios enfrentados por ambos. É evidente que isso não se traduz na aplicação mecânica das soluções do parceiro, uma vez que China e Brasil são países com modelos socioeconômicos e políticos muito diferentes. Mas, talvez, até por se situarem algumas vezes em polos opostos, as duas nações podem se olhar mutuamente para avaliar até que ponto podem corrigir os excessos dos seus respectivos modelos.

O Brasil, em particular, pode extrair dessa relação o entendimento de como a China conseguiu se transformar numa plataforma de exportação diversificada. Evidentemente, muitos aspectos do modelo chinês são inimitáveis, a começar por suas altíssimas taxas de poupança e investimento. Ainda assim, seria interessante compreender como o país executa suas iniciativas de política industrial voltadas à exportação, que necessariamente envolvem a escolha de setores a beneficiar.

Esse é um tema delicado no Brasil, onde a experiência passada com políticas industriais mais voltadas à substituição de importações, apesar de terem contribuído para industrializar o país, faz parte das causas dos desequilíbrios econômicos que levaram à longa fase de baixo crescimento a partir do início dos anos 1980. É claro que o sistema politicamente centralizado da China favorece a tomada de decisões, mas, dado o sucesso na diversificação industrial e da pauta exportadora, é de se supor que haja uma burocracia atuante e bem organizada na condução da política industrial, e que as escolhas setoriais tenham uma séria base técnica. O Brasil, que volta a experimentar o fomento a setores específicos, teria bastante a aprender com a experiência chinesa.

Outra área em que a China claramente aponta caminhos interessantes é a do investimento em infraestrutura. O país assombra o mundo com a velocidade fantástica com que vem construindo rodovias, ferrovias, portos, barragens, redes de telecomunicação, residências e até cidades quase que inteiramente novas. Em contraste, o Brasil tem grande dificuldade para deslanchar seus projetos de infraestrutura, como fica claro na lenta implementação do Plano de Aceleração do Crescimento (PAC) e nas idas e vindas no desenho do arcabouço institucional das concessões à iniciativa privada.

Como no caso da política industrial, seria ingênuo imaginar que a experiência chinesa possa ser automaticamente transplantada para o ambiente brasileiro. Neste último, temas como a proteção ao meio ambiente, o combate à atuação de grupos organizados que não gostariam de ver seus interesses contrariados ou os direitos de populações mal assistidas são altamente sensíveis, mas sem que se tenha sedimentado ainda uma institucionalidade que racionalmente os leve em consideração. Desta forma, a acomodação destes direitos e interesses muitas vezes se faz ao custo de atrasar fortemente ou mesmo impedir a execução dos grandes projetos de infraestrutura. Ainda assim, é provável que a China tenha o que sugerir ao Brasil nesta área, novamente em termos da capacitação das estruturas burocráticas para formular e executar volumosos investimentos de longo prazo.

Mas não é só o Brasil que pode aprender com seu parceiro oriental. Os chineses também têm muito a ganhar com o exame do modelo de inclusão social brasileiro. O seu sucesso se manifesta no alto grau de aprovação popular aos últimos governos. Estes, beneficiados pelo fim da instabilidade econômica que consumiu toda a energia política das autoridades num momento anterior, puderam se dedicar a políticas de distribuição de renda, voltadas para a reparação do complexo quadro de injustiças acumulado ao longo da história brasileira.

A China vive hoje precisamente o momento da sua evolução institucional em que o estabelecimento de uma rede de seguridade e proteção social parece fazer sentido tanto do ponto de vista político como econômico.

Dessa forma, especialmente no que condiz à previdência e aos programas de transferência, o Brasil deve ser um caso muito interessante para as autoridades chinesas. Em termos previdenciários, o Brasil com certeza tem um dos sistemas mais amplos e generosos do mundo emergente. As transferências de renda, por outro lado, principalmente no caso do Bolsa Família, são um exemplo mundial de sucesso, em termos de eficiência e de focalização no público-alvo. Por outro lado, a experiência brasileira pode mostrar aos chineses o *trade-off* entre inclusão e crescimento acelerado, que certamente é muito menor do que se acreditava na época do nosso milagre econômico, mas nem por isso inexistente.

De forma geral, o amplo movimento de inclusão social e de reconhecimento de direitos a partir da Constituição de 1988 fornece à China um exemplo de como, para além do crescimento econômico, a estabilidade política também se apoia fortemente na capacidade de as autoridades reagirem às demandas por justiça de boa parte da sociedade. Neste sentido, o Brasil pós-redemocratização é um mapa riquíssimo das interações entre inclusão, economia e política.

Fica claro, portanto, que Brasil e China têm muito a ganhar com o aprofundamento das suas relações, não só em termos de comércio e investimentos, mas também na troca de conhecimento e experiências. Este livro terá cumprido sua função se for um primeiro passo nesta direção, a ser seguido, com certeza, de muitas outras iniciativas por parte não só do FGV/IBRE e do ILAS/CASS, mas de todos os que enxergam o rico potencial da parceria sino-brasileira.

Com o intuito de aprofundar estas reflexões, o grande tema subjacente a todos os artigos do livro é a chamada "armadilha da renda média", caracterizada pelo fato de que há muito mais transições de países em um nível de pobreza para o estágio intermediário de desenvolvimento do que deste para o nível das nações mais avançadas. Este é um tema muito polêmico, e mesmo a ideia de que haja de fato "uma armadilha da renda média" é contestada por alguns autores. De qualquer forma, no caso de China e Brasil, que estão no estágio de renda média e ambicionam galgar o nível do "primeiro mundo" como afirmação definitiva do seu protagonismo na cena global, o desafio do salto do escalão intermediário para o pelotão da frente é um ótimo ponto de partida para a discussão e a análise.

No volume brasileiro, que cabe ao FGV/IBRE, cada um dos 12 capítulos dedicou-se a um tópico específico, como educação, meio ambiente, desigualdade, previdência, inovação, poupança, sistema financeiro etc. A ideia é apontar como cada um desses desafios e cada uma das questões vêm sendo abordados na presente realidade brasileira, e, sob a ótica econômica, formular algumas recomendações sobre os caminhos a trilhar. Nem todas as propostas seriam simultaneamente implementáveis a curto e a médio prazos, mas com certeza deveriam estar no radar dos formuladores de políticas públicas, como possibilidades para o futuro.

O livro conta também com um segundo volume, editado pelo professor Zheng Bingwen, do ILAS/CASS, composto de 11 capítulos que cobrem temas similares, mas no contexto chinês. Esse volume apresenta, portanto, a visão de pesquisadores chineses sobre o milagre do crescimento econômico do seu país e os desafios para a superação da armadilha da renda média na China.

Luiz Guilherme Schymura
Diretor do FGV/IBRE

Introdução

A perspectiva brasileira sobre a armadilha da renda média[1]

Fernando Veloso*
Lia Valls Pereira**

No período do pós-guerra, muitos países foram capazes de atingir um nível de renda média, mas poucos tiveram sucesso em completar a transição para o grupo de países desenvolvidos.[2] Segundo o Banco Mundial (2012), de um total de 101 países de renda média em 1960, somente 13 tornaram-se economias de renda alta em 2008.[3] Nota-se que, após um período inicial de rápida expansão, muitos desses países tiveram uma forte desaceleração do crescimento, caracterizando o que tem sido chamado de "armadilha da renda média".[4] Dentre os países que não tiveram sucesso em ultrapassar o nível de renda média, encontram-se várias nações do Oriente Médio e da América Latina, incluindo o Brasil.

O termo "armadilha da renda média" é controverso e tem significados distintos para diferentes pesquisadores.[5] Em particular, não é claro que o arrefecimento seja um fenômeno específico de países de renda média ou que se trate de uma armadilha. De fato, evidências empíricas indicam que episódios de desaceleração ou colapso do crescimento ocorrem em diferentes estágios

---

* Pesquisador do Instituto Brasileiro de Economia da Fundação Getulio Vargas (FGV/IBRE).
** Pesquisadora do Centro de Economia Aplicada do Instituto Brasileiro de Economia da Fundação Getulio Vargas (FGV/IBRE).
1. Agradecemos a Luiza Niemeyer por sua excelente colaboração na edição deste livro.
2. Os países de renda média são definidos de acordo com a classificação do Banco Mundial por nível de renda. Disponível em: <http://data.worldbank.org/about/country-classifications>.
3. Guiné Equatorial, Grécia, Hong Kong, Irlanda, Israel, Japão, Ilhas Maurício, Portugal, Porto Rico, Coreia do Sul, Cingapura, Espanha e Taiwan.
4. O termo "armadilha da renda média" aparentemente foi usado pela primeira vez em Gill e Kharas (2007).
5. Kharas e Kohli (2011) apresentam um resumo da discussão sobre o conceito de armadilha da renda média e de suas implicações de política econômica.

do desenvolvimento.⁶ Mesmo quando nos restringimos ao patamar de renda média, um estudo recente de Eichengreen, Park e Shin (2013) encontra que desacelerações do crescimento tendem a ocorrer em duas faixas de renda *per capita*, medida em dólares constantes, segundo a paridade de poder de compra: a primeira em torno de US$ 10.000/US$ 11.000 e a segunda na faixa de US$ 15.000/US$ 16.000. Além disso, conforme mencionado, existem exemplos de países de renda média que tiveram êxito em se tornarem economias desenvolvidas nas últimas décadas, como os Tigres Asiáticos (Coreia do Sul, Hong Kong, Taiwan e Cingapura).

De qualquer forma, existem evidências de que a transição de um patamar de renda média para o nível de renda alta coloca grandes desafios para muitos países, como o Brasil e os da América Latina de modo geral. Neste capítulo, usaremos o termo "armadilha da renda média" para designar a desaceleração do crescimento observada em vários países que atingiram o nível de renda média e a dificuldade de completarem a transição para o grupo de países desenvolvidos.

Uma explicação comum para a desaceleração do crescimento quando os países atingem um nível de renda média pode ser resumida da seguinte forma. Nos estágios iniciais de desenvolvimento, os países podem obter ganhos elevados de produtividade transferindo trabalhadores de setores menos produtivos, como a agricultura tradicional, para setores mais produtivos, como a indústria. Como esses países encontram-se distantes da fronteira tecnológica, eles podem acelerar o processo de transformação estrutural mediante a adoção de tecnologias importadas das economias desenvolvidas. Ao longo desse processo de transição, os países podem competir em mercados internacionais exportando produtos intensivos em mão de obra.

No entanto, na medida em que se aproximam de um nível de renda média, os fatores responsáveis pelo crescimento no estágio inicial começam a se esgotar. Em particular, o estoque de trabalhadores subempregados no meio rural se exaure e os salários passam a se elevar, reduzindo a competitividade de bens intensivos em mão de obra. Os ganhos de produtividade associados à realocação de recursos entre setores e à adoção de tecnologias importadas também tendem a diminuir, e o crescimento passa a depender cada vez mais de aumentos de produtividade dentro dos setores, principalmente no setor de

---

6. Ver Rodrik (1999) e Pritchett (2000).

serviços, que se torna progressivamente preponderante na produção e no emprego total. Nesse estágio, os países devem passar da etapa de importadores de tecnologias para a de criadores de tecnologias.

As desacelerações de crescimento de países de renda média estão, segundo essa interpretação, associadas à dificuldade de fazer a transição para um novo modelo de desenvolvimento que adapte a economia e suas instituições às novas oportunidades e aos desafios que se colocam.[7] Segundo Eichengreen, Park e Shin (2013), essas desacelerações são menos prováveis em países onde uma grande parcela da população possui nível elevado de escolaridade e onde produtos intensivos em tecnologia representam uma parcela expressiva das exportações. Agenor e Canuto (2012) argumentam que a armadilha da renda média pode ser evitada por meio da adoção de políticas públicas bem desenhadas, que incluem investimentos em infraestrutura, melhoria da proteção aos direitos de propriedade, flexibilização do mercado de trabalho e maior abertura ao comércio exterior. Kharas e Kohli (2011) enfatizam que a natureza da intervenção do Estado na economia também precisa mudar. Em particular, ela precisa tornar-se mais descentralizada para fazer frente às necessidades de economias mais complexas, e o setor público deve ser capaz de implementar uma regulação eficiente da atividade econômica e interagir de forma produtiva com o setor privado.

O objetivo deste volume do livro é ressaltar os obstáculos que o Brasil precisa enfrentar para fazer a transição para o grupo de países desenvolvidos, além de indicar alternativas de política econômica e reformas institucionais importantes para o sucesso desse processo. A seguir, resumiremos as principais mensagens de cada capítulo. Concluiremos este texto fazendo uma breve tentativa de relacionar as evidências documentadas nos capítulos com a discussão da armadilha da renda média no contexto brasileiro.

O capítulo inicial, de Regis Bonelli, apresenta uma análise do desenvolvimento econômico brasileiro em uma perspectiva de longo prazo e introduz vários temas que serão explorados em mais detalhes nos capítulos seguintes. A economia brasileira cresceu a taxas muito elevadas durante a maior parte do século XX, especialmente nas cinco décadas que se iniciam em 1930. Este

---

7. Eichengreen, Park e Shin (2011) mostram que, em média, 85% da desaceleração do crescimento do produto é explicada por uma queda da taxa de crescimento da produtividade total dos fatores. Nesse sentido, esses episódios não decorrem simplesmente da redução da produtividade marginal do capital físico, como implicaria uma dinâmica de transição no modelo de crescimento neoclássico.

período caracterizou-se por uma profunda transformação estrutural, na qual a industrialização teve um papel crucial no desempenho agregado. Outras características marcantes do período foram a forte intervenção do Estado na atividade econômica e o baixo grau de abertura ao exterior, associado ao modelo de substituição de importações. Sob o ponto de vista macroeconômico, foi um período caracterizado por surtos periódicos de inflação e crises crônicas do balanço de pagamentos. A partir de 1980, houve forte queda do crescimento, que persistiu mesmo após a estabilização alcançada com o Plano Real em 1994 e as reformas da década de 1990. Apesar de ter havido uma aceleração do crescimento no quinquênio 2004-08, existem evidências de que ela pode não ser sustentável, como indica o baixo crescimento médio nos últimos anos.

Segundo Bonelli, as deficiências geradas pelo modelo estatizante e fechado do período até 1980 condicionaram fortemente o comportamento da economia nas décadas seguintes. A perda de dinamismo da economia brasileira estaria associada não só às consequências do modelo anterior, mas também às dificuldades de superá-lo completamente, apesar das reformas. O autor argumenta que a elevação do crescimento da economia brasileira nos próximos anos dependerá de reformas que promovam um rápido aumento na produtividade, através da elevação do investimento e da inovação, e uma ênfase na educação de qualidade. A elevação da produtividade será cada vez mais importante no futuro, já que as mudanças demográficas que ocorrerão nas próximas décadas exercerão pressão crescente sobre os gastos com seguridade social e saúde, além de redução da oferta de trabalho e possivelmente da poupança.

Os capítulos seguintes exploram vários temas relevantes para a experiência brasileira de desenvolvimento. Mauricio Canêdo Pinheiro analisa o papel da inovação. O Brasil conseguiu crescer rapidamente durante várias décadas, em grande medida devido à adoção de tecnologias dos países desenvolvidos, ao baixo custo da mão de obra e à transformação estrutural referente à realocação de fatores de produção para setores relativamente mais produtivos, especialmente a indústria. No entanto, esses canais de crescimento tornaram-se progressivamente menos importantes e o Brasil ainda não teve sucesso em gerar inovações na escala necessária para assegurar elevações sustentadas de produtividade.

Embora o investimento em P&D do Brasil, como proporção do PIB, seja superior ao de países de renda similar e mesmo próximo ao de alguns países desenvolvidos, ele não tem se traduzido em elevado número de patentes e outras medidas da atividade inovadora. Isso resulta de vários fatores, em particular do fato de que, ao contrário dos países bem-sucedidos em inovação, as empresas brasileiras são responsáveis por uma parcela pequena do total das despesas de P&D do país. Nesse sentido, é necessário estimular o investimento em inovação das empresas. O autor argumenta que é preciso aumentar a exposição das empresas brasileiras à competição internacional e reduzir a burocracia no acesso aos recursos de inovação, especialmente para as empresas de menor porte. Além disso, é necessário elevar a qualificação da força de trabalho, o que remete ao tema do capítulo seguinte.

Fernando de Holanda Barbosa Filho e Rodrigo Leandro de Moura analisam o papel da educação no desenvolvimento do Brasil, fazendo comparações com países que tiveram sucesso em se tornar desenvolvidos e países que não foram bem-sucedidos em fazer a transição para o patamar de renda alta. Os autores mostram que os indicadores educacionais brasileiros avançaram pouco durante o período de crescimento elevado. Isso dificultou o aumento da capacidade da economia de absorver novas tecnologias, o que pode ter contribuído para a queda do crescimento nas décadas que se seguiram. Além disso, os gastos públicos em educação no Brasil eram baixos e se concentraram no ensino superior, em detrimento da educação de nível primário e secundário. De acordo com estudos citados no texto, países distantes da fronteira tecnológica, como o Brasil, devem investir prioritariamente na educação básica, de modo a estimular a adoção de tecnologias de países desenvolvidos. Isso é confirmado pela experiência de sucesso dos Tigres Asiáticos, que universalizaram o acesso ao ensino primário e secundário antes de incentivar o acesso ao ensino superior.

A partir da década de 1980, e especialmente desde meados da década de 1990, o gasto público em educação no Brasil elevou-se de forma significativa e foi direcionado principalmente para a educação básica. Também foi criado um sistema de avaliação da educação básica, que estabeleceu metas de desempenho para as escolas públicas. Nesse período, ocorreram avanços importantes nos indicadores de escolaridade do país. Houve uma elevação significativa da escolaridade média da população e foi universalizado o acesso ao ensino fundamental. No entanto, a taxa líquida de matrícula no ensino médio é ainda pouco expressiva e a qualidade da educação é baixa. Segundo os autores, a melhoria da educação no Brasil depende de um aprimoramento da gestão do sistema educacional. Em particular, o país deve adotar políticas educacionais que aloquem os recursos em função dos resultados das avaliações.

O capítulo seguinte, de autoria de Fernando de Holanda Barbosa Filho, analisa a relação entre desigualdade e desenvolvimento no Brasil. Vários estudos mostram que uma desigualdade elevada pode provocar uma desaceleração do crescimento. Uma razão é uma maior demanda por políticas redistributivas que, se por um lado aumentam a equidade, por outro lado podem resultar em perda de eficiência. Adicionalmente, um país com desigualdade elevada pode ter conflitos sociais que afetam negativamente seu desempenho econômico. Entre 1960 e o início dos anos 1990, a desigualdade no Brasil aumentou continuamente, apesar de seu nível inicial já elevado. A partir de meados da década de 1990, a desigualdade começou a cair, e de forma particularmente acentuada nos anos 2000.

A queda da desigualdade no período recente está associada principalmente ao aumento da renda do trabalho dos indivíduos mais pobres resultante da elevação dos anos médios de escolaridade e do salário mínimo, assim como à redução da taxa de desemprego e da informalidade. As políticas sociais, que incluem o programa Bolsa Família, aposentadorias, pensões e transferências aos mais pobres, também tiveram papel importante. No entanto, o Brasil ainda é um dos países mais desiguais do mundo. Para continuar a reduzir a desigualdade, é preciso capacitar os mais pobres para que sejam incluídos de forma efetiva no mercado de trabalho, através de uma melhoria da educação e de programas de qualificação profissional.

Fabio Giambiagi dá prosseguimento às discussões abordando as transformações da previdência social brasileira nas últimas décadas, com ênfase no período que se inicia com a Constituição de 1988. O autor mostra que ocorreram avanços significativos na cobertura previdenciária nos últimos 25 anos. Atualmente, são poucos os indivíduos desprotegidos ao chegar à terceira idade, o que coloca o Brasil como um dos países com maior cobertura entre as economias emergentes. No entanto, esses avanços tiveram um custo fiscal importante. O gasto previdenciário do Brasil em proporção do PIB é similar ao percentual observado em países como a Alemanha, onde a proporção de idosos é o triplo da registrada no Brasil. Além disso, o aumento da proporção de idosos na população nas próximas décadas representará um grande desafio para a sustentabilidade fiscal do sistema previdenciário.

Introdução – A perspectiva brasileira sobre a armadilha da renda média

O autor argumenta que, à medida que o Brasil foi se tornando um país de renda média, os desafios mais importantes a serem enfrentados foram mudando. Algumas décadas atrás, os desafios eram melhorar a distribuição de renda, diminuir o elevado percentual de extrema pobreza, reduzir a miséria no meio rural e incluir socialmente a população idosa. Atualmente, com a distribuição de renda em processo de melhora, a extrema pobreza em forte declínio e a miséria rural e de idosos muito reduzida, os desafios mudaram, e se relacionam com a necessidade de elevar a taxa de investimento, tornar-se uma economia mais competitiva e aumentar a produtividade.

O crescimento econômico de longo prazo depende do investimento, que por sua vez é financiado pela poupança. Um país que poupa pouco enfrenta dificuldades em crescer de maneira sustentada. Nesse sentido, Gabriel Leal de Barros, Silvia Matos e Samuel Pessôa analisam as causas e as consequências da baixa poupança no Brasil. A taxa de poupança doméstica do país tem permanecido em torno de 17% do PIB nos últimos 10 anos. Essa taxa é muito reduzida não apenas em comparação aos países de crescimento rápido do Leste da Ásia, mas também em relação aos países da América Latina.

Segundo os autores, uma possível explicação para esse fato é o modelo redistributivo da Constituição de 1988, que resultou em elevação significativa dos gastos sociais, incluindo despesas previdenciárias e programas de transferência aos mais pobres. Embora o aumento dos gastos sociais tenha contribuído para a redução recente da desigualdade, ele também reduziu a taxa de poupança doméstica. Essa queda, por usa vez, teve quatro consequências principais: menor capacidade de investimento do setor público em infraestrutura, maior dependência de poupança externa e valorização da taxa de câmbio real, menor participação da indústria de transformação no PIB e maior dificuldade em manter uma taxa de crescimento elevada.

Uma maneira de elevar a poupança doméstica é através do aumento da poupança do setor público. Marcus Melo, Carlos Pereira e Saulo Souza mostram que os indicadores fiscais do Brasil melhoraram consideravelmente desde meados da década de 1990. Os autores analisam duas inovações institucionais na área fiscal. A primeira foi a renegociação das dívidas dos estados e a privatização dos bancos estaduais. A segunda foi a aprovação da Lei de Responsabilidade Fiscal. Também são investigadas as diversas tentativas de implantação de uma reforma tributária. Os autores fazem uma análise detalhada do federalismo fiscal no país, e das oportunidades e restrições que a natureza da federação brasileira coloca para o aprimoramento da política fiscal.

Melo, Pereira e Souza argumentam que, embora os indicadores fiscais do Brasil tenham melhorado, isso se deu através de um aumento de ineficiências associadas à elevação da carga tributária. Uma questão que se propõe é por que esse sistema ineficiente de equilíbrio fiscal tem sido mantido por governos sucessivos. Segundo os autores, a razão é que o sistema tributário atual é muito complexo e envolve interesses diversos, o que faz com que sua reforma tenha custos políticos importantes. Além disso, embora seja ineficiente, o sistema atual gera receitas expressivas, o que torna os governos resistentes a mudanças.

Armando Castelar Pinheiro analisa o desenvolvimento do setor financeiro no Brasil e seu papel na canalização da poupança para o investimento. O país contou historicamente com um sistema financeiro pouco desenvolvido, em particular o mercado de capitais. O acesso ao sistema financeiro foi, até recentemente, restrito às grandes empresas e às famílias mais ricas. O desenvolvimento insuficiente do setor não se deu por falta de políticas públicas de estímulo, que incluíram a criação e o fortalecimento dos bancos públicos e o direcionamento do crédito, além de iniciativas pontuais, em geral via benefícios tributários, voltadas a incentivar o desenvolvimento do mercado de capitais. As reformas dos anos 1990 e outras promovidas já no início deste século prepararam o terreno para uma vigorosa expansão do setor financeiro. No período mais recente, o Brasil experimentou um salto no tamanho e na qualidade do seu mercado de capitais e uma explosão do crédito bancário, que dobrou como proporção do PIB entre 2004 e 2011.

No entanto, ainda existem vários desafios para a expansão do setor financeiro no Brasil. Por exemplo, o incompleto ajuste macroeconômico reflete-se em uma taxa básica de juros elevada e na grande colocação de títulos públicos no mercado, que possuem vantagens tributárias e regulatórias em relação aos títulos do setor privado. A pesada carga tributária é outro problema, devido ao tamanho da cunha fiscal na intermediação financeira. O autor também argumenta que é preciso rever a atuação dos bancos públicos, para adequá-la à realidade de um país muito mais desenvolvido do que quando essas instituições foram criadas. Entre outras medidas, é preciso reduzir o volume de subsídios concedidos por essas instituições, muitos dos quais contribuem para aumentar a carga tributária e inibir o desenvolvimento do setor financeiro privado, sem gerar benefícios sociais aos projetos apoiados.

Fernando Veloso analisa o ambiente de negócios no Brasil, seu impacto na produtividade total dos fatores e o papel de reformas institucionais para a melhoria do ambiente de negócios e a elevação da produtividade. Diante da perda de dinamismo da economia a partir de 1980, várias reformas foram implementadas ao longo da década de 1990. Dentre elas, destacam-se a criação do regime de metas de inflação, a Lei de Responsabilidade Fiscal, o fim dos monopólios estatais em vários setores da atividade econômica, a criação de agências reguladoras, a liberalização comercial e a reforma do sistema financeiro. Seu objetivo foi melhorar o ambiente de negócios através da redução do risco macroeconômico e do aumento da competição por meio de maior participação do setor privado na economia e abertura ao exterior. Nos primeiros anos da década de 2000, também foram introduzidas algumas reformas microeconômicas, com foco no aumento da segurança jurídica das operações de crédito e redução de custos de transação decorrentes de assimetria de informações.

Apesar das várias reformas, o ambiente de negócios no Brasil ainda é muito desfavorável. O marco regulatório do país caracteriza-se por elevada burocracia, que cria barreiras à entrada e saída de firmas do mercado e à realocação de fatores de produção entre as firmas. Como mencionado, o sistema tributário é muito complexo e representa um custo elevado para as empresas. Também existem deficiências no funcionamento das instituições legais, que resultam em insegurança jurídica de vários contratos. Os indicadores revelam que o ambiente de negócios no Brasil avançou pouco desde meados dos anos 2000, refletindo a quase inexistência de reformas nesse período. Estas evidências mostram que ainda há muito a ser feito no sentido de melhorar o ambiente de negócios no Brasil, com ênfase na redução do custo e complexidade da regulação e no fortalecimento das garantias jurídicas dos contratos.

Lia Valls Pereira e Luiza Niemeyer analisam o papel do comércio e do investimento estrangeiro direto no desenvolvimento brasileiro. A partir do início dos anos 1950, a política de comércio exterior do Brasil foi subordinada à lógica do processo de substituição de importações, cujo objetivo era criar uma indústria diversificada e autárquica. Ao mesmo tempo, porém, foram implementados incentivos à exportação que levaram à transformação do Brasil de um exportador de *commodities* para um exportador de manufaturas. O protecionismo perdurou até o final dos anos 1980, quando foi iniciada a liberalização comercial no país com a reforma tarifária de 1990. Apesar do viés protecionista no comércio exterior, o Brasil quase sempre apresentou um conjunto de incentivos favorável à entrada do investimento estrangeiro. Assim, durante os anos do processo de substituição de importações, o investimento direto ajudou a criar o parque industrial brasileiro, enquanto nos anos 1990 ele contribuiu para a modernização de setores de serviços na esteira das privatizações da década.

Na avaliação do quadro atual, as autoras destacam que a crescente importância das *commodities* na pauta de exportações do Brasil deve ser acompanhada com cautela. O país caminha na direção contrária a uma pauta de exportações diversificada e intensiva em produtos de média e alta tecnologia, um dos fatores que contribui para o crescimento econômico. Outro ponto é a estagnação das reformas de liberalização das importações associada à consolidação e à preferência pela formação de cadeias produtivas locais em detrimento da integração com as cadeias regionais e globais. Além dos retrocessos no processo de integração sul-americana, a agenda do país não avança em termos do grau de abrangência de mercados e áreas cobertas pelos acordos comerciais. No capítulo, é também destacada a importância da China como principal parceiro comercial do país e os possíveis impactos sobre o Brasil dos acordos da China com países latino-americanos. Finalmente, o Brasil continua com um regime favorável à entrada do investimento direto estrangeiro, mas é preciso estimular parcerias que assegurem a transferência tecnológica de modo a maximizar seu impacto no crescimento econômico.

Mauro de Rezende Lopes, Ignez Vidigal Lopes e Daniela de Paula Rocha analisam o desempenho da agropecuária brasileira ao longo do processo de desenvolvimento. Os autores mostram que, durante o período de substituição de importações, a prioridade da política econômica estava voltada para induzir o desenvolvimento da indústria doméstica. Nesse contexto, cabia à agricultura dar sustentação à industrialização do país através da transferência de capital e trabalho da área rural para o complexo urbano-industrial, o que criou fortes obstáculos ao seu crescimento. A reforma macroeconômica e a abertura comercial dos anos 1990, combinadas a inovações tecnológicas no setor, foram primordiais para o grande salto no desempenho do setor, de modo que o país é hoje o terceiro maior exportador agrícola mundial.

No entanto, para realizar todo o potencial do setor agrícola é preciso enfrentar alguns desafios, tais como problemas de infraestrutura e logística. Em particular, segundo os autores, não há infraestrutura satisfatória para nenhum dos meios de transporte (rodoviário, ferroviário e fluvial) e os portos não oferecem serviços de qualidade. Apesar de o país ter vantagens comparativas na produção agrícola, essas vantagens vão se dissipando ao longo das cadeias, devido aos custos de transporte e serviços portuários. Recentemente, o governo federal decidiu implementar um plano ambicioso de investimentos em infraestrutura, que pode contribuir para reduzir esses obstáculos.

Ronaldo Seroa da Motta analisa a relação entre crescimento econômico e degradação ambiental no Brasil. O autor procura mostrar que a trajetória da economia brasileira, com crescentes níveis de renda e maior acesso das famílias mais pobres ao consumo, será indutora de uma pressão muito maior sobre a base de recursos naturais. A pressão de degradação acrescenta outro aspecto regressivo para a má distribuição de renda no país, na medida em que as famílias menos privilegiadas arcam com a maior parte dos impactos da degradação, devido a sua baixa capacidade de pagamento de despesas médicas, menor acesso ao saneamento e dificuldade de se mudarem para regiões menos poluídas.

O autor argumenta que isto evidencia a necessidade de políticas ambientais que utilizem incentivos econômicos. A cobrança pelo uso ou a venda de direitos comercializáveis de utilização dos recursos ambientais induz um aproveitamento mais eficiente desses serviços e, portanto, minimiza o custo social do controle ambiental. Adicionalmente, cria novas fontes de receitas tributárias para financiar mecanismos de compensação para os mais pobres. Para articular metas, instrumentos e alocação de risco, será necessário também aprimorar os arranjos de governança dos marcos regulatórios.

Conforme salientado na literatura sobre a armadilha da renda média, uma transição bem-sucedida do patamar de renda média para a renda alta envolve a necessidade de continuamente fazer reformas em diversas áreas para manter a dinâmica de crescimento. Além disso, uma questão central é que, na medida em que a economia se desenvolve e se torna mais complexa, o papel do Estado deve mudar, deixando de atuar diretamente na produção e na mobilização de recursos, e passando a ter a função de regular e complementar os mercados, além de prover bens públicos, como educação de qualidade. A dificuldade de fazer essa transição ajuda a entender por que vários países, como o Brasil, não conseguiram ainda superar o nível da renda média.

Como mostram vários capítulos deste volume, a despeito de várias reformas implantadas na década de 1990 e início dos anos 2000, várias barreiras à competição persistem na economia brasileira. Em particular, o ambiente de negócios é caracterizado por elevado custo e complexidade regulatória, além de problemas no funcionamento das instituições legais que elevam a insegurança jurídica. Essas deficiências manifestam-se em diversas dimensões. Por exemplo, a burocracia excessiva dificulta a criação de novas empresas e restringe o acesso das firmas a recursos públicos de inovação. As empresas brasileiras estão pouco expostas à competição internacional e possuem baixo grau de integração às cadeias produtivas globais. Uma parcela expressiva da concessão de crédito é feita por bancos públicos, que distorcem o funcionamento do sistema financeiro através de empréstimos subsidiados e pouco transparentes. O sistema tributário caro e complexo é considerado pelas empresas um dos principais entraves à expansão dos seus negócios. Problemas de governança dos marcos regulatórios também elevam o custo social do controle ambiental.

Outra área na qual o Brasil teve dificuldades em fazer uma transição adequada diz respeito à inclusão social. Vários estudos mostram que, além de desejável em si mesma, a inclusão econômico-social é fundamental para assegurar o crescimento sustentado da economia.[8] Após décadas de desigualdade elevada e crescente, o país expandiu consideravelmente seus programas de transferência de renda na década de 1990 e criou um sistema previdenciário bastante abrangente. O gasto público em educação também aumentou de forma significativa. Essa elevação dos gastos sociais, por sua vez, contribuiu para a melhoria dos indicadores educacionais e para a redução recente da desigualdade e da pobreza. No entanto, o ônus fiscal da criação de uma rede de proteção social no país foi elevado, e pode ter contribuído para reduzir a taxa de poupança e o crescimento.

Essa discussão mostra que uma estratégia de crescimento com inclusão social envolve *trade-offs* importantes. Além disso, não se pode ignorar que a dificuldade de se fazer a transição para um novo modelo de desenvolvimento também está associada à existência de grupos de interesse que se beneficiam das distorções, como empresas monopolistas que são protegidas da competição devido à burocracia elevada, baixa abertura comercial e acesso privilegiado ao crédito.

Outro aspecto central da experiência brasileira foi a dificuldade do setor público de melhorar sua governança e aumentar sua capacidade de gerar bens públicos de qualidade. Isso é evidenciado de várias maneiras, como através da baixa qualidade do ambiente regulatório. Além disso, apesar do

---

8. Acemoglu e Robinson (2012).

progresso em indicadores quantitativos de educação, a qualidade da educação ainda é muito baixa, o que cria sérias dificuldades para a inserção efetiva da população na economia moderna, baseada na utilização intensiva do conhecimento no processo produtivo.

Em resumo, este volume do livro mostra os desafios enfrentados pelo Brasil em fazer uma transição bem-sucedida de um nível de renda média para o patamar de renda alta. Também são apresentadas várias propostas que podem contribuir para colocar o país em uma trajetória de convergência para o padrão de vida dos países desenvolvidos. Neste sentido, as lições da experiência brasileira podem ser úteis para outros países, como a China, que enfrentarão obstáculos semelhantes nas próximas décadas.

Referências

ACEMOGLU, D.; ROBINSON, J. *Why nations fail*: the origins of power, prosperity, and poverty. Nova York: Crown Business, 2012.

AGENOR, P.; CANUTO, O. Middle-income growth traps. *Policy Research Working Paper* 6210. The World Bank, 2012.

BANCO MUNDIAL. *China 2030*: building a modern, harmonious, and creative high-income society. Washington, DC: The World Bank, 2012.

EICHENGREEN, B.; PARK, D.; SHIN, K. Growth slowdowns redux: new evidence on the middle income trap. *NBER Working Paper* 18673, 2013.

____; ____; ____. When fast growing economies slow down: international evidence and implications for China. *NBER Working Paper* 16919, 2011.

GILL, I.; KHARAS, H. *An East Asian renaissance*: ideas for economic growth. Washington, DC: The World Bank, 2007.

KHARAS, H.; KOHLI, H. What is the middle income trap, why do countries fall into it, and how can it be avoided? *Global Journal of Emerging Market Economies*, v. 3, n. 3, p. 281-289, 2011.

PRITCHETT, L. Understanding patterns of economic growth: searching for hills among plateaus, mountains, and plains. *World Bank Economic Review*, v. 14, n. 2, p. 221-250, 2000.

RODRIK, D. Where did all the growth go? External shocks, social conflict, and growth collapses. *Journal of Economic Growth*, v. 4, n. 4, p. 385-412, 1999.

Capítulo 1

O desenvolvimento econômico brasileiro em uma visão de longo prazo

Regis Bonelli[*]

1. Introdução

Este capítulo apresenta uma análise da economia brasileira com ênfase na mudança estrutural e no crescimento da produtividade, tanto do trabalho quanto do total dos fatores, incluindo comentários sobre as perspectivas de crescimento. Antes, porém, apresenta-se uma cronologia resumida das mudanças de política econômica como pano de fundo para a análise restante.

O crescimento brasileiro apresentou taxas muito elevadas durante a maior parte do século XX, especialmente nas cinco décadas que se iniciam em 1930, mas teve uma notável descontinuidade a partir de 1980. Depois desse ano a economia não conseguiu manter taxas de crescimento médias por períodos quinquenais sequer próximas às observadas até então, mesmo após a estabilização alcançada com o Plano Real (1994). Apesar de o quinquênio 2004-08 ter sido de crescimento bem mais acelerado do que os anteriores desde 1980, ele tampouco pode ser considerado de recuperação sustentável — como confirma o medíocre desempenho registrado na média do quadriênio 2009-12. Isso não implica, no entanto, que toda a responsabilidade recaia sobre a crise internacional, apesar do reconhecimento de que seus efeitos têm sido mais intensos do que se imaginava em 2008.

É importante observar os possíveis fatores explicativos do desempenho em diferentes fases da história econômica do país. Dada a variedade de processos simultâneos, as explicações baseadas em narrativas analíticas são,

---

[*] Pesquisador sênior do Centro de Desenvolvimento Econômico (CDE) do Instituto Brasileiro de Economia da Fundação Getulio Vargas (FGV/IBRE).

possivelmente, parciais. Mas é inegável que a inflação, frequentemente derivada do populismo econômico, e os desequilíbrios no balanço de pagamentos foram a tônica de quase todas as crises no longo período discutido neste texto.

A seção 2 do capítulo apresenta uma visão de longo prazo do crescimento do nível de atividade segundo uma cronologia canônica que privilegia as mudanças na política econômica e no setor externo. Na seção 3 analisa-se a mudança estrutural que caracterizou a maior parte da história econômica no século XX, cobrindo em mais detalhe o período desde o pós-guerra. A seção 4 analisa o colapso do crescimento depois de 1980, a seção 5 explora as perspectivas de crescimento segundo algoritmos e modelos alternativos e a seção 6 conclui com uma apreciação geral.

2. Uma cronologia do desempenho no longo prazo

É possível ter-se uma visão geral do crescimento brasileiro com base empírica desde o começo do século XX, e esse é o objeto desta seção. Nela, a análise sublinha as fases de aceleração e desaceleração do crescimento associando-as a mudanças na política econômica e ao contexto internacional em que se inserem.

Uma visualização abrangente das flutuações do nível de atividade está no gráfico 1, que mostra taxas médias quinquenais de crescimento do PIB do início do século XX a 2012. Uma característica notável do crescimento brasileiro nesse longo período é a acentuada flutuação dessas taxas médias, inclusive dentro das fases em que classicamente se divide a história econômica brasileira. A variabilidade das taxas transparece mesmo na forma de taxas médias quinquenais. As fases identificadas são as seguintes, com as características detalhadas mais adiante nesta seção:[1]

(1) 1900-30, parte do qual na chamada "República Velha" (1889-1930), quando se registram quinquênios de elevado crescimento. O recorde ocorre no quinquênio 1919-23, quando a taxa média de crescimento do Produto Interno Bruto (PIB) foi de 7,7% ao ano. Nessa mesma fase, em contrapartida, a média de crescimento do quinquênio 1914-18, da Primeira Guerra Mundial, alcançou apenas 1,5% anuais.

---

1. Essa cronologia baseia-se em Bonelli (2003).

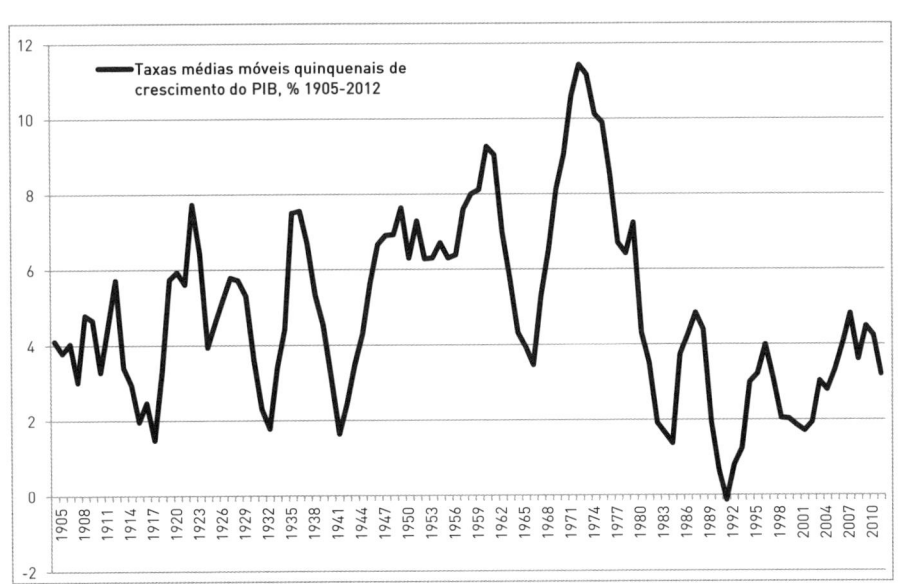

Gráfico 1
Brasil — médias móveis quinquenais de crescimento do PIB, 1905-2012 (% a.a.)

Fonte: IBGE, Estatísticas Históricas do Brasil e Contas Nacionais do Brasil, reproduzidas em: <www.ipeadata.gov.br>; elaboração do autor.

(2) As taxas máximas na fase seguinte (1931-45) ocorreram em 1933-37, quando o crescimento do PIB alcança a taxa média anual de 7,5%. Mas nesse período também houve um quinquênio de crescimento médio muito baixo: 1938-42, que inclui os anos iniciais da Segunda Guerra Mundial, quando a taxa média chegou a 1,6% a.a.

(3) O período seguinte (1946-64) destaca-se dos demais pela variabilidade relativamente pequena do crescimento: as taxas do PIB são, em média, uniformemente altas, variando de 6,3% anuais, em 1949-53, a 9,3%, durante 1957-61.

(4) O mesmo não se pode dizer da fase seguinte (1965-80): ela conjuga o elevadíssimo crescimento médio de 11,4%, em 1969-73 com a taxa de 3,5% a.a. no quinquênio findo em 1967.

(5) Já as duas últimas décadas do século XX destacam-se das demais pelo fraco crescimento do PIB. Elas compreendem duas subfases: uma longa década perdida (1981-92) e uma curta fase de reformas (1993-99). De fato, a taxa média de crescimento chegou a ser negativa, em 0,1% a.a. no quinquênio 1988-92, a única vez em que isso ocorreu. O máximo seria alcançado em 1984-88 com a taxa de 4,8% a.a., apesar do decréscimo observado no último ano.

(6) A partir de 1999, quando um novo regime de política econômica composto de metas de inflação, equilíbrio fiscal e câmbio flexível foi adotado, as taxas oscilaram entre 1,7% (1997-2001) e 4,8% a.a. (2004-08), sendo abatidas pela Grande Recessão: no quinquênio 2008-2012 a taxa média chegou a 3,2%, apenas.

A República Velha (1900-30)

O período tem início com uma fase de intensa especulação financeira no final do século XIX, em parte associada à farta criação de moeda após o começo da República (1889). As consequências foram desequilíbrios financeiros dos governos central e regionais e problemas cambiais e inflacionários, daí resultando seguidas depreciações da taxa de câmbio. Para lidar com eles o presidente Campos Salles (1898-1902) adotou um rigoroso programa de estabilização.[2] As medidas adotadas tiveram um forte impacto recessivo sobre a economia brasileira devido às suas características deflacionárias.

A melhoria dos fluxos de crédito nos mercados financeiros europeus e o ganho de credibilidade do Brasil obtido com o aumento de suas reservas permitiram que o governo Rodrigues Alves (1902-06) mudasse radicalmente a política econômica. Teve início uma fase expansionista caracterizada por construções e melhoria da infraestrutura — com destaque para a modernização de portos e obras públicas na capital da República, o Rio de Janeiro —, os quais foram financiados por empréstimos externos. A demanda em expansão era atendida principalmente por importações, dada a situação favorável no balanço de pagamentos. Neste período, o PIB cresceu à taxa quinquenal de 3,8% a.a.,[3] cabendo à agricultura a liderança do crescimento devido ao desempenho da economia cafeeira. Ao final dessa fase, era grande a pressão do mercado para valorizar o câmbio, devido aos ingressos de recursos de empréstimos externos e ao aumento das receitas de exportação.[4]

---

2. Ver Franco (1983, 1990) e Fishlow (1972) para análises do período.
3. Ver, a propósito, Fritsch (1980). Dados sobre empréstimos estão em IBGE (1990).
4. Data desse período a primeira tentativa conjunta dos cafeicultores para defender os preços do café. Os esforços para manter elevado seu preço dentro dos chamados programas de valorização resultaram no Convênio de Taubaté, firmado pelos três principais estados produtores (Rio de Janeiro, São Paulo e Minas Gerais) e, logo em seguida (1906), na adoção do padrão-ouro como forma de estabilizar a taxa de câmbio e proteger a cafeicultura de futuras valorizações cambiais. Esse regime iria prosseguir até a Primeira Guerra Mundial, passando

O período que vai de 1906 às vésperas da Primeira Guerra Mundial também foi de crescimento econômico, com uma ligeira liderança das atividades industriais. No quinquênio 1909-13 a taxa de crescimento do PIB chegou a 5,7% a.a., apesar do lento crescimento agrícola.[5] Não por acaso, o primeiro levantamento geral sobre as atividades manufatureiras no Brasil insere-se nesse período (1907). Mas, apesar da ascensão da indústria, o crescimento esteve baseado principalmente nas exportações de café e, secundariamente, de borracha. Mesmo não tendo tido a abrangência de um censo, os resultados do inquérito industrial de 1907 são reveladores dos avanços que o processo de industrialização havia alcançado à época.[6]

Os anos da Primeira Guerra Mundial foram cruciais para o desenvolvimento pelo impulso dado à substituição de importações. Houve forte demanda por bens industrializados sob restrição de oferta externa, algo que viria a se repetir na Segunda Guerra Mundial. Muito embora a expansão da capacidade de produção estivesse limitada pela não disponibilidade de máquinas e equipamentos importados — devido à redução dos fluxos de comércio exterior que acompanhou a guerra e às dificuldades de balanço de pagamentos relacionadas ao acúmulo de dívidas contraídas durante a fase de fartos empréstimos externos do começo do século —, os elevados níveis de utilização da capacidade permitiram a geração de lucros cujo reinvestimento, no pós-guerra, garantiu o avanço da industrialização.[7]

Para as versões que veem a industrialização como uma resposta ao desequilíbrio do balanço de pagamentos, a década de 1920 representa apenas um interregno entre um surto de crescimento por ocasião da Primeira Guerra Mundial e a arrancada na direção do desenvolvimento que ocorreria a partir da

---

pela recessão internacional de 1907-08 e pelo *boom* de 1910-12, reforçado, no Brasil, pelo auge das exportações de borracha. Ver Villela e Suzigan (1973).
5. Esta característica iria perdurar até a década de 1970, com poucas exceções de fases específicas.
6. Dos 3.258 estabelecimentos industriais, os quais empregavam 152 mil operários, 30% estavam na fiação e tecelagem de algodão, cifra que chega a 34% se incluirmos "outras fibras têxteis". A maior parte da mão de obra era empregada nas indústrias de produtos alimentares e de bebidas. O registro assinala, ainda, a ocorrência de empresas nos ramos de madeira, mobiliário, calçados, fósforos, vestuário, couros, sabões e velas, chapéus, fumos preparados e produtos cerâmicos. As indústrias metal-mecânicas, como seria de se esperar, estão escassamente representadas: apenas pelos ramos de reparações navais (2,4% do emprego), fundição e obras sobre metais (4,5% do total) e material de transporte (1,1%) composto, principalmente, de oficinas de manutenção. Ver IBGE (2003:380).
7. Ver análise de Fishlow (1972).

década de 1930. Nesse meio-tempo, a retomada das importações permitida pelo auge das exportações de café teve em contrapartida um crescimento relativamente lento da produção industrial. A competição das importações, particularmente em meados da década de 1920, teria sufocado a incipiente industrialização até então alcançada. O crescimento das importações competitivas seria atribuído aos efeitos da erosão da proteção dada pela tarifa aduaneira, a qual foi provocada não só pela inflação dos períodos de guerra e pós-guerra, mas também pela apreciação cambial pós-1924.

No entanto, a produção industrial também demonstrou vigor em vários anos da década de 1920, como atestam as expansões de 1921-23 e de 1926-28. Assim, interpretações históricas modernas dão ênfase ao caráter cíclico dos movimentos de produção e investimento e à ideia de que o baixo crescimento agregado se deveu principalmente à indústria têxtil algodoeira, de grande peso no valor adicionado na indústria: se em 1919 essa atividade respondia por 18% do valor adicionado na indústria, 10 anos depois essa participação chegaria a apenas algo como 12%. Por trás desse medíocre desempenho está o fato de que aumentaram as importações competitivas dos têxteis de algodão devido ao efeito conjunto da queda dos seus preços internacionais e da apreciação cambial.

Mas outros segmentos cresceram bem acima da média da indústria, evidenciando a diversificação da produção manufatureira entre 1919 e 1929: a têxtil não algodoeira, as indústrias de vestuário e calçados e a de perfumaria e cosméticos são alguns exemplos. Logo, considerado em seu conjunto, o desempenho na década de 1920 não foi tão ruim: entre 1919 e 1929, o crescimento médio da produção industrial foi de 5,2 % a.a., mas inferior ao do PIB, que cresceu 5,7% anuais. A agricultura cresceu um pouco menos do que a indústria: 5% anuais.[8] Os picos de crescimento médio quinquenal do PIB ocorreram em 1923 (7,7%) e 1928 (5,8%).

A rigor, o desempenho do nível de atividade em 1919-29 passou por três fases diferentes: (i) o período tem início com um *boom* econômico no imediato pós-guerra (1919-21), caracterizado por forte elevação nos preços das principais exportações devido à recuperação da demanda nos países desenvolvidos. Essa expansão teve duração curta, dado que, além de dificuldades cambiais em 1921, o governo passou a enfrentar também dificuldades no financiamento

---

8. Ver Fishlow (1972), Versiani e Versiani (1977), Versiani (1982) e Fritsch (1985).

do crescente déficit fiscal. Créditos externos permitiram um alívio na situação cambial, dando origem a um novo esquema de valorização do preço do café que iria durar até o fim da década. O desequilíbrio fiscal, por sua vez, seria adiado pelo recurso ao financiamento do déficit por emissão de moeda, gerando inflação; (ii) uma segunda fase inicia-se em 1922, caracterizada pela recuperação econômica no final do governo do presidente Epitácio Pessoa (1919-22), e dura até 1926, sendo seguida de desequilíbrio externo e ajuste recessivo no final do quadriênio da administração Artur Bernardes (1922-26); e (iii) 1927-29 é um triênio de *boom*, com o retorno ao padrão-ouro e o auge da economia primário-exportadora no governo Washington Luis (1926-30), até o início da Grande Depressão.[9]

A Crise dos Anos 1930 e a Economia na Guerra (1931-45)

O regime monetário estabelecido no final dos anos 1920 ruiu com a brusca queda dos preços internacionais do café a partir do final de 1929, iniciando-se uma fase de desvalorizações da taxa de câmbio. Como consequência da crise na Europa e nos EUA, caíram os preços mundiais de matérias-primas e produtos agrícolas, estendendo-se a recessão aos países exportadores desses bens. Na tentativa de protegerem suas economias, diversos países desvalorizaram o câmbio e adotaram medidas de restrições às importações para equilibrar o balanço de pagamentos. No Brasil, essas medidas seriam complementadas pela forma como os interesses cafeeiros foram defendidos — a compra, financiada pelo governo, dos estoques invendáveis, originados nas grandes colheitas que haviam sido estimuladas pelo plantio desde os tempos dos programas de valorização nos anos 1920 —, cujas implicações foram fundamentais para a manutenção da demanda doméstica. É a partir dos anos de crise e depressão do início da década de 1930 que o crescimento da produção industrial ganhou força. A indústria respondeu rapidamente ao estímulo dado pelo mercado cativo, preservado pela manutenção dos níveis de renda real que foi possibilitada pela injeção de recursos do governo.[10] Assim é que, após o pico em 1928-29, a produção declinaria por apenas dois anos. A partir de 1932 esboça-se uma

---

9. Ver Fritsch (1990).
10. Furtado (1959) tem a explicação clássica para a análise desse período.

reação, que ganha corpo em 1933 e prossegue até o final da década. Em 1937 a média quinquenal de crescimento do PIB alcançou 7,6%, praticamente repetindo o pico registrado 15 anos antes.

As principais características do crescimento na década de 1930 foram: (i) a rápida reação baseada na existência de capacidade ociosa herdada do final dos anos 1920, quando os níveis de investimento industrial haviam sido bastante elevados; (ii) rápido crescimento em uma gama de indústrias novas, que representavam os segmentos da estrutura industrial moderna da época.[11]

O final de 1939, com o começo da guerra, marcou uma ruptura nos padrões de comércio, produção e relações internacionais do Brasil, de certa forma aprofundando dificuldades experimentadas durante a década de 1930. A herança dessa década havia sido um desenvolvimento industrial estimulado pela demanda doméstica que conciliava baixo nível tecnológico e escassa participação do setor público enquanto produtor direto de bens e serviços — mas acentuado aumento da participação do Estado como poder regulador.

Os anos da Segunda Guerra Mundial, em particular, assistiram ao aprofundamento da relação do Brasil com os Estados Unidos (EUA), cujas repercussões incluem a de que o Brasil não pôde mais explorar, como fizera nos anos 1930, as rivalidades comerciais e políticas entre as grandes potências.[12] Além disso, selecionar importações tornou-se quase impossível devido às dificuldades de suprimento.[13]

A consequência principal da redução das importações que se seguiu ao início da guerra foi uma queda no ritmo da atividade industrial e agregada,

---

11. É digno de registro o desempenho de indústrias já maduras no início da década, como a têxtil e a de couros e peles, que não só se recuperaram rapidamente da recessão de 1930-31, mas também alcançaram taxas elevadas de crescimento da produção após 1932. Uma pequena parte do dinamismo da indústria têxtil deveu-se à demanda externa, cujo volume exportado aumentou cerca de 20 vezes entre 1932 e 1939. Mas como as exportações têxteis representavam uma parcela muito pequena da produção, conclui-se que boa parte do dinamismo industrial deveu-se à substituição de importações. Ver Malan, Bonelli e Pereira (1977:275-277).
12. Abreu (1999) contém uma análise abrangente da política econômica externa brasileira de 1930 a 1945.
13. Essas dificuldades deveram-se não só ao rompimento das relações econômicas com os países do Eixo — a Alemanha era em 1939 o segundo principal vendedor para o Brasil, com cerca de 20% das nossas importações, atrás dos EUA, com 33% —, mas também às dificuldades de tráfego marítimo e à necessidade de reservar espaço em navios para o suprimento de material bélico. O próprio esforço de guerra nos principais parceiros comerciais do Brasil, que forçou a adoção de racionamento para uma grande gama de produtos quando da reconversão de suas estruturas de produção, também contribuiu para essas dificuldades. Ver Abreu (1980).

apesar do acelerado crescimento das exportações de manufaturados (particularmente têxteis). Tanto em 1940 quanto em 1942 o PIB real diminuiu, algo que só voltaria a ocorrer novamente 40 anos depois, em 1981.

Após a queda da taxa quinquenal de crescimento para 1,6% a.a. em 1942, o triênio seguinte encontraria a economia brasileira adaptada às condições de restrição de oferta, apresentando um desempenho mais do que satisfatório para a época: em 1945, a taxa de crescimento quinquenal do PIB chegou a 4,3% a.a. Um aspecto notável foi a diversificação das exportações, especialmente industriais, para os países da América Latina.

Ao longo da guerra, a demanda interna e externa por produtos industrializados permitiu que as indústrias utilizassem intensamente a capacidade instalada e diversificassem a produção. Além disso, a melhoria nos termos de troca, as restrições às importações nos países de origem e a necessidade de economizar espaço em navios possibilitaram a obtenção de sucessivos superávits comerciais e folga no balanço de pagamentos à medida que o conflito se estendia. A situação chegou a um ponto tão favorável, já em 1943-44, que o problema da dívida externa — cuja gravidade levara o Brasil a declarar uma moratória sobre os pagamentos relativos ao serviço da dívida anos antes, em 1937 — pôde ser equacionado devido ao forte crescimento das reservas.[14] Isso iria mudar substancialmente no período seguinte.

Crescimento e mudança estrutural no interregno democrático (1946-64)

Os anos que se estendem de 1946 ao começo de 1964 representam um período especial na historiografia brasileira em termos de crescimento com mudança estrutural, caracterizando-se por: (i) diversificação da gama de bens produzidos; (ii) intenso crescimento médio; e (iii) poucas flutuações cíclicas na maior parte do período.[15]

---

14. A acumulação de reservas atingiu níveis razoavelmente confortáveis, tendo as reservas em ouro e divisas alcançado US$ 760 milhões em 1946, contra US$ 67 milhões em 1939. No entanto, a maior parte delas era constituída de divisas inconversíveis ou em moedas bloqueadas — como era o caso das reservas em libras, sujeitas a restrições quanto ao seu uso em tempo de paz. Ver Malan, Bonelli e Pereira (1977) e Abreu (1980).
15. Malan (1984) tem uma análise abrangente das relações internacionais brasileiras nesse período.

A política econômica pós 1946 voltou a ter como preocupação central o balanço de pagamentos, após a bonança no final do período anterior. A origem das dificuldades era a taxa de câmbio, cujo valor nominal havia sido mantido inalterado desde antes do início da guerra, apesar de a inflação média ter chegado a quase 15% ao ano. Isso só foi possível por causa da recuperação dos preços internacionais do café, fato de importantes implicações para a aceleração do crescimento econômico brasileiro ao final dos anos 1940 e que merece atenção.

Por trás da decisão de manter a taxa nominal constante — e, portanto, de permitir a sobrevalorização da taxa real — está um conjunto de circunstâncias associadas à guerra. Entre estas se destaca a política de apoio ao preço do café pelos EUA, que permitiu preços favoráveis durante os anos do conflito. Apesar da sobrevalorização, ocorreram superávits no balanço de pagamentos e acumulação de reservas internacionais. É interessante observar que, mesmo com a taxa cambial constante, a acumulação de superávits nas contas externas e a monetização resultante ajudaram a alimentar um processo inflacionário que já vinha ganhando fôlego graças a pressões de custo e demanda durante a guerra: os preços ao consumidor no Rio de Janeiro, por exemplo, aumentaram 17% em 1945 (gráfico 2).

À medida que se tornava claro que as autoridades brasileiras não iriam desvalorizar o câmbio, os preços do café começaram a subir. Os estoques praticamente desapareceram em 1949, elevando ainda mais as cotações. Ao mesmo tempo, o governo decidiu retomar os programas de valorização (como o de 1906 e o do começo da década de 1920) e apoiar os preços, comprando dos produtores a um preço-teto. Concomitantemente a esses eventos, teve início a Guerra da Coreia e o *boom* nas cotações de matérias-primas a ela associado. O resultado foi uma fortíssima elevação no preço do café,[16] a qual permitiu crescentes importações no começo dos anos 1950, apesar de a melhoria nas relações de trocas ter terminado em 1950.

O desempenho econômico no imediato pós-Segunda Guerra Mundial foi muito bom, tendo a economia operado em níveis próximos à plena capacidade por vários anos. O desempenho durante esse período explica e pode ser também explicado pelo intenso crescimento dos centros urbanos e pelo

---

16. Bacha (1992) contém uma abrangente análise da política cafeeira no Brasil. O preço do café aumentou, em dólares, cerca de 300% entre 1945 e 1951. O produto chegou a representar 74% da pauta de exportações em 1952, mais do que dobrando sua participação em relação a 1945.

aumento na capacidade para importar depois de 1945. Ainda assim, o segundo governo do presidente Getúlio Vargas (1951-54) foi um período bastante conturbado e, em seu final, marcado por uma transição com mudanças de política econômica e reflexos sobre o nível de atividade.

Um quase colapso cambial teve início quando, em 1951, com receio de que a Guerra da Coreia se transformasse em outro conflito mundial e com o objetivo de controlar o processo inflacionário, as autoridades econômicas brasileiras permitiram que fossem relaxados os controles quantitativos sobre as importações. Essa medida, em face do câmbio sobrevalorizado, resultou em uma avalanche de importações: aumento de 82% em valor em relação ao ano anterior. Em um primeiro momento, as elevadas exportações de café foram suficientes para manter um pequeno superávit comercial. A conta de transações correntes, no entanto, foi deficitária em US$ 400 milhões, o maior valor alcançado até então. Empréstimos de curto prazo foram negociados com o Eximbank e um consórcio de bancos londrinos na suposição de que os preços internacionais do café se manteriam elevados — o que só aconteceu até o final de 1954, quando a dívida já alcançara a cifra de US$ 1,3 bilhão, muito elevada para a época.

Parte da solução veio com a alteração do regime cambial em 1953, quando se introduziu um sistema de leilões de câmbio que solucionou temporariamente o problema de apropriação das rendas de escassez que caracterizava o sistema de licenciamento de importações existente desde 1947. A partir dele o governo seria o beneficiário do diferencial entre as taxas de câmbio para exportação e para importação, tendo sido adotada uma política de importações seletiva que favoreceu um conjunto de setores industriais.

Esse regime cambial, que vigorou pelo restante da década (com modificações), foi capaz de lidar temporariamente com as questões de alocação de divisas e equilíbrio do balanço de pagamentos. Problemas na área do café e a aceleração inflacionária associada ao excesso de demanda (os preços ao consumidor chegaram a crescer 39% em 1959; gráfico 2) deslancharam uma nova crise cambial no final da década, pondo fim à funcionalidade do sistema.

O ano de 1954, em particular, foi marcado por grave crise política, que se prolongou pelos meses que se seguiram ao suicídio do presidente Vargas (agosto de 1954) e perdurou até a posse do presidente Juscelino Kubitschek

(1956-61). Esta transição registrou uma fase de mudanças na política econômica com importantes implicações para o crescimento econômico.[17]

A aceleração do crescimento no final dos anos 1950 e começo dos 1960 está associada ao Plano de Metas do presidente Kubitschek, tendo o crescimento médio quinquenal alcançado 9,3% em 1961. Esse período pode ser caracterizado por intensas modificações estruturais na economia, entre as quais se destaca a expansão de um segmento produtor de bens duráveis de consumo modernos (notadamente autoveículos e elétricos de consumo), alguns dos quais só haviam sido implantados em larga escala no Brasil após a Segunda Guerra Mundial. No lado negativo, o período caracterizou-se por relaxamento do controle da moeda e aceleração inflacionária: os preços ao consumidor no Rio de Janeiro subiram 33% em 1961 e 50% em 1962 (gráfico 2).

As marchas e contramarchas da política monetária nesses anos representam tentativas de compatibilizar crescimento com estabilidade sob severa restrição de financiamento externo. As tensões geradas nesse processo foram amortecidas pelo crescimento acelerado da produção até o começo da década de 1960. Mas, quando a economia se viu impossibilitada de crescer pela inflação, estrangulamento fiscal e queda dos investimentos a partir do término do bloco de inversões associadas ao Plano de Metas, a crise social e política ganhou corpo.

Os primeiros anos da década de 1960 caracterizaram-se pela instabilidade política com a sucessão de eventos a partir da renúncia do presidente Jânio Quadros em agosto de 1961, adoção do regime parlamentarista logo em seguida, retorno ao presidencialismo em 1963 e crônicas dificuldades governamentais em conseguir apoio para propostas de reformas e planos econômicos, que desaguaram em uma ruptura institucional com a intervenção militar de março de 1964.

Do ponto de vista da evolução no nível de atividade, o começo dos anos 1960 é marcado por uma desaceleração do ritmo de crescimento, particularmente da indústria. As taxas de crescimento da produção, que haviam alcançado a apreciável média anual de 13% entre 1957 e 1961, caem para 8% em

---

17. Uma das mais importantes medidas foi tomada em 1955 e favorecia a entrada de capital estrangeiro na forma de investimentos diretos. Essa foi a primeira medida a incentivar claramente a instalação de empresas estrangeiras na indústria, e seria um importante instrumento para o plano de desenvolvimento do governo Kubitschek.

1962, estagnando-se o nível de produção no ano seguinte. Não obstante, o crescimento do PIB no biênio 1961-62 ainda foi satisfatório (9,1% a.a.).

Esse quadro começa a mudar com a forte aceleração inflacionária de 1962, reforçada pelas tentativas de elevar o salário real através da instituição do 13º salário. O cenário se agrava ainda mais ao longo de 1963 (ano em que a inflação ao consumidor chegaria aos até então inéditos 73%), à medida que se acentuavam o descontrole da oferta de moeda e o desequilíbrio nas contas públicas, e o poder político se fragmentava com propostas econômicas e sociais que a estrutura político-institucional vigente não comportava. Com a aceleração da inflação e a crescente instabilidade política, as questões do desenvolvimento passaram a segundo plano: o crescimento da economia em 1963-65 seria praticamente nulo.

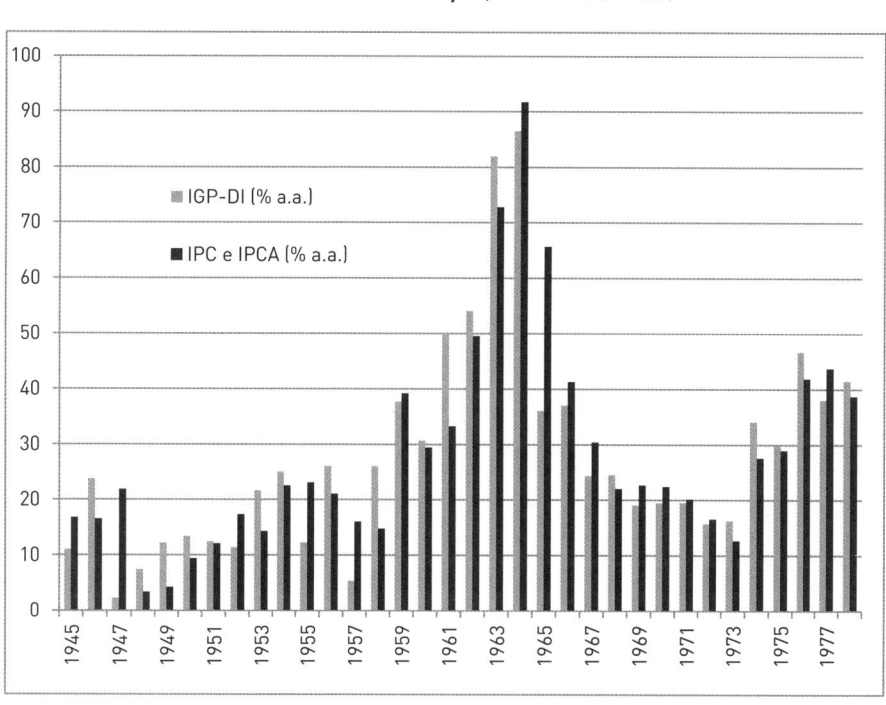

Gráfico 2
Taxas anuais de inflação,* 1945-78 (% a.a)

Fonte: Ipeadata.
*O IGP-DI é um índice geral de preços da economia brasileira; o IPC é um índice de preços ao consumidor no Rio de Janeiro e o IPCA é um índice de preços ao consumidor para o país como um todo, disponível a partir de 1979.

É neste contexto que foi elaborado um novo plano de estabilização, o Plano Trienal (1963-65), que propunha fortes medidas para lidar com os desequilíbrios fiscais e monetários. Mas no início de sua implementação, em 1963, as medidas tiveram um impacto maior do que o imaginado pelos responsáveis, tendo deslanchado uma recessão devido às restrições monetárias e creditícias.[18]

A rigor, inconsistências e hesitações na condução da política econômica, bem como crescentes déficits orçamentários financiados pela criação de moeda, vinham sendo a tônica desde os governos Kubitschek e Jânio Quadros (janeiro a agosto de 1961). Essa tendência continuaria na administração João Goulart (1961-64). A exaustão da capacidade de financiamento do setor público — problema que já afligia o Brasil desde o final do governo Eurico Dutra (1946-50) — impedia o Estado de investir em infraestrutura e de continuar a transferência indireta de recursos através da intervenção no sistema cambial, como fizera praticamente ao longo de toda a década de 1950.

O golpe de misericórdia no regime viria, como mais de uma vez no passado, com uma crise do balanço de pagamentos. Já em 1962, o serviço da dívida externa chegara a uma terça parte das exportações. Uma nova legislação limitando a remessa de lucros e dividendos desestimulou mais ainda as entradas de capital, tendo os ingressos de investimento estrangeiro praticamente desaparecido em 1963. A crescente instabilidade política desde fins de 1962, a aceleração da inflação (ver gráfico 2), a indecisão administrativa e a perda de controle do processo decisório concomitantes, juntamente com violentas manifestações (ou ameaças de) à esquerda e à direita, polarizaram apoio e oposição ao regime a um ponto tal que se tornou difícil chegar a uma solução negociada para a crise política. Esse impasse culminou na mudança de regime de 1964.

Do início do governo militar ao prelúdio da crise da dívida: crescimento acelerado baseado no endividamento externo (1964-80)

A intervenção militar em 1964, embora tenha implicado ruptura institucional e política na história brasileira, continuou, do ponto de vista do modelo de crescimento, a explorar um padrão semelhante ao dos anos 1950 e começo

---

18. Abreu (1990).

dos 1960. A inflação foi identificada como o principal problema, tendo sido responsabilizada pela estagnação que vinha sendo experimentada desde 1962 e pelo desequilíbrio no balanço de pagamentos. O processo inflacionário foi atacado por duras medidas monetárias e fiscais e, particularmente em 1965, pela compressão dos salários devido à utilização de fórmula de reajustes salariais que contemplava uma (frequentemente subestimada) previsão de inflação futura. A estratégia veio a público em novembro de 1964 na forma do Programa de Ação Econômica do Governo (Paeg).

As soluções para os dois problemas que asfixiavam o regime anterior, financiamento do setor público e do balanço de pagamentos, foram encontradas: primeiro, em uma reforma tributária que aumentou e indexou as receitas do governo e permitiu a colocação de papéis indexados da dívida pública; segundo, através de apoio do governo norte-americano ao novo regime, que possibilitou, entre outras coisas, um reescalonamento dos pagamentos sobre a dívida externa e a reabertura de linhas de crédito, inclusive do Banco Mundial, com o qual o Brasil rompera relações em 1958. Além disso, o problema do balanço de pagamentos seria atenuado pela melhoria da balança comercial em 1964 e 1965 — em boa medida, devida à recessão doméstica — e pelos maiores ingressos de inversões estrangeiras. Essas soluções foram auxiliadas pelas reformas institucionais então adotadas, como a instituição da correção monetária, a criação do Sistema Financeiro da Habitação, a reforma bancária e a criação do Banco Central, e a reforma tributária.[19] Essas medidas foram reforçadas pela nova onda de financiamentos internacionais associada ao florecimento do mercado de eurodólares, fenômeno que está na origem da crise da dívida externa brasileira do começo dos anos 1980.

É interessante assinalar que, apesar da retórica francamente privatista e liberal, o ciclo que se inicia com a ruptura institucional em 1964 caracterizou-se por notável aumento do grau de intervenção do Estado na economia, inclusive pela criação de diversos organismos e empresas. Esses poderes de intervenção foram frequentemente utilizados, com o passar do tempo, para beneficiar atividades e setores econômicos considerados prioritários, assumindo as formas mais variadas. Entre elas, a isenção de impostos, isenção de indexação (ou adoção de subindexação) e concessão de subsídios fiscais ou creditícios.

---

19. Ver a análise de Cardoso (2013).

Um dos resultados do conjunto de medidas do Paeg foi a continuação da estagnação em 1964 e uma recessão econômica em 1965 que se prolongaria até 1967, quando a taxa quinquenal de crescimento do PIB chegaria a apenas 3,5% a.a. Dado o elevado crescimento populacional na época, essa taxa representava aumento muito pequeno do PIB *per capita*. Esse desempenho interrompeu temporariamente uma longa trajetória de crescimento de praticamente duas décadas, desde a primeira metade dos anos 1940. Mas as reformas institucionais possibilitaram a retomada seguinte. Além disso, a inflação foi controlada, caindo para a faixa de 20% ao ano em 1968-71.

A década que vai do fim dos anos 1960 até o final dos anos 1970 marca um ciclo de crescimento inigualável na história do país. A periodização tradicional desses anos distingue dois subperíodos: o primeiro vai até 1973 e é caracterizado por expansão acelerada da atividade econômica durante o qual o PIB cresceu à surpreendente taxa média de 11,4% a.a. (1969-73). O segundo vai até o final dos anos 1970 e é caracterizado por variabilidade e desaceleração do crescimento — mas no qual a taxa média de crescimento anual do PIB ficou sempre acima dos 6% devido à recusa das autoridades econômicas em ajustar a economia às novas condições internacionais.[20]

O período de crescimento acelerado até 1973 não pode ser analisado sem levar em devida conta o contexto externo. Mas fatores domésticos também tiveram importância. Os anos de 1963-67 haviam sido de recessão, na qual foi criada capacidade ociosa, especialmente na indústria. Portanto, do lado da oferta, esta capacidade foi um dos fatores que contribuiu para o *boom* econômico que começou em 1968, ao permitir uma expansão acelerada da produção sem que fosse preciso investir pesadamente em capital fixo. Depois de 1970, em reação às melhorias percebidas a médio prazo — e à medida que diminuía a capacidade ociosa —, o investimento fixo começou a acelerar. Incentivos fiscais e isenções tarifárias para compras de equipamentos contribuíram para o aumento na formação de capital. Em adição a isso, superávits no balanço de pagamentos devidos a ingressos líquidos na conta de capital permitiram aumentos nas importações de bens de capital e de matérias-primas.[21]

No lado da demanda, a fase da expansão rápida foi estimulada por medidas que podem ser classificadas em três grandes grupos. Primeiro, pelas

---

20. Ver Carneiro Jr. (1990).
21. Ver Bonelli e Malan (1976) e Malan e Bonelli (1977).

políticas monetária e fiscal expansionistas. Segundo, pelo investimento público, incluindo o das empresas estatais. Terceiro, pela adoção de um sistema de incentivos para promover a exportação de manufaturados que incluía isenções, subsídios e créditos fiscais.

Um aspecto importante a destacar neste período é que a economia pôde crescer tanto quanto efetivamente cresceu porque o ajuste a um novo e bem menos favorável contexto internacional, depois da primeira crise do petróleo em 1973, foi adiado. De fato, em um período marcado pela recessão internacional, como foi aquele de meados dos anos 1970, no qual os países da OCDE experimentaram uma redução substancial no crescimento e no comércio, a economia brasileira ainda conseguiu crescer aceleradamente até 1980: a média quinquenal de crescimento do PIB atingiu 7,2% nesse ano graças ao endividamento externo.

A principal diferença com o período de 1968-73 foi que o endividamento externo do período de 1974-78 representou um esforço para postergar os custos do ajustamento macroeconômico e, portanto, serviu para manter o crescimento do consumo e do investimento, público e privado.[22] O Segundo Plano Nacional de Desenvolvimento (presidente Ernesto Geisel, 1974-79) simboliza essa estratégia ao destinar recursos para aumentar rapidamente a oferta doméstica de insumos básicos. A substituição de importações nas áreas de bens de capital e petroquímica e o aumento da participação estatal no investimento são outras características dessa fase. No entanto, a vulnerabilidade da economia a choques externos não diminuiu no período. A dependência do óleo importado continuou, disfarçada pela estabilidade de preços nominais — logo, queda dos preços reais, dada a inflação mundial de 1973-78.[23]

A necessidade de ajuste ficou evidente quando ocorreram o segundo choque do petróleo em 1979 e o forte aumento das taxas de juros internacionais, que praticamente dobraram no período devido à mudança na política monetária dos Estados Unidos e devido à recessão mundial do começo dos anos 1980. A simultaneidade desses choques constituiu um forte golpe, tendo atingido o Brasil após um período de crescimento rápido — mas com

---

22. Como resultado, a dívida externa bruta em dólares, que havia sido de US$ 3,3 bilhões no final de 1967, cresceu para US$ 12,6 bilhões no fim de 1973 e para US$ 43,5 bilhões, no fim de 1978.
23. Em 1978 o Brasil importava 80% do óleo consumido, o que representava cerca de um terço das importações, apesar do investimento na produção doméstica para substituir a oferta externa (o qual só iria maturar no início dos anos de 1980).

grande acumulação de dívida externa não compensada pela concomitante elevação das reservas internacionais.

O curso da política econômica seria radicalmente alterado a partir do final de 1980, quando o governo Figueiredo (1979-85) atuou para reverter os saldos negativos da balança comercial e gerar excedentes exportáveis líquidos. A recessão industrial que se seguiu representou uma alteração na política econômica para responder à crise da dívida externa cujos efeitos iriam influenciar o desempenho macroeconômico no restante da década de 1980.

A estratégia de crescimento com endividamento externo seguida por mais de 10 anos baseava-se no potencial das exportações e nas reservas acumuladas. A fragilidade do país a choques externos, no entanto, havia aumentado enormemente na década de 1970 dado que: (i) a dependência do petróleo importado continuava a existir, embora ocultada pela estabilidade de preços do óleo cru após o primeiro choque; e (ii) a vulnerabilidade em relação à taxa de juros internacional havia também aumentado consideravelmente, uma vez que não menos do que 70% da dívida externa havia sido contratado a taxas de juros flutuantes.[24] Neste contexto, a onda de choques externos adversos levou a economia a uma situação crítica, com forte perda de reservas, boa parte das quais de liquidez nula ou qualidade duvidosa. Além disso, o processo inflacionário ganharia fôlego depois de 1973, como ilustrado no gráfico 2.

Instabilidade na década perdida e reformas nos anos 1990 (1981-99)

As duas últimas décadas do século XX têm um traço comum: são, ambas, caracterizadas por baixo crescimento médio do nível de atividade, em comparação com os períodos precedentes de longa duração: entre 1980 e 1989-91 o PIB cresceu, em média, a 1,8% a.a.; entre 1989-91 e 2000, essa taxa alcançou os 2,5% anuais. Essa é, no entanto, a única semelhança entre esses períodos. Se os anos de 1981-92 já foram mais de uma vez denominados de (longa) década perdida, o epíteto talvez mais correto para os anos de 1993-99 é o de (curta) fase das reformas. Isso porque, seguindo-se a mais de 10 anos de forte instabilidade macroeconômica, marcados por inflação alta e crescente, o

---

24. Ver Malan e Bonelli (1977) e Bacha e Malan (1989).

começo dos anos 1990 caracteriza-se por importantes mudanças de política econômica e reformas institucionais. Senão, vejamos.

A década de 1980 foi, em sua totalidade, dominada pela questão do endividamento externo e suas implicações. Entre estas se incluem, com destaque, a aceleração inflacionária (gráfico 3) e a recessão do triênio de 1981-1983, iniciada por um conjunto de medidas visando a contrair a absorção interna e incentivar as exportações para aumentar as exportações líquidas. O resultado foi que a taxa quinquenal de crescimento chegou a apenas 1,4% a.a. em 1985, ano de término do governo militar. Essa estratégia foi seguida ao longo do quadriênio de 1981-84, com a intensidade suavizada durante um breve interregno no ano eleitoral de 1982.[25]

Gráfico 3
Taxas anuais de inflação, 1978-95 (% a.a.)

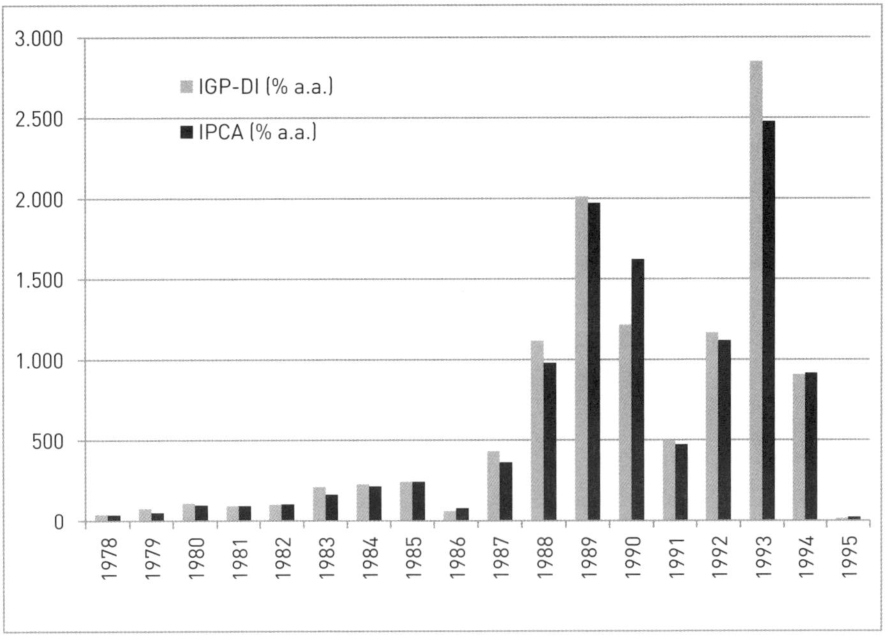

Fonte: Ipeadata.

---

25. A recessão do começo dos anos 1980, provocada para restaurar a credibilidade internacional do Brasil em relação à comunidade financeira internacional e evitar o recurso ao FMI, tornou-se um sacrifício até certo ponto inútil depois da desarticulação do sistema financeiro internacional que se seguiu à crise de setembro de 1982, após a moratória mexicana. O país foi, então, obrigado a recorrer ao FMI para renegociar suas dívidas com os bancos comerciais. Esse processo teve início logo após as eleições parlamentares e para governador de novembro de 1982. Ver Bonelli e Malan (1987).

O ano de 1984 já foi de retomada, após a recessão de 1983. Liderada pelas exportações, muito influíram, para essa retomada — que iria se prolongar até o final do período do Plano Cruzado, em fins de 1986 (ver adiante) —, a recuperação da economia mundial e, particularmente, dos Estados Unidos, e o aumento da oferta de exportáveis obtido com o câmbio mais desvalorizado e diversas medidas de incentivo às exportações. Já o biênio 1985-86 caracterizou-se pelo rápido crescimento do produto agregado e, a partir do final de 1986, por nítida aceleração da inflação. Os gastos com investimento, no entanto, mantiveram-se contraídos, e a recuperação baseou-se principalmente na ocupação da capacidade ociosa gerada no triênio de 1981-83. Foi, portanto, uma recuperação baseada no consumo, pois as exportações reais caíram progressivamente ao longo de 1986 devido à sobrevalorização do câmbio. Ao final desse ano a economia estava claramente superaquecida devido a uma política de rendas que estimulou a demanda, mas não a capacidade de produção.

Subjacente a esse desempenho está o Plano Cruzado, um programa de estabilização que visava trazer as taxas de inflação para níveis próximos de zero instantaneamente. De fato, a inflação foi mantida em níveis muito baixos por cerca de oito meses, mas unicamente graças a um congelamento geral de preços. Ela retornaria ao nível de dois dígitos por mês assim que o congelamento deixou de funcionar, no final de 1986, devido à indisciplina fiscal conjugada à indexação e a uma política monetária frouxa.[26]

O último triênio dos anos 1980, por sua vez, é uma fase de desajustes domésticos e, à medida que se avança na década, superinflação. O período começa com a súbita aceleração inflacionária que se seguiu ao fracasso do Plano Cruzado e com as mudanças nas atribuições dos governos central e regionais geradas pela nova Constituição promulgada em 1988. A partir daí, inaugura-se uma série de ciclos de curta duração até nova recessão no início da década de 1990.[27] Essa recessão, que teve a duração de quase três anos, foi inútil em

---

26. Tanto o Plano Cruzado quanto o Plano Bresser (junho de 1987) foram experimentos de estabilização baseados em um diagnóstico da inflação brasileira que enfatizava a predominância da inflação inercial alimentada pela indexação generalizada.

27. Essa sucessão de surtos de crescimento sem sustentação que caracterizou o período decorre também do abandono, por parte das empresas, de suas estratégias de crescimento de longo prazo em favor de estratégias gerenciais defensivas devido: (i) às recorrentes quebras de estabilidade das regras do jogo ocasionadas pelas frequentes e drásticas intervenções na economia; (ii) ao ambiente de instabilidade político-institucional associado ao funcionamento da Assembleia Constituinte; e (iii) às expectativas negativas dos agentes fundadas na percepção de que o governo não honraria seus compromissos com relação à dívida interna, principalmente após a moratória da dívida externa em fevereiro de 1987.

relação aos seus propósitos, uma vez que o processo inflacionário não diminuiu de intensidade, apesar dos esforços das sucessivas equipes econômicas (gráfico 3). Mas importantes reformas tiveram início no triênio, como uma liberalização comercial e financeira e privatização de empresas estatais.

Uma das consequências dos anos 1980 foi a perda de fontes de financiamento do desenvolvimento devido a expectativas muito voláteis e um ambiente de inflação elevada. Com o desfecho da crise institucional após a renúncia do presidente Fernando Collor (1990-92) em fins de setembro de 1992, houve, por parte dos agentes econômicos, uma mudança de expectativas positiva com o governo do presidente Itamar Franco (1993-94). Essa mudança, aliada ao discurso do novo governo — pautado na redefinição das prioridades de política econômica para amenizar a recessão, em uma política monetária menos rigorosa e nas tentativas de recompor o poder aquisitivo da população —, contribuiu para importantes mudanças de comportamento e perspectivas.

Assim, em 1993 tem-se uma reversão da trajetória descendente da atividade econômica. Já o crescimento depois de 1994 deveu-se ao Plano Real,[28] um bem-sucedido plano de estabilização, especialmente à forte e rápida elevação da renda real possibilitada pelo término quase que instantâneo da inflação no segundo semestre daquele ano. De fato, a taxa de inflação medida pelos preços ao consumidor, que havia sido de quase 2.500% a.a. em 1993, diminuiu para 22% em 1995 e pouco menos de 10% em 1996.

Isso permitiu, inclusive, que a economia atravessasse relativamente incólume o período seguinte à crise mexicana de fins de 1994 — mas não o das crises asiática (1997) e russa (1998), quando os efeitos do ganho de renda inicial haviam se dissipado e os mercados financeiros internacionais se retraíram. Com efeito, o crescimento médio anual do PIB, que havia sido de 4% no quinquênio 1993-97, caiu à metade no quinquênio findo em 1999, no começo da segunda administração do presidente Fernando Henrique Cardoso (1995-98 e 1999-2002).

Novo regime de política econômica (1999-presente)

No final dos anos 1990, uma nova crise ameaçou a economia brasileira quando o regime de câmbio (quase) fixo então prevalecente, que fora funcional para

---

28. Ver Bacha (1995, 1997) para análises do Plano e seus fundamentos.

o controle da inflação desde 1994-95, apresentou sinais de fadiga pela valorização cambial acumulada e consequente incerteza quanto à sua manutenção. Um novo sistema de câmbio mais flexível foi adotado, apesar do receio de que a desvalorização cambial provocasse uma elevação muito forte da inflação. Quase que simultaneamente foi adotado um regime de metas de inflação e uma Lei de Responsabilidade Fiscal, que fixava limites para o déficit operacional do setor público consolidado e impunha disciplina fiscal.

A inflação de fato elevou-se em 1999, quando os preços ao consumidor aumentaram quase 9%, após ter sido de pouco menos de 2% no ano anterior, mas foi contida por uma política monetária apertada. No final do ano as taxas mensais de inflação já haviam diminuído. Mas a recuperação iniciada em 2000, quando o PIB cresceu 4,2%, teve vida curta, devido à conjunção da desaceleração da economia internacional, crise energética no Brasil (2001) e crise argentina no mesmo ano. No quinquênio findo em 2001 a taxa de crescimento média do PIB havia regredido para 1,9% a.a.

A esses efeitos somou-se, em 2002, o receio dos investidores com a possibilidade de vitória da oposição pelo representante do Partido dos Trabalhadores (PT) nas eleições presidenciais daquele ano. O medo devia-se, principalmente, às medidas de política econômica hostis à economia de mercado até então preconizadas pelo partido. A retração dos ingressos de capital que se seguiu provocou forte desvalorização cambial, afetando os preços no atacado e ao consumidor, os quais chegaram a aumentar 12,5% e reacenderam temores de um retorno da inflação a taxas elevadas (gráfico 4).

No entanto, o governo do presidente Lula (2003-06 e 2007-10) optou no primeiro mandato por manter inalterado o regime de política econômica herdado do seu antecessor. A política monetária foi novamente acionada para conter a inflação, a exemplo do que havia ocorrido após a mudança do regime cambial em 1999. Assim, foi possível conter a inflação no primeiro mandato presidencial. Nele o país beneficiou-se ainda da bonança internacional causada pela elevação dos preços das *commodities* exportadas pelo Brasil. Com isso, o crescimento do PIB no quinquênio 2004-08 alcançou 4,8% a.a., a maior taxa quinquenal desde 1988 (gráfico 1).

A partir de meados da segunda metade dos anos 2000 o Brasil passou a adotar progressivamente um modelo de crescimento mais apoiado na demanda interna, cujo crescimento superou o do PIB até 2012, mas com baixa poupança — porque calcado no consumo. A par disso, com o aumento de reservas ajudado pelos altos juros internos e pela melhoria dos termos de troca, o câmbio valorizou-se e a indústria enfrentou forte competição de produtos importados, pontos esses detalhados mais adiante.

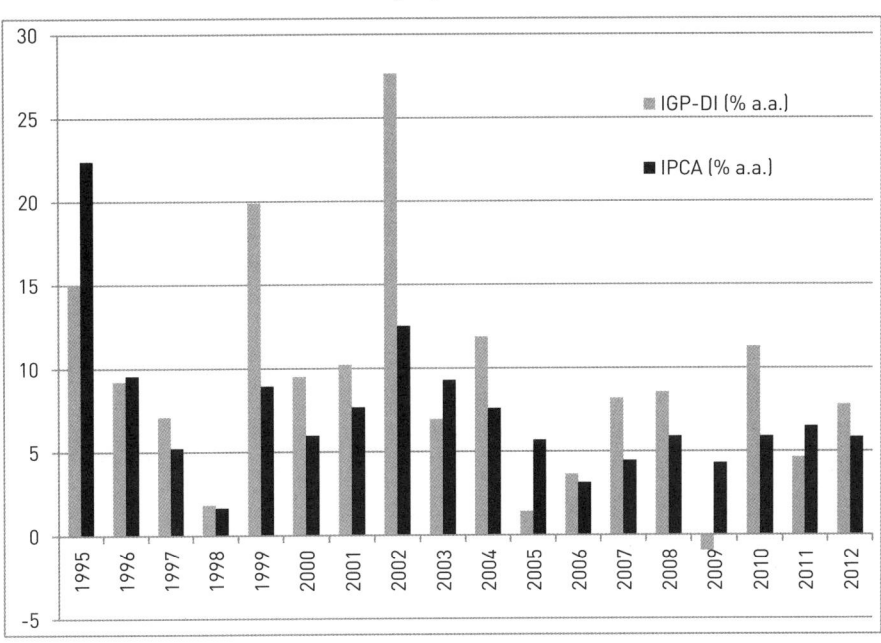

Gráfico 4
Taxas de inflação, 1995-2012 (% a.a.)

Fonte: Ipeadata.

As exportações líquidas negativas que resultaram do crescimento da demanda interna superior ao do PIB não limitaram o crescimento, porque os déficits em conta corrente do balanço de pagamentos foram financiados sem dificuldades. A evolução favorável dos termos de troca de 2006 a 2011, em parte devido à demanda da China por *commodities* produzidas no Brasil, a acumulação de reservas internacionais e a formidável expansão da liquidez internacional formam o grupo das variáveis exógenas que completam o quadro que motivou a atração pelo Brasil.

O crescimento econômico apresentou forte aceleração depois de 2003, como vimos. A análise dessa aceleração nos anos que antecederam a eclosão da crise internacional em 2008 comporta mais de uma interpretação. A visão mais tradicional a atribui às reformas realizadas desde a década de 1990, um processo notável em profundidade e amplitude. A estabilização de preços em 1994 foi a mais notável, mas várias outras também merecem destaque, como as privatizações e a liberalização do comércio. No final dos anos 1990 e início dos anos 2000, o processo de reforma, que, anteriormente, se concentrara mais na microeconomia e incentivos, deslocou-se para focar as instituições macroeconômicas. Essas melhorias incluíram a adoção da Lei de Responsabilidade Fiscal, a reestruturação do setor bancário, a maior independência operacional do Banco Central, com a implementação de um regime de metas de inflação, e a adoção de um regime cambial com menos intervenção.

Este processo continuou no primeiro mandato do presidente Lula (2003-06), com um foco maior sobre a reforma institucional do setor financeiro. Mas o entusiasmo reformista diminuiu consideravelmente no segundo mandato (2007-10). O governo da presidente Dilma Roussef (2011-14) tampouco tem dado indicações de que retomará uma agenda de reformas.

Se medidas pela aceleração da PTF, as reformas tiveram um impacto apenas moderado sobre o crescimento desde o começo dos anos 1990. Possíveis explicações para este resultado são o ambiente externo desfavorável, marcado por várias crises internacionais até 2001 e, novamente, depois de 2008, o fracasso de lidar com as variáveis associadas ao clima de investimento, como a incerteza jurídica, e um sistema fiscal complexo.

Uma visão alternativa é que a política econômica até meados dos anos 2000 era muito conservadora e não fornecia estímulos adequados à expansão da demanda. Isso mudou desde meados da década passada por meio do aumento dos gastos públicos, redução das taxas de juros reais mais recentemente e forte expansão do crédito, incluindo a do crédito subsidiado dos bancos públicos. Tem havido também maior tolerância com taxas de inflação mais altas na administração Roussef.

Parte dessa mudança na política econômica coincidiu com a aceleração do crescimento do PIB (2004-08), e outra parte surgiu como a reação à crise de 2008. Mas é difícil isolar o efeito das condições externas favoráveis que prevaleceram durante 2004-08 — aumentos dos preços de exportação associados à crescente presença mundial da China e elevada oferta de financiamento externo barato — dos efeitos das políticas domésticas. É improvável que o Brasil tivesse sido capaz de expandir a demanda doméstica tão rapidamente se não tivesse contado com substancial aumento das importações como meio de expandir a oferta. Além disso, o fato de que outros países latino-americanos, com modelos políticos diferentes, também tenham melhorado seu desempenho econômico no mesmo período sugere que fatores externos desempenharam um papel central.

Outros traços marcantes do novo modelo brasileiro desde então são: mais ativismo estatal; crédito, salários e importações de *tradables* crescentes, ao lado de inflação dos preços dos *non-tradables*; daí se segue o baixo desemprego, pois os *non-tradables* (notadamente comércio, construção e alguns serviços) têm coeficientes de emprego por unidade de produto mais altos do que a indústria de transformação. Um detalhamento dessas características do crescimento brasileiro recente é objeto do restante desta seção.[29]

O Brasil passou por um período de grande otimismo a partir de meados da década de 2000 não só devido às melhorias no desempenho econômico, mas também no seu *status* global, que em parte deriva do primeiro. Os indicadores sociais melhoraram consideravelmente, com importantes reduções no desemprego, pobreza e desigualdade. Uma nova classe média foi sendo gestada, com mais acesso ao crédito, daí acarretando um *boom* de consumo que reforçou a atração dos influxos de capital. Altas taxas de juros internas, baixos níveis de dívida do governo, um orçamento sob controle e grandes ganhos dos termos de troca ajudaram a atrair o capital estrangeiro. O país também se tornou um modelo de melhores práticas em várias áreas, como a de regulação financeira, e com a expansão dos programas de transferência condicional de renda iniciados nas administrações Cardoso (1995-2002). Esta situação contrasta com a dos 15 anos anteriores, quando o crescimento foi em geral mais lento e instável, como vimos.

Uma mudança de política econômica importante ocorreu em 2005, quando as políticas fiscal, monetária e especialmente de crédito público se tornaram mais expansionistas como resultado do bom desempenho macro. A demanda interna cresceu 5,6% a.a. de 2006 a 2011, em média, enquanto o PIB crescia 4,2%. Essa forte expansão da procura interna também resultou de maiores gastos públicos e, o que foi mais peculiar a esse período, reforçou enormemente o mercado de trabalho pela expansão desproporcional dos serviços.

Convém recordar que a primeira metade da década de 2000 havia sido de ajustes. De 2001 a 2005, o PIB cresceu 2,8% a.a., enquanto a demanda doméstica crescia apenas 1,6% a.a., daí resultando altas taxas de desemprego

---

29. Essa análise segue Pinheiro e Bonelli (2012).

e capacidade ociosa na indústria. Assim, posteriormente a produção pôde ser ampliada sem maiores pressões sobre os preços e salários. Também foi fundamental a mudança do saldo em conta-corrente, de déficit para superávit. Quando a demanda começou a crescer mais rapidamente do que a produção, a oferta total pôde ser expandida pelo aumento das importações, ao mesmo tempo deixando as contas externas saudáveis.

A segunda razão para que a inflação não aumentasse foi a elevação dos preços de exportação que começou no final de 2002, mais que dobrando em termos de dólares dos EUA ao longo da década seguinte. Os preços de importação também aumentaram, mas menos. Isso melhorou os termos de troca, especialmente na segunda metade da década. O aumento simultâneo de preços de exportação e de importação impulsionou a balança comercial. O aumento dos preços das exportações ajudou a promover o investimento em projetos voltados para a exportação, principalmente em mineração, agricultura e atividades conexas.

Em um segundo momento, o rápido aumento da demanda doméstica foi acomodado por uma maior tolerância com a inflação. O primeiro sinal de que a economia estava se superaquecendo foi o aumento da inflação em 2008. Mas quando a crise financeira internacional atingiu o Brasil, ela reduziu o crescimento e as pressões inflacionárias no final de 2008 e em 2009 — apenas para que estas retornassem no final de 2009.

A aceleração do crescimento na segunda metade da década passada produziu, dada a estratégia adotada, uma série de desequilíbrios na virada para a década em curso. A valorização da moeda até 2012 comprometeu a competitividade da indústria e, ao mesmo tempo, o aumento da renda levou a que setores de serviços se expandissem à frente do resto da economia. A aceleração do PIB na segunda metade daquela década foi devida, principalmente, a setores produtores de bens não comercializáveis: intermediação financeira, construção civil, comércio e transportes. Este padrão de crescimento desequilibrado colocou pressão sobre o preço dos serviços e, portanto, sobre a inflação, e ampliou o déficit em conta-corrente. O segundo mandato do presidente Lula coincidiu em parte com a crise internacional. Nele observou-se uma mudança de curso na política econômica quando o governo optou por elevar seus gastos e acelerar a expansão do crédito público (especialmente) e privado como forma de reduzir os efeitos da crise. Isso não evitou uma breve recessão em 2009, seguida de forte recuperação em 2010. Mas o Brasil não ficou imune aos efeitos da crise, como testemunhado pela queda no ritmo de crescimento: no quinquênio 2008-12, parte do qual já sob o governo da presidente Roussef (2011-14), o crescimento médio do PIB foi de apenas 3,2%. Além disso, observa-se também uma tolerância relativamente maior com a inflação (gráfico 4), embora tenha ficado até 2012 abaixo do teto determinado pelo regime de metas de inflação (2,5% a 6,5% a.a.).

3. Crescimento e mudança estrutural

Os aspectos analisados nesta seção incluem a perda de importância da agropecuária, a simultânea aceleração da industrialização e o fenômeno de urbanização a ela associado, e o desenvolvimento do setor serviços. A evolução das produtividades relativas desde o início das Contas Nacionais (1947) destaca a importância da mudança estrutural e dos ganhos de produtividade internos aos setores para o crescimento do PIB.

A informação inicial está no gráfico 5 e na tabela 1. No gráfico visualizam-se as participações de 1900 a 2012 dos três macrossetores que compõem a economia. A tabela mostra as taxas médias de crescimento do PIB e dos três macrossetores por décadas desde o começo do século XX, e no painel da direita apresentam-se o crescimento populacional, do PIB *per capita* e a taxa de urbanização (neste caso, desde 1940).

O processo de industrialização é facilmente visualizado no gráfico pelo rápido aumento de participação da indústria no PIB.[30] Partindo de pesos da ordem de 10% do PIB em 1900-06, a indústria alcança 16% em meados dos anos 1920, retrocedendo ligeiramente daí até a primeira metade dos anos 1930. A partir de 1932 o país ingressa em uma longa fase de industrialização por substituição de importações que só será brevemente interrompida na recessão industrial de 1963-65, ano em que chegou a representar 28% do PIB — apenas para retomar ímpeto até o final dos anos 1970.

A queda a partir de 1980 coincide com a já mencionada perda de dinamismo econômico, a ser avaliada mais detidamente na seção seguinte. Fases

---

30. O setor industrial, no caso, inclui a Indústria de Transformação, a Extrativa Mineral, a Construção e os Serviços Industriais de Utilidade Pública. Observe-se que os dados a preços constantes de outro ano que não 2000 implicariam níveis diferentes para as curvas, mas não afetam as conclusões gerais. Em preços de 1949, por exemplo, a Agropecuária detinha 45% do PIB em 1900, enquanto a Indústria respondia por apenas 12%. Ver IBGE (2003:374).

curtas de desaceleração e acleração se sucedem depois de 1980, mas com predominância das primeiras, como visto na seção anterior. Destaque-se ainda que: (i) a agropecuária deixa de perder participação a partir de meados dos anos 1970 e, de fato, tende a aumentar ligeiramente de peso até o presente; (ii) a indústria, por sua vez, perde participação quase que continuamente depois do auge na década de 1970, quando, de 33% do PIB em 1976, chega a 25% em 2009 e, novamente, em 2012;[31] (iii) o setor serviços é responsável pela maior parte do PIB desde o começo do século XX, tendo sua participação aumentado a partir do começo dos anos 1970 (62% em 1973) até o máximo absoluto registrado em 2012 (69%).

Gráfico 5
Participações da agropecuária, indústria e serviços no PIB*, 1900-2012
(% em preços constantes de 2000)

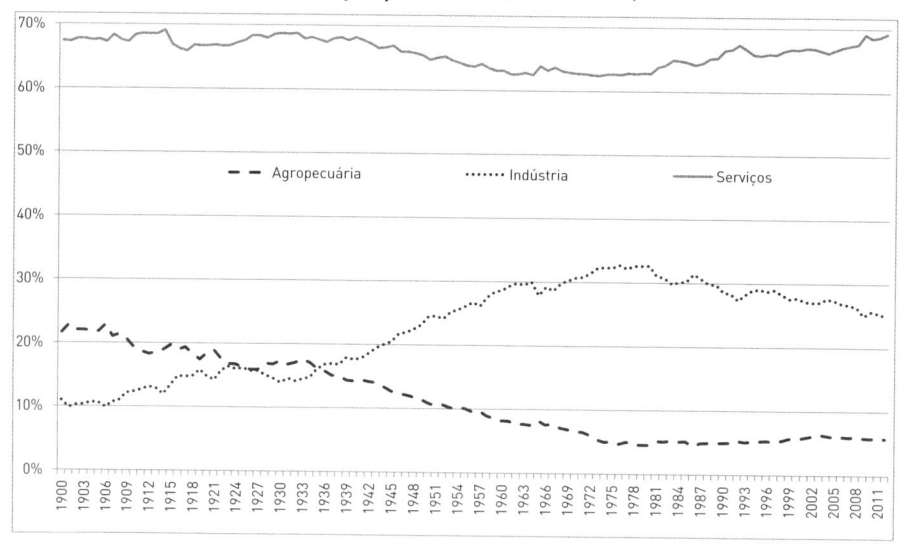

Fonte: IBGE, Estatísticas Históricas do Brasil e Contas Nacionais do Brasil, reproduzidas em www.ipeadata.gov.br; elaboração do autor.
* VA a custo de fatores ou a preços básicos.

A tabela 1 mostra o crescimento do PIB e do PIB *per capita* por décadas, as contribuições dos setores para esse crescimento, além da evolução do grau de urbanização. Começando por este, observa-se que

---

31. A totalidade da redução pode ser atribuída à Indústria de transformação. Ver Bonelli, Pessôa e Matos (2013).

a parcela da população urbana no total aumentou muito rapidamente depois de 1940, quando apenas 31% da população viviam em cidades. Sessenta anos depois essa proporção alcançava 81%, tendo o aumento relativamente maior ocorrido entre 1950 e 1970 (+ 20 p.p.) e, secundariamente, entre 1970 e 1980. Já nos anos 2000 o aumento foi de apenas 4 p.p. Como esperado, a velocidade da urbanização diminuiu com o crescimento.

Aspecto semelhante é o do crescimento populacional, em que o Brasil se destaca por ter apresentado nas últimas três décadas uma transição demográfica bastante rápida para um país de renda média. Com efeito, seguindo-se as taxas de aumento da população de 1,5% nas décadas de 1920 e 1930 — após a rápida expansão associada aos fluxos migratórios das décadas anteriores[32] —, na de 1960 as taxas chegaram a 3% a.a. — quando declinaram até os 1,1% a.a. entre 2000 e 2010. Estima-se que a população brasileira deixará de crescer por volta de 2040. Uma importante implicação dessa rápida transição demográfica, que se projeta pelos anos à frente, é explorada na seção 4.

Outro aspecto interessante é a (esperada) perda quase monotônica da contribuição da agropecuária para o crescimento desde o começo do período analisado, com reversão depois de 1980: entre 1900 e 1930 a agropecuária contribuiu com parcelas de 15 a 17% para o crescimento do PIB. Essas parcelas desabam até chegarem a 3% na década de 1970 e aumentam nas seguintes com a recuperação do crescimento do setor. A partir de 1980 sua contribuição chega à faixa de 6 a 8%.

Na direção oposta está a evolução da contribuição da indústria. Partindo de proporções de 15% na primeira década do século XX, a indústria chegou a responder por um terço do crescimento do PIB nas décadas de 1940 a 1970 (34%, nesta última). A queda na década seguinte, para 5%, está em linha com a desaceleração de sete pontos de percentagem no crescimento do PIB: de 8,6% médios a.a. em 1971-80 para 1,6% a.a. em 1981-90. Já as contribuições dos serviços foram mais uniformes por décadas, com exceção da de 1980. Nesta, embora crescendo em média 2,1% a.a., os serviços responderam por 88% do crescimento do PIB.

A mudança estrutural que acompanhou o crescimento teve efeitos não desprezíveis sobre o crescimento total devido às diferenças de produtividade

---

32. Esses fluxos foram particularmente intensos entre 1870 e 1910.

Tabela 1
Crescimento do PIB, macrossetores, população, PIB *per capita*, grau de urbanização e contribuições ao crescimento — médias por décadas, 1901 a 2012 (% a.a.)

% médias de crescimento por décadas	PIB	Agropecuária	Indústria	Serviços	População	PIB/*capita*	% Pop. Urbana **
1901-10	4,20%	3,00%	5,50%	4,40%	3,10%	1,10%	n.d.
Contribuição para o crescimento	100%	15%	15%	70%			
1911-20	4,20%	3,80%	6,10%	4,00%	2,60%	1,60%	n.d.
Contribuição para o crescimento	100%	17%	20%	63%			
1921-30	4,50%	3,90%	3,90%	4,80%	1,50%	3,00%	n.d.
Contribuição para o crescimento	100%	15%	12%	72%			
1931-40	4,40%	2,40%	6,90%	4,30%	1,50%	2,80%	31%
Contribuição para o crescimento	100%	8%	24%	67%			
1941-50	5,90%	3,10%	9,40%	5,40%	2,30%	3,50%	36%
Contribuição para o crescimento	100%	6%	33%	60%			
1951-60	7,40%	4,40%	9,10%	7,10%	3,00%	4,20%	45%
Contribuição para o crescimento	100%	6%	33%	62%			
1961-70	6,20%	3,90%	6,90%	6,10%	2,90%	3,20%	56%
Contribuição para o crescimento	100%	5%	33%	62%			
1971-80	8,60%	4,70%	9,30%	8,60%	2,50%	6,00%	68%
Contribuição para o crescimento	100%	3%	34%	63%			
1981-90	1,60%	2,40%	0,20%	2,10%	2,00%	-0,40%	75%
Contribuição para o crescimento	100%	7%	5%	88%			
1991-2000	2,50%	3,70%	2,20%	2,50%	1,60%	0,90%	81%
Contribuição para o crescimento	100%	8%	25%	67%			
2001-2012*	3,30%	3,60%	2,40%	3,50%	1,10%	2,20%	84%
Contribuição para o crescimento	100%	6%	19%	70%			

Fonte: Ipeadata.
* médias em 12 anos
** a partir de 1940, a cada 10 anos

entre os setores e suas proporções no emprego total. A importância desse aspecto pode ser avaliada por intermédio de uma decomposição como a seguinte. Seja

$$Y[t]/L[t] - Y[0]/L[0] = P[t] - P[0]$$

a variação na produtividade da mão de obra na economia entre os anos 0 e t, onde Y, L e P são os níveis do PIB, do emprego e da produtividade do trabalho. Essa expressão também pode ser escrita como

$$\sum a[i,t].P[i,t] - \sum a[i,0].P[i,0],$$

onde a[i,0] e a[i,t] são as participações relativas de cada setor (i) no emprego total nos anos inicial e final de cada período considerado e P[i,0] e P[i,t] são os níveis de produtividade setorial da mão de obra nesses períodos. Essa diferença pode ser escrita, após manipulação algébrica, como a soma de duas partes:

$$\sum P[i,t].(a[i,t] - a[i,0]) \quad e \quad \sum a[i,0].(P[i,t] - P[i,0])$$

O primeiro termo é conhecido como efeito estrutural, ou de composição: ele pode ser interpretado como a variação de produtividade que teria ocorrido se as produtividades setoriais tivessem se mantido constantes no nível do fim do período e toda a variação fosse devida à redução relativa do emprego nos setores de produtividade abaixo da média; logo, aumento relativo do emprego nos setores com produtividade acima da média. O segundo termo é conhecido como efeito produtividade, ou tecnológico: ele mede a variação da produtividade que teria ocorrido se as participações setoriais no emprego total tivessem se mantido constantes nos níveis do ano-base e toda a variação fosse devida ao aprofundamento da produtividade, ou crescimento das produtividades setoriais.

Uma aplicação dessa decomposição às décadas de 1940 a 2000 é mostrada na tabela 2. O painel (A) da tabela registra na terceira linha que os ganhos de produtividade foram intensos nas quatro primeiras décadas, como seria de se esperar devido ao crescimento acelerado e à industrialização, com taxas ligeiramente menores na de 1960 — mas, ainda assim, expressivos 3,5% a.a. Na década de 1980 não só o crescimento do PIB desaba, mas o da produtividade também. De fato, considerando-se os anos extremos, a média da década é negativa. Já nas décadas seguintes têm-se elevações da produtividade, mas sem chegar sequer à terça parte da média das quatro décadas que vão de 1940 a 1980.

Tabela 2
Crescimento do PIB, ocupação, produtividade e decomposição do aumento da produtividade por décadas, 1940-2010 (%)

(A) Taxas de Crescimento (% a.a.)	1940-50	1950-60	1960-70	1970-80	1980-90	1990-00	2000-10
PIB	5,90%	7,40%	6,20%	8,60%	1,60%	2,50%	3,60%
População ocupada	1,50%	2,70%	2,60%	3,80%	3,40%	1,10%	2,30%
Produtividade	4,30%	4,50%	3,50%	4,60%	-1,80%	1,40%	1,30%
(B) Decomposição do Aumento da Produtividade							
Efeito Estrutural (Composição)	32%	34%	55%	50%	-28%	-95%	8%
Efeito Tecnológico (Produtividade)	68%	66%	45%	50%	128%	195%	92%
Soma (total)	100%	100%	100%	100%	100%	100%	100%

Fonte: Elaboração do autor a partir de dados dos Censos Demográficos e das Contas Nacionais; ver texto.

A decomposição dos ganhos de produtividade mostrada no painel (B) revela que o efeito estrutural teve importância crescente nas quatro décadas iniciais, especialmente na de 1960, quando chegou a representar 55% do aumento total de produtividade. Essas foram as décadas em que os aumentos de emprego beneficiaram proporcionalmente mais as atividades de produtividade mais alta (em geral, industriais) em detrimento das de produtividade mais baixa (agropecuária, por exemplo).[33]

A situação se inverte nas duas décadas seguintes. Na de 1980 o decréscimo de produtividade deveu-se principalmente à redução da produtividade em setores com grande peso no emprego, como os de outros serviços, indústria de transformação, construção e comércio. Já na década de 1990 o pequeno aumento da produtividade resultou de os ganhos de produtividade (efeito tecnológico) terem superado o efeito composição.

---

33. O Censo Demográfico de 1940, de onde foram extraídas as informações de emprego, registra que a Agropecuária detinha 66% do emprego total. Em 1980 o Censo mostra 30%. Na Indústria de Transformação as percentagens são de 11% e 20%, respectivamente.

Nos anos 2000 retorna-se ao padrão mais normal das décadas anteriores a 1980, mas os ganhos estruturais são de pequena expressão relativamente aos de produtividade pura. Com efeito, quase todas as atividades registraram aumento de produtividade nessa década, como evidenciado pelo gráfico 6. Mas a mudança estrutural foi de pequena expressão, exceto pela agropecuária, cuja participação no emprego caiu de 18,5% para 14,9%.

Observe-se que os desníveis de produtividade são claramente visualizados no gráfico. A produtividade nos Serviços Industriais de Utilidade Pública, por exemplo, era em 2010 de 17 vezes a da Agropecuária, tendo sido de 22,4 vezes em 2000.

Conclui-se que a mudança estrutural teve importante contribuição para o crescimento da economia brasileira até 1980. Essa importância tende a ser menor com a passagem do tempo: como vimos, o efeito composição representou apenas 8% do aumento da produtividade da mão de obra entre 2000 e 2010. O corolário é que, cada vez mais, o crescimento dependerá dos ganhos de produtividade internos às atividades.

Gráfico 6
Produtividade, total e por setores, e participações percentuais no emprego total, 2000 e 2010 (R$ de 2000 e %)

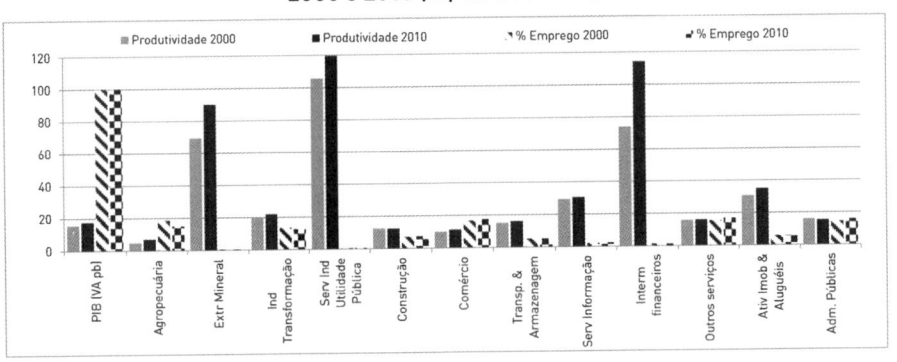

Fonte: Ver texto.

4. A perda de dinamismo depois de 1980

A análise das causas da brusca redução do crescimento após 1980, bem como da modesta recuperação registrada em alguns subperíodos posteriores, pode ser feita por diferentes ângulos. Aqui se optou por uma abordagem que enfatiza a oferta. Além disso, adotou-se uma divisão de fases mais desagregada do que a apresentada na seção 2, para enfatizar aspectos relevantes que seriam diluídos numa periodização mais grosseira.[34]

Um fato notável do crescimento brasileiro é que a taxa de crescimento do estoque de capital também desabou após 1980, assim como a do PIB. Bonelli e Bacha (2013) mostram que o sentido da causalidade entre as taxas do capital e do PIB é mais forte do primeiro para o segundo. Isso implica que um fator importante por trás da queda do crescimento do PIB foi a redução do crescimento do capital. Para identificar os fatores responsáveis por essa queda, a análise desta seção tem início com a apresentação da expressão (1) — a rigor, uma identidade —, que decompõe a taxa de crescimento do capital em cinco componentes:[35]

$$(1) \quad K' = s.u.v.(1/p) - \delta$$

A taxa de crescimento do capital (K') é igual ao produto da taxa de poupança medida a preços correntes (**s**), pela utilização de capacidade (**u**), pela relação produto-capital em uso (**v**) e pelo inverso do preço relativo do investimento fixo (**p**, relação entre o deflator do investimento e o do PIB),[36] produto do qual se subtrai a depreciação δ.[37] Antes disso, porém, é importante examinar o comportamento da taxa de poupança no financiamento da formação de capital, dado seu papel presumivelmente importante nesse financiamento. A evolução da poupança é mostrada na tabela seguinte decomposta nos períodos seguintes:

1947-62: Prosperidade do pós-guerra e era JK (presidente Juscelino Kubitschek)
1963-67: Recessão e reformas no governo militar
1968-73: "Milagre" econômico
1974-80: Primeiro choque do petróleo e 2º Plano Nacional de Desenvolvimento (PND)
1981-92: Crise da dívida e década perdida

---

34. A análise e os dados desta seção são os mesmos apresentados em Bonelli e Bacha (2013).
35. Expressão originalmente deduzida em Bacha e Bonelli (2005).
36. 1/p é o poder de compra da poupança. Quanto maior o preço relativo do investimento, menor o volume que uma dada poupança pode financiar.
37. Como esta última variou pouco ao longo do tempo, não contribui para explicar o colapso do crescimento do capital. Por isso pode ser ignorada entre suas causas.

1993-99: Plano Real e reformas de estado
2000-11: Novo regime macroeconômico

O primeiro aspecto a destacar é que o Brasil poupa (e investe) pouco. Comparações com países de renda *per capita* e porte semelhantes aos do Brasil indicam que as taxas brasileiras são baixas. Isso, sem precisar recorrer às comparações com países asiáticos. Essa constatação está na raiz das dificuldades de crescimento, aspecto amplamente reconhecido por analistas dos mais variados matizes teóricos e ideológicos.

Tabela 3
Taxas de formação de capital (FBCF), poupança e seus componentes em períodos selecionados (% do PIB em valores correntes)

Períodos	Taxa Investimento (FBCF)	Variação de estoques	Taxa de Formação de Capital = Poupança total	Poupança externa	Poupança doméstica
1947-62	14,80%	0,70%	15,50%	0,30%	15,30%
1963-67	15,80%	1,80%	17,60%	-0,70%	18,30%
1968-73	19,50%	1,50%	21,00%	0,90%	20,10%
1974-80	22,60%	1,00%	23,60%	2,60%	21,00%
1981-92	19,20%	0,10%	19,30%	-2,50%	21,70%
1993-99	17,00%	0,50%	17,50%	1,00%	16,50%
2000-11	17,30%	0,70%	18,00%	-1,30%	19,30%

Fonte: Bonelli e Bacha (2013, tabela 8.1).

Do ponto de vista das mudanças entre fases típicas, observa-se que houve um forte aumento na poupança total, mostrada na quarta coluna, do imediato pós-guerra (15,5% do PIB) à fase pós-primeiro choque do petróleo (23,6%). Os oito p.p. de aumento são explicados apenas em parte pelo aumento de 2,3% da poupança externa. O ganho principal veio do aumento da poupança doméstica (de 15,3% para 21% do PIB), sendo possivelmente explicado pelos ganhos retidos durante a fase de prosperidade.

Da tabela deduz-se também que a poupança total desabou entre a fase pós-primeiro choque do petróleo e a longa década perdida (1981-92), tendo diminuído em 4,3 p.p. do PIB. A poupança doméstica de fato aumentou ligeiramente, de 21% para 21,7% do PIB. Deduz-se que a queda da formação de capital deveu-se inteiramente à mudança de direção (e intensidade) da transferência de recursos do exterior: de um ingresso de 2,6% em 1974-80 passou-se a uma saída de 2,5% do PIB em 1981-92, variação essa transmitida à formação de capital e à taxa de FBCF (que caiu 3,4% do PIB). Visto sob esse ângulo, a crise da dívida, implicando saída líquida de recursos para o exterior, aparece como o principal vilão por trás da queda da taxa de investimento entre as fases analisadas.

A taxa de investimento fixo continuou a cair na fase das reformas (1993-99): de 19,2% para 17% do PIB. Mas agora o fator responsável foi a queda da poupança doméstica (21,7% para 16,5% do PIB), possivelmente devido ao fim do imposto inflacionário e à pressão dos gastos correntes sobre o orçamento do governo, que levou a uma notável redução no investimento público. Na fase mais recente, após a reforma do regime de política econômica de 1999, a queda da poupança externa foi mais do que compensada pela elevação da poupança doméstica, mantendo a poupança total quase constante: de 17,5% para 18% do PIB, parte da qual financiando o investimento fixo, que aumentou modestos 0,3 p.p. do PIB.

A tabela 4 usa a expressão (1) para decompor a taxa de crescimento do capital (K'). O destaque principal da tabela é que K' cai bruscamente após 1980, não se recuperando nem mesmo depois de superada a hiperinflação. Parte da responsabilidade está na taxa de poupança (**s**), que caiu mais de 3 p.p. devido à redução da poupança externa, como visto. Os três fatores adicionais por trás do colapso da acumulação de capital entre 1974-80 e 1981-92 são: a redução de 6 p.p. da utilização de capacidade (**u**), a queda de 8 p.p. da produtividade do capital (**v**, relação produto-capital em uso) e o aumento de quase 19% no preço relativo do investimento (**p**) (queda de 19 p.p. de 1/**p**). Ou seja, todos os componentes contribuíram para a forte redução do crescimento do capital entre as fases de 1974-80 e 1981-92.

Quando se analisam as diferenças entre as taxas K' em períodos consecutivos, nota-se um comportamento negativo dos fatores explicativos na quase totalidade das comparações, com a exceção de que a taxa de poupança aumenta até o período 1974-80. Assim, entre o período inicial 1947-62 e o segundo, de 1963-67, tem-se uma redução de 2,3 p.p. na taxa de crescimento do capital (de 8,9% a.a. para 6,6% a.a.) que não é explicada pela poupança — pois esta de fato aumentou entre esses períodos. A queda é explicada pelos três outros fatores: **u**, **v** e **p**.

Tabela 4
Decomposição do crescimento do capital (K') — taxas médias anuais em períodos selecionados (1948-2011)

Períodos	K' (% ao ano)	s (% PIB)	u (%)	v	1/p	Memo: p
1948-62	8,90%	14,80%	97,1	0,683	1,415	0,71
1963-67	6,60%	15,80%	92,6	0,61	1,252	0,8
1968-73	9,60%	19,50%	96,5	0,593	1,248	0,8
1974-80	9,80%	22,60%	92,6	0,548	1,201	0,83
1981-92	3,30%	19,20%	89,8	0,463	1,012	0,99
1993-99	2,30%	17,00%	93,1	0,442	1,018	0,98
2000-11	2,70%	17,30%	94,6	0,459	0,969	1,03
Total (Média)	6,00%	17,70%	94,4	0,547	1,164	0,86

Fonte: Bonelli e Bacha (2013, tabela 8.3).

Entre o período da recessão 1963-67 e o do "milagre" 1968-73 tem-se uma forte aceleração do crescimento do capital, que é explicada, essencialmente, pela poupança (com o forte aumento da poupança externa, como visto) e pelo aumento no grau de utilização da capacidade, parte da qual ociosa por conta da recessão anterior. A relação produto-capital em uso pouco mudou entre esses dois períodos, e o aumento nos preços relativos da FBCF foi praticamente nulo. Logo, mais poupança e maior uso de capacidade explicam a aceleração de 3 p.p. da acumulação.

Entre os períodos 1968-73 e 1974-80 observa-se uma pequena aceleração na acumulação, toda ela associada a uma elevação da poupança (novamente, externa). Entre os demais fatores — todos eles contribuindo para frear o crescimento — destacam-se a queda na relação produto-capital em uso e na utilização de capacidade.

Entre 1974-80 e a longa década perdida 1981-92 o crescimento da acumulação desaba de 9,8% para 3,3% ao ano, com todos os parâmetros explicativos apresentando contribuição fortemente negativa. A expressão (1) envolve fatores multiplicativos e aditivos e, por isso, não é trivial decompor as diferenças das taxas de crescimento do capital em períodos consecutivos entre as parcelas explicativas. Mas uma decomposição logarítmica das diferenças do crescimento do capital bruto (K' + δ) mostra que 30% da queda se deveram à redução da poupança, 12% à redução da utilização de capacidade, 27% à redução da relação produto-capital e 31% ao aumento dos preços relativos do investimento. Logo, poupança, relação produto-capital e preços relativos do investimento contribuíram com parcelas semelhantes.

A taxa de crescimento do capital continuou a cair entre a longa década perdida e a curta fase das reformas (1993-99), com a responsabilidade maior recaindo sobre a redução da poupança e, secundariamente, sobre a redução da relação produto-capital, já que a utilização de capacidade aumentou e os preços relativos do investimento variaram pouco.

Finalmente, entre a fase das reformas e a do novo regime de política econômica, tem-se uma modesta aceleração na formação de capital que é explicada, essencialmente, pelos aumentos na utilização de capacidade e na relação produto-capital em uso. A pequena elevação nos preços relativos da FBCF jogou um papel ligeiramente negativo e a taxa de poupança ficou praticamente estável.

Mas, além do colapso do capital, a produtividade do trabalho, como vimos na tabela 2, também desabou após 1980. O mesmo ocorreu com a produtividade total dos fatores, definida da forma usual (2), e cuja importância é destacada a seguir.[38]

$$(2) \quad PTF' = Y' - \alpha\,(u.K)' - (1-\alpha).L'$$

Na decomposição da tabela 5 apresentam-se as fontes de crescimento do PIB por trabalhador obtida de (2), segundo a expressão

$$(3) \quad y' = PTF' + \alpha(uk)'$$

onde $y' = Y' - L'$ é a taxa de crescimento do PIB por trabalhador, ou produtividade da mão de obra, e $(uk)' = [(uK)' - L']$ é a taxa de aprofundamento do capital por trabalhador.

---

38. Y' é a taxa de crescimento do PIB, α é a participação da remuneração do capital na renda, que, para simplificar, estimamos constante em 0,46, (u.K)' é a taxa de crescimento do capital utilizado, L' é a taxa de crescimento da mão de obra e PTF' é a taxa de crescimento da produtividade total dos fatores. Da definição do crescimento da PTF é fácil deduzir que ela pode ser descrita como a média ponderada das taxas de crescimento das produtividades do capital e do trabalho, sendo os pesos dados pelos coeficientes α e $(1-\alpha)$: PTF' = α(Y' – (uK)') + $(1-\alpha)$(Y' – L'), onde as variações de produtividade total são dadas pelas variações da produtividade do capital (Y' – (uK)') e da mão de obra (Y' – L').

A taxa de crescimento do PIB por trabalhador foi de 2,3% a.a. no longo prazo (período 1948-2011 como um todo). O aprofundamento do capital contribuiu com 61% para esse desempenho e a PTF' com os 39% restantes. Uma partição exatamente igual (capital, 61%; PTF, 39%) caracteriza a fase 1948-80 — exceto pelo fato de que, neste caso, o PIB por trabalhador aumentou 4,2% por ano, enquanto em 1981-2011 o crescimento de y' é de apenas 0,3% ao ano. Uma queda acentuada na acumulação de capital é o principal ingrediente para esse desempenho: o aprofundamento do capital cai de 2,5% antes de 1980 para apenas 0,3% a.a. após esse ano. Sua contribuição para o medíocre crescimento de y' sobe para 94% em 1981-2011. Isso justifica a ênfase na acumulação de capital como fonte importante do colapso de crescimento do Brasil depois de 1980.

Tabela 5
Decomposição do crescimento do PIB por trabalhador 1948-2011, períodos selecionados (% a.a.)

	y'	PTF'	% de y'	α(uk)'	% de y'
1948-62	4,4	1,69	38%	2,71	62%
1963-67	2,4	0,61	25%	1,79	75%
1968-73	5,7	3,47	61%	2,23	39%
1974-80	3,6	0,94	26%	2,66	74%
1981-92	-0,8	-1,03	129%	0,23	-29%
1993-99	0,7	0,24	34%	0,46	66%
2000-11	1,2	1,03	86%	0,17	14%
1948-11	**2,3**	**0,89**	**39%**	**1,41**	**61%**
1948-80	4,2	1,63	39%	2,52	61%
1981-11	0,3	0,02	6%	0,29	94%

Fonte: Bonelli e Bacha (2013, tabela 8.5).

Por outro lado, a taxa de progresso técnico também cai: de 1,6% a.a. antes de 1980 para praticamente zero depois de 1980. Além disso, excetuando-se o período 1948-62, quando o Brasil, como o resto do mundo, se beneficiou do *boom* econômico do pós-guerra, as fases com as maiores taxas de progresso técnico são 1968-73 e 2000-11. Em ambas, o país se beneficiou das reformas econômicas introduzidas nos períodos imediatamente anteriores a elas (especialmente em 1965-67 e 1993-99). Uma PTF' negativa foi o fator dominante por trás da década perdida de 1981-92. Isso implica que a compreensão das flutuações do crescimento brasileiro passa tanto pela acumulação de capital como pelo progresso técnico e ganhos de produtividade, o que nos leva naturalmente ao tema da seção seguinte.

5. Perspectivas de crescimento

O crescimento econômico depende crucialmente de investimento e produtividade. Esta seção adota dois modelos para especular sobre as perspectivas de crescimento do Brasil no longo prazo com base nesse fato. O primeiro modelo, que poderia ser denominado paramétrico, nada mais é do que um algoritmo baseado na identidade (4), onde Y é o PIB a preços constantes; L é o nível de emprego (logo, Y/L é a produtividade da mão de obra); PEA é a população economicamente ativa (logo, L/PEA é a taxa de emprego, ou o complemento da taxa de desemprego); PIA é a população em idade ativa (logo, PEA/PIA é a taxa de atividade); e POP é a população total (logo, PIA/POP é a taxa de participação).

(4) $Y = (Y/L)*(L/PEA)*(PEA/PIA)*(PIA/POP)*POP$

Tomando-se logaritmos de (4) em anos distintos e subtraindo-se os resultados entre anos que se deseja analisar, tem-se uma decomposição da variação do nível do PIB (ΔY). O exercício a seguir foi feito para as diferenças entre 2002 e 2010 e duas projeções entre esse último ano e 2020.

A vantagem principal dessa abordagem é que as projeções das variáveis demográficas, especialmente a população em idade ativa (PIA) e a população total (POP), são bastante robustas e já existem.[39] Quanto às demais variáveis, os procedimentos e hipóteses adotados para as projeções são os seguintes: (i) para a relação PEA/PIA adotou-se a mesma taxa de crescimento observada de 2002 a 2010; (ii) para a razão L/PEA, a taxa de emprego, manteve-se a relação constante em 0,935, que implica uma taxa de desemprego aferida pela Pnad de 6,5% no longo prazo.

Dadas essas hipóteses, a taxa de crescimento do PIB depende apenas da evolução da produtividade da mão de obra (Y/L), para a qual duas hipóteses

---

39. Convenção: a PEA e a PIA são compostas, nesse exercício, das parcelas da população com idades de 10 a 64 anos de idade.

foram adotadas. Na primeira (a), a produtividade cresce 1,8% a.a. Na segunda (b), a taxa é de 2,3% a.a.[40] Os resultados da decomposição estão na tabela 6.

Tabela 6
Taxas médias de crescimento do PIB 2002-10, projeções 2010-20 segundo duas alternativas de crescimento da produtividade e decomposição do crescimento (%)

Períodos	Taxas de Crescimento do PIB a.a.	Produtividade Y/L	Decomposição de ΔY			População POP
			Taxa emprego L/PEA	Taxa de atividade PEA/PIA	Taxa de participação PIA/POP	
2002-2010	4,00%	45%	16%	4%	8%	28%
2010-2020 (a)	2,80%	60%	0%	5%	10%	25%
2010-2020 (b)	3,50%	67%	0%	4%	9%	20%

Fonte: Pnad (diversos anos), Censos Demográficos, Contas Nacionais e projeções populacionais do IBGE; elaboração do autor.
(a) supõe crescimento de 1,8% a.a. da produtividade da mão de obra entre 2010 e 2020
(b) supõe 2,3% a.a.

Inicialmente, chama atenção na tabela 6 o fato de que, mesmo supondo--se uma taxa relativamente acelerada para a produtividade no cenário (b), de 2,3% a.a., o crescimento do PIB é mais lento do que o registrado em 2002-10. A razão principal para isso é a contribuição da taxa de emprego, que aumentou bastante entre 2002 e 2010 — mas que, tendo alcançado 93,5% da força de trabalho, dificilmente continuará a aumentar futuramente em magnitude apreciável. Essa é a razão pela qual sua contribuição esperada é nula nos dois cenários. A contribuição da produtividade do trabalho será, portanto, maior do que o observado nos anos 2000: dependendo do cenário, ficará entre 60 e 67% da variação no PIB, contra 45% entre 2002 e 2010.

O crescimento populacional, que cumpriu um papel tão importante na explicação do crescimento passado, também contribuirá menos futuramente, e cada vez menos.[41] Esse resultado é parte do ônus da transição demográfica

---

40. A taxa inferior é maior do que as registradas nas fases típicas analisadas nas três últimas fases da tabela 5. Ela é da ordem de grandeza das que se obtêm do uso das Contas Nacionais e das Pnad de 1992 e 2000, uma fase de crescimento relativamente forte do nível de atividade, na qual o PIB cresceu 4% a.a. e o emprego 2,2% a.a.
41. O peso dessa variável flutuou de 41% a 47% entre 1940 e 1970, sendo de 30% na década de 1970 e de 58% na década de 1990-2000. Como esperado, *ceteris paribus*, quanto mais forte o crescimento do PIB, menor a contribuição do componente populacional. E vice-versa. Entre 1940 e 2000 esse componente representou 45% da variação no PIB real. Ver Bonelli (2002, tabela 3). A taxa média de crescimento populacional estimada pelo IBGE para 2010-20 é de 0,7% a.a.

muito rápida ainda em curso no Brasil. A contribuição do aumento da taxa de participação também é relevante, mas explica apenas cerca de um décimo do crescimento projetado do PIB. Naturalmente, é possível imaginar-se aumento mais rápido na taxa de atividade do que o suposto no exercício. Mas dificilmente isso iria acelerar o PIB substancialmente acima do calculado, como sugerido pelas pequenas participações na explicação da variação do PIB.[42]

A tônica do exercício é que o crescimento futuro dependerá cada vez mais, crucialmente, do crescimento da produtividade — que, neste exercício, embute o aumento do capital fixo e humano por trabalhador — e menos da contribuição das mudanças demográficas. Isso transparece claramente do peso da produtividade nas decomposições das projeções: entre 60% e 67%, dependendo da taxa média anual adotada para essa variável. Esse comentário nos leva, naturalmente, ao exercício de projeção seguinte.

Partindo-se do princípio de que o crescimento econômico é função da acumulação de capital[43] e da produtividade, o exercício de projeção seguinte baseia-se na log-linearização de uma função de produção Cobb-Douglas com retornos constantes à escala. Mudanças ao longo do tempo no nível do PIB podem ser expressas como na relação (2) acima, rearranjada na forma usual para explicitar o crescimento do PIB e repetida a seguir para mais fácil referência:

$$(5)\ Y' = \alpha(uK)' + (1 - \alpha)L' + PTF'$$

Levando-se em conta a definição $K' = (I/K) - \delta$, onde I é a formação bruta de capital fixo e δ a taxa de depreciação do estoque de capital, uma manipulação algébrica de (5) permite que se chegue a uma relação entre a taxa de crescimento do PIB (Y'), da produtividade total dos fatores (PTF'), e a taxa de investimento (I/Y, medida a preços constantes), como se segue:

$$(6)\ Y' = PTF' + \alpha u^2 v(I/Y) + T,\ \text{onde}$$

$$(7)\ T = (1 - \alpha)L' - \alpha u \delta$$

---

42. A taxa de atividade aumentou de 0,645 em 2002 para 0,653 em 2010. O máximo na década passada foi alcançado no ano (de recessão) de 2009: 0,662.
43. Ignora-se nos exercícios seguintes a contribuição das melhorias no capital humano, bem como a das reduções na jornada de trabalho. Agradeço a Fernando Holanda Barbosa Filho por esse último ponto.

A taxa de crescimento do produto se expressa em (6) como uma combinação linear da taxa de crescimento da produtividade, da taxa de FBCF multiplicada por $\alpha u^2 v$ — que tem a dimensão de um coeficiente angular — e de um termo T. Este último, como se observa em (7), é a diferença entre a contribuição positiva do trabalho e a contribuição negativa da depreciação para o crescimento do PIB. Trata-se de uma taxa negativa, dados os valores recentemente observados para as variáveis incluídas.

No exercício seguinte adotaram-se as seguintes hipóteses: (i) α = 0,46 (como antes; ver seção 3); (ii) u = 0,96 (média do triênio 2010-12, de utilização relativamente elevada da capacidade); (iii) e δ = 0,048. Em relação a L' a hipótese é a mesma adotada na decomposição da tabela 6: 1% a.a.[44] Com isso, T = – 0,016: o termo T subtrai 1,6% a.a. do crescimento do PIB determinado pelos demais termos, dado o crescimento do emprego (L').

A próxima hipótese para se chegar às perspectivas de crescimento diz respeito ao produto $\alpha u^2 v$, que mede a sensibilidade da taxa de crescimento do PIB à taxa de formação de capital fixo. Para chegar-se a ele é preciso adotar uma estimativa para a relação produto-capital em uso, v. Essa variável, que pode ser interpretada como a produtividade do capital, aumentou entre 2003 (0,44) e 2010 (0,48), decrescendo para 0,46 em 2012. A média do crescimento entre 2000 e 2010 foi de 0,85% a.a. Projetando-se o valor observado em 2012 com essa taxa chega-se a 2020 com v = 0,493. A média de 2011 a 2020, de 0,4766, foi o valor finalmente adotado para v. Com essas hipóteses tem-se que $\alpha u^2 v = 0,2$.

A partir desse ponto existem duas possibilidades para se chegar a uma relação entre o crescimento do PIB (Y)' e a taxa de investimento (I/Y), como mostrado em (6), que denominamos de modelos (a) e (b). No primeiro supõe-se que o crescimento da produtividade total dos fatores é totalmente exógeno. No segundo supõe-se que a produtividade é endógena e varia com o crescimento do PIB — isto é, ela é pró-cíclica.

No primeiro modelo é possível fazer uso da definição de PTF' como uma média ponderada do crescimento das produtividades do capital (v) e do trabalho, os pesos sendo α e $(1 – \alpha)$. Supondo que v cresça à mesma taxa mé-

---

44. Tenha-se em conta que, entre 2010 e 2020, o crescimento da PIA será de 0,85% a.a., o da PEA, entre 0,70 e 0,87% a.a. e o da população total, de 0,7% a.a. Logo, uma taxa sustentada de 1% a.a. para o emprego não parece tão pequena.

dia que aumentou — embora não monotonicamente — entre 2000 e 2010 (0,85% a.a.) e que a produtividade da mão de obra aumente a uma taxa entre as usadas na decomposição anterior (2% a.a, por exemplo), o crescimento da PTF resultante é de 1,47% a.a. Substituindo-se esses valores em (6) tem-se a relação linear entre a taxa de crescimento do PIB e a taxa de investimento seguinte:

$$(8) \quad Y' = -0,001 + 0,20*(I/Y)$$

A tabela 7 resume na coluna Y'(a) as taxas de crescimento do PIB em função da taxa de investimento para valores desta taxa entre 15% e 25% do PIB. Dentro dessa faixa o PIB cresceria entre 2,9% e 4,9% a.a.: a cada ponto percentual de aumento da taxa de FBCF tem-se 0,2 p.p. adicionais no crescimento do PIB — que é o coeficiente angular em (8). Registre-se que, para taxas de investimento da ordem da experimentada no quinquênio 2008-12 (0,187), a taxa esperada para o PIB é de 3,7% — um pouco mais elevada do que a obtida na hipótese otimista da simulação anterior (tabela 6).

Tabela 7
Crescimento do PIB (Y') e da PTF (PYF') segundo modelos e taxas de investimento alternativos e parcelas do crescimento explicadas pela PTF

Taxas FBCF	Y'(a)	Y'(b)	PTF'	PTF'	PTF'/Y'	PTF'/Y'
I/Y	PTF Exógena	PTF Endógena	(Exógena)	(Endógena)	(a)	(b)
0,15	0,029	0,02	0,015	0,006	0,5	0,3
0,16	0,031	0,024	0,015	0,008	0,47	0,32
0,17	0,033	0,028	0,015	0,009	0,44	0,34
0,18	0,035	0,031	0,015	0,011	0,42	0,35
0,19	0,037	0,035	0,015	0,013	0,39	0,36
0,2	0,039	0,039	0,015	0,014	0,37	0,37
0,21	0,041	0,042	0,015	0,016	0,36	0,37
0,22	0,043	0,046	0,015	0,017	0,34	0,38
0,23	0,045	0,049	0,015	0,019	0,32	0,38
0,24	0,047	0,053	0,015	0,021	0,31	0,39
0,25	0,049	0,057	0,015	0,022	0,3	0,39

Fonte: ver texto.

No modelo (b), supõe-se que exista uma relação entre o crescimento da PTF e o do PIB, ou seja, endogeneíza-se o crescimento da produtividade. Uma base para isso é a constatação de que anos de crescimento forte do PIB são também caracterizados por crescimento elevado da produtividade. Essa hipótese é visualizada no gráfico 7, onde os resultados anuais foram suavizados por médias trienais das duas variáveis.

Gráfico 7
Médias móveis trienais do crescimento do PIB (Y') e da produtividade (PTF'), 1990-2012 (% a.a.)

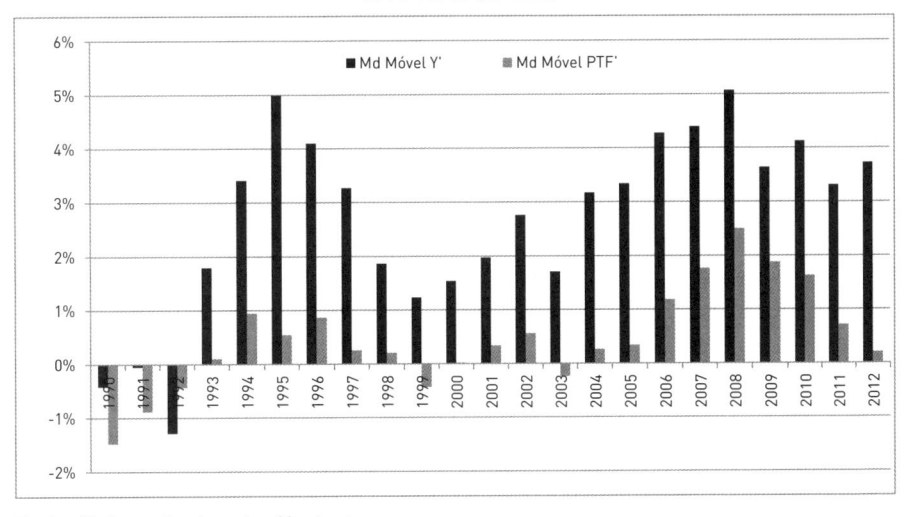

Fonte: Elaboração do autor. Ver texto.

Os ganhos de produtividade estão associados à expansão do investimento em capital fixo — isto é, à tecnologia incorporada em máquinas e equipamentos — e aos investimentos em capital humano e em inovação. A teoria e a experiência brasileira e internacional ensinam que o crescimento lento dificulta a realização de economias de escala, não estimula as mudanças tecnológicas e de aprendizado, nem a adoção de inovações — logo, limita a expansão da produtividade.

Obviamente, essa associação pode ser espúria: a expressão que define a variação da PTF mostra que ela é uma contribuição residual ao crescimento depois que os insumos de mão de obra e capital são levados em consideração.[45]

---

45. Interessantemente, da definição de PTF' — contribuição ao crescimento depois de

Mas a intuição sugere que esse resíduo se deve a uma combinação de vários fatores, quase todos associados ao ritmo de aumento do nível de atividade. Os mais importantes entre eles são: retornos crescentes de escala; melhora da eficiência na utilização dos insumos, por realocação dos fatores, aprendizado e experiência no trabalho, e mudanças organizacionais no interior das unidades produtivas; melhoria na qualidade dos insumos (não captadas ou não adequadamente computadas nas variações de quantidades de insumos utilizados, como melhorias no capital humano); finalmente, mas não menos importante, existem erros de medida que tendem a subestimar as medidas usuais de crescimento do capital e do emprego. Entre estes últimos destaca-se o fato de as medidas de capital e trabalho não incorporarem mudanças como o aumento no ritmo de produção: nem a medida usual de estoque de capital utilizado nem a de trabalho refletem adequadamente mudanças deste tipo. Algumas mudanças estruturais que acompanham o crescimento mais acelerado — como a concentração da produção em empresas maiores e de produtividade mais elevada — também não são medidas na forma normalmente adotada. Alterações nos *layouts* das unidades produtivas para elevar a produtividade, da mesma forma, não são corretamente precificadas.

Na busca por uma relação entre Y' e PTF' obtivemos do registro do período 1990-2012 a seguinte relação com os dados das médias móveis trienais mostrados no gráfico 7:

$$(9) \quad PTF' = -0{,}003 + 0{,}444 * Y'$$

Inserindo essa expressão em (6) chega-se a trajetórias para combinações factíveis da taxa de crescimento da produtividade com a taxa de FBCF e as taxas de crescimento do PIB resultantes. Essa relação numérica é:

$$Y' = -0{,}034 + 0{,}36 \, (I/Y)$$

Os resultados de Y' segundo a expressão (10) são também mostrados na tabela 7, terceira coluna Y'(b), que apresenta ainda as estimativas de PTF' dadas por (9) e as proporções do crescimento explicadas pela produtividade

---

deduzida a contribuição do uso de insumos — esperar-se-ia, *ceteris paribus*, uma associação negativa entre o crescimento da produtividade e o do uso dos insumos de capital e trabalho: dado o crescimento, quanto maior o uso combinado dos insumos, menor a produtividade. Na realidade, a correlação para os dados brasileiros para os anos de 1948 a 2012 é positiva (R = 0,423). Se anos de recessão são retirados, o coeficiente sobe para 0,755.

adotada como constante (1,5% a.a.) e pela produtividade obtida a partir do crescimento do PIB em (9).

Para cada aumento de 0,1 p.p. da taxa de investimento, Y'(b) aumenta mais rapidamente do que Y'(a): em 0,36 p.p. (que é o coeficiente angular em (10)), contra 0,20 p.p. As taxas PTF' que correspondem ao crescimento do PIB são mostradas na quinta coluna. Elas variam de 0,6% a 2,2% a.a., dependendo da velocidade do crescimento associada a maiores taxas de investimento (I/Y).

Esse aspecto aparece nas duas últimas colunas da tabela, que registram as proporções do crescimento para cada taxa de FBCF (e de Y') dependendo dos modelos (a) e (b). A hipótese de produtividade exógena implica uma proporção decrescente para essa relação, de 50% do PIB (quando este cresce 2,9% a.a.) a 30% (quando o PIB cresce a 4,9%). Da hipótese de produtividade endógena resulta uma proporção crescente para essa relação: de 30% do PIB, quando este cresce 2% a.a., a 39% do crescimento do PIB, quando este cresce a 5,7% a.a.

Registre-se que, para taxas de investimento da ordem da experimentada no quinquênio 2008-12 (0,187), a taxa esperada para o PIB no modelo (b) é de 3,4% — da ordem de grandeza da obtida na hipótese otimista da simulação anterior, de 3,5% a.a. (tabela 6).

Esses resultados podem também ser visualizados no gráfico 8, onde o eixo vertical à esquerda registra as taxas de crescimento do PIB e da PTF para as taxas de FBCF mostradas no eixo horizontal. A linha **aa** mostra as combinações entre taxas de investimento e crescimento no modelo (a), de produtividade exógena (+1,5%, independentemente do crescimento). A linha **bb** mostra as combinações entre taxa de investimento e crescimento no modelo (b), de produtividade endógena.

O eixo à direita no gráfico registra a proporção do crescimento do PIB que é explicada pela produtividade em cada modelo. O formato da reta pontilhada descendente, que varia entre 50% (taxa de FBCF de 15%) e 30% (idem, 25%), resulta da hipótese de que a produtividade é constante. Desse modo, quanto mais forte o crescimento, menor a proporção explicada pela produtividade.

A curva pontilhada ascendente que vai de 30% a 39% do PIB reflete a hipótese de que a produtividade é pró-cíclica do modelo (b). Assim, por exemplo, para taxas de crescimento do PIB da ordem de 3,4%, a PTF responde por 36% dessa taxa. Para uma taxa mais elevada, de 5,7%, a produtividade responde por uma parcela maior, de 39%.

Para crescer a 4,9% ao ano é preciso investir 25% do PIB de forma sustentada segundo o modelo (a) e 23% segundo o modelo (b). As taxas PTF' do modelo (a) são constantes em 1,5% e aparecem no gráfico com o título PTF' exógena. As do modelo (b) aparecem na linha tracejada inferior sob o título PTF' endógena.

Gráfico 8
Crescimento do PIB (Y') e da produtividade (PTF') (eixo da esquerda) e taxas de investimento (eixo horizontal) e parcelas do crescimento explicadas pela PTF (eixo da direita) segundo modelos e taxas de investimento alternativos (%)

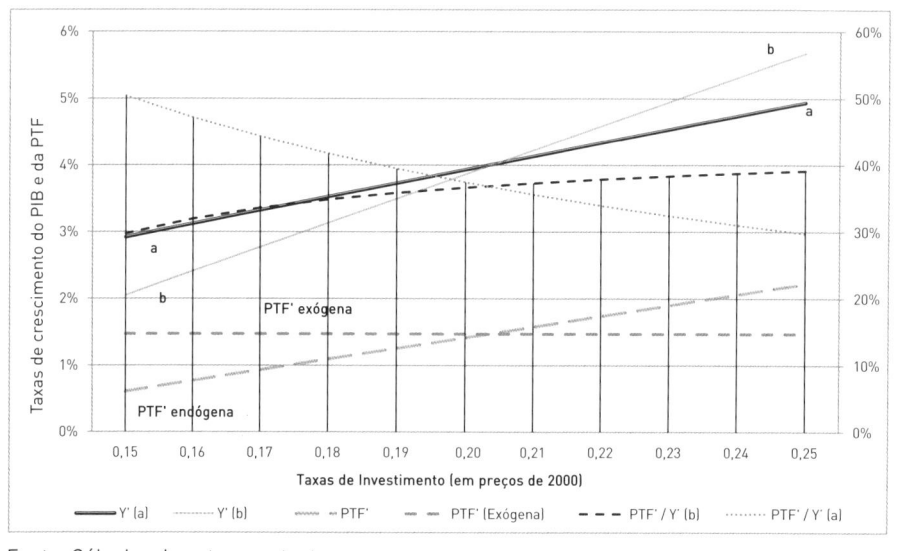

Fonte: Cálculos do autor; ver texto.

A análise das perspectivas de crescimento do Brasil apresentada nesta seção aponta para seu aspecto condicional. Como o crescimento depende da produtividade e do investimento, ele será condicionado pelas perspectivas dessas variáveis. Assim, foge ao escopo deste estudo apresentar projeções de crescimento que prescindam da identificação numérica desses condicionantes.

6. Conclusão

Um dos aspectos mais notáveis do crescimento do Brasil no longo prazo, seguidamente mencionado neste estudo, foi a perda de dinamismo econômico depois de 1980. Como na maior parte do século XX pré-1980 a industrialização foi um processo crucial para o desempenho agregado, é tentador concluir que o colapso do crescimento macro deveu-se à *débâcle* concomitante do crescimento da indústria de manufaturas. A dificuldade de crescer nas três últimas décadas estaria, nessa visão, respondendo às agruras de continuar com uma rápida expansão da indústria. O corolário é: se a indústria deslanchasse(ar), tudo estaria(á) resolvido.

Nossa visão não é exatamente essa. Inclusive porque uma das principais razões alegadas para a redução do crescimento industrial, a abertura comercial, só ocorreu de fato no começo da década de 1990, quando a indústria já demonstrara insuficiências de crescimento e competitividade notáveis por cerca de uma década. O mesmo poderia ser dito, com adaptações, de outra causa frequentemente alegada: a taxa cambial sobrevalorizada. A experiência histórica a propósito não é conclusiva, mas sugere que, mesmo em fases de câmbio desvalorizado, faltou crescimento industrial e vice-versa. Mas é razoável supor que, se o crescimento industrial for acelerado, o do PIB também o será.

Nossa visão, fundamentada na evidência apresentada neste ensaio, é que os erros e acertos de política econômica, fortemente condicionada pelo duplo desafio de controlar periódicos surtos de inflação associados ao populismo econômico e superar crônicas crises do balanço de pagamentos, é que devem ser responsabilizados pela perda de dinamismo, ao lado das deficiências geradas pelo modelo estatizante e fechado do período até 1980, as quais condicionaram fortemente o comportamento da economia nas décadas seguintes. A perda de dinamismo está associada às consequências do modelo anterior e às dificuldades de superá-lo completamente, apesar das reformas. Essa é a razão pela qual dedicamos parte substancial deste trabalho à apreciação da evolução da política econômica em uma perspectiva de longo prazo, de modo a pelo menos tentar vincular as agruras da política econômica ao desempenho do nível de atividade.

Em particular, focando a descontinuidade mais notável, creditamos — algo obviamente — à crise da dívida externa nos anos 1980 o papel de uma das raízes do colapso do capital, e do PIB, pelas implicações que a crise teve sobre o financiamento externo e do investimento. Mas o excessivo endividamento externo, na forma como foi contratado, resultou de uma aposta de política econômica que se revelou equivocada: a de manter o crescimento da demanda interna em alta quando faltavam elementos para isso e a primeira crise do petróleo exigia ajustes — que não foram feitos. Nessa visão, a "fuga para a frente" da segunda metade dos anos 1970, quando um agressivo programa de investimentos foi implementado com decidido apoio estatal, precipitou e amplificou os efeitos da crise pós-1980.

O golpe mortal nessa tentativa de crescer em um mundo ferozmente adverso veio com a segunda crise do petróleo, aumento dos juros e recessão mundial que se lhes seguiu, deixando claro uma vez mais que a economia brasileira não pode ser analisada sem levar em devida conta o contexto internacional. Com o colapso do crescimento do PIB veio o da produtividade, não importando a causalidade, desnudando um arraial de ineficiências que a reforma do estado nos anos 1990 tentaria reverter.

Outra consequência foi a queda dos investimentos em infraestrutura: enquanto nos anos 1970 o Brasil investia 5% do PIB em infraestrutura, essa taxa caiu para cerca de 2% desde 1990, mesmo com a privatização nessa década. A privatização, aliás, teve certamente impacto sobre o desempenho da economia, tendo sido bem-sucedida em melhorar a eficiência e, em alguma medida, na atração de novos investimentos em setores como telecomunicações, ferrovias e portos. Ainda assim, como grande parte de infraestrutura permanece sob controle estatal, o investimento privado tem sido focado principalmente nas concessões e expansões marginais. Como resultado, os serviços de infraestrutura são de baixa qualidade e caros.

O ajuste que deveria ter sido feito nos anos 1980 foi realizado apenas em parte. Restaurada a competitividade por uma política cambial agressiva, o uso cada vez mais difundido da indexação transmitiu a desvalorização cambial aos preços e salários, fenômeno que, somado ao retorno ao populismo — estratégia política amplamente utilizada em mais de uma fase da história do país —, em nada contribuiu para solucionar o dilema da inflação e a falta de financiamento. O golpe de misericórdia veio com uma nova Constituição (1988), que, após duas décadas de extrema centralização de poder e decisão no âmbito federal, promoveu uma descentralização *à outrance*, na qual houve forte expansão das receitas e, especialmente, despesas estaduais e municipais. Por essa época o Brasil iniciou seu processo de reformas, mas a inflação era alta, as contas fiscais estavam muito desequilibradas e a intervenção generalizada de um Estado discricionário significava que os direitos de propriedade não eram plenamente garantidos — como testemunham as medidas de confisco financeiro adotadas em diversos planos de estabilização entre 1986 e 1991.

O problema do financiamento das contas públicas era foco de especial atenção. Nos primeiros anos após a aprovação da Constituição o governo financiou as crescentes despesas correntes contando com um efeito Tanzi reverso (uma vez que a receita era mais bem indexada à inflação do que a despesa) e com a receita de senhoriagem aumentada. Assim, a inflação era, de certa forma, funcional para o financiamento do setor público. Mas o investimento e o crescimento se recusavam a reagir, como vimos.

Quando a inflação foi dominada, depois de 1994, o governo recorreu ao aumento do endividamento. Altas taxas de juros domésticas contribuíam para atrair capital externo, ancorar os preços e manter a atratividade dos títulos públicos. A contrapartida foi o modesto crescimento do PIB e do investimento fixo, além da elevação dos gastos públicos pelo pagamento de juros crescentes, daí resultando aumento da carga tributária.

Quando essa estratégia se tornou inviável pelo excessivo endividamento, o governo recorreu aos aumentos de impostos, com três resultados: (i) os impostos federais contrabalançaram a descentralização promovida pela Constituição e, de fato, trouxeram alguma recentralização; (ii) como nenhuma redução compensatória de impostos ocorreu nos estados e municípios, a carga tributária total aumentou substancialmente; (iii) a complexidade do sistema fiscal também aumentou, tendo o número de impostos e taxas aumentado ao longo do tempo. O resultado final é um sistema fiscal caro, complexo, instável, regressivo e de difícil controle.

O aumento da despesa do setor público, aliás, foi tão grande que, apesar do aumento da dívida e dos impostos, só pôde ser acomodado por meio de um declínio significativo nas despesas de capital: o investimento público total, que inclui investimentos das empresas estatais federais, caiu de 7,9% do PIB em 1968-78 para 2,7% em 2003-05. A infraestrutura foi duramente atingida, como já mencionado, com efeitos negativos sobre o crescimento do PIB e da produtividade.[46]

Em grande medida, o Brasil investe pouco porque é um país de poupança baixa.[47] Isto implica que, quando as taxas de investimento sobem, o mesmo tende a ocorrer com o déficit em conta-corrente. O risco é que, com

---

46. Ver Pinheiro, Bonelli e Pessôa (2010, passim).
47. A desagregação da poupança interna no Brasil mostra que o principal problema é a poupança negativa do setor público. No entanto, a poupança das famílias diminuiu na segunda metade da década passada, não surpreendentemente ao mesmo tempo que o crédito ao consumidor expandiu-se substancialmente.

o tempo, os passivos externos acumulados gerem temores nos investidores, o que, no evento de uma crise externa, pode vir a desencadear uma interrupção de financiamentos que afete o crescimento.

O baixo nível de poupança é, no entanto, apenas uma parte da explicação. A baixa taxa de investimento do Brasil também resulta de uma combinação de baixo investimento público e um ambiente de negócios adverso. Este último reflete o tamanho, a complexidade e a ineficiência da carga tributária, a baixa qualidade e instabilidade da regulação econômica, ambiental e administrativa, o elevado grau de incerteza jurídica e a falta de infraestrutura adequada. Some-se a isso a elevação dos preços relativos da formação bruta de capital fixo que, como vimos, diminuiu o poder de compra da poupança *once and for all* desde o final dos anos 1980.

A estratégia adotada desde meados da década passada favorece a intervenção estatal como meio para eliminar gargalos de crescimento, dando papel mais importante para as empresas estatais e interferindo mais diretamente nas decisões de negócios de empresas privadas, seja através da alavanca do crédito subsidiado ou através de persuasão moral. Não é claro se essa estratégia traz resultados positivos para as perspectivas de crescimento.

Na seção sobre essas perspectivas concluímos que elas são condicionadas pelo crescimento da produtividade e do investimento, ambas associadas ao próprio crescimento do PIB e fortemente dependentes do ânimo vital do setor privado. Os resultados indicam que, mantidas as taxas de formação bruta de capital fixo registradas nos últimos anos, o crescimento sustentado não se afastaria da faixa de 3,4% a 3,7% a.a.

Ir além disso exige reformas que promovam um rápido aumento na produtividade, através de mais investimento, inovação e ênfase na educação de qualidade. Ao mesmo tempo, é preciso aumentar os investimentos em infraestrutura, pública e privada, e limitar o aumento da carga fiscal. Isso vai se tornar cada vez mais importante no futuro, pois a transição demográfica: (i) exercerá pressão crescente sobre a seguridade social e gastos com saúde; (ii) ocasionará, *ceteris paribus*, redução da poupança; e (iii) reduzirá gradualmente a oferta de trabalho.[48]

---

48. Um risco que tem recebido pouca atenção é o de que o rápido aumento do endividamento das famílias pode comprometer a saúde do setor bancário se a desaceleração do crescimento de 2011-12 persistir. O endividamento das famílias aumentou de 20% da renda disponível em 2005 para 41% em 2011, aumento esse acomodado pelo declínio das taxas de juros e pela ampliação dos prazos de vencimento. Uma ameaça relacionada é a do padrão de crédito, como demonstrado pelo recente aumento dos atrasos domésticos de pagamento da dívida.

Há também preocupação com a perda de competitividade industrial e com a visão de que o Brasil pode estar passando por um processo de desindustrialização. Isso decorre de três fatores: a valorização significativa do real, fundamental para ajudar a controlar a inflação, levou a que os custos unitários do trabalho aumentassem substancialmente em um momento em que a agressiva estratégia comercial da China tentava compensar o declínio nas exportações para a Europa e os Estados Unidos com aumento das exportações para as economias emergentes. O ambiente de negócios no Brasil não ajudou a melhorar esse estado de coisas.

Para concluir: o principal receio atualmente é que lições erradas sejam extraídas da experiência de crescimento de 2004-08. As lições da história nos ensinam que, frequentemente, as políticas econômicas são mantidas, e às vezes aprofundadas, mesmo quando as condições que as motivaram ou tornaram possíveis não mais existem. Um aspecto preocupante é que a importância das reformas da década de 1990 e a disciplina macroeconômica têm sido minimizadas desde então. A tendência para uma maior intervenção do Estado e o retorno ao uso de barreiras comerciais são sinais nessa direção. Outro é a maior tolerância com a inflação e a erosão da transparência das contas fiscais, e, embora o Brasil não tenha revertido as reformas da década de 1990, a direção das mudanças recentes assemelha-se à de uma reversão. Uma terceira ameaça é o ressurgimento do populismo, um desenvolvimento que muitas vezes vem acompanhado do aumento da intervenção estatal na economia em diversos países da América Latina, sempre com resultados negativos quanto às perspectivas de crescimento de longo prazo.

Referências

ABREU, M. de P. A economia brasileira e a Segunda Guerra Mundial: setor externo. In: NEUHAUS, P. (Coord.). *Economia brasileira*: uma visão histórica. Rio de Janeiro: Campus, 1980.

____. Inflação, estagnação e ruptura: 1961-1964. In: ____. *O Brasil e a economia mundial, 1930-45*. Rio de Janeiro: Civilização Brasileira, 1990. p. 197-212.

____. *O Brasil e a economia mundial, 1930-45*. Rio de Janeiro: Civilização Brasileira, 1990.

_____ (Org.). *A ordem do progresso*: cem anos de política econômica republicana, 1889-1989. Rio de Janeiro: Campus, 1980.

BACHA, E. O Plano Real: uma avaliação. In: MERCADANTE, A. (Org.). *O Brasil pós-real*: a política econômica em debate. Campinas: Unicamp/ IE, 1997. p. 11-70.

_____. Plano Real: uma avaliação preliminar. *Revista do BNDES*, Rio de Janeiro, n. 3, p. 3-26, jun. 1995.

_____. Política brasileira do café: uma avaliação. In: MARTINS, M.; JOHNSTON, E. *150 anos de café* (edição comemorativa). Rio de Janeiro: LIS Gráfica e Editora, 1992.

_____; BONELLI, R. Uma interpretação das causas da desaceleração econômica do Brasil. *Revista de Economia Política*, São Paulo, p. 163-189, jul./set. 2005.

_____; MALAN, P. Brazil's debt: from the Miracle to the Fund. In: STEPHAN, A. (Org.). *Democratising Brazil*: problems of transition and consolidation. Oxford: Oxford University Press, 1989. p. 120-140.

BONELLI, R. *Labor productivity in Brazil during the 1990s*. Rio de Janeiro: Ipea, 2002. (Texto para Discussão n. 906)

_____. Nível de atividade. In: IBGE. Instituto Brasileiro de Geografia e Estatística. *Estatísticas do século XX*. Rio de Janeiro: IBGE, 2003. p. 369-412.

_____; BACHA, E. (2013) Crescimento brasileiro revisitado. In: VELOSO, F. et al. (Org.). *Desenvolvimento econômico*: uma perspectiva brasileira. Rio de Janeiro: Campus; Elsevier, 2013. p. 236-262.

_____; MALAN, P. S. Industrialization, economic growth and balance of payments: Brazil, 1970-84. In: WIRTH, J. D.; NUNES, E. de O.; BOGENSCHILD, T. E. (Ed.). *State and society in Brazil*: continuity and change. Boulder: Westview Press, 1987. p. 13-49.

_____; _____. Os limites do possível: notas sobre balanço de pagamentos e indústria nos anos 70. *Pesquisa e Planejamento Econômico*, Rio de Janeiro, v. 6, n. 2, p. 353-406, 1976.

_____; PESSÔA, S.; MATOS, S. Padrões de crescimento industrial no Brasil. In: VELOSO, F. et al. (Org.). *Desenvolvimento econômico*: uma perspectiva brasileira. Rio de Janeiro: Campus; Elsevier, 2013. p. 347-380.

CARDOSO, R. F. Política econômica, reformas institucionais e crescimento: a experiência brasileira (1945-2010). In: VELOSO, F. et al. (Org.). *Desenvolvimento econômico*: uma perspectiva brasileira. Rio de Janeiro: Campus; Elsevier, 2013. p. 166-210.

CARNEIRO JR., D. D. Crise e esperança: 1974-1980. In: ABREU, M. de P. *O Brasil e a economia mundial, 1930-45*. Rio de Janeiro: Civilização Brasileira, 1990. p. 295-322.

FISHLOW, A. Origens e consequências da substituição de importações no Brasil. *Estudos Econômicos*, São Paulo, v. 6, n. 2, p. 5-27, 1972.

FRANCO, G. H. B. A primeira década republicana. In: ABREU, M. de P. *O Brasil e a economia mundial, 1930-45*. Rio de Janeiro: Civilização Brasileira, 1990. p. 11-30.

____. *Reforma monetária e instabilidade durante a transição republicana*. Rio de Janeiro: BNDES, 1983.

FRITSCH, W. Apogeu e crise na Primeira República. In: ABREU, M. de P. *O Brasil e a economia mundial, 1930-45*. Rio de Janeiro: Civilização Brasileira, 1990. p. 31-72.

____. Aspectos da política econômica no Brasil, 1906-1914. In: NEUHAUS, P. (Coord.). *Economia brasileira: uma visão histórica*. Rio de Janeiro: Campus, 1980.

____. Instabilidade macroeconômica e desempenho da indústria no Brasil, 1919-29. Departamento de Economia, Pontifícia Universidade Católica, Rio de Janeiro, 1985. Mimeografado.

FURTADO, C. *Formação econômica do Brasil*. Rio de Janeiro: Fundo de Cultura, 1959.

IBGE. Instituto Brasileiro de Geografia e Estatística. *Estatísticas históricas do Brasil*: séries econômicas, demográficas e sociais de 1550 a 1988. 2. ed. rev. e ampl. Rio de Janeiro: IBGE, 1990.

____. *Estatísticas do século XX*. Rio de Janeiro: IBGE, 2003.

MALAN, P. S. Relações econômicas internacionais do Brasil: 1945-64. In: FAUSTO, B. (Ed.). *História geral da civilização brasileira*. São Paulo: Difel, 1984. tomo III, v. 4, p. 77-104.

____; BONELLI, R. The Brazilian economy in the seventies: old and new developments. *World Development*, Oxford, p. 19-45, Jan./Feb. 1977.

____; ____; Pereira, J. E. de C. *Política econômica externa e industrialização do Brasil (1939/52)*. Rio de Janeiro: Ipea/Inpes, 1977. (Relatórios de Pesquisa n. 36)

NEUHAUS, P. (Coord.). *Economia brasileira: uma visão histórica*. Rio de Janeiro: Campus, 1980.

PINHEIRO, A. C.; BONELLI, R. *Brazil's new development model: accomplishments, threats, and policy lessons.* Texto para Discussão Ibre, 2012. Disponível em: <www.portalibre.fgv.br>.

___; ___; PESSÔA, S. de A. *Pro- and anti-market reforms in democratic Brazil.* 2010. Disponível em: <www.portalibre.fgv.br>.

VELOSO, F. et al. (Org.). *Desenvolvimento econômico*: uma perspectiva brasileira. Rio de Janeiro: Campus; Elsevier, 2013.

VERSIANI, F. R. (1982) Industrialização: a década de 20 e a depressão. Anais do X Encontro Nacional de Economia, Anpec. *Pesquisa e Planejamento Econômico*, Rio de Janeiro, v. 14, n. 1, p. 59-93, 1984.

___: VERSIANI, M. T. A industrialização brasileira antes de 1930: uma contribuição. In: ___; MENDONÇA DE BARROS, J. R. (Ed.). *Formação econômica do Brasil*: a experiência da industrialização. São Paulo: Saraiva, 1977. p. 121-142.

___; MENDONÇA DE BARROS, J. R. (Ed.). *Formação econômica do Brasil*: a experiência da industrialização. São Paulo: Saraiva, 1977.

VILLELA, A. V.; SUZIGAN, W. *Política do governo e crescimento da economia brasileira: 1889-1945.* Rio de Janeiro: Ipea/Inpes, 1973. (Monografia n. 10)

Capítulo 2

Inovação no Brasil: panorama geral, diagnóstico e sugestões de política

Mauricio Canêdo Pinheiro*

1. Introdução

Durante muitos anos o Brasil conseguiu crescer rapidamente, em grande medida, por conta do baixo custo da mão de obra, pela possibilidade de adotar tecnologias dos países mais ricos e pela realocação de fatores de produção para setores relativamente mais produtivos (indústria, tipicamente). No entanto, dado o nível de renda de desenvolvimento atingido pelo Brasil, esses canais de crescimento perderam muito de sua importância.

Assim, nos próximos anos serão necessários ganhos de produtividade para garantir taxas de crescimento mais robustas. Para tanto, a inovação tem papel preponderante. Ademais, dadas as externalidades associadas às atividades de Pesquisa e Desenvolvimento (P&D) e inovação, há bastante espaço para políticas públicas. Este capítulo se insere justamente nesse debate. Faz-se um diagnóstico da atual situação brasileira em termos de inovação, uma breve descrição das políticas de fomento em vigor e uma análise do que é preciso melhorar em termos de ações do governo.

Desse modo, além da introdução, este capítulo conta com quatro seções. A seção 2 faz um breve diagnóstico da situação brasileira. Por sua vez, a seção 3 faz um breve histórico das políticas de fomento à inovação e descreve as políticas públicas mais recentes voltadas para P&D. A seção 4 apresenta algumas sugestões de política. Por fim, seguem-se breves conclusões.

---

* Pesquisador no Instituto Brasileiro de Economia da Fundação Getulio Vargas (FGV/IBRE).

2. O quadro atual da inovação no Brasil

Há certo consenso de que o desempenho brasileiro em termos de inovação tem desapontado. Nesse sentido, esta seção faz uma breve comparação internacional de alguns indicadores ligados a essa atividade, situando o Brasil em relação aos demais países. A esse respeito, é preciso separar esses indicadores em duas categorias: insumos para inovação (investimento em P&D e oferta de mão de obra qualificada, por exemplo) e resultados do esforço inovativo (número de patentes, por exemplo). Em outras palavras, é importante identificar se o fraco desempenho brasileiro se deve à insuficiência de insumos ou à dificuldade de transformar esses insumos em inovações. Com relação aos insumos, a tabela 1 apresenta, para o Brasil e alguns países selecionados, o investimento em P&D como porcentagem do PIB. Também é discriminada a origem do financiamento desse investimento: empresas, governo e outros (que inclui universidades, empresas sem fins lucrativos e fundos no exterior).

Como proporção do PIB, o Brasil (1,2%) tem investimento inferior ao da China (1,7%), mas similar ao da Rússia (1,2%) e superior aos dos demais Brics (Índia, 0,8%; África do Sul, 0,9%). Quando a comparação é feita dentro da América Latina, o Brasil se destaca: a Argentina investe 0,6% do PIB em P&D, Chile e México investem 0,4% e Colômbia apenas 0,2%. Ademais, o investimento brasileiro é comparável ao de alguns países desenvolvidos, como Itália (1,3%) e Espanha (1,4%). Deste modo, o desempenho brasileiro está longe de ser decepcionante, dado o seu nível de desenvolvimento.

Entretanto, quando a comparação é feita com países do Leste Asiático e com países desenvolvidos, a diferença se mostra grande. A título de ilustração, Cingapura (2,4%), Coreia do Sul (3,7%), França (2,3%), Alemanha (2,8%), Japão (3,4%) e Estados Unidos (2,9%) têm taxas de investimento em P&D muito superiores à do Brasil (tabela 1).

Além disso, no caso brasileiro a maior parte do investimento em P&D é financiada pelo governo (52%). Tendência semelhante (às vezes mais forte) é encontrada nos demais países da América Latina, na Índia, na Rússia e na África do Sul. Os países asiáticos — em vários estágios de desenvolvimento — têm um padrão diferente, com uma maior prevalência do financiamento privado. Nos países desenvolvidos, o padrão é bastante variável, desde países em que há forte prevalência do financiamento privado — Estados Unidos (61%) e Alemanha (66%), por exemplo — até países que contam com uma

Tabela 1
Investimento em P&D (% do PIB) e fontes de financiamento

	Empresas	Governo	Outros	Total
Brics	0,5% [47%]	0,5% [48%]	0,1% [5%]	1,1% [100%]
Brasil	0,5% [45%]	0,6% [52%]	0,0% [1%]	1,2% [100%]
Rússia	0,3% [25%]	0,8% [70%]	0,0% [4%]	1,2% [100%]
Índia	0,3% [33%]	0,5% [66%]	0,0% [0%]	0,8% [100%]
China	1,2% [71%]	0,4% [23%]	0,1% [4%]	1,7% [100%]
África do Sul	0,4% [42%]	0,4% [45%]	0,1% [12%]	0,9% [100%]
América Latina	0,1% [32%]	0,2% [50%]	0,1% [17%]	0,4% [100%]
Argentina	0,1% [21%]	0,4% [73%]	0,0% [5%]	0,6% [100%]
Chile	0,2% [43%]	0,1% [33%]	0,1% [22%]	0,4% [100%]
Colômbia	0,0% [22%]	0,1% [46%]	0,0% [31%]	0,2% [100%]
México	0,2% [43%]	0,2% [46%]	0,0% [9%]	0,4% [100%]
Leste e Sudeste Asiático	1,3% [64%]	0,6% [28%]	0,1% [7%]	2,1% [100%]
Cingapura	1,3% [54%]	0,9% [38%]	0,2% [7%]	2,4% [100%]
Coreia do Sul	2,7% [71%]	1,0% [26%]	0,1% [1%]	3,7% [100%]
Hong Kong	0,4% [45%]	0,4% [47%]	0,0% [6%]	0,8% [100%]
Malásia	0,5% [84%]	0,0% [2%]	0,1% [13%]	0,6% [100%]
Desenvolvidos	1,1% [64%]	0,8% [28%]	0,2% [7%]	1,9% [100%]
Alemanha	1,9% [66%]	0,8% [29%]	0,1% [4%]	2,8% [100%]
Canadá	0,8% [46%]	0,6% [34%]	0,3% [19%]	1,8% [100%]
Espanha	0,6% [43%]	0,7% [47%]	0,1% [9%]	1,4% [100%]
Estados Unidos	1,8% [61%]	0,9% [31%]	0,2% [7%]	2,9% [100%]
França	1,1% [50%]	0,9% [39%]	0,2% [9%]	2,3% [100%]
Itália	0,6% [44%]	0,5% [42%]	0,2% [13%]	1,3% [100%]
Japão	2,5% [75%]	0,6% [17%]	0,2% [7%]	3,4% [100%]
Portugal	0,7% [43%]	0,7% [45%]	0,2% [10%]	1,6% [100%]
Reino Unido	0,8% [45%]	0,6% [32%]	0,4% [22%]	1,8% [100%]

Fonte: Unesco.
Notas: Entre colchetes, a participação de cada fonte de financiamento no total. A soma de cada linha pode ser diferente de 100% por conta de arredondamentos. A categoria "Outros" inclui universidades, empresas sem fins lucrativos e fundos no exterior. Os valores se referem ao ano de 2010, salvo quando não disponível. Nesse caso, usa-se a informação mais recentemente publicada.

participação do setor público e das empresas mais equilibrada — como Itália e Espanha. Chamam atenção também Reino Unido e Canadá, cuja participação de outras fontes de financiamento mostra-se expressiva.

Por sua vez, a tabela 2 apresenta os investimentos em P&D com proporção do PIB, por fonte de execução: empresas, governo, universidades e outros (que inclui empresas sem fins lucrativos e fontes não especificadas). No caso brasileiro, governo e universidades (públicas em sua maior parte) respondem por 60% da P&D, quadro similar à média dos países latino-americanos (67%)

e à experiência indiana (67%), mas diferente de Rússia (38%) e África do Sul (42%). Novamente, nos países asiáticos as empresas têm uma participação maior no esforço de P&D. Chama atenção os casos da China (71%), da Coreia do Sul (74%), da Malásia (84%) e do Japão (75%). O mesmo pode ser dito com relação aos países desenvolvidos, sendo os casos mais emblemáticos a Alemanha (67%), os Estados Unidos (70%), a França (61%) e o Reino Unido (60%).

Outro insumo importante para P&D é o capital humano. Se, com relação ao investimento em P&D, o desempenho do Brasil se aproxima de alguns países desenvolvidos, o mesmo não ocorre para o número de pesquisadores por milhão de habitantes (tabela 3). A diferença para a China (quase o dobro do Brasil) e Rússia (mais do que o quádruplo do Brasil) também é grande. Dos países selecionados, o Brasil somente supera Chile, Colômbia, México, Malásia, Índia e África do Sul.

Um país pode ter um pequeno número de pesquisadores ligados à atividade de P&D porque não existem pessoas qualificadas em número suficiente ou porque não existe demanda por esse tipo de profissional. Nesse sentido, um dos componentes do Índice Global de Competitividade do Fórum Econômico Mundial se refere à disponibilidade de engenheiros e cientistas. O indicador, que varia entre um e sete, mede de certa forma o descompasso entre demanda e oferta de mão de obra especializada para atividades de inovação. Na edição mais recente (2012-13), o Brasil se classificou na 113ª posição de um total de 144 países, à frente apenas da África do Sul (122ª posição) no conjunto dos países selecionados (tabela 3).

Além da escassez de mão de obra para P&D, os pesquisadores alocados nessa atividade no Brasil produzem relativamente menos patentes do que seus pares em outros países. A tabela 3 indica que o Brasil produz 4 patentes para cada mil pesquisadores alocados em P&D, inferior à China (5,4), à média latino-americana (5,9), à Índia (8,6) e à África do Sul (17,2) e muito abaixo dos países desenvolvidos (com exceção de Portugal) e do Leste e Sudeste Asiático.[1]

Parte da explicação para a baixa produtividade brasileira pode estar na composição dos investimentos em P&D. Conforme salientado, embora a taxa de investimento em P&D não seja muito baixa para o nível de desenvolvimento do país, a participação das empresas privadas nesse esforço é relativamente pequena. Nesse sentido, há evidências de que esforços de P&D feitos por

---

1. Resultados semelhantes são encontrados quando a produtividade é calculada em função dos gastos em P&D (ver, por exemplo, Rodríguez, Dahlman e Salmi, 2008).

Tabela 2
Investimento em P&D (% do PIB) e fontes de execução

	Empresas	Governo	Universidades	Outros	Total
Brics	0,7% [56%]	0,3% [28%]	0,2% [14%]	0,0% [0%]	1,1% [100%]
Brasil	0,5% [40%]	0,2% [21%]	0,4% [38%]	0,0% [0%]	1,2% [100%]
Rússia	0,7% [60%]	0,4% [30%]	0,1% [8%]	0,0% [0%]	1,2% [100%]
Índia	0,3% [33%]	0,5% [61%]	0,0% [4%]	0,0% [0%]	0,8% [100%]
China	1,2% [73%]	0,3% [18%]	0,1% [8%]	0,0% [0%]	1,7% [100%]
África do Sul	0,5% [58%]	0,2% [20%]	0,2% [19%]	0,0% [1%]	0,9% [100%]
América Latina	**0,1% [30%]**	**0,1% [21%]**	**0,1% [37%]**	**0,0% [10%]**	**0,4% [100%]**
Argentina	0,1% [22%]	0,3% [44%]	0,2% [31%]	0,0% [1%]	0,6% [100%]
Chile	0,2% [40%]	0,0% [9%]	0,2% [40%]	0,0% [9%]	0,4% [100%]
Colômbia	0,0% [16%]	0,0% [8%]	0,1% [47%]	0,0% [28%]	0,2% [100%]
México	0,2% [44%]	0,1% [24%]	0,1% [28%]	0,0% [2%]	0,4% [100%]
Leste e Sudeste Asiático	**1,3% [65%]**	**0,2% [8%]**	**0,4% [25%]**	**0,0% [0%]**	**2,1% [100%]**
Cingapura	1,5% [61%]	0,3% [11%]	0,7% [27%]	0,0% [0%]	2,4% [100%]
Coreia do Sul	2,8% [74%]	0,5% [12%]	0,4% [10%]	0,1% [1%]	3,7% [100%]
Hong Kong	0,3% [42%]	0,0% [4%]	0,4% [53%]	0,0% [0%]	0,8% [100%]
Malásia	0,5% [84%]	0,0% [5%]	0,1% [9%]	0,0% [0%]	0,6% [100%]
Desenvolvidos	**1,3% [59%]**	**0,3% [12%]**	**0,5% [25%]**	**0,1% [2%]**	**1,9% [100%]**
Alemanha	1,9% [67%]	0,4% [14%]	0,5% [18%]	0,0% [0%]	2,8% [100%]
Canadá	0,9% [50%]	0,2% [10%]	0,7% [38%]	0,0% [0%]	1,8% [100%]
Espanha	0,7% [51%]	0,3% [20%]	0,4% [28%]	0,0% [0%]	1,4% [100%]
Estados Unidos	2,0% [70%]	0,3% [11%]	0,4% [13%]	0,1% [4%]	2,9% [100%]
França	1,4% [61%]	0,4% [16%]	0,5% [21%]	0,0% [1%]	2,3% [100%]
Itália	0,7% [53%]	0,2% [14%]	0,4% [28%]	0,0% [3%]	1,3% [100%]
Japão	2,5% [75%]	0,3% [9%]	0,5% [13%]	0,1% [1%]	3,4% [100%]
Portugal	0,7% [45%]	0,1% [7%]	0,6% [36%]	0,2% [10%]	1,6% [100%]
Reino Unido	1,1% [60%]	0,2% [9%]	0,5% [27%]	0,0% [2%]	1,8% [100%]

Fonte: Unesco.
Notas: Entre colchetes, a participação de cada fonte de execução no total. A soma de cada linha pode ser diferente de 100% por conta de arredondamentos. A categoria outros inclui empresas sem fins lucrativos e fontes não especificadas. Os valores se referem ao ano de 2010, salvo quando não disponível. Nesse caso, usa-se a informação mais recentemente publicada.

empresas tendem a ser mais efetivos (figura 1), na medida em que estão inseridos em um ambiente adequado de incentivos e voltados às suas necessidades específicas. Não à toa, a tendência nos países desenvolvidos é de crescimento da importância do investimento privado em P&D (World Bank, 2010).

No Brasil, a geração de conhecimento nas universidades e nos laboratórios de pesquisa do governo não se converte em inovação no âmbito das empresas, pois os incentivos para que isso ocorra são fracos. Reforça este diagnóstico o fato de que em 2009 o Brasil respondia por 2,7% da publicação internacional em periódicos científicos, mas apenas 0,1% do total de patentes

(Menezes-Filho e Kannebley-Júnior, 2013). Não por acaso, a Embrapa, uma notável exceção brasileira em termos de efetividade da P&D no setor público, obtém parte relevante de seu financiamento através de processos competitivos de licitação (Rodríguez, Dahlman e Salmi, 2008).[2]

Tabela 3
Outros indicadores ligados à inovação

	Pesquisadores em P&D (por milhão de habitantes)	Patentes	Disponibilidade de Engenheiros e Cientistas	Patentes por Pesquisador (x 1000)
Brics	1.104	4,5	4,0	7,4
Brasil	696	2,8	3,5 [113]	4,0
Rússia	3.091	5,4	3,8 [90]	1,7
Índia	136	1,2	5,0 [16]	8,6
China	1.199	6,5	4,4 [46]	5,4
África do Sul	396	6,8	3,4 [122]	17,2
América Latina	**476**	**1,9**	**4,1**	**5,9**
Argentina	1.046	1,1	3,9 [80]	1,0
Chile	355	3,8	4,7 [29]	10,7
Colômbia	157	1,1	3,7 [94]	7,2
México	347	1,6	4,0 [71]	4,7
Leste e Sudeste Asiático	**3.476**	**98,0**	**4,9**	**26,6**
Cingapura	5.834	123,2	5,1 [13]	21,1
Coreia do Sul	4.947	161,1	4,9 [23]	32,6
Hong Kong	2.759	-	4,6 [36]	-
Malásia	365	9,6	4,9 [20]	26,2
Desenvolvidos	**3.821**	**103,6**	**5,0**	**26,9**
Alemanha	3.780	203,6	4,5 [40]	53,9
Canadá	4.335	77,6	5,4 [6]	17,9
Espanha	2.932	35,4	5,0 [18]	12,1
Estados Unidos	4.673	137,9	5,4 [5]	29,5
França	3.690	110,2	4,9 [22]	29,9
Itália	1.690	51,7	4,5 [45]	30,6
Japão	5.189	210,7	5,7 [2]	40,6
Portugal	4.308	12,2	4,7 [31]	2,8
Reino Unido	3.794	93,0	5,1 [12]	24,5

Fonte: Unesco e WEF (2012).
Notas: Entre colchetes a colocação do país em termos mundiais. Os valores se referem ao ano de 2010, salvo quando não disponível. Nesse caso, usa-se a informação mais recentemente publicada. Exceção para a disponibilidade de engenheiros e cientistas, que se refere a 2012.

---

2. A Empresa Brasileira de Pesquisa Agropecuária (Embrapa) é uma empresa pública criada em 1973, voltada para "viabilizar soluções de pesquisa, desenvolvimento e inovação para a sustentabilidade da agricultura, em benefício da sociedade brasileira". Em 2012 seu orçamento

Entretanto, a figura 1 indica que, no Brasil, mesmo os investimentos em inovação feitos pelas empresas privadas são pouco efetivos em termos de geração de patentes. Uma das explicações certamente repousa sobre os problemas de qualificação da mão de obra brasileira. Embora tenha feito notáveis avanços em termos de acesso à educação básica, o Brasil ainda enfrenta problemas graves em termos de qualidade (ver o capítulo de Fernando de Holanda Barbosa Filho e Rodrigo Moura neste livro) e de desenvolvimento de habilidades necessárias para o mercado de trabalho (Rodríguez, Dahlman e Salmi, 2008).

Figura 1
Investimentos das empresas e produtividade em P&D

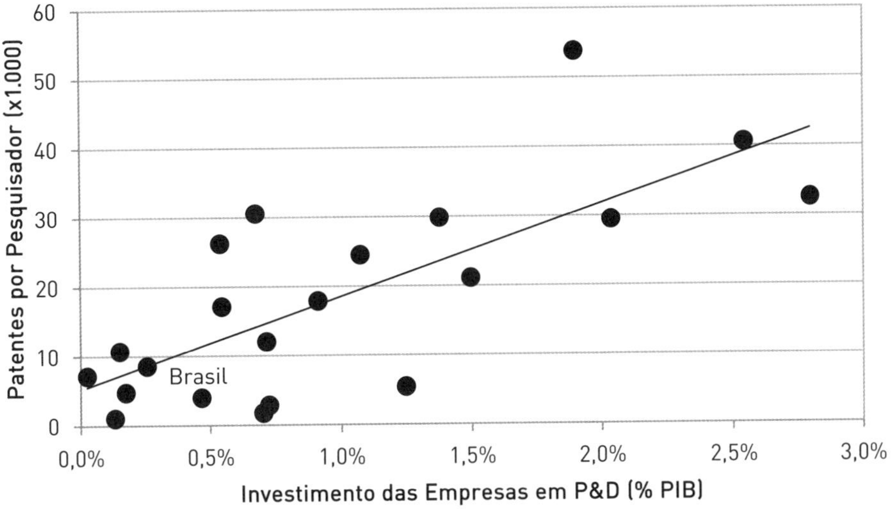

Fonte: Unesco (ver tabela 2 e tabela 3 para detalhes).

Outro problema é que parte do investimento privado é feita mediante leis que obrigam a destinação de parcela do faturamento para P&D. Em outras palavras, parte do investimento privado nessa atividade não é feita por conta da necessidade das empresas, mas para cumprir uma obrigação da lei. Um

---

foi de US$ 1,2 bilhão. Possui 9.657 empregados, sendo 2.389 pesquisadores (74% deles com doutorado). Coordena o Sistema Nacional de Pesquisa Agropecuária e possui unidades de pesquisa em todo o Brasil. Também possui acordos e parcerias com instituições de pesquisas dos Estados Unidos e da Europa. Foi em grande medida responsável, ao desenvolver novas variedades de sementes e outras soluções tecnológicas, pelo aumento da produtividade da agricultura brasileira e pela expansão da fronteira agrícola do Brasil para o cerrado.

exemplo é a Lei de Informática.³ Em troca de proteção do mercado doméstico (altas tarifas de importação) e isenções fiscais, as empresas do setor devem investir parte do faturamento no mercado doméstico em P&D e cumprir certos requisitos de conteúdo local. Como não há necessidade de obtenção de resultados, esse tipo de investimento em P&D tende a ter baixa produtividade em termos de geração de inovação.

3. Políticas públicas em inovação no Brasil

3.1 Breve histórico

As primeiras experiências de políticas públicas de apoio à indústria no Brasil remontam à segunda década do século passado, mas somente a partir da década de 1930 é que passou a existir uma preocupação sistemática com a promoção do desenvolvimento industrial por parte do governo brasileiro. No entanto, foi a partir do fim da Segunda Guerra Mundial que esse movimento se aprofundou. O fomento da indústria se baseou eminentemente em políticas de substituição de importações, em que a taxa de câmbio (muitas vezes com vários regimes cambiais coexistentes) e barreiras de proteção tarifárias e, principalmente, não tarifárias mantinham o mercado doméstico para produtos industriais protegido da competição internacional.⁴ Muito pouca atenção foi dada ao aspecto educacional e à inovação. Na educação, embora tenha sido feito algum esforço em termos de ensino superior e pós-graduação, quase nada foi feito com relação ao ensino básico. Com relação à inovação, foram instituí-

---

3. A Lei de Informática é uma lei de incentivos fiscais associados à obrigação de esforços de P&D no Brasil. Em sua versão mais recente (a primeira versão é de 1991), prevê que os incentivos sejam reduzidos gradualmente até sua total extinção em 2019. Para as empresas com faturamento superior a aproximadamente US$ 7,7 milhões, o investimento em P&D deve corresponder a, no mínimo, 4% do faturamento (líquido de impostos) com os produtos incentivados, sendo 2,6% dentro da própria empresa e 1,4% externamente. Para as demais, o investimento em P&D pode ser feito integralmente dentro da empresa. Além disso, os produtos incentivados devem ser produzidos de acordo com regras de conteúdo local. Não confundir com a Lei de Informática que vigorou no Brasil na década de 1980, que instituiu uma reserva de mercado para os produtos nacionais.
4. Políticas de substituição de importações não foram exclusivas do Brasil, sendo adotadas por diversos países da América Latina. Para um resumo dessas experiências, ver Cardoso e Helwege (1992).

dos fundos especiais para o financiamento da atividade e planos indicativos de financiamento de desenvolvimento científico e tecnológico.

Embora esta estratégia tenha conseguido gerar altas taxas de crescimento, o dinamismo da economia brasileira se esgotou no início da década de 1980. Entre outros fatores, a combinação de mão de obra pouco educada e qualificada, pouca competição e negligência de aspectos ligados à inovação acabou por condenar o Brasil a taxas de crescimentos bastante modestas.

Nesse sentido, não é surpresa que uma das iniciativas de política industrial mais bem-sucedidas no Brasil tenha sido a criação da Empresa Brasileira de Aeronáutica (Embraer), hoje líder no mercado mundial de jatos regionais de passageiros e uma das empresas brasileiras mais inovadoras e com maior investimento em P&D. Como em outros casos, foram desenhadas ferramentas de proteção e financiamento nos anos iniciais. Mas, além disso, houve uma preocupação com a absorção de conhecimento e tecnologia, formação de capital humano e treinamento de mão de obra para dar suporte à iniciativa. Ressalte-se que o caso da Embraer é excepcional, diferente da maioria das experiências brasileiras com política industrial, tal como descritas nos parágrafos anteriores.

A empresa — então pública — foi criada em 1969, mas o seu sucesso se deve em grande medida a políticas públicas colocadas em prática 20 anos antes.[5] Na década de 1940, foi realizado um convênio com o Massachusetts Institute of Technology (MIT) para o desenvolvimento de uma escola de engenharia aeronáutica do Brasil, o futuro Instituto Tecnológico de Aeronáutica (ITA), criado oficialmente em 1950. O ITA foi o primeiro instituto integrante do Centro Técnico Aeronáutico (CTA), órgão científico e técnico do Ministério da Aeronáutica, que tinha como objetivo exercer suas atividades em favor da Força Aérea Brasileira (FAB), da aviação civil e da futura indústria aeronáutica.

Dando continuidade a esse processo, paralelamente às atividades voltadas para a formação de recursos humanos no ITA, os idealizadores do CTA criaram um centro de pesquisa capaz de trazer para o país algumas das tecnologias emergentes no exterior e que acelerariam o desenvolvimento da indústria local. Em 1954, foi criado o Instituto de Pesquisa e Desenvolvimento (IPD), para dedicar-se à realização de pesquisas, estudos e análises capa-

---

5. Para mais detalhes sobre a trajetória da Embraer, ver Silva (2008).

zes de gerar soluções para problemas técnicos, econômicos e operacionais no campo aeronáutico. Esse instituto abrigou 50 engenheiros aeronáuticos contratados, após a Segunda Guerra Mundial, para trabalharem com pesquisa aplicada à aeronáutica.

Diante dessa teia de capacitação, suportada inicialmente pelo CTA e depois pela própria Embraer, criou-se um ambiente no qual o desenvolvimento de capacitação estava estruturado desde a formação do capital intelectual até sua utilização para a produção de aeronaves.

Além disso, dois fatores também contribuíram para o sucesso da Embraer. Em primeiro lugar, já nos primeiros anos a empresa optou por voltar grande parte de sua produção para exportação, o que foi crucial para o sucesso da empresa.[6] A necessidade em se atingir o mercado externo ajudou a impulsionar a Embraer na adoção de um sistema produtivo global, envolvendo parceiros internacionais. Em segundo lugar, a empresa foi privatizada em 1994. Com a privatização, à capacitação tecnológica se somou uma maior preocupação com a viabilidade econômica do empreendimento e com uma administração mais voltada para o mercado.

Assim, após um importante período de reestruturação, marcado por sua privatização, a Embraer vem ganhando espaço no cenário mundial aeronáutico. Seu ingresso no mercado de jatos comerciais a partir de 2004, a confirmação de sua presença no mercado de aviação executiva, assim como a expansão de suas operações no mercado de serviços aeronáuticos estabeleceram bases sólidas para o desenvolvimento da empresa. Com uma base global de clientes e importantes parceiros, a Embraer adquiriu uma posição importante no mercado mundial de aviação.

3.2 Medidas recentes

É possível identificar quatro grandes categorias de mecanismos voltados ao fomento recente das atividades de inovação no Brasil: (*i*) operações não reembolsáveis; (*ii*) crédito; (*iii*) capital de risco; (*iv*) incentivos fiscais (Pacheco e Corder, 2010). Cada um desses mecanismos será analisado separadamente.

---

6. Em 1975, a Embraer exportou apenas 5% de sua produção, índice que aumentou para 53% na década de 1980, atingindo 60% em 1994 (Bernardes, 2000).

a) Operações não reembolsáveis

Em países desenvolvidos, é bastante comum a utilização de recursos não reembolsáveis no fomento de atividades de inovação. No caso brasileiro, os recursos para este tipo de operação são oriundos principalmente dos fundos setoriais que compõem o Fundo Nacional de Desenvolvimento Científico e Tecnológico (FNDCT). O agente financeiro é a Financiadora de Estudos e Projetos (Finep), empresa pública vinculada ao Ministério da Ciência e Tecnologia e Inovação (MCTI).

Boa parte dos fundos setoriais foi criada entre 1999 e 2002 e suas receitas são garantidas por contribuições incidentes sobre o resultado da exploração de recursos naturais pertencentes à União e por parcelas do Imposto sobre Produtos Industrializados de certos setores e da Contribuição de Intervenção no Domínio Econômico (Cide) incidente sobre os valores que remuneram o uso e a aquisição de conhecimentos tecnológicos ou transferência de tecnologia do exterior.[7] A tabela 4 apresenta uma breve descrição desses fundos. Dos 16 fundos setoriais, 13 são relativos a setores específicos (verticais) e três — Amazônia, CTInfra e Verde-Amarelo (FVA) — são horizontais, ou seja, contemplam todos os setores indistintamente. Na maior parte dos fundos, a aplicação dos recursos é vinculada ao setor do qual esses recursos se originam.

Nesse sentido, uma grande mudança observada nos últimos anos se refere à desvinculação setorial de parte dos recursos. O primeiro movimento nesta direção, a partir de 2004 e no âmbito da Política Industrial, Tecnológica e de Comércio Exterior (PITCE), foi a utilização de 50% dos recursos dos fundos em projetos desvinculados do setor de origem dos recursos.[8] Embora parte dos recursos desvinculados tenha sido aplicada em projetos consistentes com as diretrizes definidas pela política industrial, também foram contempladas ações difíceis de serem caracterizadas como prioridades desta política (Pacheco e Corder, 2010). Uma iniciativa que buscava dar maior uniformidade e coordenação ao financiamento público à inovação acabou por dispersar os recursos aplicados sem seguir um padrão consistente com as políticas em voga (Nascimento e Oliveira, 2011).

---

7. A Cide é uma categoria especial de tributo, de competência exclusiva da União e com arrecadação vinculada a algum propósito específico.
8. A PITCE foi a primeira versão da política industrial do governo Lula, sucedida pela Política de Desenvolvimento Produtivo em 2008 e pelo Plano Brasil Maior em 2011 (já com Dilma Rousseff).

Tabela 4
Fundos setoriais

Fundo	Tipo	Fonte de Receitas	Aplicação	Criação
CTPetro	Vertical	25% dos *royalties* que excederem a 5% da produção de petróleo e gás natural	Vinculada	1997
Funttel	Vertical	0,5% sobre o faturamento líquido das empresas prestadoras de serviços de telecomunicações e contribuição de 1% sobre a arrecadação bruta de eventos participativos realizados por meio de ligações telefônicas	Vinculada	2000
CTInfo	Vertical	Mínimo de 0,5% do faturamento bruto das empresas beneficiadas pela Lei de Informática	Vinculada	2004
CTInfra	Horizontal	20% dos recursos de cada fundo setorial	Acadêmica	2001
CTEnerg	Vertical	0,75% a 1% do faturamento líquido das concessionárias	Vinculada	2000
CTMineral	Vertical	2% da compensação financeira paga por empresas mineradoras	Vinculada	2000
CTHidro	Vertical	4% da compensação financeira recolhida pelas geradoras de energia elétrica	Vinculada	2000
CTEspacial	Vertical	25% das receitas de utilização de posições orbitais e total da receita de licenças e autorizações da Agência Espacial Brasileira	Vinculada	2000
CTSaúde	Vertical	17,5% da Cide	Vinculada	2001
CTBio	Vertical	7,5% da Cide	Vinculada	2001
CTAgro	Vertical	17,5% da Cide	Vinculada	2001
CTAero	Vertical	7,5% da Cide	Vinculada	2001
Verde-Amarelo	Horizontal	50% da Cide e 43% da receita do IPI incidente sobre produtos beneficiados pela Lei de Informática	Não Vinculada	2000
CTTranspo	Vertical	10% das receitas do Departamento Nacional de Infraestrutura de Transporte	Vinculada	2000
Amazônia	Horizontal	Mínimo de 0,5% do faturamento bruto das empresas de informática da Zona Franca de Manaus	Vinculada	2001
Aquaviário	Vertical	3% da parcela do produto da arrecadação do Adicional ao Frete para a Renovação da Marinha Mercante (AFRMM) que cabe ao Fundo da Marinha Mercante (FMM)	Vinculada	2004

Fonte: Milanez (2007) e Brasil (2010).
Notas: Ao contrário dos fundos horizontais, fundos verticais atendem a um setor somente. Nos fundos vinculados, o setor de arrecadação e aplicação dos recursos necessariamente é o mesmo.

Uma regularidade marcante dos fundos setoriais é o contingenciamento dos recursos arrecadados. Esse contingenciamento é resultado tanto da necessidade de cumprir metas de superávit do governo, como de problemas de burocracia na gestão dos recursos. Entre 2003 e 2009, parte considerável dos recursos arrecadados foi contingenciada no orçamento do governo. Além disso, mesmo quando incluídos no orçamento, os recursos não utilizados ao longo do exercício foram sistematicamente revertidos ao Tesouro no final do ano (Tavares, 2008). A figura 2 ilustra este quadro: embora a arrecadação dos fundos setoriais tenha aumentado, a utilização dos recursos não acompanhou este incremento.

Nos últimos anos, os recursos utilizados no âmbito do FNDCT ficaram estacionados em um patamar entre 0,03% e 0,04% do PIB (aproximadamente US$ 940 milhões em 2012), com um pico de 0,05% em 2010. Em média, somente são usados efetivamente por volta de 40% dos recursos disponíveis (novamente 2010 é uma exceção, com 68%).

Ressalte-se que os recursos desses fundos tradicionalmente têm sido destinados para pesquisa científica e tecnológica no âmbito de universidades e centros de pesquisa (que, no Brasil, usualmente são públicos). No entanto, a baixa propensão ao investimento em P&D das empresas é justamente a maior debilidade do sistema brasileiro de inovação. A este respeito, um avanço da recente política industrial é a criação de mecanismos para que os recursos dos fundos setoriais sejam usados para fomentar atividades de inovação no setor

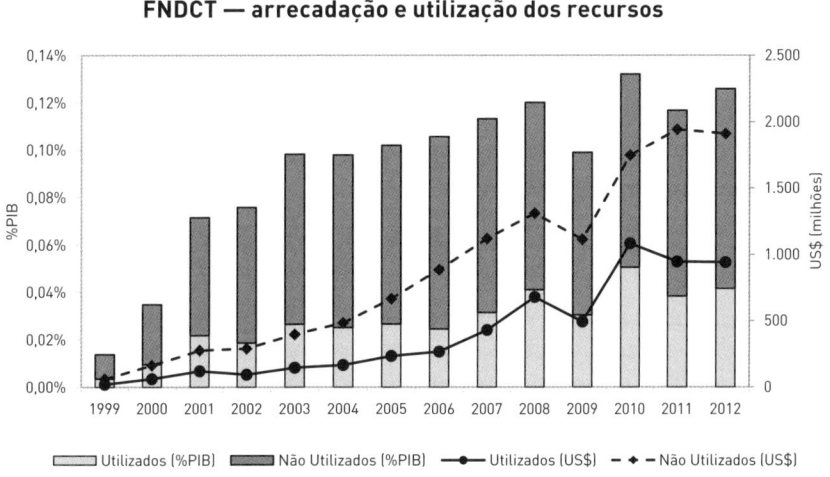

Figura 2
FNDCT — arrecadação e utilização dos recursos

Fonte: MCTI.

privado. Boa parte deles utiliza recursos do FVA: (*i*) equalização dos encargos financeiros incidentes sobre as operações de crédito da Finep; (*ii*) concessão de subvenção econômica a empresas que estejam participando do Programa de Desenvolvimento Tecnológico Industrial (PDTI) ou do Programa de Desenvolvimento Tecnológico Agropecuário (PDTA); (*iii*) participação minoritária da Finep no capital de micro e pequenas empresas de base tecnológica e fundos de investimento; e (*iv*) constituição, por meio da Finep, de reserva técnica para prover liquidez dos investimentos privados em fundos de investimento em empresas de base tecnológica.

A propósito, desde 2004, com a Lei da Inovação, foi definido um percentual mínimo dos recursos do FNDCT para a subvenção econômica de atividades de inovação no setor privado. Ademais, a Lei do Bem estabeleceu a possibilidade de concessão de subvenção para as empresas, voltadas para remuneração de pesquisadores empregados em atividades de P&D.

Nesse sentido, os desembolsos da Finep voltados ao financiamento da inovação no âmbito das empresas, como porcentagem do PIB, aumentaram até 2008, reduzindo-se posteriormente até se estabilizar em um patamar em torno de 0,025% do PIB (figura 3). Até 2008, chama a atenção o incremento das operações não reembolsáveis, com destaque para a subvenção econômica definida pela Lei de Inovação e a equalização de juros nas operações de crédito da Finep. Em 2008, elas totalizaram aproximadamente US$ 300 milhões, sendo reduzidas nos anos seguintes até atingir aproximadamente US$ 120 milhões em 2012.

Nesse sentido, a literatura aponta que, no que diz respeito ao FNDCT, os programas de fomento ao P&D no âmbito das empresas tendem a ter efeitos significativos no esforço de P&D (De Negri, De Negri e Lemos, 2009; Avellar, 2009; Araújo et al., 2012) e na inovação propriamente dita (patentes) (De Negri, De Negri e Lemos, 2009).

Por fim, ressalte-se que o BNDES reativou suas operações não reembolsáveis voltadas ao fomento da inovação por intermédio do seu Fundo Tecnológico (Funtec). Aliás, nos últimos anos houve uma maior aproximação entre BNDES e Finep. Ilustra esta afirmação o lançamento recente do Inova Petro, iniciativa conjunta com o apoio técnico da Petrobras.[9] Seu objetivo é

---

9. A Petrobras é uma empresa brasileira de capital aberto, cujo acionista majoritário é o governo. É uma das maiores empresas de petróleo do mundo, faz investimentos significativos em P&D e é líder mundial em tecnologia de exploração em águas profundas.

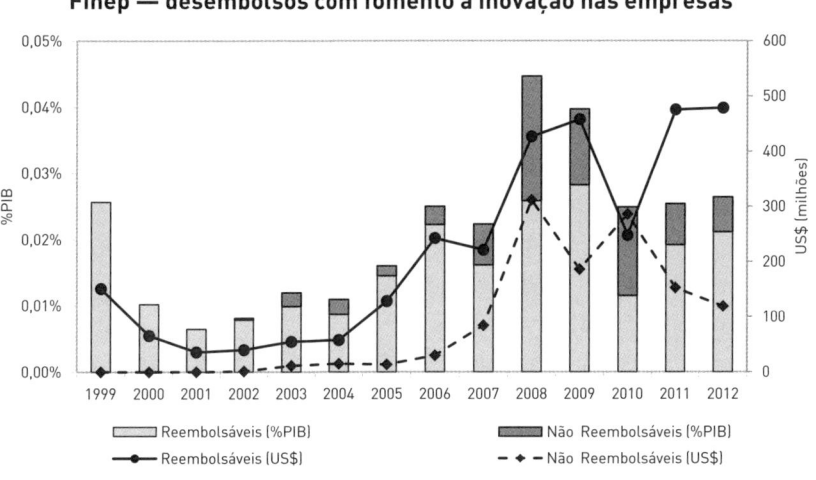

Figura 3
Finep — desembolsos com fomento à inovação nas empresas

- Reembolsáveis (%PIB)
- Não Reembolsáveis (%PIB)
- Reembolsáveis (US$)
- Não Reembolsáveis (US$)

Fonte: Cálculos do autor a partir de dados do MCTI e da Finep.

fomentar projetos que contemplem pesquisa, desenvolvimento, engenharia, absorção tecnológica, produção e comercialização de produtos, processos e/ou serviços inovadores, visando ao desenvolvimento de fornecedores brasileiros para a cadeia produtiva da indústria de petróleo e gás natural. O orçamento do programa é de aproximadamente US$ 1,5 bilhão (até 2017), dividido igualmente entre Finep e BNDES. Os instrumentos disponíveis incluem crédito, modalidades não reembolsáveis e participação acionária.

b) Crédito

A concessão de crédito para atividades de pesquisa no âmbito das empresas tem ficado tradicionalmente a cargo da Finep. Os recursos usados nas operações de crédito da Finep têm origem em basicamente quatro fontes: (i) Fundo de Amparo ao Trabalhador (FAT); (ii) empréstimos do Fundo Nacional de Desenvolvimento Científico e Tecnológico (FNDCT); (iii) Fundo Nacional de Desenvolvimento (FND); (iv) recursos próprios.

A figura 3 ilustra a evolução dos desembolsos em operações de crédito da Finep (que representam quase 100% das operações reembolsáveis). Percebe-se que, após redução expressiva destes valores no final da década de 1990, houve um crescimento contínuo até 2009, quando atingiu aproximadamente

US$ 460 milhões. Após esse ano, observa-se uma queda expressiva em 2010 e uma retomada nos últimos dois anos, atingindo aproximadamente US$ 480 milhões em 2012.

Ressalte-se que a Finep não possui fonte de *funding* adequada para operações de crédito como, por exemplo, o Banco Nacional de Desenvolvimento Econômico e Social (BNDES).[10] Assim, este último também passou a atuar mais diretamente no crédito voltado à inovação a partir de 2004, de acordo com as diretrizes da política industrial lançada à época (PITCE) (Pacheco e Corder, 2010). Para tanto, além de revisar sua política operacional para adaptá-la ao financiamento de ativos intangíveis, foram criadas duas linhas de apoio à inovação: (i) Capital Inovador, para planos de investimento em inovação de empresas; (ii) Inovação Tecnológica, com foco em projetos de inovação tecnológica que envolvam risco tecnológico e oportunidades de mercado.

No âmbito do BNDES, também há linhas voltadas para setores específicos: (i) Programa para Desenvolvimento da Indústria Nacional de Software e Serviços Correlatos (Prosoft); (ii) Programa de Apoio ao Desenvolvimento da Cadeia Produtiva Farmacêutica (Profarma); (iii) Programa de Apoio à Implementação do Sistema Brasileiro de TV Digital Terrestre (PROTVD). Além disso, em 2009, o escopo do uso do Cartão BNDES — modalidade de crédito pré-aprovado de até aproximadamente US$ 500 mil para micro, pequenas e médias empresas — foi ampliado para permitir financiamento de alguns serviços tecnológicos ligados à inovação, bem como seu uso como contrapartida em programas da Finep.[11]

Nesse sentido, na figura 4 nota-se que a partir de 2009 os desembolsos do BNDES voltados para o fomento à inovação aumentaram substancialmente. Em 2009, representavam aproximadamente US$ 300 milhões (0,02% do PIB), alcançando quase US$ 1,7 bilhão (0,07% do PIB) em 2012.[12] Ressalte-se que quase todo esse volume de recursos se refere a operações reembolsá-

---

10. O BNDES, fundado em 1952, é o principal banco de desenvolvimento brasileiro. Os recursos utilizados pelo banco são oriundos do Fundo de Amparo ao Trabalhador (FAT) (que, por sua vez, é alimentado pela taxação da atividade econômica) e de operações com o Tesouro. Em 2012 os desembolsos do BNDES atingiram quase US$ 80 bilhões.
11. Também foram criados instrumentos de capital de risco e retomado o Fundo Tecnológico (Funtec), modalidade de financiamento não reembolsável.
12. Na verdade, os desembolsos do BNDES em geral (e não somente aqueles voltados à inovação) aumentaram significativamente no período recente. Embora sua importância tenha aumentado nos últimos anos, em 2012 os desembolsos de programas do BNDES voltados à inovação ainda respondiam por apenas 2,1% do total.

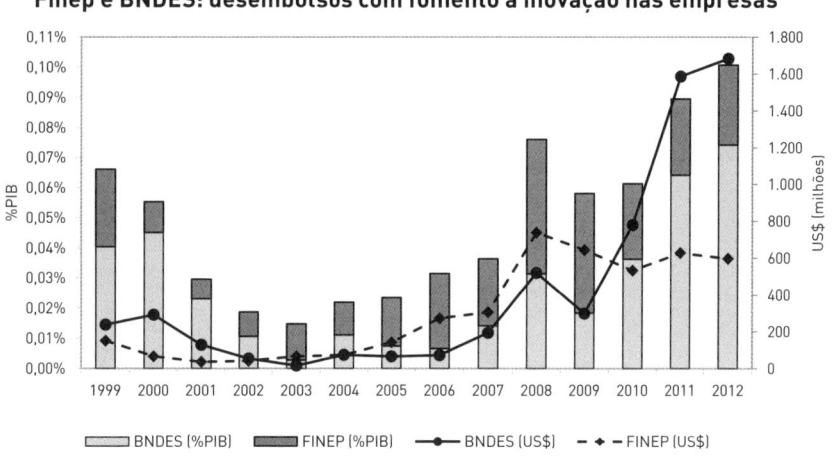

Figura 4
Finep e BNDES: desembolsos com fomento à inovação nas empresas

Fonte: Cálculos do autor a partir de dados do MCTI, da Finep e do BNDES.

veis. Note-se também que, com o incremento de desembolsos por parte do BNDES, este último suplantou a Finep em termos de fomento à inovação. A título de ilustração, em 2012 os desembolsos do BNDES voltados à inovação foram quase três vezes superiores aos da Finep.

c) Capital de risco

A este respeito, cabe ressaltar, mais uma vez, o papel da Finep e do BNDES. A primeira atua principalmente através das ações do Inovar, que contempla uma incubadora de fundos voltada para seleção e análise conjunta de fundos e para a disseminação de melhores práticas de governança e de aporte de recursos por parte da Finep em fundos de investimento em micro e pequenas empresas inovadoras (Inovar Semente).

Por sua vez, o BNDES tem um programa de fundos de investimentos voltados para empresas emergentes. Dentre eles cabe ressaltar:

(i) Criatec — modalidade recém-lançada para capitalizar empresas com capital semente por meio de participação acionária ou debêntures conversíveis em ações, bem como prover apoio gerencial.

(ii) Biotecnologia e Nanotecnologia — também foi recentemente criado um fundo de investimentos em empresas emergentes nestes setores.

No entanto, tanto no caso da Finep quanto do BNDES, os instrumentos de capital de risco ainda respondem por parcela muito pequena do total de desembolsos.

d) Incentivos fiscais

Atualmente, os incentivos fiscais para P&D estão previstos na Lei de Informática (ver seção 3.2 para mais detalhes) e na Lei do Bem, que, entre outros incentivos, prevê a dedução de 160% das despesas com inovação no cômputo da base de cálculo do imposto de renda e da Contribuição Social sobre o Lucro Líquido, além de dedução de 50% do IPI na compra de máquinas e equipamentos para P&D, depreciação acelerada destes equipamentos ou amortização acelerada de bens intangíveis usados em P&D.

A figura 5 indica que nos últimos anos a Lei de Informática tem respondido por aproximadamente 70% do total de incentivos fiscais para P&D no Brasil. Ademais, nota-se que, após atingir o pico em 2008, o volume total de incentivos fiscais passou a crescer no mesmo ritmo do PIB, estabilizando-se em torno de 0,14% do PIB (aproximadamente US$ 3 bilhões em 2012).

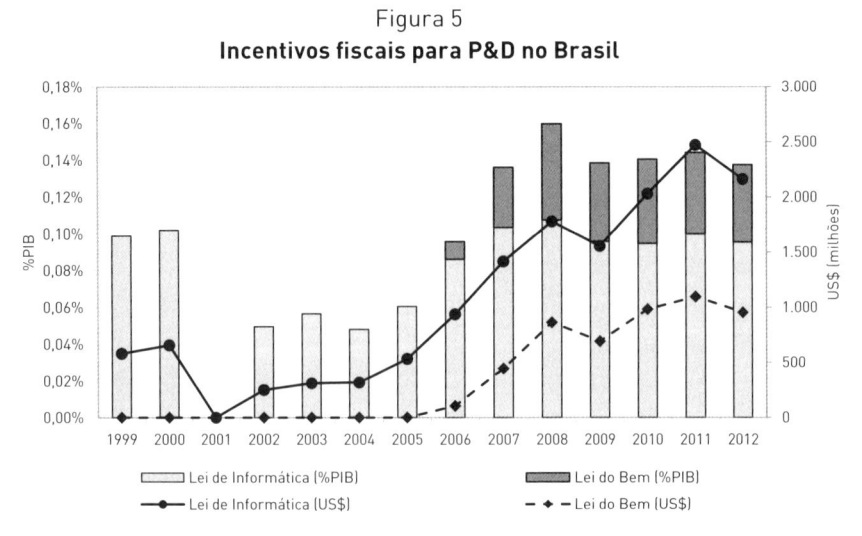

Figura 5
Incentivos fiscais para P&D no Brasil

Fonte: Cálculos do autor a partir de dados do MCTI.
Notas: Os valores para 2011 e 2012 são estimativas. Em 2001 os incentivos da Lei da Inovação foram descontinuados e retomados no ano seguinte. Os incentivos da Lei do Bem entraram em vigor em 2006.

Não por acaso, a literatura aponta que a Lei de Informática — uma combinação de proteção ao mercado doméstico, requisitos de conteúdo local e obrigações de investimentos em P&D — não tem efeito significativo no incremento de investimentos em P&D no âmbito das empresas (Kannebley Jr. e Porto, 2012). Isso explica por que, em duas décadas desde a promulgação da lei, as empresas do setor não conseguiram atingir competitividade internacional e inserção no mercado global.

Ao contrário da Lei de Informática, a Lei do Bem tem conseguido aumentar de fato o dispêndio privado em P&D entre as beneficiárias do incentivo fiscal (Avellar, 2009; Avellar e Alves, 2008; Kannebley Jr. e Porto, 2012). Uma das razões para o sucesso é que se trata de uma política que incentiva a atividade de P&D, mas não protege o mercado do produto que se beneficia da inovação. No entanto, como somente pode ser usufruído por empresas que optam pelo regime tributário de lucro real, o incentivo fiscal não atinge as empresas de menor porte, que usualmente optam por outros regimes de tributação.

4. Desafios para o futuro

4.1 Políticas de P&D em perspectiva

Em primeiro lugar, é preciso colocar a política de fomento à atividade de P&D em perspectiva. De uma forma geral, o ambiente econômico para investimentos no Brasil ainda é inadequado. Esta constatação se mostra ainda mais preocupante no que diz respeito aos investimentos em inovação, usualmente mais arriscados do que, por exemplo, investimentos em capital físico.[13]

Nesse sentido, além das medidas específicas de fomento à P&D, é essencial melhorar o ambiente geral para investimentos. Foge do escopo deste capítulo detalhar essas medidas, mas certamente elas passam por: (*i*) redução (e simplificação) da carga tributária sobre investimentos; (*ii*) diminuição da rigidez do mercado de trabalho; (*iii*) simplificação da burocracia para fazer negócios; (*iv*) melhora da infraestrutura; (*v*) melhora do ambiente macroeconômico (ver o capítulo de Fernando Veloso neste livro para mais detalhes).

---

13. Na verdade, a taxa de investimento em capital físico no Brasil é muito baixa em comparação com outros países com características similares e tem caído nos últimos trimestres.

4.2 Aumento do investimento privado em P&D

Da seção 2, nota-se que o esforço brasileiro de investimento em P&D é superior a boa parte dos países com renda similar e próximo ao de alguns países desenvolvidos. Obviamente, é desejável o aumento dos investimentos nessa atividade, mas é possível conseguir grandes avanços apenas alterando o balanço entre investimentos públicos e privados. Em particular, o Brasil destoa no que diz respeito à participação das empresas privadas nos investimentos em P&D, muito pequena em comparação com a maioria dos países desenvolvidos e do Leste e Sudeste Asiáticos.

A esse respeito, é preciso separar as grandes empresas das demais. Empresas grandes são capazes de lidar melhor com o risco da atividade de P&D e já são contempladas pelos instrumentos existentes de fomento à inovação (seção 3). Para elas, é preciso tornar a inovação um imperativo. O Brasil ainda é um país bastante fechado ao comércio internacional. Além disso, várias políticas industriais adotadas recentemente implicam maior proteção do mercado doméstico.[14] A proteção excessiva e por tempo indeterminado reduz os incentivos para investimento em P&D e para a provisão de incentivos adequados para inovação. Logo, a indústria doméstica deve ser exposta gradativamente à competição internacional (Miyagiwa e Ohno, 1999). As evidências empíricas confirmam esse entendimento, indicando que uma das principais alavancas do investimento em inovação é a pressão competitiva exercida pelos concorrentes, sejam eles domésticos ou de outros países (Aghion e Griffith, 2005, para referências).

Para as empresas médias e pequenas o desafio é fazer com que elas sejam contempladas pelas políticas de fomento em vigor. Muito foi feito nos últimos anos em termos de criação de novos instrumentos voltados para fomento da inovação no âmbito das empresas (seção 3). Entretanto, empresas de menor porte ainda têm dificuldade de acesso a esses programas. Os incentivos fiscais somente podem ser obtidos por empreendimentos que operam sob o regime de tributação de lucro real, o que exclui boa parte das pequenas e médias empresas. Os programas de capital semente do BNDES e da Finep, embora tenham aumentado de importância nos últimos anos, ainda movimentam um volume de recursos relativamente pequeno. Mesmo nos outros instrumentos

---

14. As políticas de conteúdo local são um exemplo dessa tendência recente. Para mais detalhes sobre este tema, ver Canêdo-Pinheiro, Pereira e Costa (2012).

de fomento, a despeito de avanços recentes, a burocracia e a complexidade (além do risco inerente à inovação) ainda afastam as empresas de menor porte (Menezes-Filho e Kannebley Júnior, 2013).

Além disso, é pouco provável que pequenas e médias empresas consigam deslocar a fronteira tecnológica. Para essas empresas, mostra-se mais importante a absorção (e adaptação) de tecnologias já desenvolvidas.[15] Nesse sentido, o fluxo internacional de pessoas, mercadorias e investimentos é uma ferramenta poderosa. Esse fluxo deve ser combinado com políticas que capacitem empresas domésticas para receber e lidar com essas tecnologias.[16] Essa conclusão ganha mais relevo à luz da evidência de que a importação de insumos é um importante canal de absorção de tecnologia. A importância deste aspecto no desenvolvimento dos países do Leste Asiático é enfatizada por vários autores (por exemplo, Pack, 2001). Novamente, políticas recentemente adotadas no Brasil, que direcionam a compra de insumos e equipamentos para o mercado doméstico, tendem a reduzir a possibilidade de absorção de novas tecnologias pelo fluxo de mercadorias, em particular máquinas e equipamentos.

Finalmente, o aumento do esforço de P&D pelas empresas passa pela avaliação e correção das políticas de fomento do governo. Por exemplo, coexistem duas diferentes ferramentas de incentivo fiscal para inovação. Sabe-se que uma delas (Lei de Informática), justamente a que responde pelo maior volume de isenções fiscais, não produz efeito significativo no esforço de inovação das empresas. No entanto, embora já esteja em vigor há mais de duas décadas, ela não foi alterada ou abandonada.

4.3 Aumento da produtividade em P&D

Outra característica da atividade de P&D no Brasil é a sua baixa produtividade, na medida em que uma pequena parte do investimento se transforma de fato em inovação (seção 2). Nesse sentido, o próprio aumento da participação dos investimentos privados em P&D tende a elevar a produtividade nessa

---

15. Há evidências de que no Brasil o tamanho das empresas é variável importante para explicar o investimento em P&D. A esse respeito, ver, por exemplo, Kannebley Jr., Porto e Pazello (2005).
16. Por exemplo, há evidências de que os investimentos diretos estrangeiros no Brasil não têm gerado externalidades em termos de conhecimento tecnológico e aumento de produtividade para os fornecedores locais (Jorge e Dantas, 2009).

atividade, principalmente se combinado com medidas que incrementem o incentivo para inovar (aumento da competição, por exemplo).

No entanto, o incremento da produtividade em P&D no Brasil também passa pela reformulação da atividade no âmbito do governo. Primeiramente, é preciso um maior alinhamento da pesquisa básica com as necessidades e os objetivos das empresas. Em outras palavras, é necessário aproximar a academia do conhecimento aplicado, reduzindo a disparidade entre o desempenho brasileiro em termos de publicações e de patentes. Essa aproximação certamente passa pela interação entre universidades e centros de pesquisa e as empresas. Nesse sentido, o exemplo bem-sucedido da Embrapa deve ser referência. A Lei de Inovação (seção 3) foi um passo importante nessa direção, mas é preciso colocar em prática os mecanismos de cooperação criados por ela.

Ademais, é preciso aumentar a mobilidade entre pesquisadores da academia e do setor produtivo. Foram criados alguns mecanismos com esse objetivo. Por exemplo, a possibilidade, no âmbito da Lei do Bem, de subvenção econômica para pagamento de salários e contratação de doutores para trabalhar em P&D nas empresas (seção 3). No entanto, são necessários outros instrumentos de aproximação entre a academia e as empresas.

Por fim, é necessário avaliar e monitorar sistematicamente a atividade de P&D feita nas universidades e centros de pesquisas do governo. Para tanto, é preciso definir precisamente os objetivos e direcionar os recursos para aquelas instituições que forem capazes de atingi-los (World Bank, 2010).

4.4 Mão de obra

Outro aspecto que não deve ser negligenciado é que mão de obra qualificada é um insumo essencial para a atividade de P&D e para absorção de tecnologia (De Negri, 2006, para evidências com dados brasileiros). Nesse sentido, a despeito dos avanços recentes, o Brasil ainda tem problemas no que tange à educação de forma geral (capítulo 4) e com relação à oferta de pesquisadores e trabalhadores voltados para P&D em particular (seção 2).

Desse modo, são urgentes medidas voltadas para a melhora da qualidade da educação, bem como medidas específicas direcionadas à formação e ao treinamento de trabalhadores para P&D no âmbito das empresas. Entre outras medidas, é possível citar: (*i*) maior aproximação e intercâmbio de pessoas entre empresas e academia; (*ii*) mais incentivos para atrair alunos para as carreiras ligadas à engenharia e às ciências; (*iii*) incentivos para atração de mão de obra qualificada de outros países (inclusive brasileiros expatriados). Para mais detalhes ver, por exemplo, World Bank (2010) e Rodríguez, Dahlman e Salmi (2008).

5. Conclusões

Dado o nível de desenvolvimento atingido pelo Brasil, a inovação tende a se tornar peça importante para garantir o crescimento sustentado nos próximos anos. Nesse sentido, o investimento em P&D brasileiro (como porcentagem do PIB), apesar de estar acima do de outros países de renda similar e mesmo próximo de alguns países desenvolvidos, não tem se transformado em inovação de fato.

Trata-se da conjunção de vários fatores. As atividades de P&D no âmbito das empresas ainda respondem por uma parcela relativamente pequena do esforço de inovação brasileiro. Assim, é preciso tornar a inovação um imperativo para as empresas domésticas.

A competição é uma das ferramentas mais poderosas de incentivo à inovação e é preciso gradativamente expor as empresas brasileiras à competição internacional. Ademais, o acesso a insumos importados, em particular máquinas e equipamentos, é fonte importante de acesso a novas tecnologias e tem desempenhado papel importante no desenvolvimento de vários países. A esse respeito, a adoção crescente de políticas de conteúdo local aponta na direção oposta desta prescrição. Obviamente, esta exposição deve ser combinada com políticas horizontais que melhorem o ambiente de negócios no Brasil, aumentando as chances de que as empresas domésticas atinjam a competitividade necessária para sua inserção no mercado internacional.

Ainda sobre o investimento privado em inovação, houve muitos avanços em termos de políticas públicas de fomento da atividade no âmbito das empresas. Ressalte-se que tais políticas são justificadas, dadas as externalidades associadas à atividade de inovação. Foram criados novos instrumentos de apoio e o orçamento foi aumentado significativamente. No entanto, é preciso avaliar melhor quais programas, de fato, são efetivos em incrementar o investimento em inovação no âmbito das empresas. Há evidências de que alguns programas são bem-sucedidos (Lei do Bem, por exemplo), mas que outros não atingem seu objetivo, em particular aqueles que implicam proteção excessiva do mercado doméstico (Lei de Informática, por exemplo). Ademais, o BNDES aumentou bastante seus desembolsos voltados para inovação, mas não existem avaliações dos resultados da atuação do banco nessa área.[17]

Também é preciso fazer com que os programas já existentes e que são efetivos consigam atingir um número maior de empresas. Há evidências de que a burocracia exigida (e mesmo algumas regras dos programas) dificulta o acesso aos mecanismos de fomento à inovação, principalmente para as empresas de menor porte.

Ademais, saliente-se o papel das empresas multinacionais na atividade de inovação no Brasil. Há evidências de que essas empresas têm uma maior propensão para investimentos em P&D (Kannebley Jr., Porto e Pazello, 2005). Nesse sentido, seria interessante avaliar a possibilidade de adotar, além das políticas de fomento à inovação de caráter mais geral, políticas de incentivo voltadas às empresas estrangeiras, em especial aquelas que facilitem a apropriação das externalidades associadas a essa atividade pelas empresas domésticas (fornecedores locais, por exemplo).

Por fim, o Brasil enfrenta um problema crônico de escassez de mão de obra, que se reflete também na dificuldade de encontrar trabalhadores capacitados para atividade de inovação. A esse respeito, são muito importantes políticas voltadas para educação e treinamento de mão de obra qualificada. Políticas que facilitem a vinda de mão de obra qualificada de outros países e que facilitem a aproximação das empresas com a academia também seriam desejáveis.

Referências

AGHION, P.; GRIFFITH, R. *Competition and growth*. Reconciling theory and evidence. Cambridge; Londres: MIT Press, 2005.

---

17. Esse comentário torna-se ainda mais relevante quando se leva em consideração que a evidência empírica aponta que os desembolsos do BNDES não contribuem para aumentar significativamente a taxa de investimento de uma forma geral; apenas deslocam investimentos privados que já ocorreriam de qualquer forma a partir de outras fontes de financiamento. Ver Avelino (2012) para um resumo da literatura. Dado o aumento da importância do BNDES no fomento à inovação, é urgente avaliar se esse resultado se mantém para os programas voltados especificamente para fomento da atividade de P&D.

ARAÚJO, B. C. et al. Impacto dos fundos setoriais nas empresas. *Revista Brasileira de Inovação*, v. 11, p. 85-112, 2012.

AVELINO, J. BNDES e bancos de desenvolvimento: *industrial policy view* ou *political view? Boletim Informações Fipe*, n. 387, p. 29-34, 2012.

AVELLAR, A. P. Impacto das políticas de fomento à inovação no Brasil sobre o gasto em atividades inovativas e em atividades de P&D das empresas. *Estudos Econômicos*, v. 39, p. 629-649, 2009.

AVELLAR, A. P.; ALVES, P. F. Avaliação de impacto de programa de incentivos fiscais à inovação — um estudo sobre os efeitos do PDTI no Brasil. *Revista EconomiA*, v. 9, n. 1, p. 143-163, 2008.

BERNARDES, R. *Embraer*: elos entre estado e mercado. Rio de Janeiro: Hucitec; Fapesp, 2000.

BRASIL. *Relatório de macrometas*. Política de desenvolvimento produtivo. Maio 2008/Fev. 2010. Versão Atualizada. Disponível em: <www.pdp.gov.br/paginas/relatorios.aspx?path=Relatórios>.

CANÊDO-PINHEIRO, M.; PEREIRA, L. V.; COSTA, K. P. *Domestic industry development in the context of the international crisis*: evaluating strategies. Rio de Janeiro: Cebri, 2012.

CARDOSO, E.; HELWEGE, A. *Latin America's economy*: diversity, trends, and conflicts. Cambridge: MIT Press, 1992.

DE NEGRI, F.; DE NEGRI, J. A.; LEMOS, M. B. Impactos do Adten e do FNDCT sobre o desempenho e os esforços tecnológicos das firmas industriais brasileiras. *Revista Brasileira de Inovação*, v. 8, n. 1, p. 211-254, 2009.

DE NEGRI, F. Determinantes da inovação e da capacidade de absorção nas formas brasileiras: qual a influência do perfil da mão de obra? In: DE NEGRI, J. A.; ____; COELHO, D. (Org.). *Tecnologia, exportação e emprego*. Brasília: Ipea, 2006. p. 101-122.

GOLDSTEIN, A. Embraer: from national champion to global player. *Cepal Review*, v. 77, p. 97-115, 2002.

JORGE, M. F.; DANTAS, A. T. Investimento estrangeiro direto, transbordamento e produtividade: um estudo sobre ramos selecionados da indústria no Brasil. *Revista Brasileira de Inovação*, v. 8, p. 481-514, 2009.

KANNEBLEY JR., S.; PORTO, G. *Incentivos fiscais à pesquisa, desenvolvimento e inovação no Brasil*: uma avaliação das políticas recentes. 2012. (Documento para Discussão IDB, IDB-DP-236)

KANNEBLEY JR. S.; PORTO, G.; PAZELLO, E. T. Characteristics of Brazilian innovative firms: an empirical analysis based on Pintec — industrial research on technological innovation. *Research Policy*, v. 34, p. 872-893, 2005.

MENEZES-FILHO, N.; KANNEBLEY-JÚNIOR, S. Abertura comercial, exportações e inovações no Brasil. In: VELOSO, F. et al. (Org.). *Desenvolvimento econômico*: uma perspectiva brasileira. Rio de Janeiro: Campus; Elsevier, 2013. p. 405-425.

MIYAGIWA, K.; OHNO, Y. Credibility of protection and incentives to innovate. *International Economic Review*, v. 40, p. 143-163, 1999.

MILANEZ, A. Y. Os fundos setoriais são instituições adequadas para promover o desenvolvimento industrial do Brasil? *Revista do BNDES*, v. 14, p. 123-140, 2007.

NASCIMENTO, P. A. M. M.; OLIVEIRA, J. M. Redirecionamento, redistribuição, indução ou nenhuma das alternativas? Exame do papel das ações transversais no FNDCT entre 2004 e 2008. Rio de Janeiro: Ipea, 2011. (Texto para Discussão do Ipea, n. 1664)

PACHECO, C. A.; CORDER, S. *Mapeamento institucional e de medidas de política com impacto sobre a inovação produtiva e a diversificação das exportações*. Santiago, Chile: Cepal, 2010. (Colección Documentos de Proyectos)

PACK, H. The role of foreign technology acquisition in Taiwanese growth. *Industrial and Corporate Change*, v. 10, p. 713-733, 2001.

RODRÍGUEZ, A.; DAHLMAN, C.; SALMI, J. *Knowledge and innovation for competitiveness in Brazil*. Washington: World Bank, 2008.

SILVA, O. *Nas asas da educação*: a trajetória da Embraer. Rio de Janeiro: Elsevier, 2008.

TAVARES, W. M. L. *Execução orçamentária dos fundos setoriais*. Brasília: Diretoria Legislativa, Consultoria Legislativa, 2008.

WORLD ECONOMIC FORUM. *The global competitiveness report 2012-2013*. Genebra: World Economic Forum, 2012.

WORLD BANK. *Innovation policy*: a guide for developing countries. Washington: World Bank, 2010.

Capítulo 3

Educação e desenvolvimento no Brasil

Fernando de Holanda Barbosa Filho*
Rodrigo Leandro de Moura**

1. Introdução

A literatura econômica que analisa a relação entre educação e crescimento econômico é vasta.[1] Diversos estudos, tanto teóricos como empíricos, mostraram que a educação possui um efeito positivo sobre o crescimento econômico. O impacto da educação sobre o crescimento ocorre, principalmente, por três canais. O primeiro seria pela produtividade do trabalho. O segundo através da adoção de tecnologia disponível e o último, devido à criação de novas tecnologias.

O efeito da educação sobre a produtividade do trabalho ocorre em virtude da elevação da capacidade produtiva do trabalhador. Esse canal pode ser verificado por meio da elevação dos salários pagos para os trabalhadores com níveis mais elevados de escolaridade.[2]

O aumento da escolaridade da população também está relacionado de duas formas com a tecnologia. Primeiro, a adoção de novas tecnologias depende de um grau mínimo de escolaridade para que o indivíduo seja capaz de utilizá-las de forma efetiva. Nesse sentido, populações com níveis baixos de escolaridade não seriam capazes de adotar as tecnologias disponíveis e, por isso, o crescimento do país seria penalizado. Por último, existe uma relação entre escolaridade média e desenvolvimento de novas tecnologias. Países com baixo capital humano têm maior dificuldade em desenvolver novas tecnologias, o que reduz sua taxa de crescimento.

---
* Pesquisador do Instituto Brasileiro de Economia da Fundação Getulio Vargas (FGV/IBRE).
** Pesquisador pleno da Economia Aplicada do FGV/IBRE e professor da EPGE-FGV.
1. Para uma análise mais detalhada das relações teóricas e empíricas entre educação e crescimento econômico, ver Barbosa Filho e Pessôa (2010).
2. Krueger e Lindhal (2001).

Em particular, a literatura acadêmica mostra que o efeito da educação sobre o crescimento econômico depende da distância de cada país em relação à fronteira tecnológica.[3] Quanto mais distante um país estiver da fronteira tecnológica, mais importante é o investimento em educação primária e secundária para o crescimento econômico. Da mesma forma, quanto mais próximo da fronteira tecnológica, mais importante passa a ser a qualificação terciária.

O presente capítulo pretende analisar o papel da educação para o desenvolvimento no Brasil, fazendo comparações com países que tiveram sucesso em se tornar desenvolvidos e com países que não foram bem-sucedidos.

O capítulo está organizado em cinco seções, incluindo esta introdução. A segunda seção mostra como o sistema educacional brasileiro está organizado, além de uma análise detalhada da evolução dos indicadores educacionais no Brasil nas últimas décadas, tais como taxas de matrícula e escolaridade média. Ainda nessa seção é feita uma comparação internacional, destacando a diferença do Brasil em relação aos demais países considerados. A terceira seção aborda as atribuições de cada ente federativo no sistema educacional brasileiro e seu financiamento. Também é apresentada a evolução dos gastos com educação por nível escolar. A quarta seção discute aspectos fundamentais da política educacional recente do Brasil, como a construção de um sistema de avaliação da educação. Adicionalmente, a seção avalia a qualidade educacional no Brasil e os desafios que a política educacional terá de enfrentar ao longo dos próximos anos. Neste aspecto, são avaliados os resultados recentes do Programme for International Student Assessment (Pisa) para diversos países, que mostram que a qualidade educacional no Brasil é baixa. Por fim, a quinta seção conclui o capítulo.

2. Organização do sistema educacional e evolução dos principais indicadores

2.1 Organização do sistema educacional

---

3. Vandenbussche, Aghion e Meghir (2006).

A educação básica no Brasil abrange os primeiros anos da educação formal. Atualmente, ela está dividida em três etapas: educação infantil, ensino fundamental e ensino médio.

A educação infantil é dividida em duas etapas: creche (para crianças de 0 a 3 anos de idade) e pré-escola (para crianças de 4 a 5 anos). Observa-se, porém, que foi apenas no ano de 2009 que o Estado brasileiro tornou a frequência na pré-escola uma obrigação constitucional a ser cumprida até o ano de 2016. Em um país onde a educação infantil recebia pouca atenção do governo, essa mudança pode ser considerada um grande avanço. Os resultados dessa iniciativa, porém, só poderão ser avaliados no futuro, como ilustra a experiência relatada a seguir sobre o ensino fundamental.

Desde 1971, o ensino fundamental é obrigatório no Brasil, o qual é destinado atualmente às crianças de seis a 14 anos de idade.[4] No entanto, a universalização desse ciclo de ensino demorou décadas para ser alcançada: em 1980, o percentual de crianças matriculadas nesse ciclo era de 80% e, em 2000, passou para quase 95%, segundo dados do Censo Demográfico.

Em virtude da universalização tardia do ensino fundamental, retardou-se também o crescimento do percentual de concluintes dos ciclos seguintes. Para se ter uma ideia, em 1980 o percentual de adolescentes de 15 a 17 anos de idade matriculados no ensino médio era de pouco mais de 14% e, 20 anos depois, esse percentual atingiu 33%, segundo o Censo Demográfico. Assim, configura-se como um próximo desafio a sua universalização. Nesse sentido, a Emenda Constitucional de 2009 estabeleceu que até 2016 a educação básica será obrigatória para a faixa etária de quatro a 17 anos. Com isso, espera-se que o país possa alcançar a universalização dessa etapa escolar.

2.2 Evolução dos indicadores educacionais

Nesta seção são apresentados os principais indicadores educacionais, a saber: taxa de matrícula, anos médios de estudo, grau de escolarização e percentual

---

4. Até 2006, o ensino fundamental tinha duração de oito anos e a matrícula era obrigatória para crianças entre sete e 14 anos. Nesse ano, foi decretada a Lei nº 11.274, que tornou obrigatória a matrícula aos seis anos e estendeu a duração do ensino fundamental para nove anos. Essa mesma lei estabeleceu que as escolas implementassem o ensino fundamental de nove anos até o ano letivo de 2010. Assim, entre 2007 e 2009 os dois regimes caminharam em paralelo e, a partir de 2010, passou a vigorar apenas o regime de nove anos para o ensino fundamental.

da população com pelo menos o ensino médio completo. A medida de taxa de matrícula será apresentada de duas formas: taxa bruta e líquida.[5] Na primeira parte desta seção é apresentado um panorama geral da evolução das taxas de matrícula e anos médios de educação no Brasil, destacando as etapas escolares que apresentaram melhora nesses indicadores e quais apresentaram pouco progresso. Na segunda parte é apresentada uma comparação internacional, revelando a situação do Brasil em comparação com os demais países.

Taxa de matrícula e anos médios de estudo no Brasil

A figura 1 mostra as taxas brutas de matrícula para o ensino primário (fundamental de 1ª a 8ª série), secundário (médio) e terciário (superior)[6] no Brasil, entre 1933 e 2000. Os dados mostram que a taxa bruta de matrícula do ensino primário cresceu gradativamente ao longo de todas as décadas, sendo observada, na década de 1990, uma aceleração no ritmo de incorporação de novos alunos. Por sua vez, a taxa bruta de matrícula do ensino médio passou a crescer de forma mais significativa apenas na década de 1960. Ainda assim, sua taxa permaneceu inferior a 40% até o final da década de 1980. Apenas na década seguinte é que as matrículas desse ciclo apresentaram crescimento mais acentuado. Entretanto, apesar de todo o esforço realizado, a taxa bruta de matrícula (que inclui os alunos atrasados) ainda não atingiu os 80%.[7] Por fim, a taxa bruta de matrícula do ensino superior (ou terciário) é ainda inferior a 20%. Assim, a análise dos dados de taxa bruta de matrícula mostra a baixa prioridade que o Brasil deu à educação até a década de 1990.[8]

A tabela 1 mostra o sucesso e os gargalos da educação no Brasil mensurados pelos dados das taxas bruta e líquida de matrícula no Brasil no período entre 2001 e 2011.[9] No ensino pré-escolar, os resultados não são muito

---

5. A taxa bruta de matrícula é calculada com o número de matriculados (de qualquer faixa etária) dividido pela população de indivíduos da faixa etária adequada para cursar o determinado ciclo escolar. A taxa líquida desconsidera do cálculo os matriculados fora da faixa etária adequada para cursar o determinado ciclo escolar. A faixa etária adequada de cada ciclo é a que foi explicitada no início da seção 2.1.
6. O ensino terciário é equivalente ao ensino superior no Brasil.
7. Isto significa que a taxa líquida de matrícula (que inclui apenas os alunos que se encontram no ano de ensino correto) ainda é bastante baixa.
8. Na próxima seção, serão apresentados os dados de gastos por aluno, os quais tornarão ainda mais claro esse fato.
9. Vale notar que as fontes de dados da figura 1 e da tabela 1 são distintas.

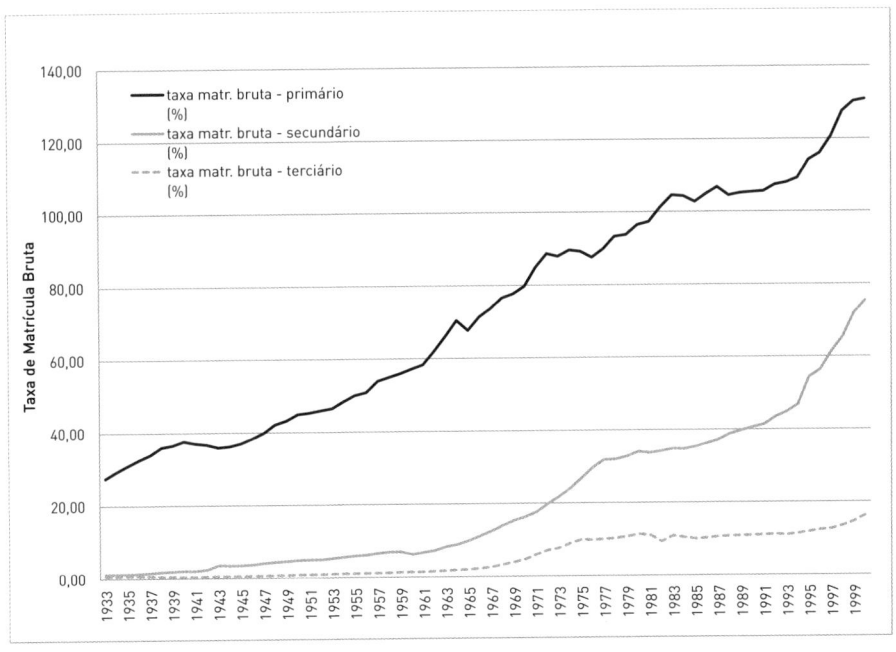

Figura 1
Taxa bruta de matrícula no Brasil

(gráfico com três séries: taxa matr. bruta - primário [%], taxa matr. bruta - secundário [%], taxa matr. bruta - terciário [%], de 1933 a 1999)

Fonte: Maduro (2007).

bons — a cobertura da matrícula alcança apenas 54,2% das crianças que estão na idade correta para frequentar essa etapa escolar. No caso do ensino fundamental, a taxa líquida de matrícula encontra-se acima de 90% desde 2001 e ocorreu a universalização do acesso para crianças entre sete e 14 anos, dado que quase 100% das crianças nessa faixa etária frequentam a escola.[10]

Em termos de taxa de matrícula, o principal problema da educação no Brasil é, porém, o ensino médio. A diferença acentuada entre a taxa bruta e líquida do ensino médio indica o grande atraso (e/ou abandono) escolar de nossos jovens. Em adição, a taxa líquida de matrícula, pouco superior aos 51%, em 2011, mostra a baixa atratividade do ensino médio no país. Os jovens com idade entre 15 e 17 anos que não estão cursando este nível de ensino se encontram atrasados ou abandonaram os estudos.

---

10. Vale destacar que o termo "universalização", descrito no texto e utilizado no Brasil, se diferencia do sentido utilizado na maioria dos países, que associa, para um dado ciclo escolar, uma taxa de matrícula e de concluintes de quase 100%. No Brasil, apesar de o acesso ao ensino fundamental estar universalizado, uma parcela significativa (cerca de 40%) não conclui essa etapa.

Tabela 1
Taxas de matrícula bruta e líquida no Brasil

	Pré-Escola		Ensino Fundamental		Ensino Médio	
	Bruta	Líquida	Bruta	Líquida	Bruta	Líquida
2001	63,9%	57,1%	121,3%	93,1%	73,9%	36,9%
2002	64,9%	58,4%	120,8%	93,7%	75,9%	40,0%
2003	66,6%	59,9%	119,3%	93,8%	81,1%	43,1%
2004	67,1%	60,8%	117,6%	93,8%	81,4%	44,4%
2005	68,6%	62,9%	117,1%	94,4%	80,7%	45,3%
2006	70,2%	64,8%	116,2%	94,8%	82,2%	47,1%
2007	49,3%	47,2%	116,0%	94,6%	82,6%	48,0%
2008	73,4%	59,6%	104,5%	90,1%	85,5%	50,4%
2009	62,2%	50,6%	105,7%	91,1%	83,0%	50,9%
2011	69,7%	54,2%	106,9%	91,9%	82,2%	51,6%

Fonte: Pnad/IBGE.

Esse resultado tem sérias consequências para o desenvolvimento do país. A mão de obra nacional será menos qualificada no futuro e/ou uma parcela importante dos indivíduos que não cursaram o ensino médio poderá ser excluída do mercado de trabalho devido à sua baixa qualificação.[11] Adicionalmente, esses fatores podem frear o crescimento da produtividade do trabalho ao reduzir a absorção de inovação tecnológica,[12] gerando, assim, um menor crescimento econômico. Desta forma, uma das prioridades da política educacional nacional para os próximos anos deveria ser universalizar a educação no ensino médio.

A tabela 2 reporta os anos médios de escolaridade da população brasileira, da população acima de 15 anos de idade e de indivíduos com 15, 17, 20, 23 e 25 anos de idade. Os dados mostram que a escolaridade média da população brasileira está aumentando de forma sistemática nos últimos anos. A escolaridade média da população geral e com idade acima de 15 anos aumentou em mais de dois anos de estudo em um intervalo de 14 anos. Vale destacar que a maior escolaridade das coortes mais novas é o principal fator influenciando essa elevação.

Assim, um dos reflexos da universalização do ensino fundamental e do aumento recente da taxa de matrícula no ensino médio é o crescimento dos

---

11. Katz e Murphy (1992).
12. Benhabib e Spiegel (1994) e Benhabib e Spiegel (2005) postulam que o nível da escolaridade facilita a absorção e criação de tecnologia. Krueger e Lindhal (2001) encontram evidências favoráveis à formulação de que a educação eleva a produtividade do trabalho.

Tabela 2
Anos médios de educação no Brasil

Brasil		Idade da população (em anos)					
		>15	15	17	20	23	25
1995	4,2	5,5	5,3	6,3	7,1	7,4	7,4
1996	4,3	5,7	5,5	6,5	7,3	7,5	7,5
1997	4,4	5,7	5,6	6,6	7,4	7,5	7,7
1998	4,6	6	5,7	6,8	7,7	7,8	7,7
1999	4,8	6,1	5,8	7	7,9	7,9	7,9
2001	5	6,4	6,1	7,4	8,4	8,4	8,2
2002	5,2	6,6	6,3	7,5	8,5	8,5	8,4
2003	5,4	6,8	6,4	7,7	8,7	8,9	8,7
2004	5,5	6,9	6,5	7,8	8,9	9,1	8,9
2005	5,6	7	6,6	7,9	9	9,3	9,1
2006	5,8	7,2	6,6	8	9,2	9,5	9,4
2007	5,9	7,3	6,6	8,1	9,4	9,7	9,5
2008	6	7,5	6,7	8,2	9,5	9,8	9,7
2009	6,2	7,6	6,7	8,1	9,5	9,7	9,7
2011	6,3	7,7	6,7	8,2	9,6	9,9	9,9

Fonte: Elaboração própria com base em dados da Pnad.

anos médios de educação do brasileiro. No entanto, existem problemas revelados na análise da taxa de matrícula, que mostram a necessidade de maior avanço da frequência escolar no ensino médio e superior.

O aumento da escolaridade média apresentada na tabela 2 oculta a desigualdade educacional existente entre as regiões do Brasil. Os dados da tabela 3 mostram que, em 1995, existiam três grupos distintos no Brasil: a região Nordeste com escolaridade baixa, as regiões Norte e Centro-Oeste com escolaridade média e as regiões Sul e Sudeste com escolaridade mais elevada. Atualmente, ainda existem três grupos (de escolaridade baixa, média e alta), mas observa-se a migração da região Centro-Oeste para o grupo de maior escolaridade. Os dados ainda mostram que a escolaridade média tem aumentado de forma sistemática em todas as regiões. A região Nordeste apresentou o maior avanço entre 1995 e 2011, 2,8 anos a mais, se aproximando das regiões com maior escolaridade. No entanto, seu nível é ainda bem inferior ao das demais regiões, registrando uma diferença significativa de 1,4 ano de escolaridade em relação às regiões Sul, Sudeste e Centro-Oeste. Um resultado preocupante é que a região Norte apresentou o menor crescimento de anos médios de escolaridade, somente 1,8 ano de escolaridade entre 1995 e 2011.

Tabela 3
Anos médios de educação no Brasil e por região da população com mais de 15 anos

	Brasil	Norte	Nordeste	Centro-Oeste	Sudeste	Sul
1995	5,5	5,6	4,1	5,7	6,2	6,0
1996	5,7	5,7	4,3	5,9	6,4	6,1
1997	5,8	5,8	4,3	6,1	6,5	6,2
1998	6,0	5,9	4,5	6,3	6,7	6,4
1999	6,1	6,1	4,7	6,3	6,8	6,6
2000	6,3	6,3	4,8	6,5	7,0	6,7
2001	6,4	6,4	5,0	6,6	7,1	6,9
2002	6,6	6,6	5,2	6,9	7,3	7,1
2003	6,8	6,7	5,4	7,0	7,4	7,3
2004	6,9	6,3	5,5	7,2	7,6	7,4
2005	7,0	6,5	5,7	7,3	7,7	7,5
2006	7,2	6,7	5,9	7,5	7,9	7,6
2007	7,3	6,9	6,0	7,6	8,0	7,7
2008	7,5	7,1	6,2	7,8	8,1	7,9
2009	7,6	7,2	6,4	8,0	8,2	8,0
2011	7,7	7,4	6,9	8,3	8,3	8,2

Fonte: Elaboração própria com base em dados da Pnad.

Comparação internacional

Nesta parte é realizada uma análise comparativa dos dados da educação do Brasil com os dados de países desenvolvidos, asiáticos e demais países latino-americanos, desde 1950. Os países desenvolvidos são representados por: França, Alemanha, Japão e Estados Unidos (EUA). O grupo de países asiáticos é composto por: Hong Kong, Coreia do Sul, Cingapura, Taiwan e China. Os países latino-americanos avaliados são: Argentina, Brasil, Chile, Colômbia, México e Venezuela. Foram destacados os casos do Brasil e da China para efeitos de comparação.

A tabela 4 mostra o grau de escolarização dos países escolhidos neste estudo, medido pela participação da população acima de 15 anos de idade que frequenta ou frequentou uma escola, além da média dos países desenvolvidos, asiáticos e latino-americanos. Os dados mostram que, em 1950, os países desenvolvidos já possuíam mais de 95% de sua população escolarizada, o que indica que a universalização da educação foi alcançada antes desse período.

Na década de 1950 o grau de escolarização dos Tigres Asiáticos era significativamente mais baixo do que o dos países desenvolvidos. A média deste grupo encontrava-se próxima dos 60%, 30 pontos percentuais inferior à dos países desenvolvidos. Entretanto, vale ressaltar o rápido avanço na inclusão escolar nesses países. A partir da década de 1960, o processo de inclusão ganhou força e incorporou-se quase 10% por década, até atingir os 90,5% em 2000. Mesmo nesse grupo, observa-se uma discrepância por parte de Cingapura, que somente foi atingir o grau de escolarização dos outros países na década de 1990.

A análise dos países da América Latina é um caso à parte. A média dos países latino-americanos (sem considerar o Brasil) sempre foi maior que a média dos Tigres Asiáticos, com exceção de 1990. Este resultado dependeu de dois fatores: (i) do elevado grau de escolarização de Argentina e Chile, que já se mostrava elevado em 1950 e (ii) do fato de o Brasil não ser incluído nessa média para efeitos de comparação. O Brasil mostrava uma taxa de escolarização extremamente baixa. Somente 37,2% da população brasileira era escolarizada em 1950, número próximo ao apresentado por Cingapura (38,9%).

Tabela 4
Grau de escolarização (%)

	1950	1960	1970	1980	1990	2000	2010
França	99,7	99,7	99,0	99,1	92,0	97,3	98,7
Alemanha	97,7	97,4	95,5	94,8	95,0	94,9	96,0
Japão	95,6	97,6	99,3	99,6	99,8	99,8	99,9
EUA	97,8	98,0	98,6	99,2	98,9	99,6	99,7
Reino Unido	97,2	97,8	98,0	97,0	96,8	96,6	96,7
Países Desenvolvidos	**97,6**	**98,1**	**98,1**	**97,9**	**96,5**	**97,6**	**98,2**
Hong Kong	61,4	68,3	75,9	83,8	87,4	81,7	87,5
Coreia do Sul	72,2	57,4	75,7	86,9	88,6	94,1	96,4
Cingapura	38,9	50,6	65,7	70,2	89,8	90,9	91,8
Taiwan	58,3	66,5	76,4	84,3	90,5	95,1	97,6
Países Asiáticos*	**57,7**	**60,7**	**73,4**	**81,3**	**89,1**	**90,5**	**93,3**
Argentina	85,9	89,8	93,0	95,1	95,2	96,5	97,6
Chile	78,9	82,5	90,3	93,2	95,4	95,8	96,8
Colômbia	59,8	68,3	76,6	83,2	88,1	90,4	95,0
México	54,6	59,9	68,2	72,5	83,4	89,7	94,0
Venezuela	50,6	59,0	66,8	82,0	81,9	85,5	88,7
Países Latino-americanos**	**66,0**	**71,9**	**79,0**	**85,2**	**88,8**	**91,6**	**94,4**
China	30,2	41,7	58,1	72,9	77,8	89,0	93,5
Brasil	37,2	48,2	62,2	72,6	77,7	84,0	89,9

Fonte: Barro-Lee (2010).
(*) Média sem a China.
(**) Média sem o Brasil.

Argentina e Chile atingiram os 90% de escolarização da população acima de 15 anos de idade na década de 1970, enquanto o Brasil ainda não havia atingido tal marca em 2010. Estes dados mais uma vez ressaltam a pouca preocupação que o país teve com a educação em seu passado.

A China, que em 1950 era o país com menor taxa de escolarização dentre os selecionados, conseguiu já em 2010 ter mais de 90% de sua população acima de 15 anos escolarizada. Embora esse número ainda seja inferior ao observado em países desenvolvidos, consiste em um avanço importante.

O grau de escolarização, destacado na tabela 4, reflete o grau de acesso às escolas por parte da população. No entanto, tal medida não exclui a possibilidade de uma grande entrada nas escolas estar associada a uma grande evasão escolar em um segundo momento. Isso reduziria a aquisição de capital humano para a população em geral. Por isso, a tabela 5 complementa essas informações, disponibilizando a escolaridade média da população acima de 15 anos de idade nos mesmos países.

Tabela 5
Anos médios de escolaridade

	1950	1960	1970	1980	1990	2000	2010
França	4,3	4,2	4,8	6,0	7,5	9,6	10,5
Alemanha	4,9	5,1	5,0	5,6	8,0	10,0	11,8
Japão	6,9	8,0	8,2	9,3	10,0	10,9	11,6
EUA	8,4	9,1	10,8	12,0	12,1	12,7	12,2
Reino Unido	5,9	6,3	7,3	7,7	8,1	8,8	9,6
Países Desenvolvidos	**6,1**	**6,6**	**7,2**	**8,1**	**9,2**	**10,4**	**11,1**
Hong Kong	4,4	4,9	6,3	8,0	9,4	9,3	10,4
Coreia do Sul	4,5	4,3	6,3	8,3	9,3	11,1	11,8
Cingapura	2,7	3,7	5,2	5,2	6,6	8,1	9,1
Taiwan	4,3	5,0	6,1	7,6	8,7	10,1	11,3
Países Asiáticos*	**4,0**	**4,5**	**6,0**	**7,3**	**8,5**	**9,6**	**10,7**
Argentina	4,8	5,7	6,3	7,3	8,3	8,7	9,3
Chile	4,8	5,2	6,1	7,0	8,4	9,1	10,2
Colômbia	2,3	3,1	3,9	4,9	6,0	6,9	7,7
México	2,4	2,8	3,6	4,9	6,4	7,6	9,1
Venezuela	2,2	3,1	4,0	5,6	5,1	5,9	7,0
Países Latino-americanos**	**3,3**	**4,0**	**4,8**	**5,9**	**6,8**	**7,6**	**8,7**
China	1,5	2,3	3,4	4,7	5,6	7,1	8,2
Brasil	1,5	2,1	2,8	2,8	4,5	6,4	7,5

Fonte: Barro-Lee (2010).
(*) Média sem a China.
(**) Média sem o Brasil.

Os dados da tabela 5 mostram que os anos médios de escolaridade dos países desenvolvidos eram, em 1950, dois anos superiores à média dos países asiáticos e três anos superiores à média dos países latino-americanos. Os Estados Unidos eram em 1950 (8,4 anos de estudo) e continuam sendo em 2010 (12,2 anos) o país com maior escolaridade média da população. Atualmente, Alemanha, Japão e Estados Unidos possuem uma escolaridade média superior aos 11 anos de estudo. Os "Tigres Asiáticos" possuíam em 1950 uma escolaridade média da população acima de 15 anos de idade de somente quatro anos. Essa escolaridade era inferior à de Argentina e Chile, e somente superior à dos demais países latino-americanos e à da China. No entanto, Hong Kong (4,4 anos de estudo, em 1950), Coreia do Sul (4,5 anos), Cingapura (2,7 anos) e Taiwan (4,3 anos) realizaram elevados investimentos em educação. Eles resultaram em elevação nos anos médios de escolaridade de suas respectivas populações, superando, em 2010, os nove anos de estudo, com Taiwan e Coreia do Sul possuindo uma escolaridade média superior aos 11 anos (correspondente ao ensino médio completo no Brasil). Em comparação com os países desenvolvidos, em 1970, o tigre asiático com menor escolaridade média já se aproximava da obtida por França e Alemanha. Estes dados sugerem que a educação não foi em nenhum momento uma barreira para a adoção das tecnologias disponíveis pelos "tigres", nem para a redução do diferencial de renda *per capita* em relação aos países desenvolvidos.

Em relação ao Brasil, observa-se que os anos médios de escolaridade ficaram virtualmente estagnados em níveis inferiores aos três anos até o início da década de 1980. Esse resultado confirma, portanto, o relativo descaso da política educacional com o ensino fundamental e médio entre os anos 1960 e 1980.

Diferentemente do que ocorreu com os Tigres Asiáticos, os países da América Latina mostraram uma média de anos de estudo baixa, mesmo sem considerar o Brasil. Com exceção de Argentina e Chile, não se observa uma elevação mais forte desse indicador até a década de 1970. Somente a partir dessa década é que Colômbia, Venezuela e, principalmente, México apresentaram melhoras expressivas. Assim, diferentemente dos dados da tabela 3, o desempenho dos países latino-americanos é pior do que o de países asiáticos.[13] No Brasil, a escolaridade média cresceu de forma mais consistente na década de 1990, com mais de 30 anos de atraso em relação aos Tigres Asiáticos.

---

13. Provavelmente fruto de uma alta evasão escolar na América Latina.

O diferencial da escolaridade média de países da América Latina, como Brasil, Colômbia, México e Venezuela, em relação aos países desenvolvidos superava os quatro anos na década de 1970, uma diferença significativa. Partindo da premissa teórica de que exista alguma relação positiva entre anos de estudo e inovação/adoção de tecnologias, esse diferencial educacional nas décadas de 1970 e de 1980 pode explicar a estagnação e/ou redução do ritmo de crescimento da renda *per capita* nesses países nas décadas seguintes.[14]

A tabela 5 mostra ainda que a educação média da população chinesa acima de 15 anos de idade saltou de 1,5 ano em 1950 para 8,2 em 2010. No entanto, os anos médios de escolaridade da China ainda são baixos em comparação com os países desenvolvidos. A distância educacional da China em relação aos países líderes em termos de PIB *per capita* é de três anos, uma diferença que pode ser considerável.

Os dados apresentados nas tabelas 4 e 5 indicam que os Tigres Asiáticos realizaram investimentos substanciais em educação e reduziram a distância educacional em relação aos países desenvolvidos. Assim, dada a relação positiva entre anos médios de educação e assimilação tecnológica em um país, é provável que tais investimentos tenham contribuído de forma significativa para elevar a renda *per capita* desses países.

No caso do Brasil, este parece ser um problema importante. O país apresentou durante várias décadas elevadas taxas de crescimento econômico, que indicavam que poderia alcançar a renda *per capita* das economias desenvolvidas. Entretanto, no mesmo período em que o diferencial de renda *per capita* se reduzia, não houve redução no diferencial de anos médios de escolaridade em relação aos países desenvolvidos. Essa carência relativa de capital humano pode ter contribuído para manter o país com uma renda média. Em um mundo com tecnologias mais viesadas para trabalhadores mais qualificados,[15] esse diferencial pode dificultar a adoção das novas tecnologias e reduzir as chances de o Brasil alcançar a renda *per capita* dos países desenvolvidos.

A literatura acerca da importância da educação para o crescimento econômico sugere que a alocação do investimento em educação depende da dis-

---

14. Os elevados anos de escolaridade médios de Argentina e no Chile podem explicar parte importante do fato de que o PIB *per capita* é mais elevado nesses países em comparação com os demais países latino-americanos.
15. O progresso tecnológico viesado para trabalhadores mais qualificados significa que sua produtividade aumenta em relação ao trabalhador menos qualificado. Para mais detalhes, ver Katz e Murphy (1992).

tância do país em questão da fronteira tecnológica. Ou seja, existem evidências na literatura de que países que se encontram distantes da fronteira tecnológica necessitam de maior investimento em educação secundária, enquanto países próximos da fronteira tecnológica necessitam de maior investimento em educação terciária.[16]

A tabela 6 mostra de forma clara a importância dada pela Coreia do Sul ao investimento em educação de nível secundário. Em 1950, a Coreia possuía pouco mais de 5% de sua população com ao menos o ensino médio completo. Em 2010, 77,9% dos sul-coreanos haviam ao menos completado o ensino médio, proporção inferior somente à americana. Essa melhora educacional pode ter facilitado a absorção de tecnologia e, assim, ter contribuído para a elevação da renda *per capita* da Coreia do Sul.

Na América Latina, o Chile é o único país onde mais de 50% da população acima de 15 anos ao menos completou o ensino secundário. O atraso educacional do Brasil e do México fica evidente. A proporção da população acima de 15 anos de idade com ao menos o ensino médio completo é inferior a 34% no Brasil e a 25% no México.

No que diz respeito à renda *per capita*, os dados sugerem que o Brasil não possuía pessoas com o nível secundário completo em número suficiente para evitar a estagnação econômica no final da década de 1970 e início da década de 1980. Comparando o Brasil com a Coreia do Sul, parece que o Brasil possuía apenas uma parcela pequena da população capacitada para absorver novas tecnologias. Nesse sentido, o Brasil, considerado ainda um país com baixo capital humano, teria maior dificuldade em absorver novas tecnologias em virtude de sua população não possuir as habilidades necessárias para sua utilização. Logo, o Brasil precisa continuar progredindo em termos de percentual de concluintes com ensino médio completo.

Neste sentido, a comparação com os Tigres Asiáticos parece apropriada. Os "tigres" tinham no mesmo período uma parcela importante de sua população com ao menos o ensino médio, com exceção de Cingapura. Os Tigres Asiáticos tinham pelo menos 20 pontos percentuais a mais de sua população com ensino médio do que o Brasil. Se compararmos com a Coreia do Sul, o Brasil ainda tinha em 2010 uma defasagem superior a 44 p.p.

---

16. Aghion e colaboradores (2006) e Vandenbussche, Aghion e Meghir (2006) mostram que países na fronteira tecnológica necessitam de educação de nível superior, enquanto países distantes da fronteira necessitam de educação de nível médio.

Tabela 6
Percentual da população acima de 15 anos com pelo menos o ensino secundário completo (%)

	1950	1960	1970	1980	1990	2000	2010
França	3,9	5,1	7,9	16,9	33,8	52,1	62,5
Alemanha	6,5	9,0	10,0	15,8	35,9	52,9	68,8
Japão	21,9	32,5	33,2	44,5	50,7	60,5	67,0
EUA	36,5	45,3	63,0	78,9	77,8	78,7	82,3
Reino Unido	3,3	4,1	10,3	11,6	13,5	18,8	25,2
Países Desenvolvidos	**14,4**	**19,2**	**24,9**	**33,5**	**42,3**	**52,6**	**61,2**
Hong Kong	13,2	14,6	21,4	31,0	41,6	44,9	55,4
Coreia do Sul	5,2	11,3	19,2	35,2	50,2	69,2	77,9
Cingapura	5,3	8,4	13,2	13,7	12,8	27,1	40,6
Taiwan	11,0	13,4	19,5	32,2	42,2	54,9	70,7
Países Asiáticos (*)	**8,7**	**11,9**	**18,3**	**28,0**	**36,7**	**49,0**	**61,2**
Argentina	5,1	10,4	14,0	23,1	31,0	33,2	40,9
Chile	11,5	12,9	17,4	24,4	40,2	48,9	59,0
Colômbia	2,5	3,5	6,0	10,1	17,9	30,1	43,5
México	2,7	3,2	6,6	13,7	20,6	27,6	38,7
Venezuela	2,0	4,0	9,5	15,9	14,9	18,5	25,0
Países Latino-americanos (**)	**4,8**	**6,8**	**10,7**	**17,4**	**24,9**	**31,7**	**41,4**
China	2,0	3,4	5,4	10,2	23,7	40,8	55,0
Brasil	3,9	5,5	6,5	7,9	11,9	23,6	33,7

Fonte: Barro-Lee (2010).
(*) Média sem a China.
(**) Média sem o Brasil.

3. Financiamento do sistema educacional e evolução dos gastos com educação

Para melhor entender as mudanças educacionais ocorridas no Brasil são apresentados nessa seção a evolução do sistema de financiamento da educação brasileira, bem como dos gastos despendidos com educação.

3.1 Financiamento do sistema educacional

Os recursos destinados à educação no Brasil são vinculados às receitas oriundas de impostos, tanto no âmbito federal, como estadual e municipal. A política de vincular recursos de impostos para o gasto com educação começou em 1921, quando se estipulou que 10% dos impostos fossem destinados para a educação. Na Constituição de 1946, o princípio da vinculação foi consolidado, sendo estipulado que 10% da receita da União e 20% da receita dos estados, Distrito Federal e municípios fossem destinados à educação. Adicionalmente, estabeleceu-se que a União auxiliaria financeiramente os sistemas de ensino estadual e do Distrito Federal no ensino primário. Para isso, foi criado um Fundo Nacional. A Lei nº 4.024 de 1961, conhecida como primeira Lei de Diretrizes e Bases da Educação Nacional (LDB), determinou a distribuição dos recursos do ensino para fundos de cada ciclo (ensino primário, ensino médio e ensino superior). A lei determinava uma elevação dos gastos de 10% dos impostos da União para 12%, ao mesmo tempo que estabelecia um mínimo de 20% para estados, Distrito Federal e municípios.

Sistema atual

A década de 1990 marcou a ampliação dos recursos destinados à educação no Brasil. A Constituição de 1988 determinou que estados e municípios destinassem pelo menos 25% de suas receitas com impostos e transferências para a educação e que a União destinasse 18% dos seus recursos.

A atual LDB (Lei nº 9.394, de 1996), por sua vez, estabeleceu as diretrizes da educação no Brasil. Os municípios ficaram responsáveis por prover educação infantil em creches e pré-escolas e, com prioridade, o ensino fundamental. Os estados ficaram responsáveis por assegurar o ensino fundamental e oferecer, com prioridade, o ensino médio. O governo federal não ficou responsável diretamente pela educação básica no país.[17] Essa divisão de responsabilidades entre as unidades da federação, porém, gerou um baixo gasto por aluno em estados e municípios com baixa arrecadação (relativamente pobres), o que resultou em uma disparidade significativa de gastos entre as unidades da federação.

Com o objetivo de reduzir tais desigualdades, em 1996 foi criado o Fundo de Manutenção e Desenvolvimento do Ensino Fundamental e de Valo-

---

17. Embora o governo federal seja diretamente responsável apenas pela provisão do ensino superior, o mesmo redistribui recursos para auxílio na provisão das demais etapas educacionais. Por exemplo, esses recursos financiam programas de alimentação escolar, distribuição de livros e materiais escolares e transporte escolar de alunos residentes em áreas rurais.

rização do Magistério (Fundef), que entrou em vigor a partir de 1998. Este destinou 15% das receitas estaduais e municipais para um fundo estadual. Os recursos eram repassados para os entes federativos que provessem ensino fundamental regular, levando em conta apenas o número de alunos matriculados na rede de ensino fundamental. Adicionalmente, estabeleceu-se um gasto mínimo por aluno. A diferença entre o gasto mínimo por aluno e o efetivamente realizado era financiada pelo governo federal. Por último, o Fundef destinava pelo menos 60% de seus recursos ao pagamento de salários dos professores do ensino fundamental público.

As mudanças introduzidas com o Fundef explicam em parte o sucesso em expandir o acesso ao ensino fundamental. No entanto, a vinculação de recursos apenas a essa etapa de ensino fez com que não houvesse igual expansão do ensino médio. Com isso, o Fundef foi substituído, em 2007, pelo Fundo de Manutenção e Desenvolvimento da Educação Básica e de Valorização dos Profissionais de Educação (Fundeb). O Fundeb corresponde a uma expansão do Fundef para incluir a educação infantil, ensino médio e educação de jovens e adultos. O fundo é constituído de forma similar ao Fundef tanto na fonte dos recursos como na destinação de pelo menos 60% do fundo para o pagamento de professores. A vantagem do Fundeb, em relação ao Fundef, decorre do fato de possibilitar o financiamento adequado dos diversos níveis de ensino, desde a educação infantil até o ensino médio. Adicionalmente, a lei de criação do Fundeb garantiu repasses adicionais do governo federal. Logo, o programa garante um gasto mínimo por aluno em todo o país, transferindo mais recursos para as redes estaduais e municipais, o que reduz as disparidades regionais do gasto por aluno.

Em 2009, outra modificação importante foi realizada de forma a liberar mais recursos para a educação. A Emenda Constitucional nº 59/2009 estabeleceu a exclusão gradativa dos gastos públicos em educação do cálculo da Desvinculação das Receitas da União (DRU).[18] A DRU visava dar maior flexibilidade aos gastos da União vinculados à receita, permitindo, por exemplo, que gastos com educação fossem destinados à redução da dívida pública. A exclusão dos gastos com educação da DRU torna obrigatório o direcionamento

---

18. No Brasil, parte das receitas da União é vinculada com gastos específicos como saúde, educação, dentre outros, o que reduz a flexibilidade da gestão governamental. A Desvinculação das Receitas da União (DRU) visava dar maior flexibilidade para a gestão orçamentária, possibilitando gastos em outras áreas.

integral dos recursos do governo federal vinculados à educação para essa área, o que, portanto, elevará os gastos com educação nos próximos anos.

3.2 Gastos com educação

A seção anterior mostrou as origens dos recursos utilizados para financiar a educação no Brasil, mencionando a vinculação dos gastos com educação à receita de impostos. Nesta subseção apresentamos a evolução dos gastos com educação, mostrando como os recursos vinculados a cada ciclo educacional se ampliaram a partir da Constituição de 1988.

Maduro Junior (2007) construiu uma série desde 1950 dos gastos públicos com educação no Brasil como percentagem do PIB. Adicionalmente, o autor mostrou o custo por aluno do setor público como percentual da renda *per capita*. Com base nesses dados, descritos na tabela 7, pode-se perceber que, entre as décadas de 1950 e 1980, o investimento em educação realizado pelo setor público no Brasil era muito baixo. O gasto do setor público com educação dobrou entre 1950 e 1970, quando saiu de 1,4% do PIB para 2,9% do PIB, patamar ainda reduzido. A tabela indica que os gastos com educação somente começaram a aumentar de forma sistemática como fração do PIB a partir de 1980.

Tabela 7
Gasto público com educação

	Gasto público em educação (% PIB)	Gasto por aluno do setor público (% PIB *per capita*)		
		Fundamental	Médio	Superior
1950	1,4	10	133	750
1955	1,6	10	95	950
1960	1,7	8	78	939
1965	2,4	11	42	873
1970	2,9	11	32	384
1975	2,6	11	27	167
1980	2,4	10	16	157
1985	2,9	12	18	161
1990	3,8	15	18	233
1995	3,9	14	16	201
2000	4,0	13	14	210

Fonte: Maduro Junior (2007).

Um aspecto ainda mais grave que o baixo investimento em educação que o país realizou no passado é a distribuição dos recursos entre os diferentes níveis educacionais: fundamental, médio e superior. O investimento não só era reduzido como era concentrado de forma prioritária no ensino superior, como mostra a tabela 7. O gasto por aluno do ensino superior como percentagem do PIB *per capita* chegou a ser mais de 100 vezes o gasto com o ensino fundamental (em 1960). Ao longo dos anos esta concentração de recursos no ensino superior caiu, representando, em 2000, 15 vezes o gasto no ensino fundamental ou no ensino médio, diferença ainda expressiva.

Esse tipo de alocação de recursos mostra a falta de prioridade em universalizar a educação no passado, dado que o elevado gasto no ensino superior beneficiava somente uma pequena parcela da população, que obtinha um ensino de qualidade. Ou seja, o baixo grau de escolarização (reportado na figura 1 da seção 2.2) é reflexo do baixo investimento em educação básica nas décadas anteriores, que negou acesso a uma parcela importante da população ao ensino fundamental. Assim, segundo Vandenbussche, Aghion e Meghir (2006), a maior alocação de gastos por aluno no ensino superior indica que o país investiu no nível educacional errado, visto que países distantes da fronteira tecnológica deveriam investir em educação básica. Dessa forma, pode-se afirmar que o Brasil desperdiçou algumas décadas no processo de ampliar o capital humano de sua população e promover o desenvolvimento do país.

A LDB da educação e a criação do Fundef e do Fundeb nos anos 1990 e 2000, porém, modificaram a dinâmica dos gastos com educação no Brasil. A tabela 8 mostra a maior importância que o país está dando para a educação por meio da alocação de mais recursos para essa área. O país passou a ter um gasto direto com educação de 5,1% do PIB em 2010 contra um gasto de 3,9% em 2000, uma expansão de 1,2 p.p. A ampliação dos gastos por aluno com ensino fundamental e médio reduziu uma distorção histórica na alocação de gastos, excessivamente concentrada no ensino superior. Atualmente, a maior parte dos recursos é destinada para o ensino básico, o que mostra a mudança da importância relativa dada ao ensino básico no Brasil.

A tabela 9 mostra que o investimento em educação cresceu em um montante superior ao do PIB *per capita*. Os gastos com educação fundamental foram ampliados em quase 9 p.p. entre 2000 e 2010, enquanto os gastos com ensino médio aumentaram cerca de 4,5 p.p. Nesse mesmo período, os gastos

Educação e desenvolvimento no Brasil

Tabela 8
Investimento público direto em educação (% do PIB)

Ano	Todos os Níveis de Ensino	Educação Básica	Educação Infantil	Ensino Fundamental		Ensino Médio	Educação Superior
				De 1ª a 4ª séries ou anos iniciais	De 5ª a 8ª séries ou anos finais		
2000	3,9	3,2	0,3	1,3	1,1	0,5	0,7
2001	4,0	3,3	0,3	1,3	1,1	0,6	0,7
2002	4,1	3,3	0,3	1,5	1,1	0,4	0,8
2003	3,9	3,2	0,3	1,3	1,0	0,5	0,7
2004	3,9	3,2	0,3	1,3	1,1	0,5	0,7
2005	3,9	3,2	0,3	1,4	1,1	0,4	0,7
2006	4,3	3,6	0,3	1,4	1,3	0,6	0,7
2007	4,5	3,8	0,4	1,5	1,4	0,6	0,7
2008	4,7	4,0	0,4	1,5	1,5	0,7	0,7
2009	5,0	4,2	0,4	1,6	1,6	0,7	0,7
2010	5,1	4,3	0,4	1,6	1,5	0,8	0,8

Fonte: Inep/MEC.

Tabela 9
Percentual do investimento público direto em educação por estudante em relação ao PIB *per capita*, por nível de ensino — Brasil 2000-10

Ano	Todos os Níveis de Ensino	Educação Básica	Educação Infantil	Ensino Fundamental		Ensino Médio	Educação Superior	Razão Ensino Superior / Educação Básica
				De 1ª a 4ª séries ou anos iniciais	De 5ª a 8ª séries ou anos finais			
2000	14,1	11,7	13,4	11,5	11,8	11,2	129,6	11,1
2001	14,4	12,0	12,0	11,3	12,7	12,6	126,8	10,5
2002	14,5	12,0	11,4	13,3	12,3	8,9	120,9	10,1
2003	14,0	11,7	12,6	12,4	11,7	9,9	102,1	8,7
2004	14,1	12,0	12,8	12,7	12,8	8,8	98,6	8,2
2005	14,5	12,3	11,7	13,7	13,1	8,6	97,0	7,9
2006	16,0	13,9	12,0	14,3	15,7	11,1	92,6	6,7
2007	17,4	15,3	13,8	16,0	16,7	12,2	92,3	6,1
2008	18,7	16,5	13,8	17,3	18,4	13,3	92,3	5,6
2009	20,3	17,9	13,7	19,3	20,1	14,0	93,7	5,2
2010	21,5	18,8	15,5	20,3	20,5	15,6	94,5	5,0

Fonte: Inep/MEC.

com educação infantil aumentaram apenas 2,1 p.p. e o ensino superior teve uma redução dos seus gastos da ordem de 35 p.p. A razão entre o gasto por aluno no ensino superior e no ensino básico caiu de 11 vezes para cinco vezes, reduzindo uma distorção que foi superior a 100 vezes na década de 1960.

Os dados das tabelas 8 e 9 indicam que o aumento dos gastos com educação está associado com o crescimento das taxas de matrícula em todos os níveis de ensino, destacado na seção anterior. Essa combinação levou a um aumento vigoroso dos anos médios de escolaridade a partir da década de 1990.

Por último, cabem algumas considerações em relação à estrutura de gastos em educação no Brasil e países selecionados. A tabela 10 utiliza dados do *Education at glance 2010* para comparar os gastos por ciclo escolar entre diversos países, dentre eles: Estados Unidos, Japão e Coreia do Sul.

Os resultados da tabela 10 mostram que o Brasil continua sendo um *outlier* nos gastos com ensino superior. O Chile gasta três vezes mais por aluno no ensino superior do que no ensino médio. No Brasil esse número é seis vezes maior. Dentre os países da OCDE o gasto por aluno no ensino superior é menos de duas vezes o gasto por aluno no ensino fundamental. Desta forma, observa-se que, apesar da redução da desigualdade de gastos por aluno entre o ensino superior e o ensino básico, o Brasil ainda tem um longo caminho a percorrer na redução da desigualdade da alocação de recursos entre os diferentes níveis de ensino.

Tabela 10
Gastos com educação em % do PIB *per capita**

	Educação Básica					
	Pré-escola	1ª a 4ª série	5ª a 8ª série	Ensino Médio	Ensino Superior	Ensino Básico e Superior
Média OCDE	18	20	22	26	40	25
Estados Unidos	20	22	23	25	58	31
Japão	13	22	25	27	42	28
Coreia do Sul	15	20	24	36	34	28
Brasil*	15	17	18	13	102	19
Chile	24	16	16	16	47	22

Fonte: Education at glance 2010.
(*) O termo Pré-escola se refere ao *Pre-Primary Education* (para crianças com no mínimo 3 anos de idade), o termo 1ª a 4ª série se refere ao Primary Education, da 5ª a 8ª série se refere ao *Lower Secondary Education*, o Ensino Médio se refere ao *Upper Secondary Education*, o Ensino Superior se refere ao *All Tertiary Education* e o termo Ensino Básico e Superior se refere ao *Primary to Tertiary Education*.

Desde que se atingiu a universalização do ensino fundamental, a qualidade da educação brasileira passou a ser o principal desafio para os gestores de política pública. Na seção seguinte, apresentamos o histórico do sistema de avaliação da educação brasileira, o qual tem sido um guia importante na busca para melhorar a qualidade educacional no país.

4. Sistema de avaliação

Estudos recentes relatam que mais importante do que a escolaridade média da população de determinado país é a sua qualidade, como mostram Hanushek e Kimko (2000). Neste cenário, melhorar a qualidade da educação, em geral, e ampliar a matrícula do ensino médio deveriam ser os principais objetivos da política educacional brasileira.

O Brasil não teve um sistema de avaliação de educação por um longo período de tempo. Desde meados da década de 1990, porém, esse panorama começou a ser modificado. Em 1995, foi instituído um sistema de avaliação da educação básica no país para possibilitar melhorias nas políticas educacionais. O Sistema de Avaliação da Educação Básica (Saeb), de âmbito nacional, foi criado em 1988, com a primeira avaliação, de caráter amostral, sendo realizada em 1990. Esse sistema foi modificado em 1995 de forma a possibilitar a comparação intertemporal de seus resultados. O exame passou a ser bienal e as provas aplicadas para os alunos que completaram a 4ª e a 8ª série do ensino fundamental, respectivamente.[19]

A Prova Brasil, criada em 2005, avalia o conhecimento em português e matemática de alunos de escolas públicas urbanas da 4ª e da 8ª série do ensino fundamental. Diferentemente do Saeb, este é um exame censitário que permite calcular a nota de cada escola pública, funcionando como um instrumento de diagnóstico. Isso permite uma cobrança dos pais dos alunos em relação aos resultados obtidos, criando um sistema de *accountability*.

O programa de avaliação de ensino no Brasil foi expandido em 1998 com a implantação do Exame Nacional do Ensino Médio (Enem), que avalia os alunos que completam o 3º ano do ensino médio e aqueles que já tenham se formado e pretendam ingressar na universidade. Em 2009, o Enem foi

---

19. O sistema segue a Teoria de Resposta ao Item que permite comparar as notas não apenas entre diferentes anos, mas também entre alunos de séries distintas.

ampliado de forma a permitir que o mesmo fosse utilizado para o ingresso em cursos superiores.

O sistema de avaliação da educação básica no Brasil deu outro passo importante, em 2007, com a criação do Índice de Desenvolvimento da Educação Básica (Ideb). O Ideb engloba não somente as notas dos exames padronizados da Prova Brasil/Saeb, mas adiciona as informações da taxa média de aprovação dos estudantes da correspondente etapa de ensino, sendo um avanço nos instrumentos de avaliação no Brasil.[20] A criação do Ideb possibilitou o estabelecimento de metas de qualidade a serem atingidas pelas escolas. Os programas de avaliação criados no Brasil também englobam o ensino superior. Inicialmente, em 1995, foi criado o Exame Nacional de Cursos (conhecido como Provão), que avaliava os estudantes concluintes do ensino superior. Em 2004, esse exame foi substituído pelo Exame Nacional de Desempenho de Estudantes (Enade). Uma das principais diferenças do Enade em relação ao Provão foi a inclusão dos alunos ingressantes na avaliação, além dos concluintes, de forma a avaliar a evolução dos alunos no curso de ensino superior. O exame, que inicialmente foi aplicado somente a poucos cursos, como medicina, hoje abrange a grande maioria dos cursos superiores no país.

4.1 Qualidade e políticas educacionais no Brasil

A seção anterior mostrou que o baixo gasto do Brasil em educação durante muitas décadas resultou em uma população pouco escolarizada. A política educacional brasileira das duas últimas décadas conseguiu grande êxito em universalizar o acesso à educação fundamental, elevar a escolaridade média da população e as taxas de matrículas (ainda baixas) do ensino médio. No entanto, a qualidade da educação brasileira continua sendo um problema grave.

Assim, esta seção busca avaliar a evolução recente da qualidade da educação no Brasil, lançando mão dos resultados obtidos pelo Índice de Desenvolvimento da Educação Básica (Ideb) e pelo Programme of International Student Assessment (Pisa).

Apesar de se avaliar a educação básica no país através do Ideb, ainda não existe um sistema de avaliação da educação infantil. É necessário ressal-

---

20. Para mais detalhes, ver Veloso (2011).

tar essa ausência, uma vez que diversos estudos mostram a importância que a educação infantil possui sobre o ciclo de vida de um indivíduo.[21] Como mencionado anteriormente, a introdução do Ideb possibilitou não somente a avaliação do ensino no país, como também a criação de metas a serem atingidas. A tabela 11 mostra as metas em anos selecionados e os resultados do Ideb nos últimos anos.

Tabela 11
Índice de Desenvolvimento da Educação Básica (Ideb) observado e projetado, segundo o nível de ensino — Brasil

Nível de Ensino	Ideb observado					Metas projetadas				
	2005	2007	2009	2011	2011	2013	2015	2017	2019	2021
Início do Ensino Fundamental	3,8	4,2	4,6	5,0	4,6	4,9	5,2	5,5	5,7	6,0
Final do Ensino Fundamental	3,5	3,8	4,0	4,1	3,9	4,4	4,7	5,0	5,2	5,5
Ensino Médio	3,4	3,5	3,6	3,7	3,7	3,9	4,3	4,7	5,0	5,2

Fonte: Inep/MEC.

A tabela 11 mostra que o país possui como meta atingir a nota 6 em 2021 para os primeiros anos do ensino fundamental e 5,5 e 5,2 para os anos finais dos ensinos fundamental e médio, respectivamente. Esses resultados devem ser atingidos de forma gradativa para todos os níveis.

Os resultados mostram que a meta estipulada para os anos iniciais e finais do ensino fundamental foi atingida com folga no ano de 2011. A meta para 2013 no ensino fundamental também já foi atingida para os anos iniciais. A meta de 2013 para os anos finais do ensino fundamental é tarefa difícil, pois, caso a evolução da nota ocorra em ritmo similar aos anos anteriores, a nota será de 4,3 e não os 4,4 desejados.

Diferentemente da avaliação do ensino fundamental, que atingiu a meta de 2011 com alguma folga, a avaliação do ensino médio apenas atingiu a meta de 3,7. Logo, se seguir a tendência observada para os anos anteriores, o Ideb do ensino médio dificilmente atingirá a meta de 3,9 em 2013. A di-

---

21. Heckman (2006) ilustra a maior taxa de retorno do investimento em educação infantil (programas pré-escolares) em relação ao investimento em educação formal e em programas realizados após o período de escolarização (tais como programas de treinamento no emprego). Cunha e colaboradores (2006) desenvolvem uma estrutura teórica que auxilia na interpretação das evidências empíricas que relacionam investimento em capital humano em idades precoces com melhores resultados ao longo do ciclo de vida do indivíduo.

ficuldade decorre de a elevação gradual de 0,1 obtida nos exames anteriores não ser suficiente para atingir a meta em 2013, assim como ocorre com os anos finais do ensino fundamental.

Os dados da tabela 11 mostram ainda que a qualidade da educação está melhorando no país de forma gradual, mas, provavelmente, algumas das metas não deverão ser atingidas em 2013. Mesmo assim, a criação do Ideb foi importante e tende a contribuir para melhorar a educação em nosso país.

O país também passou a participar do Pisa em 2000, ano de sua primeira avaliação. Esse programa permite a análise da qualidade relativa do ensino no Brasil através do rendimento de seus alunos em um exame internacional.[22] A participação do país nesse exame é um passo adiante na avaliação da educação nacional, embora os resultados ainda sejam desapontadores.

A tabela 12 reporta o percentual de alunos que possuem uma nota inferior à nota referente ao nível de proficiência mínimo proposto no exame. Os dados da tabela revelam a baixa qualidade da educação brasileira. Quase 50% dos alunos brasileiros que participaram do Pisa mostraram um conhecimento abaixo do necessário em leitura. Esse número aumenta para 54% em ciências e atinge 69% em matemática. Entre os países analisados, a Argentina é o único país com rendimento tão medíocre como o brasileiro. Os estudantes do México e do Chile apresentam um rendimento pouco superior ao brasileiro, mas mostram problemas graves, uma vez que pelo menos 30% dos estudantes mostram um conhecimento inferior ao nível de proficiência.

Tabela 12
Percentual dos alunos abaixo do nível de proficiência

Países	Leitura	Matemática	Ciências
Brasil	49,6	69,1	54,2
Xangai - China	4,1	4,8	3,2
Coreia do Sul	5,8	8,1	6,3
Finlândia	8,1	7,8	6
Estados Unidos	17,7	23,4	18,1
Chile	30,6	51,1	32,3
México	40,1	50,8	47,3
Argentina	51,6	63,6	52,4

Fonte: Pisa.

---

22. O Pisa é um projeto desenvolvido pela Organização para Cooperação e Desenvolvimento Econômico (Ocde) que avalia o desempenho de estudantes de 15 anos de idade de diversos países. Os exames do Pisa incluem as disciplinas de matemática, ciências e leitura, sendo possível a comparação internacional dos resultados.

O rendimento dos alunos de Xangai na China salta aos olhos com um percentual de alunos abaixo do nível de proficiência mínimo inferior a 5% nas três disciplinas avaliadas. Coreia do Sul e Finlândia mostram o usual bom desempenho de seus alunos no Pisa, com reduzido índice de alunos abaixo do nível de proficiência.

Desta forma, os dados da tabela 12 não deixam dúvidas acerca da baixa qualidade do ensino oferecido no país e da urgência em solucionar esse problema. Em linhas gerais, se o crescimento educacional se mantiver, a população brasileira se tornará mais educada. No entanto, se a baixa qualidade do sistema educacional não for solucionada, a absorção de tecnologia poderá ficar comprometida. Isso, por sua vez, poderá frear o crescimento da renda *per capita*.

5. Conclusão

Este capítulo mostrou que a vinculação de receitas de impostos aos gastos com educação ocorre no país desde 1921. Entretanto, até a década de 1990, os gastos com educação não se ampliaram de forma sistemática e a educação parece ter sido colocada em segundo plano no país. Os baixos investimentos ocasionaram uma baixa taxa de matrícula e escolaridade média. Em particular, a escolaridade média do país no início da década de 1980 era extremamente baixa (2,8 anos de estudo) e o percentual de trabalhadores com ao menos o ensino médio era inferior a 10% da população acima de 15 anos.

O capítulo mostrou, no entanto, que o Brasil apresentou importantes progressos desde meados da década de 1990. O país, enfim, alcançou o acesso universal à educação fundamental — no sentido de ter uma taxa líquida de matrícula de quase 100% — e tem apresentado um crescimento consistente dos anos médios de escolaridade. No entanto, este progresso pode diminuir de forma substancial nos próximos anos, caso não se consiga elevar a matrícula no ensino médio. Para tanto, a redução relativa dos gastos com ensino superior pode ser um sinal de que o país passou a dar a importância devida ao tema. Além da maior alocação de recursos para o ensino médio, o Brasil deve realizar mudanças de forma a manter atrativa essa etapa do ensino para reduzir a evasão escolar.

Adicionalmente à baixa matrícula do ensino médio, a melhora da qualidade educacional no ensino nacional é outra prioridade. Para tanto, uma mudança na gestão educacional é fundamental. A política educacional deve dar mais atenção aos dados obtidos dos sistemas de avaliação para facilitar que as metas sejam atingidas. Em particular, o país deve adotar políticas educacionais que relacionem as metas com as avaliações de forma a alocar os recursos necessários, de forma eficiente, para a consecução dos objetivos propostos.

Referências

AGHION, P. et al. *Exploiting States' mistakes to identify the causal impact of higher education on growth*. 2006. Mimeografado.

BARBOSA FILHO, F.; PESSÔA, S. Educação e crescimento: o que a evidência empírica e teórica mostra? *Revista EconomiA*, v. 11, n. 2, p. 265-303, 2010.

BARRO, R.; LEE, J.-W. *A new data set of educational attainment in the world, 1950-2010*. Apr. 2010. (NBER Working Paper N. 15902)

BENHABIB, J.; SPIEGEL, M. Human capital and technology diffusion. In: AGHION, P.; DURLAUF, S. (Ed.). *Handbook of economic growth, 2005*. Amsterdã: Elsevier, 2005. V. 1A, chap. 13, p. 935-966.

____; ____. The role of human capital in economic development: evidence from aggregate cross-country data. *Journal of Monetary Economics*, v. 34, p. 143-174, 1994.

CUNHA, F. et al. Interpreting the Evidence on Life Cycle Skill Formation. *Handbook of the Economics of Education*. Amsterdã: Elsevier, 2006. v. 1, p. 697-812.

HANUSHEK, E.; KIMKO, D. Schooling, labor-force quality, and the growth of nations. *The America Economic Review*, v. 90, n. 5, p. 1184-1208, 2000.

HECKMAN, J. J. Skill formation and the economics of investing in disadvantaged children. *Science*, v. 312, n. 5782, p. 1900-1902, 2006.

KATZ, L.; MURPHY, K. Changes in relative wages, 1963-1987: supply and demand factors. *Quarterly Journal of Economics*, v. 107, n. 1, p. 35-78, 1992.

KRUEGER, A. B.; LINDAHL, M. Education for growth: why and for whom? *Journal of Economic Literature*, v. 39, n. 4, p. 1101-1136, 2001.

MADURO JUNIOR, P. R. Taxas de matrículas e gastos em educação no Brasil. Dissertação (mestrado) — Escola de Pós-Graduação em Economia, Fundação Getulio Vargas, Rio de Janeiro, 2007.

VANDENBUSSCHE, J.; AGHION, P.; MEGHIR, C. Growth, distance from frontier and composition of human capital. *Journal of Economic Growth*, v. 11, p. 97-127, 2006.

VELOSO, F. A evolução recente e propostas para a melhoria da Educação no Brasil. In: BACHA, E.; SCHWARTZMAN, S. (Ed.). *Brasil*: a nova agenda social. Rio de Janeiro: LTC, 2011. p. 215-253.

———————————————————————————————— **Capítulo 4**

Desigualdade e desenvolvimento econômico no Brasil

Fernando de Holanda Barbosa Filho*

1. Introdução

A elevação da desigualdade é vista em muitos estudos como um dos possíveis fatores que pode provocar uma desaceleração de crescimento. Uma razão é que o aumento da desigualdade social pode resultar em uma demanda por maior equidade. Em resposta, o governo pode vir a adotar medidas que reduzam a desigualdade, mas que resultem em perda de eficiência do dinamismo econômico.[1] Adicionalmente, um país com desigualdade elevada poderia ter conflitos sociais que podem resultar em crises que afetam seu desempenho econômico.[2] Este capítulo avalia a evolução da desigualdade no Brasil entre 1960 e 2000. Entre 1960 e o início dos anos 1990, a desigualdade no Brasil aumentou continuamente, apesar de seu nível inicial já elevado. A partir de meados da década de 1990, a desigualdade caiu de forma substancial, na última década em ritmo ainda mais acelerado. Mesmo assim, o Brasil ainda é um dos países mais desiguais do mundo. O capítulo avalia, ainda, as diversas políticas sociais adotadas desde a década de 1990 e seus efeitos sobre a recente queda da desigualdade no país.

    O capítulo está organizado em cinco seções, incluindo esta introdução. A segunda seção faz uma comparação da desigualdade no Brasil em relação a diversos países da Europa, América do Norte, da Ásia e da América Latina, desde a década de 1960. A seção 2 do capítulo também apresenta uma análise detalhada da evolução da desigualdade na economia brasileira. Essa seção

---
* Pesquisador do Instituto Brasileiro de Economia da Fundação Getulio Vargas (FGV/IBRE).
1. Benabou (2005).
2. Galbraith (1954).

aborda o debate sobre as causas de sua elevação nas décadas de 1960 e 1970, enfatizando que o baixo acesso à educação no país foi uma das causas da elevação da desigualdade à época. Por último, a seção mostra a recente queda da desigualdade no Brasil.

A terceira seção apresenta as diversas políticas sociais adotadas no país: aposentadoria rural, Renda Mensal Vitalícia, o Benefício de Prestação Continuada (BPC — Lei Orgânica de Assistência Social (Loas)), o Programa Bolsa Família e a política de valorização do salário mínimo. Essa seção descreve os programas e detalha a abrangência dos mesmos no país, mostrando o número de beneficiários e o valor médio dos benefícios.

A quarta seção analisa a importância dos programas sociais para a recente queda da desigualdade no Brasil. Especial atenção é dada para o impacto do programa de valorização do salário mínimo e dos demais programas sociais descritos na seção 3, e à importância da educação e de seu efeito no mercado de trabalho para a redução da desigualdade ocorrida nos últimos anos. A conclusão do capítulo é apresentada na quinta seção.

2. Evolução da desigualdade

2.1 Comparação internacional: 1960-2000

O Brasil é um dos países mais desiguais do mundo, apesar da queda recente da desigualdade. A tabela 1 mostra a desigualdade de renda medida para diversos países através do índice de Gini entre os anos de 1960 e 2000.

A tabela 1 mostra de forma clara o elevado nível da desigualdade no Brasil em comparação com os países desenvolvidos, os asiáticos e até mesmo os latino-americanos, ao longo de todo o período. A Venezuela, que possuía elevado grau de desigualdade nas décadas de 1960 e 1970, sendo o país mais desigual dessa amostra, reduziu sua desigualdade de forma substancial até o ano 2000. A Venezuela perdeu a "liderança da desigualdade" para o Brasil ao longo da década de 1970. Dos países avaliados, Colômbia, Chile e México apresentam níveis de desigualdade mais próximos ao brasileiro.

A desigualdade no Brasil aumentou entre as décadas de 1960 e a década de 1990. A elevação da desigualdade entre 1960 e meados da década de 1970

Tabela 1
Desigualdade medida pelo coeficiente de Gini

	1960	1970	1980	1990	2000
França	51,4	42,5	32,1	28	28,2
Alemanha	-	-	-	30,8	24,6
Japão	36	41,4	33,4	35	31,9
EUA	42,3	39,3	39,7	42,7	39,4
Reino Unido	35,4	25,4	25,2	33,5	31,5
Países Desenvolvidos	**41,3**	**37,2**	**32,6**	**34**	**31,1**
Hong Kong	-	43	39,4	43,4	-
Coreia do Sul	-	33,3	35,7	34,7	36,9
Cingapura	-	40	39,5	43,6	48,1
Taiwan	45,6	29,9	27,7	30,9	32
Países Asiáticos	**45,6**	**36,6**	**35,6**	**38,2**	**39**
Argentina	43,4	36,4	42,5	44,4	50,4
Chile	-	50,1	53,2	55,1	55,2
Colômbia	-	57,3	-	56,7	57,2
México	-	57,4	-	53,1	55,6
Venezuela	54,6	61,1	47,5	44	45,8
Países Latino-americanos	**50,2**	**53,5**	**49,8**	**52,3**	**53,8**
Brasil	53	59	56	60,4	58,7
China	-	29,9	30,1	35,7	39
Gini Máximo	54,6	61,1	56	60,4	58,7
País Gini Máximo	Venezuela	Venezuela	Brasil	Brasil	Brasil

Fonte: UNU-Wider.

foi motivo de debate acadêmico entre Fishlow e Langoni.[3] O primeiro argumentava que a política salarial de reajustes abaixo da inflação praticada pelo governo militar reduzira o salário mínimo real e era a principal responsável pela elevação da desigualdade no Brasil. O segundo argumentava que o aumento da desigualdade resultava de investimento insuficiente em educação em um momento de rápido crescimento econômico e demanda crescente por capital humano.

A elevação da desigualdade não parecia ser um problema para os governos da época. Devido à preocupação de que políticas redistributivas de combate à desigualdade pudessem reduzir o crescimento econômico do país, o Brasil adotava o discurso de "fazer o bolo crescer para depois dividir". Desta forma, o produto brasileiro cresceu em ritmo elevado e ampliou a concentração de renda

---

3. Ver o debate entre Langoni (1973) e Fishlow (1973), ambos no número 11 da revista *Dados*.

no período. A carência relativa de capital humano parece indicar que essa foi a principal causa da concentração de renda ocorrida. No período entre 1960 e 1980, o país cresceu a taxas médias superiores aos 7% ao ano,[4] mas o bolo nunca foi dividido. Esse elevado crescimento aumentou a demanda por trabalhadores qualificados que viram seus ganhos aumentarem em ritmo elevado, diferentemente do que ocorreu com os trabalhadores pouco qualificados.

A desigualdade atingiu valores elevados e o Brasil tornou-se o país mais desigual do mundo. O índice de Gini, que era de 53 em 1960, atingiu 59 em 1970. A estagnação da década de 1980, junto com a elevação da taxa de inflação, contribuiu ainda mais para o aumento da desigualdade. Como resultado, o índice de Gini atingiu 60,4 no início da década de 1990.

Os dados da tabela 1 mostram que, neste mesmo período, entre 1960 e 1980, a desigualdade caiu em países desenvolvidos como França, Alemanha, Japão e Reino Unido. Por outro lado, os dados da tabela 1 mostram um resultado interessante entre 1990 e 2000: a elevação da desigualdade nos países asiáticos e latino-americanos, mas a redução da desigualdade no Brasil.[5] No entanto, o nível de desigualdade nacional é tão superior ao de outros países que a melhora brasileira, aliada à piora destes países, pouco afeta nossa posição relativa.

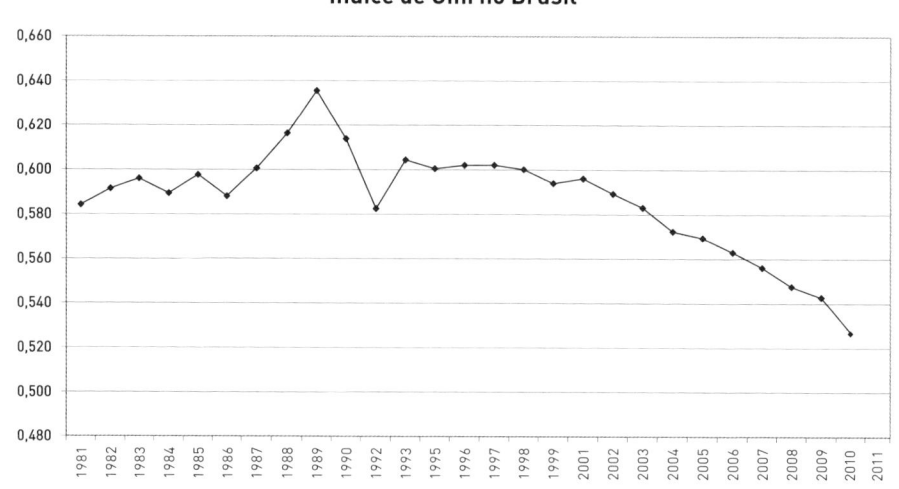

Figura 1
Índice de Gini no Brasil

Fonte: Ipeadata.

---

4. O crescimento médio do PIB entre 1960 e 1980 foi de 7,1%.
5. A queda do índice de Gini se inicia de forma consistente em 1996.

2.2 Evolução recente no Brasil

Como visto na seção anterior, o Brasil é um dos países mais desiguais do mundo. No entanto, nos últimos 16 anos, tem-se observado uma queda contínua na desigualdade. A figura 1 mostra a redução da desigualdade no Brasil medida através do índice de Gini. Nela pode-se perceber uma inflexão do crescimento da desigualdade em 1993. A tendência de redução da desigualdade manteve-se em ritmo suave até o início dos anos 2000. Entretanto, a partir de 2002-03 o processo de queda da desigualdade ganhou força e manteve-se até 2011, a última observação disponível. Além disso, deve ser destacado que a redução da desigualdade no Brasil ocorreu concomitantemente com a redução da pobreza.[6]

A figura 2 mostra que o número de pessoas que vivem na pobreza e na extrema pobreza diminuiu entre 1993 e 2009. O número de pessoas que vivem no primeiro grupo se reduziu em 15 milhões de pessoas, enquanto que no segundo grupo este número se reduziu em 21 milhões. No entanto, o Brasil ainda possuía, em 2009, 13,4 milhões de pessoas em extrema pobreza (7% da população) e 39,6 milhões de pessoas que vivem em pobreza (20% da população).

A redução na desigualdade no país é fruto de uma combinação de políticas e fatores. O processo é iniciado com o fim da hiperinflação brasileira (Plano Real de junho de 1994). Com isso, as camadas mais pobres da população "deixaram de pagar o imposto inflacionário" e a desigualdade de renda começou a cair no país. Ao mesmo tempo, o país adotou novos programas de transferência de renda, como o Programa Bolsa Família (PBF), regulamentou o benefício de Prestação Continuada (BPC-Loas) e aprofundou o impacto de programas (aposentadorias rurais e RMV) já existentes e vinculados ao salário mínimo através da política de valorização do mínimo. Uma apresentação mais detalhada desses programas será feita na próxima seção.

---

6. Número de pessoas em domicílios com renda domiciliar *per capita* inferior à linha de extrema pobreza (ou indigência, ou miséria). A linha de extrema pobreza aqui considerada é uma estimativa do valor de uma cesta de alimentos com o mínimo de calorias necessárias para suprir adequadamente uma pessoa, com base em recomendações da FAO e da OMS. São estimados diferentes valores para 24 regiões do país. Série calculada a partir das respostas à Pesquisa Nacional por Amostra de Domicílios (Pnad/IBGE). A linha de pobreza aqui considerada é o dobro da linha de extrema pobreza.

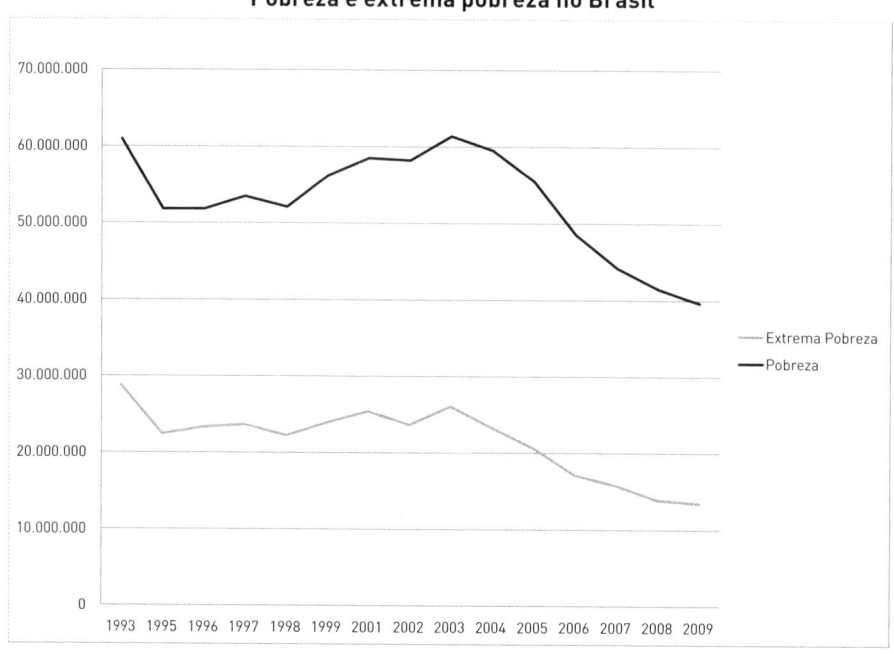

Figura 2
Pobreza e extrema pobreza no Brasil

Fonte: Ipeadata.
Obs.: Para os anos de 1991, 1994 e 2000 não há informações.

3. Políticas para redução da desigualdade e da pobreza no Brasil

As políticas sociais não eram vistas de forma prioritária no Brasil até a década de 1990. A forte elevação da desigualdade no país desde a década de 1960 mostra a pouca atenção dada ao problema. Nesse período, os governos não fizeram grandes esforços no desenvolvimento e implantação de políticas sociais, sendo as políticas de aposentadoria rural e Renda Mensal Vitalícia (RMV), provavelmente, as únicas relevantes nesta área até a Constituição de 1988.

As políticas de assistência social são aquelas em que o governo fornece algum tipo de benefício sem que seja necessário algum tipo de contribuição por parte do indivíduo. Em geral, a assistência social é prestada para indivíduos que não possuam condições de se autossustentar e pode ser provisória ou permanente. No Brasil, diversos programas relacionados com a previdência são de fato de assistência social, visto que não exigem alguma contribuição do indivíduo como contrapartida para o recebimento do benefício. Alguns programas com estas características são: aposentadoria rural, Renda Mensal Vitalícia (RMV) e o Benefício de Prestação Continuada (BPC).

Esta seção analisa as políticas sociais mais importantes existentes no país. Além dos programas acima mencionados, analisa-se o Programa Bolsa Família (PBF) e a política de Valorização do Salário Mínimo.

3.1 Aposentadoria rural

O regime de previdência social foi introduzido no Brasil somente em 1923, através da Lei Eloy Chaves.[7] A lei definia dispositivos legais para a criação de caixas de aposentadorias e pensões para as empresas ferroviárias existentes na época. Desta forma, o sistema previdenciário brasileiro começou com um regime de capitalização onde os indivíduos custeavam a sua própria aposentadoria por meio de suas contribuições para o sistema.

Após esta iniciativa, as constituições de 1934, 1937, 1946 e 1967 passaram a incorporar de forma mais sistemática o termo previdência, estabelecendo também alguns direitos do trabalho.[8] A primeira lei que incluiu o trabalhador rural no regime de previdência foi a Lei nº 4.214, de 2 de março de 1963, que criou o Funrural, correspondente à aposentadoria rural.[9] Entretanto, o regime não funcionou de forma adequada e em 1969 foi criado o "Plano Básico" de Previdência Social com o objetivo de atender efetivamente os trabalhadores rurais.

O Pró-Rural substituiu o "Plano Básico" em 1971.[10] Este novo plano instituía a cobrança de contribuições incidentes sobre o valor de comercialização dos produtos rurais e sobre a folha de pagamento das empresas vinculadas ao regime geral para seu custeio. O Pró-Rural estendeu as garantias dos trabalhadores rurais e, embora não fizesse parte do Regime Geral de Previdên-

---

7. Decreto-Lei nº 4.682, de 24 de janeiro de 1923.
8. Em 1967, incluiem-se o descanso remunerado à gestante e a previsão de proteção da maternidade e dos casos de doença, velhice, impavidez e morte.
9. Para mais detalhes acerca do histórico dos planos de previdência rural no Brasil, ver Beltrão, Oliveira e Pinheiro (2000).
10. O Pró-Rural garantia a aposentadoria por idade ou invalidez, pensão por morte, auxílio-funeral, auxílio-doença e assistência médica.

cia Social (RGPS), garantia aos mesmos direitos semelhantes aos concedidos para o trabalhador urbano. O Pró-Rural evidencia o caráter de benefício social da previdência rural, uma vez que instituía a concessão de um benefício sem a respectiva contribuição do beneficiado. Em 1974, trabalhadores rurais com mais de 70 anos ficaram elegíveis aos benefícios rurais, no que poderia ser visto como uma primeira Lei Orgânica de Assistência Social (Loas), que foi regulamentada em 1996 e atende a trabalhadores rurais e urbanos com mais de 67 anos.

A aposentadoria rural (Funrural) e a urbana (INPS) foram geridas por órgãos distintos até 1977, quando passaram a ser administradas pelo Sistema Nacional de Previdência e Assistência Social (Sinpas). Esta centralização deve ser destacada, pois sinaliza o início de políticas voltadas para a criação no que pode ser entendido como o "estado de bem-estar social no Brasil", posteriormente expandido e consolidado através da Constituição de 1988.

A Constituição de 1988 ampliou o número de cidadãos elegíveis para os benefícios rurais no Brasil, além de elevar o seu valor. A condição para aposentadoria por idade foi reduzida, em 1991, de 65 anos de idade (independentemente do gênero) para 60 anos no caso de homens e 55 no de mulheres. O valor do benefício aumentou de ½ para 1 salário mínimo. O benefício que anteriormente era disponível somente para o chefe do domicílio foi ampliado, beneficiando inclusive os cônjuges do domicílio que preenchiam as condições de elegibilidade do mesmo.

Os valores arrecadados para custeio de aposentadoria e benefícios previdenciários rurais são baixos, pois os futuros beneficiários não contribuem para o sistema. Desta forma, a previdência rural apresenta um déficit em suas contas, não sendo capaz de se autofinanciar. Logo, a previdência rural é financiada através de transferências dos trabalhadores urbanos. Portanto, apesar do nome, o programa de previdência rural é na verdade um programa de assistência social.

Atualmente, o trabalhador rural deve atender a alguns critérios para estar habilitado a requerer a aposentadoria. Caso inscrito a partir de 25 de julho de 1991, deve comprovar o número mínimo de 180 meses de atividade rural e ter a idade mínima necessária. Além disso, o indivíduo deve estar exercendo atividade rural no momento do requerimento ou na data em que cumpriu os requisitos da lei. Para indivíduos que estavam no sistema em data anterior a 25 de julho de 1991, era necessário comprovar atividade rural conforme os meses descritos em uma tabela de transição previdenciária que se iniciava com 60 meses de contribuição.[11]

A tabela 2 mostra o número e o valor médio mensal, em dólares, de aposentadorias rurais pagas por ano no Brasil desde 1994. O número de aposentadorias pagas era de 5,2 milhões em 1994 e vem aumentando gradativamente ano após ano. Atualmente, atende a mais de 8 milhões de pessoas, sendo uma importante fonte de recursos nas regiões rurais mais pobres de nosso país. O valor médio do benefício é baixo, estando próximo do salário mínimo, que é o piso para os benefícios previdenciários no país. Ainda assim, estimativas mostram que a aposentadoria rural teria retirado mais de 300 mil famílias da pobreza no campo entre 1991 e 1995.[12]

Tabela 2
Número e valor médio mensal da aposentadoria rural

	Número de Benefícios	Valor Médio (US$ Médio)*
1994	5.277.600	140
1995	5.294.118	130
1996	5.341.287	113
1997	5.445.108	113
1998	5.652.371	113
1999	5.897.584	76
2000	6.142.782	83
2001	6.297.401	77
2002	6.575.533	69
2003	6.760.629	79
2004	6.947.742	89
2005	7.130.745	118
2006	7.305.320	150
2007	7.497.212	179
2008	7.738.536	208
2009	7.995.918	213
2010	8.246.194	262
2011	8.460.710	290

Fonte: Ministério da Previdência Social (MPS).
*Cotação corrente.

---

11. As diferentes reformas previdenciárias criaram tabelas para realizar a transição entre o antigo sistema e o novo. Hoje em dia, a tabela não mais está em vigor.
12. Assunção e Chein (2009).

3.2 Renda Mensal Vitalícia (RMV)

A Renda Mensal Vitalícia (RMV) foi criada em 1974[13] como um benefício para pessoas inválidas ou maiores de 70 anos de idade que fossem incapacitadas para o trabalho. Os beneficiários não poderiam exercer atividades remuneradas, possuir rendimentos superiores a 60% do salário mínimo ou possuir outro meio para seu sustento.

Em 1988, a Constituição instituiu o Benefício de Prestação Continuada (BPC ou Loas), que viria a substituir o RMV. O BPC passou a garantir um benefício de previdência social no valor de um salário mínimo, sem a necessidade de contribuição, para pessoas idosas ou inválidas que não possuam meios de prover seu sustento.

O RMV continuou a fazer parte dos benefícios pagos pela previdência social em nosso país, mas somente para aqueles que já o recebiam em janeiro de 1996, quando entrou em vigor o BPC (Loas). Pessoas que cumprem os pré--requisitos da antiga RMV agora recebem o BPC, sendo o RMV um benefício em "extinção". A partir de 2004, os recursos para o pagamento do RMV passaram a ser oriundos do orçamento do Fundo Nacional de Assistência Social.

A tabela 3 mostra a evolução do número de benefícios pagos no mês de dezembro de cada ano e o valor médio da RMV. O valor médio do benefício é bem próximo do valor estipulado pelo salário mínimo, como definido na Constituição de 1988.

A RMV possuía uma cobertura de somente 254,5 mil pessoas em 2011, sendo 195 mil dos beneficiários deficientes e 59,5 mil de idosos. A Tabela 3 mostra de forma clara a redução gradativa do número de benefícios de RMV pagos uma vez que este foi substituído por lei pelo Benefício de Prestação Continuada (BPC).

3.3 Benefício de Prestação Continuada (Lei Orgânica de Assistência Social — Loas)

O Benefício de Prestação Continuada (BPC) é um benefício de assistência social prestado pelo Instituto Nacional do Seguro Social (INSS). O BPC

---

13. Lei nº 6.179/1974.

Tabela 3
Número de benefícios e valor médio da Renda Mensal Vitalícia (RMV)

	Número de Benefícios			Valor Médio (US$ médio)	
	Deficientes	Idosos	Total	Deficientes	Idosos
1994	725.040	533.781	1.258.821	153	152
1995	701.341	501.944	1.203.285	141	139
1996	667.281	459.446	1.126.727	111	111
1997	626.497	416.120	1.042.617	112	112
1998	585.197	374.301	959.498	112	112
1999	547.693	338.031	885.724	75	75
2000	509.643	303.138	812.781	83	83
2001	475.555	271.829	747.384	77	77
2002	436.672	237.162	673.834	69	69
2003	403.174	208.297	611.471	78	78
2004	370.079	181.014	551.093	89	89
2005	340.715	157.860	498.575	124	124
2006	310.806	135.603	446.409	161	161
2007	284.033	115.965	399.998	195	196
2008	261.149	100.945	362.094	226	226
2009	237.307	85.090	322.397	232	233
2010	215.463	71.830	287.293	290	290
2011	195.018	59.540	254.558	325	325

Fonte: MDS.

consiste em um benefício social no valor de um salário mínimo mensal para idosos e deficientes.[14] Os benefícios são pagos sem qualquer contrapartida por parte do beneficiário. Os beneficiários são deficientes ou idosos que possuam renda inferior a ¼ do salário mínimo *per capita*,[15] não possuindo condições de se sustentar ou ser sustentado por sua família.

A presença de algum indivíduo na residência que receba o BPC não inviabiliza o pagamento para outro morador do domicílio. De fato, não se considera qualquer rendimento fruto de BPC no cálculo da renda familiar necessária para o recebimento do benefício. No entanto, a lei não permite o recebimento do BPC em acúmulo com outros benefícios previdenciários. A Lei nº 8.742 de 1993 (Lei Orgânica de Assistência Social — Loas) estipulou inicialmente que a idade mínima para pagamento do BPC fosse de 70

---
14. Deficiente é aquele que não possui capacidade para a vida independente e para inserção/reinserção social e no mercado de trabalho.
15. Existem decisões judiciais que tornam o critério de elegibilidade mais elástico estendendo o benefício para famílias em condição de miséria, no espírito da lei.

anos de idade. Hoje, a idade mínima encontra-se em 67 anos de idade. Nota-se que o programa exibe elevado grau de focalização. Assim, no ano de 2006, 60% dos beneficiários atendiam os critérios de elegibilidade do programa.[16]

A tabela 4 mostra a evolução dos BPCs pagos desde 1996 até 2011. Os dados mostram que o número total de benefícios aumentou mais de 900% no período. Em dezembro de 1996, foram pagos 346 mil benefícios, ao passo que no mesmo mês de 2011, quase 3,6 milhões de pessoas receberam o BPC. Logo, comparando a evolução do BPC com o RMV, pode-se perceber que o primeiro está não somente substituindo o segundo, como também expandindo a cobertura deste tipo de benefício social. O valor médio mensal do BPC, como não poderia deixar de ser, equivale ao salário mínimo, como estipulado na Loas. Em 2012, o BPC teve um custo aproximado de US$ 14 bilhões de dólares, que equivale a aproximadamente 0,7% do PIB nacional.

Tabela 4
Número de benefícios e valor médio do Benefício de Prestação Continuada (BPC)

	Número de Benefícios	Valor Médio Mensal (em US$ médio)
1996	346.219	112
1997	645.894	112
1998	848.299	113
1999	1.032.573	76
2000	1.209.927	83
2001	1.339.119	77
2002	1.560.854	69
2003	1.701.240	79
2004	2.061.013	89
2005	2.277.365	124
2006	2.477.485	161
2007	2.680.823	196
2008	2.934.472	226
2009	3.166.845	232
2010	3.401.541	289
2011	3.595.337	325

Fonte: MDS.

---

16. Medeiros, Britto e Soares (2008).

3.4 Bolsa Família

O Programa Bolsa Família (PBF) é o programa de transferência de renda mais novo dentre os analisados neste capítulo. O PBF foi criado em 2004[17] e se caracteriza por uma transferência direta de renda que beneficia famílias em situação de pobreza e de extrema pobreza no país. O Bolsa Família transfere renda, mas demanda algumas condicionalidades, diferentemente do BPC, por exemplo. A imposição dessas não impede o alívio imediato para as pessoas em necessidades, porém procura garantir melhorias nas condições futuras dos beneficiários, principalmente para as crianças.

As condicionalidades reforçam o acesso a direitos sociais básicos nas áreas de educação, saúde e assistência social. As famílias que participam do programa devem manter as crianças e adolescentes na escola, obedecer aos cuidados básicos de saúde e manter a caderneta de vacinação em dia para as crianças menores de seis anos de idade. O PBF é resultado da fusão de diferentes programas de transferência existentes no Brasil previamente à sua implantação: Auxílio Gás, Bolsa Escola, Bolsa Alimentação e Cartão Alimentação.

O Programa atende famílias em todo o território nacional e os benefícios são "customizados". Em sua criação, foram definidos dois tipos de benefício: básico e variável. O benefício básico é disponibilizado somente para as famílias em pobreza extrema. O benefício variável depende do número de crianças ou adolescentes menores de 15 anos de idade, que ia até um máximo de três até 2011, quando subiu para cinco. Em uma segunda etapa, o PBF incorporou um benefício para jovens entre 15 e 17 anos de idade que permaneçam estudando, o Benefício Vinculado ao Jovem (BVJ).[18] Desta forma, famílias em situação de pobreza que não se encontram dentro do critério de extrema pobreza somente participam do programa caso possuam crianças ou adolescentes. Em 2011, o Plano Brasil Sem Miséria (BSM), além de expandir o número máximo de benefícios variáveis de três para cinco, incluiu novos benefícios variáveis no PBF: o Benefício Variável Gestante (BVG) e o Variável Nutriz (BVN).

O BVG garante o pagamento de um benefício variável ao longo de nove meses mesmo antes de iniciado o pré-natal, desde que a família não receba cinco benefícios variáveis. Este é pago assim que a gestante for identificada pelo município e o sistema informado. Entretanto, uma vez iniciado

---

17. Instituído pela Lei nº 10.836/2004 e regulamentado pelo Decreto nº 5.209/2004.
18. Introduzido no ano de 2008.

o pagamento, a gestante deverá realizar os exames médicos e comparecer às consultas.

O BVN atende crianças com menos de seis meses de idade que sejam cadastradas no programa e garante o pagamento de seis parcelas do benefício variável, desde que a família não receba cinco benefícios variáveis. Após a concessão do benefício a criança deve manter o calendário de vacinas em dia e fazer o acompanhamento nutricional.

Em maio de 2012, o governo Dilma Rousseff lançou o programa Brasil Carinhoso, que tem como objetivo beneficiar cerca de 2 milhões de famílias que tenham crianças de até seis anos de idade. Esse programa investirá mais de US$ 5 bilhões entre os anos de 2012 e 2014 para melhorar a educação, a saúde e a vida social da população carente. Entre suas atribuições está o Benefício para Superação da Extrema Pobreza na Primeira Infância (BSP), que foi adicionado ao PBF.

O BSP é um benefício para famílias com crianças de zero a seis anos de idade que, mesmo com os benefícios do PBF, recebam uma renda *per capita* que caracteriza extrema pobreza. Nesse caso, a família fica elegível a um benefício adicional, correspondente ao valor necessário para colocar a renda familiar acima da renda que caracteriza extrema pobreza.

Logo, os valores dos benefícios pagos pelo programa variam de acordo com as características familiares do beneficiado, considerando a renda mensal familiar *per capita*, o número de crianças e adolescentes e a existência de gestantes ou nutrizes. A tabela 5 mostra como o critério de elegibilidade do programa dependente da renda *per capita* variou entre 2004 e 2012.

Tabela 5
Critério de elegibilidade por renda *per capita* mensal

	2004-05	2006-08	2009-12
Extremamente Pobres	Até US$ 19	Até US$ 30	Até US$ 38
Pobres	US$ 19-US$ 37	US$ 30-US$ 60	US$ 38-US$ 75

Fonte: Souza (2011) e MDS. Os valores estão em dólares médios do período.

A tabela 6 mostra a evolução do montante pago para cada tipo distinto de benefício do Bolsa Família. O benefício básico pagava US$ 20 no ano de sua criação e os valores têm aumentado de forma suave, atingindo US$ 37 em 2011. No mesmo ano, o benefício variável também teve seu valor elevado de US$ 6 para US$ 17 por criança ou adolescente até 15 anos de idade. O benefício pago para jovens entre 15 e 17 anos de idade, que foi instituído mais tarde, inicia seu pagamento com US$ 18 e passa a pagar US$ 20 a partir de 2011.

Tabela 6
Valor pago por tipo de benefício do Bolsa Família

	2004-06	2007	2008	2009-10	2011-12
Básico*	US$ 20	US$ 30	US$ 34	US$ 36	R$ 37
Variável	US$ 6	US$ 9	US$ 11	US$ 12	R$ 17
BVJ	-		-	US$ 18	R$ 20

Fonte: Portela (2010) e MDS.
* Pago somente aos extremamente pobres. Os valores estão em dólares médios do período.

O valor máximo pago, em 2012, pelo PBF foi próximo a US$ 153. O valor incorpora um benefício básico, cinco variáveis e duas para jovens. A exceção para este valor encontra-se para aquelas famílias beneficiadas pelo BSP, que começou a ser pago em junho de 2012.

A gestão do Bolsa Família é descentralizada e compartilhada entre a União, estados, Distrito Federal e municípios. A seleção das famílias que recebem o benefício se baseia no Cadastro Único para Programas Sociais do Governo Federal. O Cadastro Único é realizado com base em informações e dados coletados pelos municípios com o objetivo de identificar todas as famílias de baixa renda existentes no Brasil. A partir desses dados, o Ministério do Desenvolvimento Social e Combate à Fome (MDS) seleciona os beneficiários do PBF de forma automatizada, seguindo os critérios de elegibilidade do programa.

A tabela 7 mostra a evolução no número de benefícios pagos pelo programa Bolsa Família no mês de dezembro entre 2004 e 2011 e o valor médio desses ao longo dos últimos nove anos. Adicionalmente, acrescenta-se o custo do Bolsa Família como proporção do PIB e o salário mínimo em dólares. O Programa concedeu 6,5 milhões de benefícios em 2004, ano de seu início. O benefício médio era de somente US$ 23 dólares por mês, como pode ser visto na tabela 7. O valor médio do benefício aumentou de forma significativa em 2011 em virtude da elevação do valor dos benefícios pagos (em linha com a tabela 6) e do número de benefícios variáveis passíveis de acumulação.

Tabela 7
Número de beneficiários e benefício médio do Programa BF e salário mínimo (em US$ médio)

	Número de Beneficiários	Valor médio do Benefício	BF % PIB	Salário Mínimo
2004	6.571.839	23	0,30%	107
2005	8.700.445	26	0,30%	138
2006	10.965.810	29	0,30%	180
2007	11.043.076	39	0,40%	207
2008	10.557.996	47	0,40%	208
2009	12.370.915	48	0,40%	264
2010	12.778.220	55	0,40%	305
2011	13.352.306	72	0,50%	273

Fonte: Ipea e Ministério do Desenvolvimento Social e Combate à Fome (MDS).

O PBF beneficia hoje mais de 13 milhões de famílias, com um alcance de mais de 50 milhões de pessoas. O benefício médio do programa é baixo, o que torna o custo total do Bolsa Família equivalente a somente 0,5% do PIB ao ano. Apesar do baixo valor médio do benefício, o programa é bem-sucedido em reduzir a pobreza, pois localiza com precisão os mais pobres, diferentemente das elevações do salário mínimo, que atingem somente uma pequena parcela dos mais pobres. Pelo menos 75% dos beneficiários do PBF pertenciam aos 40% mais pobres da população, enquanto outros programas tradicionais atingiam menos de 20% desse grupo.[19]

Nesta mesma linha, estudos mostram que, em 2006, 56,3% das famílias elegíveis recebiam o benefício, enquanto somente 9,8% das famílias não elegíveis recebiam o benefício.[20]

3.5 Política de valorização do salário mínimo

Ao longo dos últimos 18 anos, o salário mínimo real cresceu mais de 100%, enquanto o salário médio real cresceu menos de 10%. A elevação do salário mínimo entre 2001 e 2011 foi de cerca de 56% em termos reais. Em 2010, segundo o IBGE, 32,7% dos trabalhadores recebiam até um salário mínimo, sendo esse uma importante referência no mercado de trabalho doméstico.

---

19. Barros et al. (2010).
20. Soares e Sátyro (2009).

A tabela 8 mostra o salário mínimo nominal (SMIN N), o salário mínimo real (SMIN R), o salário médio real (SM R) em dólares e a razão salário mínimo/salário médio. A forte elevação do salário mínimo, de 200% entre 2001 e 2011 em termos nominais e superior a 50% em termos reais, pode ser observada na tabela 8. A apreciação do dólar elevou ainda mais os ganhos do salário mínimo, como pode ser visto comparando a penúltima com a última linha da tabela 8.

A elevação do salário mínimo em relação ao salário médio pago na economia brasileira foi tão importante que a razão SMIN/SM praticamente dobrou no período, passando de 23,1% em 1995 para 40,5% em 2011. Em um país desigual como o Brasil, a elevação do salário mínimo possui importante impacto sobre os mais pobres, pois diversos benefícios sociais são atrelados ao mesmo.

Tabela 8
Evolução do salário mínimo e médio (em US$)

	SMIN N	SMIN R	SM R	SMIN/SM
1995	100	287	1245	23,10%
1996	104	264	1188	22,20%
1997	103	252	1093	23,00%
1998	72	169	692	24,40%
1999	74	166	639	25,90%
2000	64	134	-	-
2001	62	120	395	30,20%
2002	65	115	367	31,40%
2003	82	124	357	34,70%
2004	107	152	426	35,60%
2005	138	186	498	37,50%
2006	180	236	595	39,60%
2007	207	259	652	39,80%
2008	208	243	606	40,10%
2009	264	297	706	42,10%
2010	305	326	-	-
2011	273	273	673	40,50%
Variação 2011-2001				
US$	342%	128%	70%	
R$	203%	56%	16%	

Fonte: Elaborado pelo autor com dados da Pnad.

4. Análise da redução recente da desigualdade e da pobreza no Brasil

A queda da desigualdade e da pobreza no país decorre de diversos fatores, desde políticas sociais, como a introdução do programa Bolsa Família e os aumentos reais do salário mínimo, até uma melhora substancial no mercado de trabalho. De forma geral, os trabalhos empíricos mostram que cerca de 50% da redução da desigualdade foi fruto desta melhora do mercado de trabalho, 15% advém do programa Bolsa Família, 20% dos programas de aposentadorias e pensões e os 15% restantes de outros fatores.

4.1 Mercado de trabalho

O mercado de trabalho brasileiro se modificou de diversas formas nos últimos anos. A maior estabilidade econômica obtida a partir da segunda metade dos anos 1990 estimulou a criação de novos postos de trabalho independentemente da rígida legislação trabalhista do país. A taxa de desemprego média de 11,5% em 2004 caiu para somente 5,5% no ano de 2012, com base nos dados da Pesquisa Mensal de Emprego do IBGE.

Ao mesmo tempo, a informalidade no mercado de trabalho nacional também foi fortemente reduzida. A proporção de empregados sem carteira de trabalho assinada caiu de 34% em 2004 para menos de 23% em 2012.[21] A informalidade mais baixa está associada não só a um ambiente de maior estabilidade macroeconômica, mas também ao aumento do crédito e da escolaridade média. A queda na informalidade reduz a desigualdade da renda do trabalho devido ao maior salário pago aos indivíduos formais em relação aos informais. Logo, assim como a redução da taxa de desemprego possibilita uma renda para indivíduos que antes não a possuíam, a redução da informalidade eleva a renda dos trabalhadores agora formalizados.

---

21. O trabalhador formal no Brasil possui um documento (carteira de trabalho) que deve ser assinado pelo seu empregador. Empregados que não possuem esse documento assinado são considerados informais. A carteira de trabalho assinada pelo empregador, em tese, garante os direitos do trabalhador.

A política educacional também teve grandes impactos no mercado de trabalho doméstico. Entre 2002 e 2011, o percentual da força de trabalho com mais anos de escolaridade aumentou de forma sistemática (tabela 9).

Tabela 9
Força de trabalho por faixa educacional

Anos de Escolaridade	2002	2011
0-3	23,3%	15,8%
4-7	29,0%	20,0%
8-10	16,4%	17,7%
11-14	23,5%	35,0%
>15	7,8%	11,5%
Total	86.335.873	102.222.603

Fonte: Barbosa Filho e Pessôa (2012).

Diversos estudos empíricos[22] confirmam a importância que o mercado de trabalho nacional tem na redução da desigualdade. A redução das taxas de desemprego, o maior grau de formalização e melhores salários devido à elevação da escolaridade média da população explicam parte substancial da queda da desigualdade ocorrida no Brasil.

O aumento na participação de trabalhadores mais escolarizados teve efeito positivo na estrutura do mercado de trabalho nacional, que possui escassez relativa de capital humano. Esse aumento explica parte da redução da desigualdade, pois melhora a renda na parte inferior da distribuição de renda. Assim, a maior participação no mercado de trabalho de grupos mais escolarizados pode explicar até 30% da queda da taxa de desemprego,[23] contribuindo também para a redução da desigualdade. Por último, a elevação dos anos médios de escolaridade da economia brasileira também explica mais de 60% da redução da informalidade no Brasil entre 2002 e 2009.[24] Desta forma, a elevação da escolaridade média da força de trabalho contribuiu de várias maneiras para a redução da desigualdade no período.

Dentre os principais fatores que esclarecem este avanço encontra-se a queda da desigualdade educacional, que explica 15% da redução do índice de

---

22. Barros, Carvalho e Franco (2006), Ipea (2006), Soares (2006b), Soares e Sátyro (2009) e Neri (2010), por exemplo.
23. Barbosa Filho e Pessôa (2012).
24. Barbosa Filho e Moura (2012).

Gini entre 2001 e 2004, quando a renda do trabalho explicou 46% da redução da desigualdade.[25] Entre 2001 e 2007, pode-se atribuir 30% da redução do índice de Gini à elevação dos anos médios de escolaridade da força de trabalho.[26]

4.2 Salário mínimo, Programa Bolsa Família e Benefício de Prestação Continuada

O salário mínimo (SM) pode ser um importante instrumento na redução da pobreza e da desigualdade. Seu efeito ocorre de forma direta e indireta. O impacto direto do SM decorre do fato de este ser uma importante referência para a remuneração de trabalhadores pouco qualificados no mercado de trabalho. O efeito indireto reside em parte no fato de que diversos programas sociais possuem o salário mínimo como base para o pagamento do benefício. Como mencionado na seção 3, a aposentadoria rural, a Renda Mensal Vitalícia (RMV) e o Benefício de Prestação Continuada (BPC — Loas) oferecem como benefício o valor correspondente a um salário mínimo. Aposentadorias e pensões também têm um valor mínimo vinculado ao salário mínimo. Além dos trabalhadores que recebem o salário mínimo, sua elevação beneficia milhões de pessoas que recebem benefícios sociais atrelados a este.

Diversos estudos avaliaram a importância do SM na redução da pobreza e da desigualdade no país devido à sua forte elevação nos últimos anos.[27] As aposentadorias e pensões explicariam 26% da queda da desigualdade[28] e a previdência com benefício de um salário mínimo poderia explicar 8% da redução da desigualdade entre 2004 e 2006.[29]

Apesar dos efeitos positivos encontrados em diversos trabalhos, a utilização do SM como forma de reduzir a pobreza e a desigualdade encontra críticas, pois a elevação do salário mínimo é uma política cara para reduzir a desigualdade.[30] Uma elevação de 10% do salário mínimo custa cerca de US$ 1,5 bilhão, mas somente US$ 50 milhões chegam às famílias mais pobres.

---

25. Barros (2006).
26. Barros et al. (2010).
27. Barros et al. (2000).
28. Ipea (2006).
29. Soares e Sátyro (2009).
30. Barros e Carvalho (2005).

Além disso, alguns autores[31] argumentam que o país está próximo do salário mínimo máximo em termos de efeitos sobre a redução da desigualdade. Assim, o salário mínimo não seria mais custo-efetivo na redução da pobreza extrema no país[32] e, portanto, não deveria mais ser utilizado como uma política de redução da desigualdade.

A boa relação custo-benefício do Programa Bolsa Família (PBF) para reduzir a pobreza, em comparação com o salário mínimo, também é mencionada na literatura.[33] O PBF é 2,5 vezes mais efetivo do que o SM para combater a pobreza,[34] e 7,5 vezes mais efetivo para combater a extrema pobreza. Esse resultado deriva do fato de que, entre as famílias pobres, menos de 15% têm algum membro empregado no setor formal ou que receba um salário de 1 SM.

O Benefício de Prestação Continuada (BPC — Loas) é outro programa que apresenta grau de focalização importante, como visto.[35] Entretanto, o Programa Bolsa Família apresenta maior grau de focalização entre os mais pobres.[36] Como as crianças e os jovens estão sobrerrepresentados entre os mais pobres e os idosos entre os mais ricos, o PBF atinge relativamente mais os mais pobres. O mesmo argumento pode ser estendido para os recipientes do RMV e da aposentadoria rural, que focam nos mais idosos. Dessa forma, além de atingir grande parte das pessoas elegíveis, o PBF afeta um número maior de crianças e jovens e impõe condicionalidades para que estes não permaneçam em condição de pobreza ou extrema pobreza no futuro.

O valor médio do PBF corresponde a cerca de 20% do salário mínimo de 2011 e, como visto, o programa é mais focado nos pobres do que a política de elevação do salário mínimo, tornando-o mais atrativo para este fim. Além disso, a elevação de US$ 0,5 no salário mínimo possui um custo fiscal de aproximadamente US$ 150 milhões, enquanto a elevação de US$ 0,5 no BF custa somente US$ 6,6 milhões. Dessa forma, o PBF possui uma melhor relação custo-benefício do que a política de elevação do salário mínimo na redução da pobreza. Logo, atualmente, a utilização do SM como forma de reduzir a pobreza e a desigualdade é menos vantajosa do que o Programa Bolsa Família.

---

31. Neri, Kakwani e Son (2006) e Sabóia (2007).
32. Afonso et al. (2011).
33. Soares (2006a) e Barros (2007).
34. Barros (2007).
35. Medeiros, Britto e Soares (2008).
36. Souza (2011).

4.3 Perspectivas futuras

Conforme discutido no capítulo sobre educação deste livro, a política de universalização da educação continua em vigor no país, com a escolaridade média se elevando no Brasil a cada ano. Ao mesmo tempo, houve grande queda da taxa de desemprego e elevação do grau de formalização no mercado de trabalho. Isso indica que o mercado de trabalho deve continuar sendo importante na redução da pobreza e da desigualdade. Adicionalmente, o PBF está sendo expandido em algumas direções para aumentar a proteção para crianças e adolescentes com a inclusão dos benefícios para a gestante e a nutriz, mencionados na seção 3. Logo, deve-se esperar que este processo de redução da desigualdade continue ao longo dos próximos anos.

A redução da desigualdade, associada ao aumento da escolaridade média, pode contribuir para que o Brasil eleve a sua renda *per capita* nos próximos anos. Ao mesmo tempo, o processo de redução da desigualdade no Brasil poderia perder força em virtude do "esgotamento" de algumas políticas importantes na redução da desigualdade, como a valorização do salário mínimo.

Nesse sentido, para que o país possa continuar a reduzir de forma significativa a desigualdade, deve-se aprimorar o sistema de inclusão educacional, de forma a elevar a matrícula do ensino médio, por exemplo. Ao mesmo tempo, a melhora da qualidade educacional é outro fator que pode contribuir de forma significativa para uma melhor inserção no mercado de trabalho, que poderia reduzir ainda mais a desigualdade.

Finalmente, políticas regionais de combate à pobreza e redução da desigualdade devem ser incorporadas nos programas existentes. A disparidade regional é grande no país e o impacto dos diferentes programas na redução da desigualdade é distinto entre os estados.[37] Logo, uma análise específica dos programas por região pode ser um novo passo para que a redução da desigualdade no Brasil não perca fôlego.

5. Conclusão

Este capítulo mostrou que o Brasil é, desde a década de 1960, um dos países mais desiguais do mundo. Além disso, entre a década de 1960 e a de 1990, o

---

37. Soares e Sátyro (2009).

país, além de já bastante desigual, gerava uma desigualdade crescente. Essa elevada desigualdade pode ter sido um entrave ao crescimento do país após a década de 1970.

Nos últimos anos, porém, o país reduziu os indicadores da desigualdade na distribuição de renda. Assim, o objetivo deste capítulo foi o de salientar os principais fatores que contribuíram para esse resultado. O primeiro se refere à melhora no mercado de trabalho doméstico, que ocorreu, em parte, devido à elevação dos anos médios de escolaridade, mas também devido à redução da taxa de desemprego e da informalidade. O segundo se refere à rede de proteção social brasileira. Observou-se que o país possui diversas políticas sociais voltadas aos mais pobres. As primeiras políticas implementadas nessa direção, como a aposentadoria rural, dirigiam-se aos idosos e inválidos, constituindo uma sólida rede de assistência social para os mais velhos. No entanto, faltava um sistema que protegesse as crianças desse mesmo problema. A criação do Programa Bolsa Família veio completar essa lacuna na rede de proteção social do país.

Por fim, ao longo dos últimos anos houve um forte crescimento do salário mínimo na economia brasileira que funcionou como importante programa de política social. O salário mínimo é uma referência no mercado de trabalho, pois parcela importante dos trabalhadores possui seu rendimento atrelado ao mínimo e esse também é usado como referência para diversos benefícios sociais.

O resultado desta conjunção de fatores é a queda da desigualdade de renda no Brasil desde 1996, com uma aceleração a partir dos anos 2000. Os estudos mostram que, de forma geral, cerca de 50% desta redução está atrelada à "melhora" do mercado de trabalho devido à queda da taxa de desemprego, à elevação da formalização e ao aumento dos anos de escolaridade da população economicamente ativa. O Programa Bolsa Família (PBF) explica cerca de 15% da redução na desigualdade e os programas de aposentadoria e pensões, atrelados ao salário mínimo, outros 20%.

No entanto, para que o nível da desigualdade nacional deixe de ser um dos maiores do mundo, o país ainda tem longo caminho pela frente. Para tanto, o sistema de educação nacional deve ser aprimorado de forma a elevar as matrículas do ensino médio e melhorar a qualidade do ensino, por exemplo. O país também deve implantar políticas sociais de caráter regional uma vez que o impacto das diversas políticas difere conforme a região/estado. Uma política social que considere as questões específicas de cada região pode ser um caminho para um novo ganho no combate à desigualdade do país.

Referências

AFONSO, L. E. et al. O salário mínimo como instrumento de combate à pobreza extrema: estariam esgotados os efeitos? *Economia Aplicada*, v. 15, n. 4, p. 559-593, 2011.

ASSUNÇÃO, J.; CHEIN, F. Social security and rural poverty in Brazil. *Brazilian Review of Econometrics*, v. 29, n. 2, p. 235-249, 2009.

BARBOSA FILHO, F.; MOURA, R. *Uma análise da queda da informalidade no Brasil*. 2012. Mimeografado.

____; PESSÔA, S. Uma análise da redução da taxa de desemprego. *Reap*, working paper #. 28, 2012.

BARROS, R. P. de. A efetividade do salário mínimo em comparação à do programa bolsa família como instrumento de redução da pobreza e da desigualdade. In: ____; FOGUEL, M. N.; ULYSSEA, G. (Org.). *Desigualdade de renda no Brasil*: uma análise da queda recente. Brasília: Ipea, 2007. p. 507-549.

____. Uma análise das principais causas da queda recente na desigualdade de renda brasileira. *Econômica*, Niterói, v. 8, p. 117-147, 2006.

____; CARVALHO, M. Salário mínimo e distribuição de renda. *Seminários Dimac*, n. 196, 2005.

____; ____; FRANCO, S. A efetividade do salário mínimo como um instrumento para reduzir a pobreza no Brasil. *Boletim de Conjuntura. Política Social*, v. 1, p. 91-97, 2006.

____; CORSEUIL, C. H.; CURY, S. Salário mínimo e pobreza no Brasil: uma abordagem de equilíbrio geral. *Pesquisa e Planejamento Econômico*, v. 30, p. 157-182, 2000.

____ et al. *Determinantes da queda na desigualdade de renda no Brasil*. Rio de Janeiro: Ipea, 2010. (Série Seminários Ipea)

BELTRÃO, K.; OLIVEIRA, F.; PINHEIRO, S. *A população rural e a previdência social no Brasil*: uma análise com ênfase nas mudanças constitucionais. Rio de Janeiro: Ipea, 2000. (Texto para Discussão do Ipea, n. 759)

BENABOU, R. Inequality, technology and the social contract. In: AGHION, P.; DURLAUF, S. (Ed.). *Handbook of economic growth*. Amsterdã: Elsevier, 2005. v. 1, chap. 25, p. 1595-1638.

CÔRTES NERI, M. The decade of falling income inequality and formal employment generation in Brazil. In: OECD. *Tackling inequalities in*

Brazil, China, India and South Africa: the role of labour market and social policies. Paris: OECD Publishing, 2010.

FISHLOW, A. Distribuição de renda no Brasil: um novo exame. *Dados*, v. 11, p. 10-80, 1973.

GALBRAITH, J. K. *The great crash 1929*. Londres: Penguin, 1954.

IPEA. Instituto de Pesquisa Econômica Aplicada. *Sobre a recente queda da desigualdade de renda no Brasil*. Nota técnica. Brasília: Ipea, ago. 2006. Disponível também em: <www.ipea.gov.br/sites/000/2/publicacoes/NTquedaatualizada.pdf>. Acesso em: 19 nov. 2012.

LANGONI, C. G. Distribuição de renda: resumo da evidência. *Dados*, v. 11, p. 81-121, 1973.

MEDEIROS, M.; BRITTO, T.; SOARES, F. *Target cash transfer programmes in Brazil*: BPC and Bolsa Família. Brasília: International Poverty Centre, 2008. (Working Paper, n. 46)

____; KAKWANI, N.; SON, H. Ingredientes trabalhistas e culinária da estagnação. *Conjuntura Econômica*, v. 60, n. 8, p. 110-112, 2006.

SABÓIA, J. O salário mínimo e seu potencial para melhoria da distribuição de renda no Brasil. In: BARROS, R. P. de; FOGUEL, M. N.; ULYSEA, G. (Org.). *Desigualdade de renda no Brasil*: uma análise da queda recente. Brasília: Ipea, 2007. p. 479-497.

SOARES, S. Análise de bem-estar e decomposição por fatores da queda na desigualdade entre 1995 e 2004. *Econômica*, Niterói, v. 8, p. 83-115, 2006b.

____. *Distribuição de renda no Brasil de 1976 a 2004 com ênfase no período entre 2001 e 2004*. Rio de Janeiro: Ipea, 2006a. (Texto para Discussão)

____; SÁTYRO, N. G. *Análise do impacto do Programa Bolsa Família e do Benefício de Prestação Continuada na redução da desigualdade nos estados brasileiros — 2004 a 2006*. Rio de Janeiro: Ipea, 2009. (Texto para Discussão n. 1435)

SOUZA, A. Políticas de distribuição de renda no Brasil e o Bolsa Família. In: BACHA, E.; SCHWARTZMAN, S. (Ed.). *Brasil*: a nova agenda social. Rio de Janeiro: LTC, 2011. p. 166-186.

Capítulo 5

A Previdência Social no Brasil

Fabio Giambiagi*

> Maquiavel dizia que os problemas políticos, em seu início, são difíceis de ser percebidos e fáceis de ser resolvidos, ao passo que, quando se torna fácil percebê-los, já então é difícil resolvê-los. O dito do pensador florentino se aplica ao problema previdenciário no Brasil.
> FERNANDO HENRIQUE CARDOSO

1. Introdução

A Previdência Social brasileira, ao longo dos últimos 25 anos, passou por uma intensa transformação. A Constituição de 1988, aprovada no Congresso Nacional três anos e meio depois do fim do regime militar e após quase dois anos de intensos debates parlamentares, foi um marco fundamental nessa transformação. Ela consagrou um processo de conquistas sociais que, iniciadas ainda no próprio regime militar, evoluíram nos anos seguintes e foram inscritas na própria Carta Magna, a ponto de o líder político mais associado a ela — o então presidente da Câmara de Deputados, Ulysses Guimarães — ter se referido a ela como a "Constituição Cidadã". Hoje, 25 anos depois daquele momento, são poucos aqueles que, na terceira idade, não estão de alguma forma protegidos pelo sistema de seguridade social: os únicos grupos sociais desamparados são os daquelas pessoas que, tendo renda, optaram por nunca contribuir para o sistema — o que não representa, portanto, um problema social efetivo — e o dos indivíduos excluídos do sistema por estarem na marginalidade, por terem pro-

---

* Chefe do Departamento de Gestão de Risco de Mercado (BNDES).

blemas com a Justiça ou por viverem em situação limítrofe com a mendicância, situações essas nas quais o alcance das políticas públicas é sabidamente limitado.

Entendendo os avanços da cobertura previdenciária como parte do processo civilizatório, é inquestionável que em termos sociais o Brasil avançou muito nesse último quarto de século. Ao mesmo tempo, como não poderia deixar de ser, esses avanços se fizeram com um custo fiscal importante. Adicionalmente, uma questão associada a essa discussão diz respeito ao debate sobre o grau de focalização dos programas oficiais, uma vez que, além do custo fiscal ser importante *per se*, em muitos casos, programas que beneficiam alguns grupos sociais acabam acarretando benefícios para outros cuja elegibilidade para tal, do ponto de vista conceitual, é bastante controversa.

O objetivo deste capítulo é expor essas tendências para, a partir delas, extrair algumas lições. O capítulo está organizado em seis seções, incluindo esta introdução. Na segunda seção são mostrados os fatos estilizados do processo de inclusão social através da Previdência Social, apresentadas as tendências da evolução de algumas variáveis-chave do sistema previdenciário brasileiro nas últimas três décadas e sintetizadas as reformas previdenciárias feitas nos governos Fernando Henrique Cardoso (FHC), Lula e Dilma Rousseff. Na terceira seção, são feitas algumas comparações internacionais. Na quarta, explica-se por que a Previdência é tão importante em termos macroeconômicos no Brasil. Na quinta, discute-se a relação entre o sistema previdenciário e a geração de poupança. Finalmente, há uma seção de conclusões.

2. A Previdência Social brasileira

Esta seção trata de três questões: i) os principais fatos estilizados da Previdência Social brasileira; ii) uma breve evolução histórica da mesma; e iii) uma descrição das principais mudanças de regras de aposentadoria ocorridas depois da estabilização de 1994.

2.1 Fatos estilizados

O sistema previdenciário brasileiro está composto de quatro subsistemas. O primeiro deles é conhecido como "Regime Geral da Previdência Social" (RGPS), associado ao Instituto Nacional de Seguridade Social (INSS). Ele representa o sistema de proteção social dos trabalhadores do setor privado que trabalham no mercado formal no meio urbano e inclui também os empregados contribuintes no meio rural, bem como os aposentados e pensionistas rurais. Nesse esquema, os trabalhadores contribuem durante a sua vida ativa e com isso se credenciam a receber futuramente o benefício correspondente — aposentadoria, pensão ou auxílio. Embora o sistema atenda ao setor privado, a instituição — o já citado INSS — que recebe as contribuições e faz os pagamentos é pública; portanto, o eventual desequilíbrio entre recebimentos e pagamentos afeta as contas fiscais. Tanto as contribuições dos indivíduos como os pagamentos feitos pelo órgão estão sujeitos a um teto, atualmente de R$ 4.159, o que corresponde a pouco mais de US$ 2.000, à taxa cambial da ordem de R$/US$ 2,05 vigente no momento em que este capítulo está sendo escrito (janeiro de 2013). A contribuição é feita tanto pelo empregado quanto pelo empregador, com uma alíquota de até 11% do salário bruto para o empregado e de 20% para o empregador, podendo, portanto, alcançar um máximo de 31% do salário recebido. Para poder se aposentar no RGPS, o indivíduo precisa completar 30 anos (mulheres) ou 35 anos (homens) de tempo de contribuição (TC) para receber o benefício ou, alternativamente, ter 60 (mulheres) ou 65 (homens) anos de idade para obter o benefício por idade, neste último caso condicionado à comprovação prévia de pelo menos 15 anos de contribuição.[1] Como é comum nesses casos, admite-se também a figura do benefício de risco associado à aposentadoria por invalidez.

O segundo subsistema é composto pelo Regime Próprio da Previdência Social (RPPS), que atende aos servidores públicos do governo federal. Nele, o funcionário público contribui com 11% do seu salário e com isso se credencia a receber uma aposentadoria quando completar as condições de elegibilidade.[2] Ao contrário do INSS, porém, aqui não há teto. Assim, um gerente de multinacional que tenha um salário de R$ 10 mil está sujeito a uma aposentadoria do INSS próxima de R$ 4 mil, enquanto um juiz que ganhe R$ 25 mil do governo poderá receber uma aposentadoria nesse mesmo valor.[3]

---

1. A idade de concessão de benefício é reduzida em cinco anos no caso das aposentadorias rurais.
2. Ou seja, 35 anos de contribuição e 60 anos de idade mínima (homens) e 30 anos de contribuição e 55 anos de idade mínima (mulheres).
3. Cabe notar, porém, que as contribuições durante a vida ativa também são diferenciadas, uma vez que o citado gerente de multinacional contribui sobre um salário da ordem de

O terceiro subsistema é composto por uma miríade de regimes próprios das unidades subnacionais, que no caso do Brasil significam 27 estados e mais de 5.500 municípios. Para esses, as regras são similares às do RPPS federal, com a diferença de que os tesouros estaduais e municipais — exceção feita a alguns estados mais ricos e a poucas capitais — não têm a capacidade financeira do governo federal. Assim, por exemplo, em várias ocasiões na história das finanças públicas do país houve atraso no pagamento de pessoal e consequentemente também dos aposentados e pensionistas por parte de alguns estados ou municípios, enquanto o governo federal sempre pagou rigorosamente em dia esse tipo de obrigações.

Finalmente, têm-se as entidades de previdência responsáveis pela aposentadoria complementar, de trabalhadores com altos rendimentos ou contribuintes individuais sem vinculação com empresas (autônomos). Na prática, as principais entidades são ligadas a empresas estatais — Banco do Brasil, Petrobras — ou ex-estatais, como a Vale ou as companhias telefônicas resultantes do desmembramento da antiga Telebrás em função da privatização da empresa, ocorrida em 1998. É um segmento que tem crescido muito no Brasil após a estabilização do Plano Real, como resultado da combinação de três elementos: i) elevadas taxas de juros reais, o que representou uma fonte poderosa de crescimento dos ativos dos fundos de pensão; ii) valorização das ações, com consequências similares às do ponto anterior; e, a partir de meados da década passada, iii) crescimento do salário real, o que aumentou o interesse em obter uma renda complementar à do teto do INSS.

Pode-se falar ainda da existência de outro sistema, não previdenciário, associado aos Benefícios de Prestação Continuada (BPC), que seguem de certa forma a ideia do "primeiro pilar" (assistencial) de um sistema de proteção social, combinado com o pilar da contribuição obrigatória e com o da capitalização voluntária.[4] Tais benefícios são as Rendas Mensais Vitalícias (RMV) herdadas de décadas anteriores e em extinção, e os benefícios da Lei Orgânica da Assistência Social (Loas), concedidos a quem não tinha vinculação com o INSS e ficou inválido ou àqueles que alcançaram 65 anos e combinam insuficiência de renda com ausência de um histórico contributivo que permita a aposentadoria pelo INSS. Esse sistema admite certa relação com a Previdên-

---

R$ 4 mil, enquanto o juiz todo mês deve pagar contribuições incidentes sobre a íntegra do seu salário.
4. Ver Holzman e Hinz (2004).

cia Social por duas razões. A primeira é que muitos dos beneficiários são antigos contribuintes do sistema que, entretanto, não conseguem comprovar 15 anos de contribuição — caso, por exemplo, de muitas empregadas domésticas. A segunda é que o piso dos benefícios assistenciais do BPC é o mesmo que o do piso previdenciário que, por sua vez, é o mesmo que o dos trabalhadores do mercado formal: o salário mínimo (SM), tema esse a ser tratado adiante.

O sistema previdenciário brasileiro possui algumas características marcantes, que o distinguem de outros países. O primeiro deles é a sua abrangência. Ao longo das décadas, com mais ênfase desde a intensificação das concessões de benefícios no meio rural nos anos 1970, ainda na época do governo militar, o Brasil foi forjando um esquema de proteção social ao idoso extremamente poderoso quanto ao seu alcance. Atualmente, são poucos os indivíduos desprotegidos ao chegar à terceira idade, o que coloca o Brasil como um dos países com maior incidência de cobertura entre as economias emergentes. A tabela 1 dá uma noção desse alcance, com dados de 2012 referentes especificamente aos benefícios do INSS. Ainda que "número de benefícios" não seja equivalente a "número de indivíduos beneficiados" — uma vez que pode existir uma viúva aposentada recebendo dois benefícios, incluindo a pensão, por exemplo —, a tabela dá pistas da extensão do fenômeno no Brasil. Duas informações complementam a avaliação. A primeira é que os benefícios assistenciais da soma de RMV e Loas alcançam a 4 milhões de pessoas. E a segunda é que a população brasileira com 60 anos ou mais é da ordem de 21 milhões de pessoas, o que dá uma ideia da importância relativa dos benefícios em relação a esse contingente populacional.

Tabela 1
Brasil — benefícios previdenciários INSS (dez. 2012)

Composição	Número (milhões)
Aposentadorias	16,7
Idade	8,8
Tempo de contribuição	4,9
Invalidez	3,0
Pensões	7,0
Auxílio-doença	1,3
Outros	0,2
Total	25,2

Fonte: Ministério de Previdência Social.

A segunda característica importante a destacar é a dimensão fiscal do problema previdenciário. Embora a relação entre o quadro fiscal e a Previdência Social seja algo comum a quase todos os países, no Brasil os efeitos atingem uma importância particularmente elevada. Tanto receitas como despesas do sistema previdenciário são muito significativas. Considerando que as estimativas adotadas pelo governo são de que os regimes próprios estaduais e municipais tenham volumes de receita e de despesa associados a essas mesmas variáveis na órbita federal, depreende-se da tabela 2 que, com mais 1,7% do PIB, aproximadamente, de despesas dessas unidades, o Brasil gasta com Previdência Social em torno de 11% do PIB. Esse número corresponde aproximadamente à soma de 7,2% do PIB do INSS, mais 1,7% do PIB de benefícios pagos a servidores inativos do governo federal e um valor similar pago aos servidores inativos das esferas estadual e municipal.[5] Tal proporção de 11% do PIB de gastos previdenciários — que não inclui despesas com aposentadoria complementar — é similar ao percentual do PIB observado em países como a Alemanha, mas onde a proporção de idosos é o triplo da registrada no Brasil.[6]

Tabela 2
Brasil — déficit previdenciário do governo central: 2012 (% PIB)

Composição		% PIB
Servidores		1,4
	Receita	0,3
	Despesa	1,7
INSS		0,9
	Receita	6,3
	Despesa	7,2
Total		2,3
	Receita	6,6
	Despesa	8,9

Fonte: Secretaria do Tesouro Nacional/Ministério de Planejamento e Orçamento.

---

5. Esta conta não inclui os benefícios assistenciais do BPC (RMV e Loas).
6. Para entender em maiores detalhes como o gasto previdenciário no Brasil se compara com o de outros países, ver Rocha e Caetano (2008). Para diversas comparações de dados e regras de aposentadoria, ver SSA (2006).

O gráfico 1 mostra o aumento da despesa do INSS nos últimos 25 anos: de uma despesa previdenciária com antigos trabalhadores do setor privado de 2,5% do PIB em 1988 passou-se para um gasto atual de 7,2% do PIB. O gráfico 2, para o qual não há dados retroativos aos anos 1980, mostra que a despesa previdenciária com servidores inativos se expandiu fortemente na primeira metade dos anos 1990, mas depois estacionou — a rigor, com ligeira tendência de queda — em torno da faixa de 1,7% a 2% do PIB, aproximadamente.

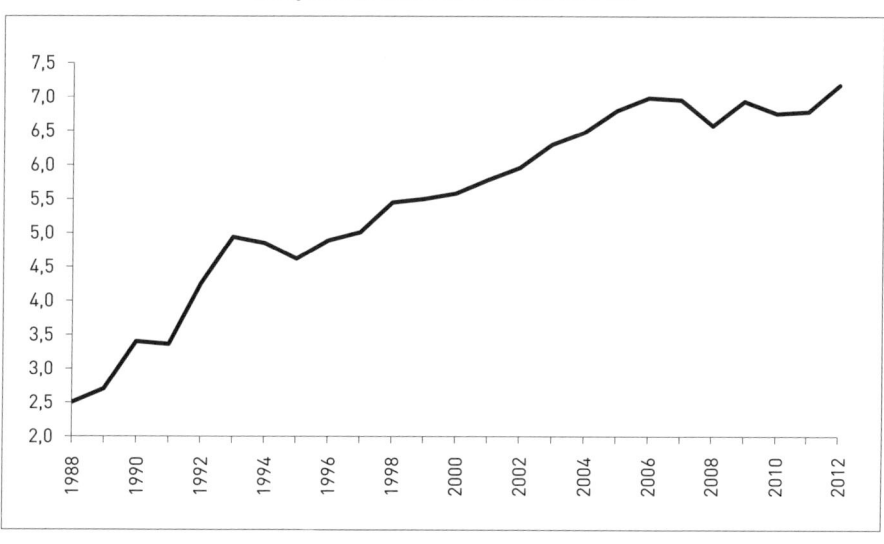

Gráfico 1
Despesa do INSS 1988-2012 (% PIB)

Fonte: Ministério da Previdência Social/Secretaria de Política Econômica/Secretaria do Tesouro Nacional.

A terceira característica importante do sistema previdenciário brasileiro é o salário mínimo (SM), uma vez que, quando ele aumenta, "puxa" não apenas a remuneração dos trabalhadores com carteira de trabalho — expressão por excelência de trabalho formal — como também parte dos benefícios previdenciários e igualmente todos os benefícios assistenciais, que estão atrelados ao SM.[7] A tabela 3 ilustra esse fenômeno, apontando inclusive para a crescente

---

[7]. O Brasil tem um mercado de trabalho dual: no mercado formal, há um sistema de proteção social bastante desenvolvido, com uma série de direitos, com destaque para a existência de férias, a aposentadoria e o seguro-desemprego; já no mercado informal, como é de se esperar, não existe nenhum desses direitos sociais. A comprovação da vinculação formal é feita através da chamada "carteira de trabalho", que é uma espécie de "carteira de identidade" individual comprovatória de que o funcionário está oficialmente empregado. Quando o empregado é demitido, a carteira é temporariamente suspensa.

Gráfico 2
Brasil — Despesa previdenciária com servidores federais (% PIB)

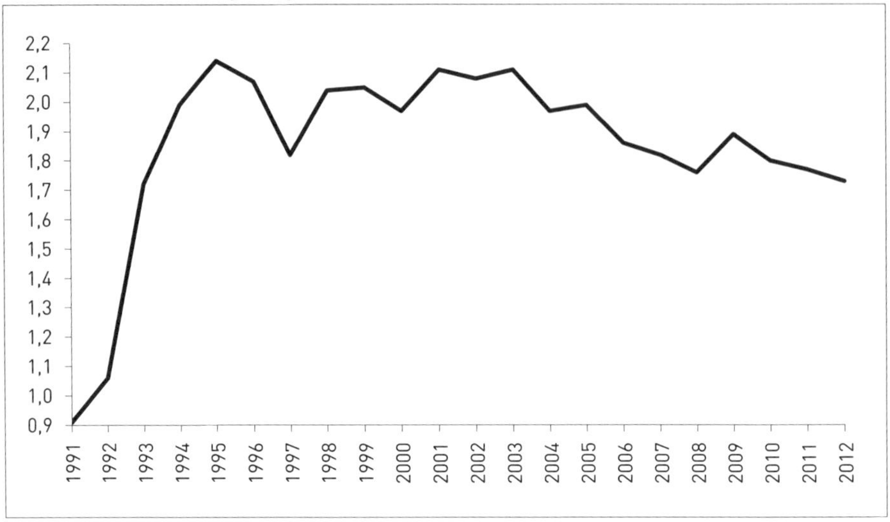

Fonte: Ministério da Previdência Social/Ministério de Planejamento e Orçamento/Secretaria do Tesouro Nacional. Para 2012, estimativa do autor.

Tabela 3
Benefícios de um salário mínimo (% PIB)

Ano	Aposentadorias rurais	Aposentadorias urbanas	Loas/RMV	Total
1997	0,68	0,49	0,25	1,42
1998	0,84	0,64	0,28	1,76
1999	0,95	0,72	0,28	1,95
2000	0,98	0,72	0,30	2,00
2001	1,07	0,80	0,33	2,20
2002	1,11	0,82	0,34	2,27
2003	1,17	0,84	0,37	2,38
2004	1,20	0,81	0,39	2,40
2005	1,28	0,87	0,43	2,58
2006	1,37	1,02	0,49	2,88
2007	1,38	1,06	0,53	2,97
2008	1,37	1,07	0,53	2,97
2009	1,48	1,18	0,58	3,24
2010	1,45	1,18	0,59	3,22
2011	1,45	1,18	0,60	3,23
2012	1,60	1,29	0,66	3,55

Fonte: Para Loas/RMV, Secretaria do Tesouro Nacional. Para as aposentadorias, cálculos próprios.

associação entre a Previdência e o SM. Com efeito, enquanto há 16 anos, em 1997, o gasto com benefícios previdenciários e assistenciais no valor de exatamente um salário mínimo era de 1,4% do PIB, atualmente essa despesa já representa 3,6% do PIB — mais de dois pontos percentuais do PIB de variação em uma década e meia.

A quarta característica do sistema é a iniquidade distributiva associada a essa política nos dias atuais. Enquanto em meados da década de 1990, no início da estabilização da economia brasileira, o aumento do SM efetivamente alcançava os contingentes populacionais mais pobres, hoje isso está longe de ser verdade. A tabela 4 mostra a distribuição dos aposentados e pensionistas com benefício exatamente igual a um SM. Observe-se que apenas 1% deles, por incrível que pareça, se localiza entre os 10% mais pobres da população e apenas 5% entre os 20% mais pobres. Mais ainda: nada menos do que 66% dos que recebem aposentadorias e pensões de exatamente um SM se encontram na metade superior da escala distributiva.

Tabela 4
Distribuição dos aposentados e pensionistas com rendimento exatamente igual a um salário mínimo, por décimo da distribuição de renda *per capita* (%)

Décimos	%
10 −	1,2
10	4,1
10	9,5
10	10,0
10	9,4
10	28,7
10	12,0
10	10,8
10	9,7
10 +	4,6
Total	100,0
30 inferiores	14,8
50 inferiores	34,2
30 superiores	25,1

Fonte: Cálculos feitos por Samuel Franco, com base em dados da Pesquisa Nacional por Amostras de Domicílios — Pnad (2011).

Não é difícil entender o porquê disso, já que é muito frequente que indivíduos que têm alguma fonte de renda — aluguéis ou algum trabalho, por exemplo — sejam aposentados ou pensionistas, tendo contribuído sobre o SM. Eles também se beneficiam dos reajustes, mesmo situando-se no meio ou nas camadas superiores da distribuição de renda. A eficácia do combate à extrema pobreza a partir do aumento do SM, portanto, foi sendo diluída com o passar do tempo.

Resta, por último, destacar o tema demográfico. Nesse sentido, a tabela 5 apresenta a composição da população brasileira desde os anos 1940, década em que se iniciou a apuração das Contas Nacionais (CN). Na posição de começo de cada década, o número de pessoas na faixa de 15 a 59 anos foi aumentando até agora e deverá aumentar ainda em 2020, comparativamente ao começo da década atual. Entretanto, em termos relativos, a participação começará a declinar já na próxima década, quando o contingente de 15 a 59 anos — 64% da população total em 2010 — em relação ao total cairá de esperados 66% do total em 2020, para 64% em 2030 e, posteriormente, para 57% do total em 2050. Ao mesmo tempo, o grupo de pessoas com 60 anos ou mais de idade, que era de apenas 2 milhões de pessoas, ou 4% do total em 1940, já representava 19 milhões de pessoas, ou seja, 10% da população em 2010, número esse que deverá continuar aumentando até 64 milhões de idosos ou 30% do total em 2050. O desafio que isso representa para a sustentação do sistema é enorme.

Tabela 5
Brasil — composição da população e projeção (milhões de pessoas)

Ano	0 a 14 anos	15 a 59 anos	60 anos e +	Total
1940	17,7	21,8	1,7	41,2
1980	45,3	66,0	7,2	118,5
1990	51,8	84,9	9,9	146,6
2000	51,0	106,4	13,9	171,3
2010	49,4	124,5	19,3	193,2
2020	41,6	137,2	28,3	207,1
2030	36,8	139,2	40,5	216,5
2040	32,6	134,4	52,0	219,0
2050	28,3	122,9	64,1	215,3

Fonte: IBGE.

2.2 Breve evolução histórica

Uma vez apresentadas as principais características do sistema previdenciário brasileiro, cabem algumas poucas palavras sobre sua evolução histórica. A Previdência surge no arcabouço legal nacional através da Lei Eloi Chaves, de 1923, que regulamentou a existência do que naqueles anos se chamava de "caixas de aposentadorias e pensões" (CAPs). A Lei, originalmente, tratava do caso das empresas ferroviárias, cujas caixas de aposentadoria destinavam-se a amparar seus empregados na fase posterior de inatividade. No rastro dos ferroviários, nos anos seguintes foram criadas caixas de aposentadoria para diversas categorias profissionais.

Posteriormente, com um mercado de trabalho já afetado pelo ciclo de crescimento intenso que o país viveu após 1930, no ano de 1960 foi aprovada a Lei Orgânica da Previdência Social, uniformizando as contribuições previdenciárias e os planos de previdência dos diversos institutos. Na sequência disso, em 1966 foi criado o Instituto Nacional de Previdência Social (INPS), que por sua vez em 1990 foi rebatizado com o nome atual de Instituto Nacional de Seguridade Social (INSS).

Nesse processo, um marco importante foi a extensão da previdência aos trabalhadores rurais no ano de 1971, seguida da ampliação para as empregadas domésticas em 1972. Outros dois marcos importantes foram os anos de 1988, 1991 e 1994. Em 1988, após o fim do governo militar (1964-85), foi aprovada uma nova Constituição, com forte predomínio dos chamados "direitos sociais" e uma importante ampliação dos benefícios previdenciários ao meio rural, ainda que condicionada a regulamentação futura, o que só ocorreu três anos depois. Em 1991, o capítulo previdenciário foi regulamentado por meio de legislação específica que dobrou o valor do piso pago para os beneficiários do meio rural. Finalmente, em 1994, com a estabilização do Plano Real, iniciou-se uma estratégia de recuperação do poder aquisitivo do salário mínimo — equivalente ao piso previdenciário, por vinculação constitucional — que elevou de forma expressiva as despesas com benefícios. Ao dobrar o piso previdenciário para o meio rural em 1991 — até então de 50% do salário mínimo —, muitos habitantes de áreas geográficas distantes, que até então não se interessavam em receber o valor, pelo custo administrativo envolvido em ir até a cidade reivindicar o benefício, passaram a se interessar, dobrando o número de aposentadorias rurais por idade entre

1991 e 1994. Com isso, nos anos seguintes o peso das aposentadorias rurais por idade em poucos anos multiplicou-se por oito, uma vez que o piso rural deixou de corresponder a meio salário mínimo e passou a ser de um salário mínimo, o número de aposentados por idade do meio rural passou de 1,9 milhão para 3,8 milhões de pessoas em três anos depois de 1991, e o salário mínimo dobrou de valor em termos reais depois de 1994.

O corolário desse processo é um sistema que paga atualmente benefícios previdenciários ou assistenciais a aproximadamente 30 milhões de pessoas — dos quais 4 milhões são de benefícios assistenciais – e que praticamente eliminou a miséria na terceira idade e diminuiu drasticamente a extrema pobreza no meio rural, tornando-se um exemplo de inclusão social (gráfico 3).

Gráfico 3
Quantidade de benefícios: milhões de pessoas (inclui benefícios assistenciais)*

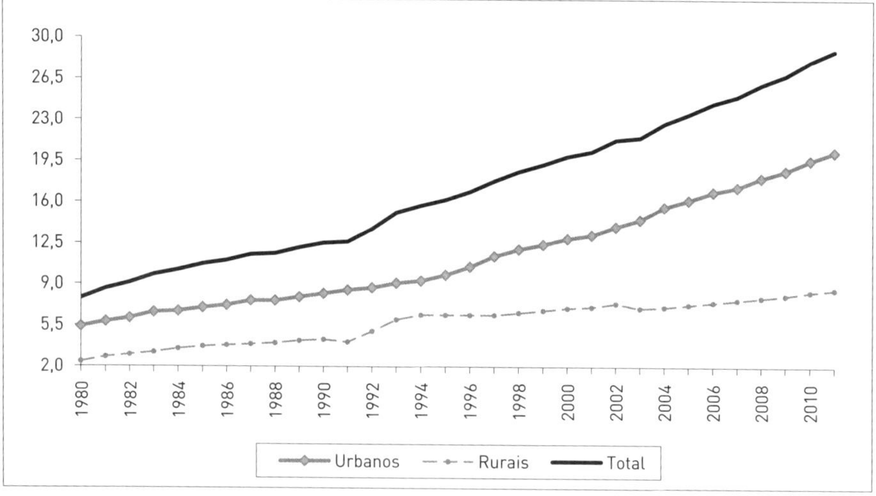

Fonte: Anuário Estatístico da Previdência Social (diversos anos).
* Não inclui aposentadorias de funcionários públicos.

2.3 As quatro (mini) reformas da Previdência: 1995-2012

A importância de se promover uma reforma da Previdência no Brasil, para enfrentar simultaneamente o problema fiscal do elevado ônus das despesas previdenciárias e adaptar as regras de aposentadoria às perspectivas demográficas de longo prazo, foi ficando clara para os especialistas desde o começo da década de 1990. O debate foi se acentuando com o passar dos anos em função da reflexão sobre a mesma problemática em outros países, notadamente devido às mudanças demográficas em curso na Europa e a diversos processos de reforma na América Latina.[8]

O Brasil promoveu quatro reformas da Previdência Social depois da estabilização de 1994.[9] O ritmo tem se dado na proporção de uma reforma por período de governo de quatro anos, em função das dificuldades políticas associadas ao tratamento dessas questões — o que remete à epígrafe deste capítulo. A exceção foi o segundo governo Lula (2007-10), em que este preferiu não correr nenhum risco eleitoral e deixou de lado qualquer iniciativa no campo reformista, em favor de outras prioridades políticas.

A primeira reforma ocorreu no primeiro governo Fernando Henrique Cardoso (FHC) (1995-98) e foi uma reforma constitucional, o que no Brasil envolve complicações de todo tipo.[10] Embora tenha tido muitos artigos, os dois elementos mais importantes foram a "desconstitucionalização" de algumas regras de cálculo da aposentadoria no RGPS e a aprovação de uma idade mínima para a aposentadoria dos futuros funcionários públicos que viessem a ingressar no sistema.[11]

A segunda reforma decorreu da primeira e foi a aprovação da chamada "Lei do fator previdenciário", por legislação ordinária, no segundo mandato de FHC (1999-2002). Em face do movimento feito previamente, que facilitou a aprovação de futuras mudanças — pela exigência de *quorum* simples para a aprovação das alterações —, no começo do segundo governo FHC

---

8. Ver OECD (2000) e Crabbe (2005). Para uma compilação das diversas questões relacionadas com os desafios previdenciários no Brasil, ver Tafner e Giambiagi (2007). Para uma apresentação das diversas visões sobre o tema, ver a coletânea organizada por Caetano (2008). Uma visão atualizada dessas questões no caso brasileiro encontra-se em World Bank (2011). Comparações internacionais específicas serão feitas depois em uma seção própria, neste mesmo capítulo.
9. A estabilização é um marco desse processo porque, até então, a inflação elevada podia reduzir o valor real das aposentadorias e pensões, atenuando a tendência ao agravamento das pressões fiscais. Com a estabilização, essa possibilidade desapareceu.
10. No Brasil, a aprovação de uma reforma constitucional exige apoio de 3/5 do Congresso em cada uma das duas casas legislativas (Câmara de Deputados e Senado Federal), em contraste com leis ordinárias, que podem ser aprovadas com maioria simples do Parlamento.
11. A "desconstitucionalização" era necessária por duas razões. Primeiro, porque a Constituição era extremamente detalhista sobre as regras de aposentadoria, tratando de tópicos que claramente deveriam ser objeto de legislação ordinária. E segundo, porque alguns detalhes, além de serem excessivos, eram economicamente absurdos. Em particular, a aposentadoria era calculada com base nas contribuições dos últimos 36 meses, o que induzia sistematicamente a uma subdeclaração dos rendimentos durante os (n-3) anos de contribuição, com aumentos da contribuição quando faltava pouco tempo para a aposentadoria.

foi aprovada esta lei, que alterava substancialmente as regras de concessão de futuras aposentadorias por TC. Embora o Brasil fosse um dos poucos países do mundo a ter essa figura da aposentadoria por tempo contributivo, as restrições políticas da época invalidaram a extinção desse tipo de benefício. Ele foi então mantido, mas levando os beneficiários a, no momento de receber a aposentadoria, multiplicar o salário de contribuição por um "fator previdenciário" — frequentemente inferior a 1 — que é resultado de uma fórmula que combina idade, tempo contributivo e a expectativa de vida associada às tábuas de mortalidade do Instituto Brasileiro de Geografia e Estatística (IBGE).[12]

A terceira reforma foi aprovada no primeiro governo Lula (2003-06) e era constituída basicamente de três elementos. Em primeiro lugar, aumentou-se em quase 30% o teto de contribuição do INSS, com isso ampliando a geração de caixa do sistema pela incidência das contribuições sobre uma base maior. Em segundo, foi aprovada uma taxação de 11% das remunerações dos servidores públicos aposentados — e pensionistas — excedentes ao teto do INSS.[13] E, em terceiro, a idade mínima para a aposentadoria no serviço público, aprovada na primeira reforma de FHC, de 55 anos para as mulheres e 60 anos para os homens, para os novos entrantes, foi antecipada para ter vigência imediata, mesmo para quem já estivesse trabalhando.[14]

A quarta reforma foi aprovada no governo atual de Dilma Rousseff (2011-14) e, a rigor, complementou a anterior. É que, por ocasião da reforma Lula de 2003, o objetivo alegado era unificar as regras previdenciárias entre os dois regimes (RGPS e RPPS), mas para isso era necessário aprovar o fundo de pensão dos funcionários públicos, o que até então não tinha sido regulamentado. Tal fato ocorreu só em 2012, com a aprovação da lei que determina a criação da Fundação de Previdência Complementar do Servidor Público Federal (Funpresp). A partir de agora, os funcionários que ingressam no serviço público só terão garantida a aposentadoria até o limite do teto do INSS e aqueles que tiverem rendimentos superiores a isso terão que se filiar à Funpresp e contribuir para um fundo de Contribuição Definida (CD), arcando com os riscos comuns a uma aplicação financeira.

---

12. Uma boa descrição da reforma encontra-se em Ornelas e Vieira (1999).
13. Por exemplo, se um aposentado do serviço público ganha R$ 10 mil e o teto do INSS é de R$ 4 mil, essa taxação gera uma receita de 11% × R$ 6 mil = R$ 660 para o governo.
14. Sobre essa reforma, ver Zylberstajn et al. (2006).

A grande pergunta que surge da exposição desse conjunto de iniciativas é: por que, se a despesa previdenciária do INSS em 1997 — último ano antes da aprovação da primeira das reformas acima explicadas — era de 5% do PIB, em 2012, ou seja, 15 anos e quatro reformas previdenciárias depois, essa despesa foi da ordem de 7% do PIB? Há basicamente três razões para isso.

A primeira razão é o efeito dos aumentos do salário mínimo e seu impacto sobre o piso previdenciário (tabela 6).[15] Entre o reajuste anual de 1997 e o de 2012, o piso previdenciário teve um aumento real acumulado de 108%, ou nada menos que uma média de 5% a.a. Cabe lembrar que o próprio aumento do SM tende, por sua vez, a elevar gradativamente o peso da parcela da folha de pagamentos da Previdência afetada por esta variável (tabela 7). Com efeito, se no começo da década passada a parcela dos benefícios atrelada a um SM correspondia a 33% do total pago, hoje esse peso é de mais de 40%. Isso significa que um aumento de 5% do SM gera automaticamente um incremento de 2% da despesa real do INSS, que se soma ao incremento físico do número de pessoas, causado por motivos demográficos.

A segunda razão para o aumento observado nas despesas do INSS é que a aprovação do fator previdenciário não tem impedido a existência de aposentadorias precoces no Brasil (tabela 8). De fato, no meio urbano — o relevante, no caso, já que as aposentadorias por TC no meio rural são raríssimas — as mulheres se aposentam em média aos 52 anos de idade e os homens, aos 55. Ou seja, na verdade, sem o fator previdenciário a despesa seria muito maior, o que significa que o fator atuou como um elemento mitigador, mas o Brasil continuou sendo um país onde os contribuintes do INSS podem se aposentar por TC com idades que em qualquer outro país seriam consideradas absurdas.

Finalmente, a terceira razão é que as reformas, de um modo geral, foram bastante moderadas. Vejamos por quê:
- a primeira reforma (primeiro Governo FHC), a rigor, foi relativamente inócua sem o complemento da segunda, uma vez que ela apenas abriu o caminho para a aprovação de uma lei futura regulando as aposentadorias do INSS e, no caso dos servidores, apenas estabeleceu a idade mínima para os futuros entrantes;

---

15. A Constituição brasileira diz que nenhum benefício previdenciário terá valor inferior a um salário mínimo. Portanto, sendo ambas variáveis iguais, o aumento do SM eleva automaticamente o piso previdenciário.

Tabela 6
Brasil — Índice real de reajuste do piso previdenciário no mês de reajuste (base set. 1994 = 100)

Ano	Índice real
1994	100,0
1995	122,6
1996	116,2
1997	115,0
1998	119,7
1999	120,5
2000	127,0
2001	142,4
2002	144,3
2003	146,1
2004	147,8
2005	160,0
2006	180,8
2007	190,1
2008	197,7
2009	209,2
2010	221,8
2011	219,3
2012	239,5

Fonte: Elaboração própria. Deflator: INPC.

Tabela 7
Governo central — valor das aposentadorias e pensões de um piso previdenciário em relação ao valor das aposentadorias e pensões totais: estoque (%)

Ano	%
2000	33,0
2001	35,4
2002	34,9
2003	34,4
2004	34,2
2005	36,3
2006	39,0
2007	40,1
2008	40,7
2009	42,0
2010	41,9
2011	41,3

Fonte: Anuário Estatístico da Previdência Social (vários anos).

Tabela 8
Brasil — idade de aposentadoria no INSS: 2011 (anos)

Aposentadoria	Urbana		Rural	
	Homens	Mulheres	Homens	Mulheres
Idade	66	62	61	58
Tempo de contribuição	55	52	55	50

Fonte: Ministério da Previdência Social.

- a segunda reforma (segundo governo FHC) afetou significativamente os futuros aposentados por TC pelo INSS, mas i) não mudou as aposentadorias já existentes do INSS, por constituírem direito adquirido; ii) não afetou as aposentadorias por idade do INSS, largamente majoritárias, como mostrado na tabela 1; e iii) não afetou as aposentadorias dos servidores;
- a terceira reforma (primeiro governo Lula) afetou o INSS apenas pelo aumento do salário de referência das contribuições, mas não mudou as regras de aposentadoria pelo INSS; e
- a quarta reforma (governo Dilma Rousseff) não afetou o INSS.

Em consequência, na prática tem-se uma situação paradoxal, uma vez que o tema "reforma da Previdência" esteve presente no noticiário em quatro dos últimos cinco governos, mas os resultados foram modestos.

Por último, um ponto importante a destacar é a distinção entre a evolução da despesa previdenciária e do déficit previdenciário, nos últimos anos. Com efeito, tomando como referência especificamente a situação em torno de meados da década passada, quando o Brasil iniciou um ciclo de crescimento, a despesa previdenciária, tanto no INSS como no caso dos servidores, se manteve relativamente constante como proporção do PIB (gráficos 1 e 2). O déficit, porém, no caso do INSS, caiu bastante, em função de duas razões. Por um lado, houve uma queda muito expressiva do desemprego. Por outro, observou-se um aumento do grau de formalização da economia (gráfico 4). Como ambas as variáveis afetam diretamente a arrecadação, esta aumentou significativamente como proporção do PIB (gráfico 5). Assim, a receita do INSS passou de menos de 4,8% do PIB em 2003 para 6,3% do PIB em 2012.

Gráfico 4
Brasil — taxa de desemprego e grau de formalização (%)

Fonte: IBGE.

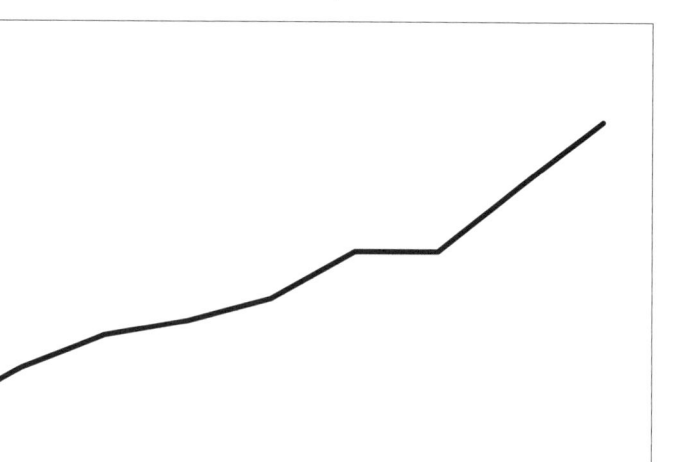

Gráfico 5
Receita do INSS (% PIB)

Fonte: Secretaria do Tesouro Nacional.

3. Algumas comparações internacionais

Para entender a racionalidade para uma reforma das regras de aposentadoria no Brasil, é importante comparar o sistema de regras vigentes no Brasil com as normas que regem as aposentadorias em outros países. Para tanto, observe-se a Tabela 9. Cabe lembrar que, no caso do Brasil, a idade de aposentadoria é de 65 anos para os homens e 60 anos para as mulheres para aposentadoria por idade, mas as aposentadorias podem se processar a idades muito mais precoces no caso daquelas concedidas por tempo de contribuição.

Tabela 9
Idade de aposentadoria em países selecionados (anos)

Países	Homens	Mulheres
Dinamarca	67	67
Espanha	65	65
EUA/a	67	67
França	60	60
Islândia	67	67
Itália	65	60
Noruega	67	67
Portugal	65	65
Argentina	65	60
Chile	65	60
Coreia do Sul/b	65	65
Costa Rica	62	60
El Salvador	60	55
México	65	65
Peru	65	65

Fonte: Comparative Tables on Private Pensions Systems, OECD Secretariat, State Pension Models, Pensions Policy Institute, 2003. Citado em Cechin e Cechin (2007, tabela 7).
/a Em 2027.
/b Em 2033.

De um modo geral, mesmo em países cuja realidade pode ser considerada mais próxima à brasileira, observa-se a exigência de uma idade de aposentadoria relativamente elevada. O Brasil é um caso singular, não exatamente pela diferença de cinco anos a menos no caso das mulheres, mas pelo fato de ela coexistir com a figura da aposentadoria por tempo de contribuição. Com efeito, há países que permitem a aposentadoria das mulheres a idades inferiores às dos homens. Entretanto, cabe lembrar, primeiro, que em muitos casos essa diferença vem desaparecendo ou diminuindo; e, segundo, que ela se aplica apenas à idade, uma vez que poucos países no mundo permitem a aposentadoria apenas por tempo de contribuição. O Brasil, ao permitir essa dupla característica de aposentadoria por tempo de contribuição com a distinção de cinco anos para menos no caso das mulheres, possibilita que uma mulher que começa a trabalhar aos 20 anos se aposente aos 50, algo que certamente chama a atenção em qualquer comparação internacional.

Além disso, a combinação de: i) regras generosas de aposentadoria; ii) regras particularmente generosas para a concessão de pensões; e iii) valorização do salário mínimo, estendida ao piso previdenciário, faz o Brasil ter um gasto proporcionalmente muito elevado com benefícios de aposentadorias e pensões.[16] O gráfico 6 mostra, para um conjunto de países, duas variáveis, a proporção de pessoas com 65 anos ou mais na população e o gasto previdenciário, expresso como proporção do PIB. As variáveis estão representadas como barras: a proporção de pessoas idosas é a barra branca e o gasto previdenciário é a barra preta. Todos os países, com exceção do Brasil, apresentam a barra branca mais alta que a preta: são países com uma população idosa considerável, que conseguem controlar a despesa previdenciária. Os Estados Unidos, por exemplo, têm 13% da população idosa e gastam 6% do PIB com Previdência. O Brasil, com uma população ainda jovem, tem 7% de idosos e gasta 11% do PIB com a soma de INSS e dos regimes de aposentadoria dos servidores das três esferas de governo. Em outras palavras, o país é praticamente o oposto dos EUA. Portanto, é óbvio que há algo de errado com o sistema brasileiro de aposentadorias e pensões.

4. Por que a Previdência é importante no Brasil?

O debate acerca do futuro da Previdência Social no Brasil está intrinsecamente ligado à dinâmica a ser enfrentada por sua economia nas próximas décadas. A razão disso é o peso das despesas previdenciárias no conjunto das despesas fiscais do país.[17]

---

16. Um caso paradigmático é o de um homem de 80 anos que case com uma moça de 20. Se ele vier a falecer um mês depois do casamento, a jovem viúva, mesmo sem ter uma única contribuição direta para o sistema, pode herdar a pensão integral por mais de seis décadas.
17. Para uma discussão do quadro fiscal no Brasil e suas raízes, ver Giambiagi e Ronci (2004). Para a relação entre a questão previdenciária e a temática fiscal no país, ver Giambiagi e Mello (2006).

A Previdência Social no Brasil

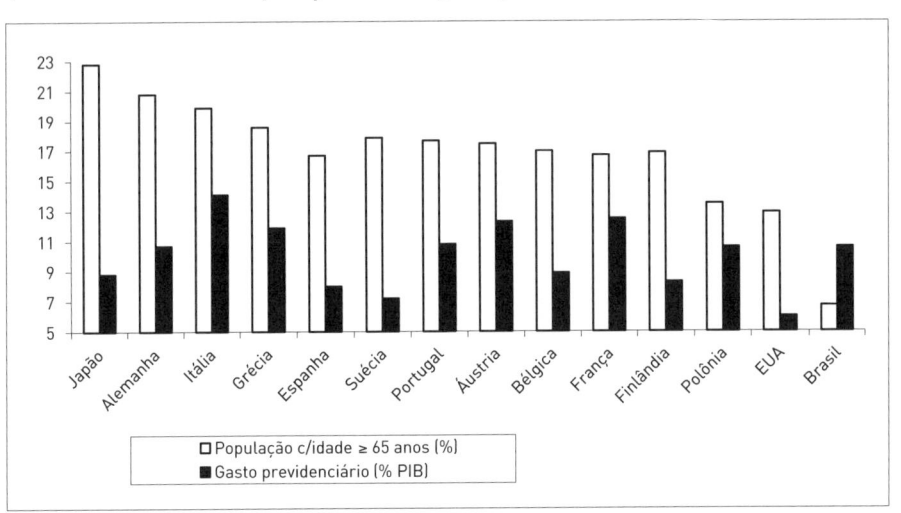

Gráfico 6
População idosa e gasto previdenciário

□ População c/idade ≥ 65 anos (%)
■ Gasto previdenciário (% PIB)

Fonte: OECD. Dados sobre despesas previdenciárias cedidos gentilmente por José Cechin. As informações sobre população são de 2009 e sobre as despesas previdenciárias, de 2007. Para o dado populacional do Brasil, IBGE. O dado do Brasil de despesas previdenciárias é uma estimativa para 2012.

Entre 1991 e 2012, a despesa primária total do governo central sofreu um incremento de 9 p.p. do PIB, passando de 13,7% para 22,4% do PIB, como pode ser visto no gráfico 7. Há um denominador comum a todos os governos: no final de cada um deles, o gasto como fração do produto era maior do que no final do governo anterior: enquanto no começo da série, em 1991, essa despesa era de 13,7% do PIB, em 1994, no final do governo Itamar Franco/Collor de Mello, ela foi de 16,5% do PIB; no final do primeiro governo FHC, em 1998, já tinha alcançado 18,1% do PIB; e, mesmo com o ajuste fiscal de 1999, subiu para 19,8% do PIB no final do seu segundo mandato, em 2002. No final do primeiro governo Lula, em 2006, chegou a 20,9% do PIB; e teve uma modesta elevação em seu segundo governo, concluído em 2010, apesar da forte recuperação da economia. Em 2012, após dois anos do governo Dilma, esse número já alcançou 22,4% do PIB. Ao todo, terá sido um processo em que o gasto primário cresceu a uma média de mais de 0,4% do PIB por ano durante mais de duas décadas. É um processo que impressiona pela sua magnitude.

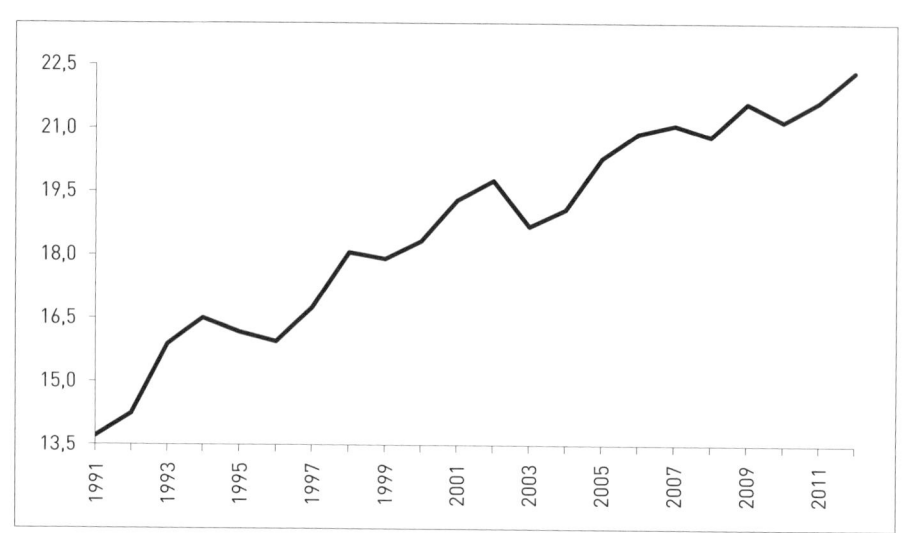

Gráfico 7
Gasto primário do governo central (% PIB)

Fontes: Secretaria de Política Econômica/Secretaria do Tesouro Nacional. Para 2012, projeção dos autores.

As estatísticas atuais não são totalmente comparáveis com as do começo dos anos 1990 no que se refere aos critérios de desagregação da despesa e nem todas as rubricas das estatísticas atuais encontram paralelo com o formato de apresentação das contas há duas décadas. De qualquer forma, para efeitos comparativos, foi possível estabelecer o cotejo que é feito na tabela 10. Entre 1991 e 2012, a despesa primária federal, excluindo transferências a estados e municípios, cresceu 6,7% do PIB e a tabela mostra claramente que o salto da despesa com aposentadorias do INSS e dos servidores, somado com a variação da despesa assistencial com RMV e Loas, explica 5,3% do PIB, ou quase 80% desse incremento. A esse efeito deve ser somado o impacto indireto do financiamento dessa diferença: como o Brasil possui um complexo sistema de transferências fiscais do governo central para os estados e municípios, o aumento dos impostos e das contribuições para cobrir maiores despesas acaba fatalmente gerando novo aumento do gasto, pelo incremento de parte das transferências automáticas a estados e municípios resultantes da maior arrecadação.

Tabela 10
**Brasil — Comparação entre itens selecionados de despesa fiscal:
1991 e 2012 (% PIB)**

Composição	1991	2012	Diferença
INSS, excluindo RMV	3,2	7,2	4,0
Inativos Governo Central	0,9	1,7	0,8
Saúde	1,4	1,5	0,1
Educação	0,1	0,6	0,5
FAT	0,6	0,9	0,3
Loas/RMV	0,2	0,7	0,5
Desenvolvimento social	0,0	0,5	0,5
Soma(A)	6,4	13,1	6,7
Transferências Estados e Municípios (B)	2,7	4,1	1,4
(A) + (B)	9,1	17,2	8,1

Fonte: Secretaria de Política Econômica/Secretaria do Tesouro Nacional.

A Tabela 11 indica que, nesse processo, entre as quatro grandes rubricas em que se decompõe o orçamento federal — transferências a governos, gastos com funcionalismo, INSS e outras despesas —, foram justamente as despesas com benefícios do INSS as que mais cresceram nessas duas décadas, a uma taxa correspondente a mais de duas vezes o crescimento médio do PIB no período.

Tabela 11
**Brasil — taxas médias de variação real do gasto primário do governo central:
1991-2012 (% a.a.)**

Composição	Crescimento médio anual
Transferências Estados e Municípios	5,2
Pessoal	3,5
Benefícios INSS	6,8
Outras despesas	5,8
Total despesas primárias	5,4
PIB	3,0

Fonte: Secretaria de Política Econômica/Secretaria do Tesouro Nacional. Deflator: deflator do PIB.

O grande problema associado a esse conjunto de fatores é o estrangulamento que tal dinâmica provoca na evolução dos investimentos. O investimento do governo geral — União, estados e municípios — sofreu uma perda significativa de peso relativo desde a época dos "anos dourados" das décadas de 1960 e 1970 em que o país passava por um *boom* de crescimento e investimento (tabela 12). O governo central, assim como os estados e os municípios, passou pelo mesmo processo, que por sua vez é uma das razões da conhecida deterioração da taxa de investimento do país em relação aos anos 1970. Baixo investimento, escassa poupança e infraestrutura precária são obstáculos claramente identificados na literatura sobre desenvolvimento econômico como problemas que dificultam um maior dinamismo da economia, notadamente quando — como é o caso atual do Brasil — o país se encontra próximo do pleno emprego e necessita expandir a capacidade de oferta.

Tabela 12
Brasil — investimento do governo geral (União, estados e municípios) como % do PIB

Período	% PIB
1951-60	3,4
1961-70	4,3
1971-80	3,5
1981-90	2,9
1991-2000	2,5
2001-09	1,9

Fonte: IBGE (Contas Nacionais).

No caso do governo central, o investimento, que fora de 1,1% do PIB no governo Sarney (1985-89) e de 1,2% do PIB na gestão Itamar Franco/Collor de Mello (1990-94), caiu para uma média de 0,8% do PIB, tanto nos oito anos de FHC (1995-2002) como nos oito anos de Lula (2003-10), embora tenha se recuperado ligeiramente nos últimos anos.

Tais questões são especialmente preocupantes quando se levam em consideração as tendências demográficas futuras. Em outras palavras, os fenômenos acima descritos ocorreram quando o processo de envelhecimento demográfico da população brasileira mal começara a se verificar: é de agora em diante que ele se tornará mais acentuado (tabela 13).

Em particular, cabe registrar que:
i) a população de 60 anos ou mais, que na década passada cresceu a uma taxa média anual de 3,3%, está se expandindo a 3,9% a.a. na década atual;

Tabela 13
Brasil — taxas de variação da população por grupos etários específicos (% a.a.)

Período	0 a 14 anos	15 a 59 anos	60 anos e +	População total
2000/2010	-0,31	1,59	3,32	1,21
2010/2020	-1,72	0,98	3,92	0,70
2020/2030	-1,22	0,14	3,63	0,44
2030/2040	-1,20	-0,35	2,55	0,12
2040/2050	-1,40	-0,89	2,10	-0,17
2010/2050	-1,38	-0,03	3,05	0,27

Fonte: IBGE.

ii) o crescimento da população em idade ativa, que até a década atual está sendo maior que o da população total, favorecendo o incremento da renda *per capita*, passará a crescer abaixo da população na próxima década;

iii) a diferença entre o crescimento da população de 60 anos e mais de idade em relação ao da população de 15 a 59 anos, indicativo da intensidade de elevação da relação entre inativos e ativos, que na década passada foi de 1,7 %, na atual prevê-se que seja de 2,9%, elevando-se para 3,5 % na década de 2020 a 2030; e

iv) a variação da população de 15 a 59 anos entre 2010 e 2050 deverá ser próxima de zero, o que indica que todo o aumento da produção nessas quatro décadas terá de vir do incremento de produtividade, o que será um enorme desafio a ser vencido.

5. Previdência Social e poupança doméstica

A relação entre o arranjo institucional descrito ao longo do capítulo e os problemas de sustentação do crescimento da economia brasileira a taxas mais robustas — na faixa de 4% a 5% a.a. — é que as pressões sobre o gasto da Previdência Social têm influência direta sobre os níveis de consumo e, consequentemente, sobre a poupança doméstica do país. Um maior gasto com Previdência Social — seja porque há mais aposentados em relação à População Economicamente Ativa ou porque os aposentados ganham aumentos reais da sua remuneração —, especialmente levando em consideração a teoria do ciclo de vida — que sustenta não haver maiores incentivos para poupar no terceiro estágio da vida —, implica naturalmente, *ceteris paribus*, um peso maior do consumo como proporção do PIB.[18] Nesse sentido, cabe destacar que, apesar das pressões sobre a Previdência, na etapa do ajustamento da economia brasileira após a crise de 1998-99, houve uma contenção expressiva do consumo como proporção do PIB (tabela 14). De fato, entre 1998 e 2004 — o que contempla o segundo governo FHC e os primeiros dois anos do primeiro governo Lula — o consumo caiu nada menos que 6 p.p. do PIB.

Tabela 14
Brasil — consumo total (% PIB)

Ano	Consumo famílias	Consumo Governo	Consumo total
1995	62,5	21,0	83,5
1996	64,7	20,1	84,8
1997	64,9	19,9	84,8
1998	64,3	20,7	85,0
1999	64,7	20,3	85,0
2000	64,3	19,2	83,5
2001	63,5	19,8	83,3
2002	61,7	20,6	82,3
2003	61,9	19,4	81,3
2004	59,8	19,2	79,0
2005	60,3	19,9	80,2
2006	60,3	20,0	80,3
2007	59,9	20,3	80,2
2008	58,9	20,2	79,1
2009	61,1	21,2	82,3
2010	59,6	21,2	80,8
2011	60,3	20,7	81,0
2011-IV/2012-III	61,8	21,2	83,0

Fonte: IBGE.

No mesmo período, como caberia esperar, houve uma expressiva elevação da poupança doméstica, que não chegou a se traduzir num incremento do investimento da mesma magnitude porque, para não cair em moratória, o país teve de fazer um importante ajustamento externo, da ordem também de cinco a seis pontos do PIB (tabela 15). Depois de 2004, porém, na fase de re-

---

18. Cabe lembrar, porém, que o gasto com aposentados, que nas contas fiscais aparece como despesa do governo, nas Contas Nacionais afeta as transferências às famílias, que são acrescidas à renda familiar, elevando sua renda disponível e, consequentemente, impactando positivamente o seu consumo.

tomada do crescimento e ainda com algumas oscilações, o quadro sofreu nova inflexão: entre 2004 e os últimos quatro trimestres encerrados em setembro de 2012, o consumo total aumentou quatro pontos do PIB, a poupança doméstica perdeu quase três pontos do PIB e houve um incremento da poupança externa de quatro pontos do PIB. Com isso, a formação bruta de capital total subiu 1 ponto do PIB, bem menos do que poderia ter ocorrido se o consumo tivesse sido mais contido. E a dinâmica do consumo está associada em parte à renda dos aposentados, pelo peso que a variável assume na economia brasileira.

Tabela 15
Brasil - Investimento e poupança total da economia (% PIB)

Ano	FBKF	"Variação estoques"	Poupança		
			Externa	Doméstica	Total
1995	18,3	-0,3	2,5	15,5	18,0
1996	16,9	0,2	3,0	14,1	17,1
1997	17,4	0,0	3,8	13,6	17,4
1998	17,0	0,0	4,0	13,0	17,0
1999	15,7	0,7	4,3	12,1	16,4
2000	16,8	1,5	4,3	14,0	18,3
2001	17,0	1,0	4,5	13,5	18,0
2002	16,4	-0,2	1,5	14,7	16,2
2003	15,3	0,5	-0,2	16,0	15,8
2004	16,1	1,0	-1,4	18,5	17,1
2005	15,9	0,3	-1,1	17,3	16,2
2006	16,4	0,4	-0,8	17,6	16,8
2007	17,4	0,9	0,2	18,1	18,3
2008	19,1	1,6	1,9	18,8	20,7
2009	18,1	-0,3	1,9	15,9	17,8
2010	19,4	0,8	2,7	17,5	20,2
2011	19,3	0,4	2,5	17,2	19,7
2011-IV/2012-III	18,5	-0,3	2,6	15,6	18,2

Fonte: IBGE.

A tabela 16 apresenta a mesma dinâmica sob a ótica das taxas de crescimento dos componentes da demanda agregada, ainda que até 2011. Observe-se que, na fase de ajustamento, nos anos de 1999 a 2004, ocorrem os seguintes fenômenos. Primeiro, o crescimento do PIB é moderado. Segundo, o consumo das famílias cresce a taxas inferiores às do PIB. Terceiro, o investimento fica praticamente estagnado. E quarto, as exportações reais crescem a taxas largamente superiores às importações. Em contraste, depois de 2004 o PIB acelera; o consumo das famílias cresce acima do PIB; o investimento expande-se fortemente; e a situação externa se reverte, com as importações em termos reais crescendo muito mais do que as exportações. A relação inversa entre o ritmo de absorção doméstica e a contribuição da poupança externa é muito clara.

Tabela 16
Taxas de crescimento das categorias de demanda agregada (% a.a.)

Variável	1999/2004	2004/2011
Consumo total	2,1	4,7
Consumo Governo	2,5	3,2
Consumo famílias	1,9	5,3
Investimento	0,8	8,3
Exportações	11,2	3,8
Importações	2,2	13,6
PIB	3,0	4,0

Fonte: IBGE.

Como é parte da opinião consensual de todos os analistas econômicos, para poder crescer a taxas sustentadas maiores que as do período mais recente — 2011-12, especificamente —, o Brasil deveria aumentar sua taxa de investimento e melhorar sua infraestrutura e, ao mesmo tempo, como é razoável concluir que não é conveniente que o déficit em conta-corrente se amplie muito acima dos níveis aos quais chegou nos últimos tempos — em torno de 2,5 % do PIB —, o corolário disso só pode ser a necessidade de reduzir a relação consumo/PIB. A rigor, isso não implica uma queda do consumo em termos absolutos.[19] Porém, é muito difícil conciliar a prescrição de ajustar a relação entre o consumo e o PIB sem alguma mudança das regras vigentes hoje para a aposentadoria, que permitem a existência de aposentadorias a uma idade precoce por qualquer parâmetro internacional de comparação, ao mesmo tempo que a política oficial continua garantindo aumentos reais expressivos a dois de cada três aposentados, que é a proporção de benefícios afetados pela indexação entre o piso previdenciário e o SM.

---

19. Dado um consumo total inicial de 83% do PIB, se o PIB crescer a um ritmo anual de 4% e for possível conter o crescimento total do consumo a uma velocidade anual de, por exemplo, 2,5%, em cinco anos a relação Consumo total/PIB poderia diminuir em quase seis pontos do PIB.

6. Conclusão

Em recente introdução a uma coletânea sobre a agenda social brasileira, Edmar Bacha e Simon Schwartzman afirmam que

> [na comparação de despesas previdenciárias], o Brasil destaca-se como um país "fora da curva", pois o gasto previdenciário do país, com uma população relativamente jovem, equivale ao de um país idoso. Nações com estrutura demográfica similar à brasileira gastam com previdência em torno de 4% do PIB, enquanto países com despesa previdenciária da magnitude do Brasil têm uma proporção de idosos na população quase três vezes superior à brasileira.[20]

As raízes desse processo são complexas. A maioria dos sistemas previdenciários, de uma forma ou de outra, é herdeira de duas grandes influências. Por um lado, a concepção bismarckiana de Previdência Social, como um sistema destinado a apoiar os indivíduos após décadas de dedicação ao trabalho, na fase em que sua capacidade de trabalho e geração de renda está comprometida. Por outro, a filosofia de justiça social inspirada no conhecido Relatório Beveridge de 1942, que assentou as bases do pacto civilizatório da Inglaterra no pós-guerra e foi, por sua vez, a matriz de diversos esquemas similares adotados no que — independentemente de quem estivesse no governo — veio a ser conhecido como "social-democracia europeia". No Brasil, a essas duas origens ancestrais do sistema veio se somar uma terceira característica, que foi a proteção institucional conferida especificamente aos mais pobres no contexto da hiperinflação dos anos 1980, na forma da vinculação do piso previdenciário ao SM na Constituição de 1988. A razão da vinculação era que, em uma situação em que a indexação mensal plena sequer era suficiente para proteger o salário real da inflação, as autoridades de alguma forma encontrariam uma forma de proteger pelo menos o piso das aposentadorias, sob pena de haver uma explosão social no país.

Essa correta inspiração — a noção de que deve haver um sistema de proteção social aos idosos, baseado na noção de justiça social e com especial ênfase na proteção àqueles de menor renda — sofreu uma série de distorções

---

20. Bacha e Schwartzman (2011: introdução, p. 8).

no Brasil, ao longo do tempo. Em primeiro lugar, normas que poderiam ser julgadas adequadas com o perfil demográfico de outras décadas foram preservadas sem a devida adaptação às transformações etárias do país. Em segundo, a ideia de que a aposentadoria é uma renda que o indivíduo recebe quando já não tem condições de trabalhar foi substituída pelo conceito de renda garantida básica, na forma de um valor assegurado que é recebido pela pessoa ao se aposentar e ao qual se adiciona frequentemente alguma outra forma de remuneração, dado que na prática o beneficiário permanece na ativa. Finalmente, a proteção do valor real do piso almejada pelo legislador, ao ser votada a vinculação constitucional ao SM em 1988, deu origem a uma notável elevação do valor real desse piso após a estabilização de 1994.

Tal combinação de elementos acabou gerando uma atitude idiossincrática do cidadão comum em relação ao tema previdenciário, pela qual os equívocos da percepção majoritária acerca do tema fazem com que, no Brasil, a ideia de que os indivíduos têm "direitos" seja extrapolada ao extremo, independentemente da existência ou não de recursos fiscais que permitam o financiamento dos mesmos. Assim, o brasileiro comum tende a julgar natural a figura da aposentadoria precoce, as idades que em outros países seriam consideradas simplesmente inconcebíveis.

Cedo ou tarde, porém, o Brasil terá de se adaptar a uma realidade demográfica mais adversa, caracterizada pelo fim do chamado "bônus demográfico" e pelo crescimento da população idosa a taxas largamente superiores às da População Economicamente Ativa. Nesse sentido, complementando as modestas reformas feitas até agora, a agenda de reformas futura, ainda que sujeita a uma longa transição, envolverá provavelmente uma combinação dos seguintes pontos:[21]

i. elevação da idade de aposentadoria, dos atuais 65 anos para 67 anos para os homens;
ii. redução da diferença de gênero entre homens e mulheres nos requisitos de aposentadoria, dos atuais cinco anos para apenas um ou dois anos;
iii. incremento do tempo de contribuição necessário para se aposentar, dos 35 anos atuais para os homens, para 40 anos de contribuição, sendo de 38 ou 39 anos para as mulheres;
iv. adoção de uma idade mínima de aposentadoria no RGPS;

---

21. Para uma avaliação do impacto de algumas dessas medidas, veja-se Giambiagi et al. (2007).

v. definição de uma regra de transição para o universo das pessoas que já se encontram no mercado de trabalho, distinguindo a situação dos mais jovens em relação àqueles para os quais falta pouco tempo para se aposentar;

vi. mudança da regra de concessão das futuras pensões para, por exemplo, 50% do benefício original e não mais com o benefício integral, como é hoje; e

vii. eliminação da vinculação entre o piso previdenciário e o salário mínimo, com a aprovação de uma regra pela qual todas as aposentadorias sejam reajustadas anualmente por um índice de preços ao consumidor.

É esse conjunto de regras que deveria ser adotado para que o Brasil possa encarar com tranquilidade a próxima década, sem risco de vir a ter de enfrentar, nas décadas de 2020 ou 2030, uma situação fiscal mais grave, associada ao peso crescente das despesas com aposentadorias e pensões, em função da despreocupação das épocas anteriores em relação às consequências do envelhecimento progressivo da população.[22]

Resumidamente, pode-se dizer que, à medida que o Brasil foi evoluindo e progredindo, tornando-se paulatinamente um país de renda média, os desafios mais importantes a serem enfrentados foram mudando. Algumas décadas atrás, os desafios eram melhorar a distribuição de renda, diminuir o elevadíssimo percentual de extrema pobreza, atacar o problema dramático representado pela miséria no meio rural e incluir socialmente a população idosa. Hoje, com a distribuição de renda em processo de melhora, a extrema pobreza em forte declínio, a miséria rural muito diminuída e praticamente sem problemas muito acentuados em termos da miséria na terceira idade, os desafios são outros e se relacionam com a necessidade de elevar a taxa de investimento, tornar-se uma economia mais competitiva e aumentar a produtividade. Trata-se de uma nova agenda para um país que está mudando.

Referências

BACHA, E.; SCHWARTZMAN, S. (Org.). *Brasil*: a nova agenda social. Rio de Janeiro: LTC, 2011.

CAETANO, M. (Org.). *Previdência Social no Brasil*: debates e desafios. Brasília: Ipea, 2008.

---

22. Especialmente se, junto com este envelhecimento, o país passar a ter um ritmo baixo de crescimento econômico.

CECHIN, J.; CECHIN, A. Desequilíbrios: causas e soluções. in TAFNER, P.; GIAMBIAGI, F. (Org.). *Previdência no Brasil*: debates, dilemas e escolhas. Rio de Janeiro: Ipea, 2007. cap. 6, p. 219-262.

CRABBE, C. (Org.). *A quarter century of pension reform in Latin America and the Caribbean*: lessons learned and next steps. Washington, DC: Inter-American Development Bank-IDB, 2005.

GIAMBIAGI, F.; MELLO, L. *Social security reform in Brazil*: achievements and remaining challenges. Paris: OECD, Economics Department, 2006. (Working Paper 534)

____; RONCI, M. *Fiscal policy and debt sustainability*: Cardoso's Brazil 1995-2002. Washington, DC: International Monetary Fund-IMF, 2004. (WP/04/156)

____ et al. Impacto de reformas paramétricas na Previdência Social brasileira: simulações alternativas. *Pesquisa e Planejamento Econômico*, Rio de Janeiro, v. 37, n. 2, p. 175-220, ago. 2007.

HOLZMANN, R.; HINZ, R. *Old-age income support in the 21st century*. Washington, DC: Banco Mundial, 2004.

OECD. *Reform for an ageing society*. Paris, 2000.

ORNELAS, W.; VIEIRA, S. As novas regras da Previdência Social. *Conjuntura Econômica*, v. 53, n. 11, p. 18-22, nov. 1999.

ROCHA, R.; CAETANO, M. *O sistema previdenciário brasileiro*: uma perspectiva comparada. Rio de Janeiro: Ipea, 2008. (Texto para Discussão n. 1331)

SSA. Social Security Administration. *Social security programs throughout the world*. Washington: AISS, 2006.

TAFNER, P.; GIAMBIAGI, F. (Org.). *Previdência no Brasil*: debates, dilemas e escolhas. Rio de Janeiro: Ipea, 2007.

WORLD BANK. *Becoming old in an older Brazil*: implications of population aging on growth, poverty, public finance and service delivery. Washington: Human Development Department, apr. 2011.

ZYLBERSTAJN, H. et al. Resultados fiscais da reforma de 2003 no sistema de previdência brasileiro. *Pesquisa e Planejamento Econômico*, Rio de Janeiro, v. 36, n. 1, p. 1-38, abr. 2006.

─────────────────────────────────── **Capítulo 6**

Causas e consequências da baixa poupança no Brasil

Gabriel Leal de Barros*
Silvia Matos**
Samuel Pessôa***[1]

1. Introdução

O crescimento econômico de longo prazo depende do investimento. O investimento, por sua vez, só pode aumentar através da expansão da poupança, pois ela é sua fonte de financiamento. Se um país poupa pouco, provavelmente terá dificuldade para crescer de maneira consistente.

Como se sabe, a poupança total de uma economia resulta da soma da poupança interna e da poupança externa — contabilmente igual ao déficit em conta-corrente. Por sua vez, a poupança doméstica é composta pela poupança privada e pela pública. E quais são os determinantes da poupança doméstica?

Segundo estudo de pesquisadores do Banco Mundial,[2] que avalia a correlação de diversas variáveis com a poupança doméstica, há uma elevada persistência do nível de poupança de um país. Os resultados também apontam que poupança e renda nacional tendem a crescer juntas, embora não se consiga determinar o sentido da causalidade.

A literatura econômica também mostra que um sistema de previdência generoso pode desestimular a poupança privada, mesmo na idade ativa do

---
* Pesquisador do Instituto Brasileiro de Economia da Fundação Getulio Vargas (FGV/IBRE).
** Economista do Instituto Brasileiro de Economia da Fundação Getulio Vargas (FGV/IBRE).
*** Pesquisador sênior do Instituto Brasileiro de Economia da Fundação Getulio Vargas (FGV/IBRE).
1. Os autores agradecem o apoio das assistentes de pesquisa Maria Fernanda Mendes da Silva e Vilma da Conceição Pinto, sem o qual este trabalho seria muito menos rico em informações.
2. Loyaza, Schmidt-Hebbel e Servén (2000).

trabalhador. Esses estudos apontam que as expectativas sobre os benefícios previdenciários futuros influenciam as decisões individuais de poupança hoje.[3]

No Brasil, a taxa de poupança doméstica tem permanecido em torno de 17% do PIB nos últimos 10 anos. Essa taxa é muito reduzida não apenas em comparação com os países de crescimento rápido do Leste da Ásia, mas também em comparação com os países da América Latina. Entretanto, é importante ressaltar que a discrepância entre a nossa taxa de poupança e a de outros países surgiu a partir nos anos 1990. Uma possível explicação para esse fato é o modelo redistributivo da Constituição de 1988, que ensejou alterações significativas nas regras de previdência social. Os dados mostram que no Brasil os gastos sociais são elevados para o nosso nível de renda *per capita*. Dessa maneira, o componente privado da poupança doméstica tende a ser estruturalmente baixo no Brasil. Já em relação ao componente público da poupança doméstica (a soma do superávit fiscal do governo e do investimento público), os dados também indicam valores reduzidos.

Deve-se ressaltar que, ao longo das últimas décadas, houve uma redução da desigualdade social, com ganhos expressivos de bem-estar para a sociedade. De qualquer forma, há indícios de que o equilíbrio político no Brasil tem privilegiado mais a conquista da equidade, e não o crescimento econômico.

Com isso em mente, o restante deste capítulo está organizado como se segue. Após esta introdução, a seção 2 mostra a evolução da poupança doméstica desde 1950 e apresenta uma breve comparação internacional. A seção 3 investiga as possíveis razões para a baixa poupança, destacando o papel da economia política. Essa seção também discute os diversos aspectos dos gastos sociais e seus efeitos sobre a trajetória da carga tributária. A seção 4, por sua vez, aborda as consequências da reduzida poupança doméstica, enfatizando quatro pontos principais: menor capacidade de investimento do setor público em infraestrutura, maior dependência de poupança externa com efeitos sobre a taxa de câmbio, menor participação da indústria de transformação no PIB e maior dificuldade em manter uma taxa de crescimento elevada. Por fim, a seção 5 conclui.

---

3. Edwards (1996).

2. Baixa poupança doméstica no Brasil: fatos estilizados

Um dos fatos mais importantes para se entender os dilemas macroeconômicos do Brasil é a baixa poupança doméstica. Isso limita o espaço para a ampliação do investimento, que somente pode exceder a poupança doméstica na medida em que o país absorver poupança externa.

Analisando a série histórica desde 1950, observa-se que apenas em alguns anos a taxa de poupança superou o patamar de 20% em relação ao PIB, de acordo com os dados do gráfico 1. E, nos últimos 10 anos, tem permanecido ao redor de 17% do PIB, que é exatamente a média histórica.

Gráfico 1
**Taxa de investimento, poupança doméstica e externa
(% do PIB, média móvel de cinco anos)**

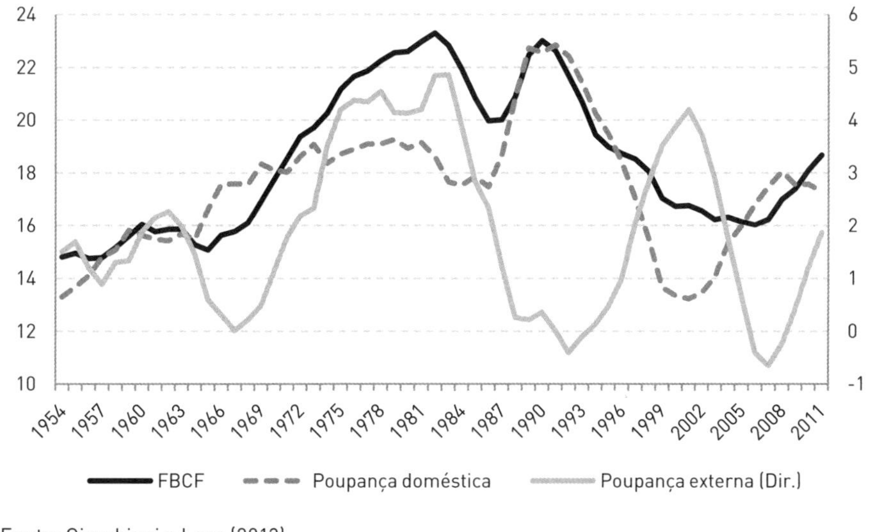

Fonte: Giambiagi e Levy (2013).

Esta taxa é muito baixa não somente em comparação com os países de crescimento rápido do leste da Ásia, mas também em comparação com os países da América Latina, conhecidos por apresentarem taxas de poupança muito baixas.

Para comparar as taxas de poupança domésticas de diversas economias com a taxa de poupança da economia brasileira calcula-se a taxa de poupança a partir de dados da divisão estatística das Nações Unidas, o Database National Accounts Estimates of Main Aggregates, e da International Financial

Statistics (IFS) do FMI. Emprega-se a identidade básica das Contas Nacionais em economia aberta. O investimento é igual à soma da poupança doméstica com a poupança externa. Consequentemente, a poupança doméstica pode ser obtida subtraindo do investimento a poupança externa, ou seja, subtraindo ao investimento o déficit de transações correntes.[4]

O gráfico 2 apresenta a evolução da taxa de poupança para diversas economias e para o Brasil, classificadas em função da renda *per capita*, de 1970 até 2010. De 1970 até 1989 os dados estão disponíveis para 164 economias. A partir de 1990, com a incorporação de diversas economias que eram socialistas, a base de dados passa a ter 188 economias.[5]

Gráfico 2
**Evolução da taxa de poupança doméstica:
Classificação por nível de renda *per capita** (%)**

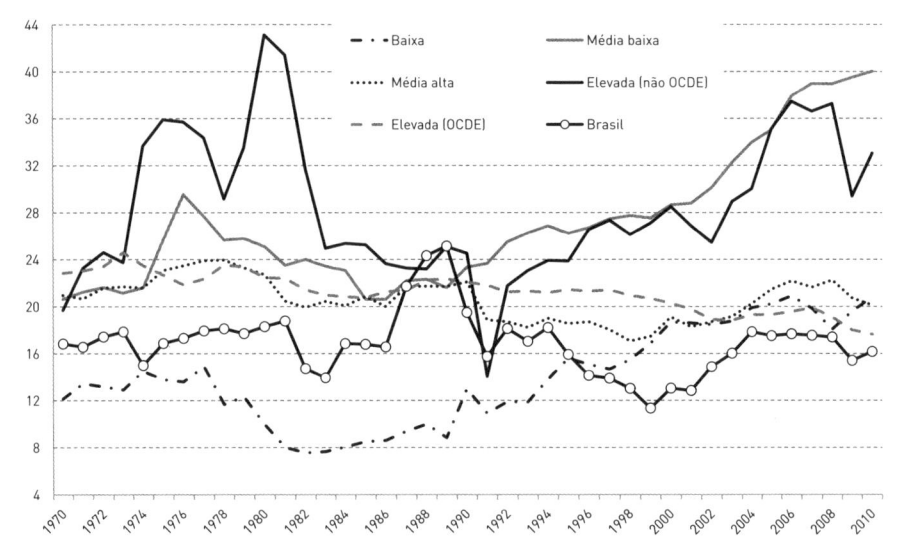

Fontes: United Nations Statistics Division, Database National Accounts Estimates of Main Aggregates and IFS/IMF.
* Metodologia: a poupança doméstica foi obtida subtraindo-se do investimento a poupança externa (isto é, do déficit de transações correntes). A taxa de poupança doméstica é a razão entre a poupança e o PIB.

---

4. Como não temos dados de variação de estoques para todos os países, desconsideramos essa informação e consideramos apenas os dados de FBCF. Nesse caso, para o Brasil, há uma diferença entre o dado utilizado no gráfico 1 e o dado utilizado nos gráficos 2 e 3.
5. A relação completa de países e grupos está no Apêndice. As taxas de poupança são ponderadas pela participação relativa de cada país no grupo.

Deve-se destacar, a partir do gráfico 2, que a disparidade observada entre nossa taxa de poupança e a de outros países é um fenômeno mais recente. Até meados da década de 1970, apesar de não atingirmos valores muito superiores a 18% do PIB, o Brasil não era um destaque tão negativo nesta amostra.

Posteriormente, no período que vai até a segunda metade dos anos 1990, nossa taxa caiu, mas esteve sempre acima do registrado nos países pobres, como se pode observar no gráfico 2. Porém, a partir de meados de 1999, a trajetória da poupança brasileira tem ficado abaixo inclusive da média de todos os grupos de países de renda mais baixa. Em 2010, a poupança dos países mais pobres estava quase cinco pontos percentuais do PIB acima da brasileira.

Mesmo quando comparado aos países latino-americanos, o Brasil fica, a partir de meados dos anos 1990, entre as posições inferiores em termos de poupança. Em 2010, éramos o segundo país latino-americano de mais baixa poupança doméstica, só atrás do Paraguai (gráfico 3).

Gráfico 3
Evolução da taxa de poupança dos países da América do Sul e o México*

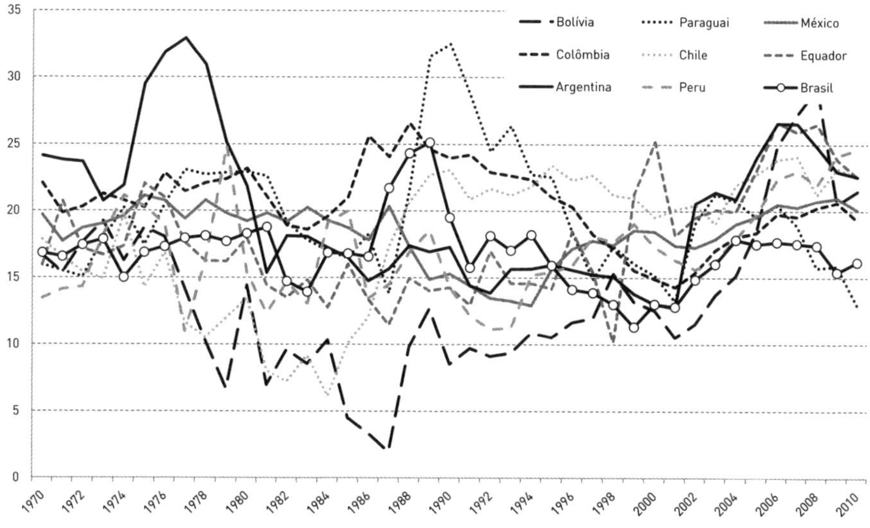

Fontes: United Nations Statistics Division, Database National Accounts Estimates of Main Aggregates and IFS/IMF.
* Metodologia: ver nota do gráfico 1.

3. Por que a poupança é baixa no Brasil?

Segundo a literatura,[6] os fatores determinantes da poupança doméstica de um país estão associados à sua estrutura econômico-institucional. De maneira resumida, eles podem ser divididos em duas categorias: os que são instrumentos de política econômica e aqueles que são apenas indiretamente influenciados por elas. Com relação ao primeiro conjunto pode-se destacar:

i) A **política fiscal**: a poupança pública é um componente da poupança doméstica. Vários estudos mostram a relevância deste componente, com ênfase na questão da sua composição, ou seja, ela é mais eficaz se for obtida por redução do consumo do governo do que por aumento de impostos.[7]

ii) O **sistema de seguridade social**: há evidências que apontam para uma relação negativa entre a generosidade do sistema previdenciário e a poupança privada.[8]

Entre os principais fatores do segundo grupo que são mencionados pela literatura estão:

iii) **Nível de renda *per capita***: diversos estudos mostram que poupança e renda nacional tendem a crescer juntas, embora não se consiga determinar o sentido da causalidade entre elas.

iv) **Crescimento econômico**: os resultados empíricos indicam elevada correlação entre eles, mas novamente há evidências tanto no sentido de crescimento causar poupança quanto vice-versa.

v) **Estrutura demográfica**: segundo o modelo tradicional do ciclo de vida desenvolvido por Ando e Modigliani (1963), os indivíduos poupam durante os anos de trabalho produtivo para manter parte de seu padrão de consumo no período de aposentadoria. Consequentemente, países com uma elevada participação de idosos na população total tendem a ter um nível de poupança menor.[9]

---

6. Dayal-Gulati e Thimann (1997), Loayza, Schmidt-Hebbel e Servén (2000). Ver também Schmidt-Hebbel e Servén (1999) e Giambiagi e Levy (2013).
7. Ver Ferreira (1994).
8. Edwards (1996) encontra uma relação negativa entre os gastos com seguridade social e a poupança privada tanto para uma amostra de países em desenvolvimento e desenvolvidos, como também para uma amostra apenas de países em desenvolvimento. A Cepal (1996) estima que a poupança média dos trabalhadores chilenos cresceu de 1,6% do PIB, entre 1980 e 1984, para 3,3%, no período de 1990 a 1994, após as reformas do sistema previdenciário. Attanasio e Brugiavini (2003) também mostram que a reforma previdenciária italiana de 1992 alterou a poupança de uma parcela significativa da população em idade ativa.
9. Schmidt-Hebbel e Servén (1999) encontram uma relação negativa entre a taxa de poupança

vi) **Risco e instabilidade macro**: quanto maior a percepção de risco, maior o incentivo à poupança por motivo precaucional.

vii) **Desigualdade na distribuição de renda**: como a propensão a poupar dos indivíduos ricos é superior à dos indivíduos pobres, a desigualdade na distribuição de renda elevaria a taxa de poupança agregada por concentrar renda nos agentes com maior propensão a poupar. No entanto, há outros fatores que podem mitigar esse efeito quando a desigualdade de renda atinge valores mais elevados, como instabilidade política e pressões por políticas distributivas que podem afetar o crescimento do país. Consequentemente, os estudos empíricos não conseguem identificar efeitos significativos da desigualdade na distribuição de renda na taxa de poupança.[10]

Apoiados neste arcabouço, poder-se-ia justificar que a poupança brasileira é baixa porque nossa renda é baixa. Porém, esse argumento é frágil, pois há países com renda *per capita* inferior à do Brasil, como Índia e China, e que possuem taxas de poupança muito superiores à nossa, em torno de 35% e 50% do PIB, respectivamente. Ademais, os dados apresentados na seção anterior também apontam para uma discrepância entre a taxa brasileira e a de um conjunto amplo de países pobres.

De maneira geral, a taxa de poupança brasileira desdobra-se em 5% do PIB de poupança das famílias, 15% de poupança das empresas e -3% do PIB de poupança do governo, totalizando os 17% do PIB. Para a China, os números são, respectivamente, 22%, 22% e 6%. Ou seja, todos os agentes econômicos — famílias, empresas e governo — poupam na China mais do que no Brasil, e a maior diferença é exatamente na poupança das famílias: 5% daqui contra 22% de lá.[11]

Além disso, no Brasil os dados apontam para uma relação oposta entre crescimento e poupança doméstica. Por exemplo, no recente ciclo de crescimento de 2004 a 2008, a poupança doméstica caiu, levando a uma necessária expansão da poupança externa absorvida pela economia.

Outro ponto a ser mencionado é que nas décadas de 1980 e 1990, quando a demografia brasileira era favorável para a elevação da taxa de poupança, observou-se uma redução nessa taxa, de acordo com os dados do gráfico 1.

---

doméstica e a proporção de idosos na população total. Esse resultado também é encontrado quando se utiliza a proporção de crianças e jovens na população total.
10. Ver Schmidt-Hebbel e Servén (1999).
11. Para dados e decomposição da taxa de poupança dos países da Ásia, ver Prasad (2009).

Então, quais são as razões que podem explicar os fatos estilizados apresentados na seção anterior? Quais são as características institucionais de nossa economia que contribuem para esse fenômeno?

Uma possível explicação para a redução da taxa de poupança a partir do final da década de 1980 encontra-se na mudança institucional decorrente da Constituição de 1988. Com a nova Constituição, o sistema de previdência tornou-se bem generoso,[12] desestimulando, portanto, a poupança dos trabalhadores na idade ativa.

Outra alteração promovida pela Constituição foi uma expansão muito expressiva da rede de proteção social, o que também reduz o incentivo à poupança por motivos precaucionais. Consequentemente, o componente privado da poupança doméstica tende a ser estruturalmente baixo no Brasil.[13]

Entretanto, houve avanços importantes na extensão de direitos sociais e no aumento do bem-estar na sociedade brasileira: a partir de meados da década de 1990, a desigualdade de renda no Brasil caiu de forma substancial, com uma aceleração da redução na última década.[14] Porém, deve-se enfatizar que o reconhecimento de virtudes na Constituição não deveria ser um empecilho para se analisar possíveis efeitos deletérios sobre o ritmo de crescimento econômico de médio e longo prazo, que contribuem, portanto, para os dilemas econômicos atuais do país.

Uma explicação adicional para nossa reduzida poupança a partir dos anos 1990 foi o fraco desempenho da poupança do governo (a soma do superávit fiscal do governo e do investimento público), que, em princípio, poderia mitigar os efeitos da redução da poupança privada no período. Nesse ponto, como será visto na próxima seção deste capítulo, uma parcela significativa dos aumentos dos gastos correntes do governo está correlacionada aos gastos sociais em geral, não apenas às despesas previdenciárias, mas também aos dispêndios com saúde e educação.[15]

---

12. A generosidade evidenciada na diversidade de critérios de concessão dos benefícios guarda estreita relação com a possibilidade de se acumularem pensões com aposentadorias.
13. O sistema de proteção social, em particular a cobertura previdenciária, avançou muito no país desde 1988 e registra, conforme explicitado no capítulo de Fabio Giambiagi neste livro, um dos maiores índices de cobertura entre as economias emergentes, cujos reflexos são identificados no nível de poupança das famílias.
14. Para mais detalhes sobre a questão da redução da pobreza e da desigualdade no Brasil, ver o capítulo de Fernando de Holanda Barbosa Filho neste livro.
15. Para mais detalhes sobre a questão da educação no Brasil, ver o capítulo de Fernando de Holanda Barbosa Filho e Rodrigo Leandro de Moura neste livro.

Mesmo assim, uma análise mais criteriosa das despesas sociais do governo mostra que nem todos os recursos despendidos têm promovido efeitos distributivos. Em particular, os aumentos reais de salários do funcionalismo, bem como os privilégios concedidos a aposentadorias de servidores públicos e os benefícios concedidos via pensões por morte não tiveram impacto social, mas têm contribuído para reduzir a capacidade de poupança do setor público.

De qualquer forma, há indícios de que o equilíbrio político da redemocratização no Brasil tem privilegiado mais a conquista da equidade, e não o crescimento econômico, como será abordado a seguir.

3.1 Economia política e gastos sociais[16]

Um ponto abordado neste capítulo é que as características da arquitetura de nosso sistema político têm contribuído para aumentar as transferências aos indivíduos, de modo a promover um estado de bem-estar social.

As instituições políticas que construímos ao longo das últimas décadas operam em uma sociedade cuja maior característica é a desigualdade. Essa desigualdade é fruto de um processo histórico que remonta ao tempo colonial. Os caminhos que tomamos ao longo do século XIX, com a enorme dificuldade em resolver a questão da terra e do trabalho escravo, e ao longo do século XX, cuja maior característica esteve no atraso em escolher a educação básica como maior prioridade do Estado, mantiveram e até reforçaram essa face de nossa sociedade.

Há uma literatura em economia positiva que se desenvolveu nos departamentos acadêmicos, principalmente, mas não somente, dos Estados Unidos da América nos anos 1990, que investiga o funcionamento de democracias em sociedades muito desiguais.[17] Essa subárea da teoria do crescimento econômico, chamada de economia política, tem como objetivo investigar os efeitos sobre o crescimento da interação entre sociedade e democracia. O principal resultado dessa literatura é mostrar que há uma tendência em sociedades democráticas muito desiguais de elevar a carga tributária e, com ela, as transferências de governos a indivíduos. Segue uma rápida apresentação do argumento.

---

16. Ver Pessoa (2011, 2012).
17. Ver, entre outros, Rodrik e Alesina (1994) e Persson e Tabellini (1994).

A capacidade de arrecadação do Estado depende da renda média. Se a sociedade for muito desigual, o indivíduo mediano — isto é, o indivíduo cuja renda é tal que metade da população tem renda menor ou igual (e a outra metade maior ou igual) — auferirá renda significativamente menor do que a renda média. Para o indivíduo mediano — conhecido na literatura de economia política por eleitor mediano — será de seu interesse uma elevação da carga tributária e consequente elevação de transferências a indivíduos, ainda que a elevação da carga tributária desestimule o crescimento econômico. A mensagem deste resultado da literatura de economia política é que, em sociedades democráticas e simultaneamente muito desiguais, a agenda da sociedade não será maior crescimento, mas sim maior equidade. O crescimento será uma variável residual.

Contudo, deve-se ressaltar que os estudos empíricos não conseguem detectar uma relação precisa entre democracia e crescimento econômico. Os pontos abordados anteriormente apontam para aspectos mais prejudiciais para o crescimento econômico. No entanto, segundo Rodrik (2007), a democracia é essencial para viabilizar o crescimento econômico sustentável no longo prazo. Mesmo havendo alguma queda na taxa de crescimento de curto prazo, o efeito líquido da redução da desigualdade sobre o bem-estar tende a ser positivo, e esse efeito é maior quanto mais desigual é a sociedade. A questão é como mitigar os efeitos prejudicais ao crescimento, sem interromper os ganhos de bem-estar.

Nesse sentido, algumas políticas sociais podem ter efeitos positivos tanto do ponto de vista da equidade quanto do crescimento, como gastos educacionais, assunto explorado no capítulo de Fernando de Holanda Barbosa Filho e Rodrigo Leandro de Moura neste livro. Sem dúvida, há um consenso na literatura econômica a respeito da importância da educação para o crescimento econômico de longo prazo.

3.2 A evolução dos gastos sociais no Brasil

De uma perspectiva histórica e, portanto, incorporando os efeitos decorrentes do novo arcabouço institucional, a análise da trajetória do gasto público não financeiro no Brasil guarda estreita relação com a ampliação dos gastos sociais e com saúde e educação a partir da década de 1990. Nos períodos posteriores, a expansão destes grupos de despesa ancorados, sobretudo, em novos programas e ações sociais produziu importante alteração na composição do gasto público federal.

De forma concreta, os gastos com funcionalismo público, que representavam cerca de 31% do total do gasto público federal em 1997, declinaram para a ordem de 23% em 2012, compensados em grande medida pela maior participação dos benefícios com a previdência social do setor privado (de 36% para 40% no ano de 2012) e outras despesas de custeio, notadamente aquelas relacionadas às áreas da saúde e educação, além das relacionadas ao programa de habitação Minha Casa Minha Vida, que apenas de 2010 a 2012 registrou gastos de ordem superior a R$ 20 bilhões (US$ 10 bilhões) no período. De outra forma, a conjugação desses determinantes do gasto público implicou vigorosa rigidez da estrutura de despesa, da ordem de 75% do total de gastos nos últimos 10 anos.

A despeito de os gastos sociais, em particular aqueles relacionados à saúde e educação, registrarem crescimento continuado e robusto no período posterior à Constituição de 1988, é possível identificar diferentes períodos na história econômica em que o gasto público com educação, tanto básica quanto média e superior, registrou elevação. Conforme destacado por Maduro Junior (2007), houve três grandes fases de crescimento do gasto público em educação no Brasil: o primeiro, do início de 1930 até 1962, em que o gasto em educação se expandiu em cerca de 0,8 p.p. do PIB; o segundo, de 1964 a 1985, período de vigência do regime militar, em que o crescimento foi da ordem de 0,5 p.p.; e o terceiro e último ciclo, com reflexos no período recente, remete-se ao período da Constituição de 1988, que elevou em mais de 1,5 p.p. do produto o gasto com ensino público no país (gráfico 4). No tocante aos gastos com saúde pública, o período anterior à Constituinte de 1988 é marcado por um sistema altamente centralizador, fragmentado e com baixa equidade e cobertura nacional. A partir de 1964, iniciaram-se avanços quanto à expansão do sistema privado de planos de saúde e cobertura para trabalhadores rurais, em paralelo ao maior volume de recursos federais e subsídios para ampliação da cobertura. Entretanto, a grande mudança do sistema de saúde no país começou em meados da década de 1970, conforme destacado por Bahia e colaboradores (2011), e estruturou-se durante o processo da nova Constituinte. O movimento de reforma do sistema de saúde deu-se desde então de forma lenta, gradativa e com crescente organização de grupos sociais, marcado em 1976 pela criação

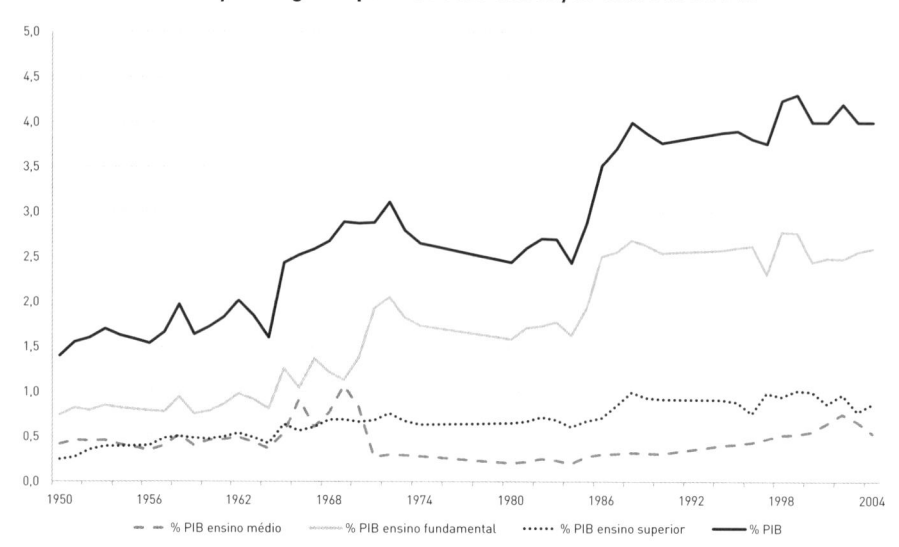

Gráfico 4
Evolução do gasto público com educação como % do PIB

― ― % PIB ensino médio   ――― % PIB ensino fundamental   ...... % PIB ensino superior   ――― % PIB

Fonte: Maduro Junior (2007).

do Centro Brasileiro de Estudos de Saúde (Cebes) e em 1979 pela Associação Brasileira de Pós-Graduação em Saúde Coletiva (Abrasco), instituições que alavancaram o processo de reforma.

Após o período de restrição imposto pela ditadura militar, a discussão da nova constituição no interior do processo de mudança institucional encampou uma série de demandas por gastos sociais, com destaque para as áreas de saúde e educação, que passaram a contar na Carta Magna com fortes conceitos de universalidade, integralidade e equidade na prestação de serviços públicos.

O Sistema Único de Saúde (SUS), criado em 1988 com a promulgação da nova Constituição Federal, tornou o acesso à saúde direito de todo cidadão e dever do Estado, assim como a educação. A criação do SUS unificou o sistema de saúde pública e descentralizou sua gestão, que passou a ser tripartite, envolvendo os governos subnacionais (estados e municípios), além do governo federal. Com a implantação do sistema, o número de beneficiados passou de 30 para 190 milhões. Atualmente, 80% desse total dependem exclusivamente do SUS para ter acesso aos serviços de saúde.

Com relação à previdência social, seu início data do período anterior à Constituinte de 1988, precisamente em 1923, em que os planos de custeio e benefícios oferecidos eram organizados por categorias profissionais e cobriam riscos sociais decorrentes de enfermidade, morte ou velhice dos beneficiários. As críticas e as pressões acerca da heterogeneidade dos planos de custeio e benefícios resultaram na reforma de 1960, que tratou de definir critérios únicos para os trabalhadores não submetidos a regimes próprios de previdência. Nos períodos subsequentes e anteriores à redemocratização, um conjunto de reformas foi feito no sentido de ampliar a rede de proteção para outras categorias profissionais — como trabalhadores rural e doméstico — e flexibilizar regras de concessão de benefícios, fatores importantes para o déficit atuarial e financeiro verificado no sistema a partir dos anos 1980.

Com a promulgação da Constituição Federal em 1988 foi instituído o sistema (tripartite) de seguridade social, integrando as funções de saúde, previdência e assistência social. Desde então a previdência social passou por profundas transformações,[18] em grande medida decorrentes de alterações no perfil sociodemográfico da população e de desequilíbrios fiscais.

Não obstante o custo fiscal associado a esses desequilíbrios, novos programas sociais foram criados em anos posteriores sob a égide do programa Brasil Sem Miséria, que abrangeu diversas iniciativas como o Bolsa Escola, posteriormente incorporado pelo Bolsa Família, e recentemente o Brasil Carinhoso.[19] Adicionalmente, novos programas focados em minimizar os efeitos do déficit habitacional nas camadas de renda mais baixas, como o Programa Minha Casa Minha Vida, adicionaram nova e importante despesa pública na estrutura fiscal do país.

O resultado mais recente dessa conjugação de programas e diretrizes para a questão social e previdenciária é sintetizado na tabela 1 que apresenta a evolução do gasto não financeiro da União, excluindo transferências aos governos subnacionais para o período de 1999 até 2012 como proporção do PIB.

---

18. Para mais detalhes sobre a Previdência Social no Brasil, ver o capítulo de Fábio Giambiagi neste livro.
19. Para mais detalhes sobre o programa Bolsa Família no Brasil, ver o capítulo de Fernando de Holanda Barbosa Filho neste livro.

Tabela 1
Evolução do gasto público não financeiro, exceto transferências a estados e municípios (% PIB)

	Pessoal	INSS	Custeio Administrativo	Custeio Saúde e Educação	Custeio Gastos sociais	Investimento	Outros	Total
1999	4,47%	5,50%	1,59%	1,75%	0,59%	0,50%	0,08%	14,49%
2000	4,57%	5,58%	1,50%	1,76%	0,59%	0,66%	0,08%	14,73%
2001	4,80%	5,78%	1,00%	1,82%	0,90%	1,17%	0,08%	15,57%
2002	4,81%	5,96%	1,13%	1,83%	0,96%	0,95%	0,08%	15,72%
2003	4,46%	6,30%	1,16%	1,71%	1,00%	0,40%	0,10%	15,14%
2004	4,31%	6,48%	1,15%	1,71%	1,21%	0,62%	0,11%	15,59%
2005	4,30%	6,80%	1,47%	1,78%	1,29%	0,64%	0,11%	16,38%
2006	4,45%	6,99%	1,43%	1,70%	1,56%	0,74%	0,10%	16,96%
2007	4,37%	6,96%	1,45%	1,78%	1,63%	0,83%	0,09%	17,12%
2008	4,31%	6,58%	1,09%	1,75%	1,64%	0,93%	0,11%	16,42%
2009	4,68%	6,94%	1,08%	1,89%	1,89%	1,05%	0,13%	17,66%
2010	4,42%	6,76%	1,10%	1,96%	1,84%	1,25%	0,11%	17,43%
2011	4,34%	6,81%	1,12%	2,04%	1,93%	1,15%	0,14%	17,52%
2012	4,22%	7,18%	1,34%	2,21%	2,06%	1,09%	0,14%	18,24%

Fonte: Secretaria do Tesouro Nacional e SIAFI. Elaboração: Mansueto Almeida.

Nos últimos 13 anos o gasto público não financeiro elevou-se em quase quatro pontos de percentagem (4 p.p.) do PIB, de 14,5% para 18,2%. As duas rubricas que apresentaram o maior crescimento foram os gastos previdenciários (INSS), que aumentaram 1,7 p.p., e os gastos sociais (que excluem os gastos com saúde e educação), que se elevaram 1,5 p.p., totalizando 3,2 p.p. de crescimento, ou pouco menos de 86% do crescimento total.

A elevação mais recente dos gastos com aposentadoria do setor privado (INSS) é consequência da política de valorização do salário mínimo, fruto da vinculação de inúmeros benefícios previdenciários ao piso salarial. Na questão dos gastos com previdência, o Brasil está muito acima do padrão internacional, assunto explorado no capítulo de Fábio Giambiagi neste livro.

Já os gastos sociais, elevaram-se sobretudo em função da criação e expansão do programa Bolsa Família. Outra parte do crescimento do gasto foi para o custeio da saúde e educação que, rigorosamente, constituem atividade-fim tais como o programa do livro escolar, apoio às prefeituras no transporte escolar, distribuição de remédios, entre outros.

Sem dúvida, além do crescimento dos gastos sociais, que em 1999 representavam muito pouco da parcela das despesas públicas e que rapidamente superaram todo o montante alocado para a rubrica de investimento, o generoso sistema de previdência pública e privada exerce forte pressão na expansão das despesas não financeiras do governo central.

Os dados da tabela 1 também demonstram que houve certo esforço do governo para reduzir o gasto de custeio. A rubrica custeio administrativo apresentou queda no período de 0,3 p.p. Em que pesem os fortes aumentos salariais, o gasto com pagamento de salários da União cresceu no período a uma velocidade pouco abaixo do crescimento do PIB. Em 2012, a rubrica "pessoal" (que inclui as aposentadorias do setor público) respondia por 4,2% do PIB, pouco abaixo dos 4,5% de 1999.

A interpretação da tabela 1 é imediata à luz da análise da discussão apresentada anteriormente sobre economia política e gastos sociais. A redemocratização, associada à elevada desigualdade social, produz forte pressão por crescimento das transferências a indivíduos associadas aos seguros básicos de um estado de bem-estar social. Os números acima também mostram que, além dos gastos sociais serem objeto de definição Constitucional, a dependência de grande parte da sociedade em relação à prestação desses serviços públicos é muito elevada, motivo pelo qual a pressão social e política para elevação do gasto público exerce importante papel para sua rigidez, bem como para o aumento de carga tributária e pressão sobre o nível de poupança, tanto das famílias quanto do governo.

3.3 Gastos sociais e o aumento da carga tributária no Brasil

Uma consequência direta do aumento expressivo dos gastos sociais nas últimas décadas foi a forte elevação da carga tributária no período. Na história econômica brasileira posterior ao período do pós-guerra, há dois momentos de forte elevação da carga tributária. O primeiro foi logo em seguida ao golpe militar de 1964. Em função de um amplo conjunto de reformas institucionais e, em particular, de um pacote abrangente de reforma tributária, a carga tributária subiu do nível de pouco mais de 15% do PIB que vigorava na segunda metade dos anos 1950 para o nível de 25%. O segundo momento de elevação da carga tributária ocorreu entre a primeira metade dos anos 1990 e 2005, quando a carga tributária teve uma segunda elevação de 10 pontos percentuais, atingindo pouco menos de 35% do PIB.

Ademais, as elevações na carga tributária não foram acompanhadas de reduções em igual magnitude na necessidade de financiamento do setor público (NFSP), motivo pelo qual a correlação positiva entre carga tributária e poupança pública no Brasil é baixa. O vazamento da maior carga fiscal para a expansão de despesas primárias pode ser facilmente identificado através do gráfico 5.

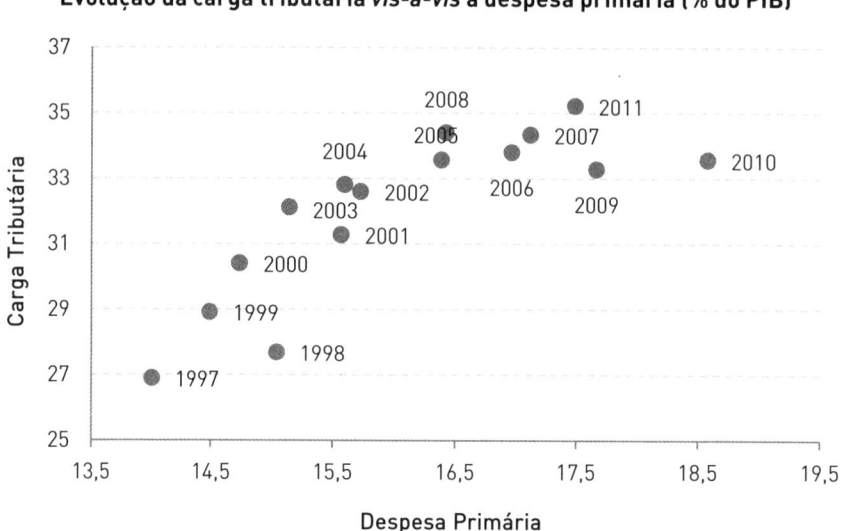

Gráfico 5
Evolução da carga tributária *vis-à-vis* a despesa primária (% do PIB)

Fonte: Secretaria do Tesouro Nacional e Receita Federal. Elaboração: FGV/IBRE.

Ainda que a elevação da carga tributária tenha sido, em grande medida, destinada à cobertura das despesas com benefícios previdenciários e gastos sociais — conforme evidenciado na tabela 1 —, como o Bolsa Família, aposentadoria e pensões, outra parcela foi destinada ao apoio na geração de superávits primários[20] que, combinados à mudança no perfil de endividamento público,[21]

---

20. A partir do programa de ajuste fiscal negociado pelo governo com o FMI em 1999 e da adoção da sistemática de geração de superávits primários, as contas públicas passaram por profundas modificações. O superávit primário das administrações públicas saiu de zero ao final de 1998 para o patamar de 3% do PIB a partir de 2002.
21. Em paralelo à política de geração de superávits primários como forma de reduzir o problema de solvência da dívida pública, o trabalho desenvolvido pela Secretaria do Tesouro Nacional (STN) à época, no tocante às mudanças do perfil do endividamento público, em particular aquelas relacionadas à ampliação do prazo e alteração dos indexadores — com especial destaque para a redução da dívida cambial e maior participação de títulos prefixados — exerceu vigorosa importância no processo de ajuste fiscal do país.

contribuíram para uma redução do déficit nominal (NFSP) e melhoria da (des)poupança pública (gráfico 6).

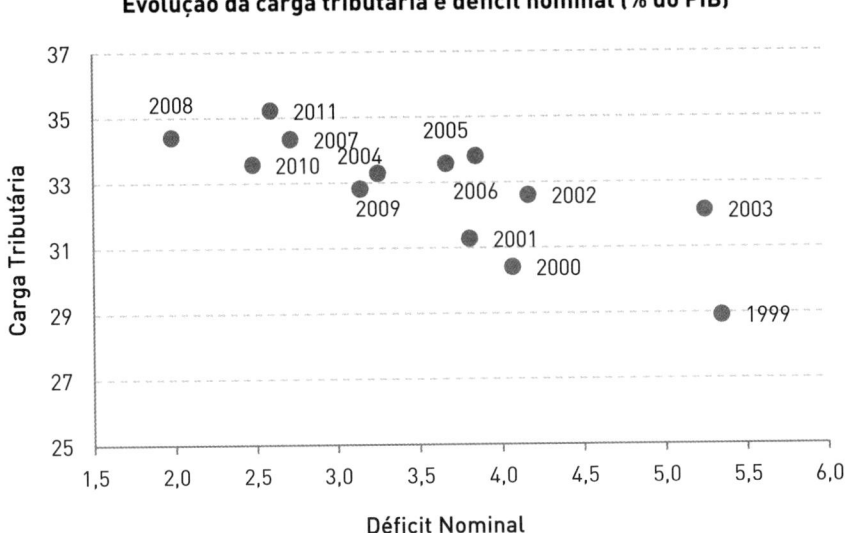

Gráfico 6
Evolução da carga tributária e déficit nominal (% do PIB)

[Gráfico de dispersão com eixo Y "Carga Tributária" (25-37) e eixo X "Déficit Nominal" (1,5-6,0), mostrando pontos para os anos de 1999 a 2011:
- 2008: ~(2,0; 34,5)
- 2011: ~(3,0; 35)
- 2007: ~(3,2; 34)
- 2010: ~(2,7; 34)
- 2004: ~(3,3; 33,5)
- 2005: ~(3,8; 34)
- 2009: ~(3,2; 33)
- 2006: ~(3,8; 33)
- 2002: ~(4,2; 33)
- 2003: ~(5,3; 32,5)
- 2001: ~(3,8; 31,5)
- 2000: ~(3,8; 30,5)
- 1999: ~(5,8; 29)]

Fonte: Secretaria do Tesouro Nacional e Receita Federal. Elaboração: FGV/IBRE.

Contudo, ainda que as elevações de carga tributária tenham contribuído para financiar o crescimento das despesas e reduzir o déficit público nominal, este ainda situa-se em terreno negativo. Tal situação evidencia o ponto de inflexão e a necessidade de retomar a agenda de reformas no país de forma a refletir sobre um novo modelo de equilíbrio fiscal, capaz de, no médio e longo prazo, dar mais fôlego e graus de liberdade à política fiscal para conduzir e equilibrar as diferentes agendas à luz da restrição orçamentária.

4. Quais são as consequências desta reduzida taxa de poupança?

Conforme abordado na seção anterior, tanto a poupança privada quanto a pública são baixas no Brasil. Essas características estruturais têm implicações relevantes sobre o funcionamento de nossa economia, entre elas destacam-se: *primeiro*, redução da capacidade de investimento do setor público em infraestrutura; *segundo*, maior dependência de poupança externa com efeitos sobre a taxa de câmbio; *terceiro*, menor participação da indústria de transformação no PIB e *quarto*, maior dificuldade em manter uma taxa de crescimento elevada. Cada ponto será detalhado a seguir.

4.1 Baixo investimento público em infraestrutura

Conforme mencionado, um fator que ajuda a explicar nossa baixa poupança doméstica é a despoupança do setor público.

No entanto, até os anos 1970, o governo era poupador: por exemplo, a taxa de poupança foi de 4,4% do PIB na década de 1970, de acordo com os dados das Contas Nacionais. Mas, a partir dos anos 1980, o governo deixou de ser poupador, gerando efeitos sobre a sua capacidade de investimento (Giambiagi e Levy, 2013).[22]

Um dos componentes do investimento que foi mais afetado por essa queda foi o investimento em infraestrutura, pois se trata de um setor em que a participação pública é ainda preponderante. Segundo Frischtak (2013), estima-se que, em média, 80% dos investimentos em infraestrutura no mundo sejam públicos, com uma proporção maior em países mais pobres. No Brasil, o setor público tem sido responsável por cerca de 60% do total.

Consequentemente, esses investimentos recuaram fortemente ao longo dos anos. Na década de 1970 foram gastos, em média, 5,4% do PIB em infraestrutura e, nos últimos 20 anos, esses gastos oscilaram apenas entre 2% a 2,5% do PIB (Frischtak, 2013). Sem dúvida, esses valores são bem inferiores ao necessário para manter o estoque de capital existente, acompanhar o crescimento demográfico e atender as demandas de universalização do saneamento básico em 20 anos.

Deve-se ressaltar também que a infraestrutura tem um papel fundamental no processo de desenvolvimento de um país, "seja enquanto insumo no processo produtivo seja como suporte ao consumo de serviços essenciais à produtividade dos indivíduos e bem-estar da população" (Frischtak, 2013).

---

22. Entre 2000 e 2009 a taxa de poupança média do setor público foi de -2,8%.

4.2. Maior dependência de poupança externa, valorização cambial e menor participação da indústria de transformação no PIB

Segundo nossa análise, a baixa poupança dificulta o ingresso da economia em um ciclo mais longo de crescimento mais acelerado. Esse fato foi observado no período recente no qual a economia apresentou um crescimento expressivo, quando no segundo governo Lula cresceu à taxa média de 4,5% ao ano por quatro anos. No início do processo em 2004 apresentávamos uma taxa de poupança de 18% do PIB para uma taxa de investimento de 17% do PIB. O excedente de 1% do PIB era a poupança que exportamos em 2004. Em 2008, com o fim desse ciclo de crescimento, apresentamos taxa de poupança na casa 18,8% do PIB e taxa de investimento de 20,7% do PIB, o que correspondeu a uma poupança externa de 1,9% do PIB. Ou seja, a maior parte do crescimento da taxa de investimento no período foi permitida por elevação da poupança externa e não da poupança doméstica.

Trata-se de uma característica de nossa economia o fato de o aumento do investimento estar correlacionado ao aumento de poupança externa. E essa dependência aumentou nas duas últimas décadas. No período anterior a 1994, a correlação entre investimento e poupança doméstica era positiva, indicando uma complementaridade da poupança externa, conforme apontado por Pastore, Pinotti e Pagano (2011). Segundo os autores, essa relação mudou após 1994, não se observando mais uma resposta da poupança doméstica em relação ao investimento.

No entanto, a necessidade de absorção de poupança externa desencadeia alguns efeitos colaterais: uma taxa de câmbio mais valorizada e uma participação menor da indústria de transformação no PIB, ou seja, o fenômeno da desindustrialização.[23] Com o aumento do investimento em um contexto da baixa poupança doméstica, a taxa real de câmbio tem de se valorizar para que haja um déficit em transações correntes, contabilmente igual à poupança externa.

Dada a grande vantagem comparativa que o Brasil tem na oferta de bens primários, a diferença entre a taxa de crescimento da absorção e da produção será coberta por meio de importação de bens manufaturados. A maior oferta de bens manufaturados importados mantém os preços domésticos desses

---

23. Ver Bonelli, Matos e Pessôa (2013).

bens controlados. Por outro lado, a demanda por serviços, que não podem ser importados, eleva seu preço, estimulando os produtores domésticos dos serviços a elevar sua oferta. Os serviços são intensivos em trabalho, de sorte que a elevação da oferta de serviços eleva a demanda de trabalho e os salários. Dado que o mesmo trabalhador que oferta trabalho à indústria pode ofertar para o setor de serviços — tecnicamente se diz que o mercado de trabalho é setorialmente integrado —, a elevação dos salários no setor de serviços eleva o salário na indústria, sem que a produtividade da indústria cresça.

Por outro ângulo, destaca-se também a importância da poupança para estimular uma elevada participação do emprego no setor manufatureiro. Países com elevada taxa de poupança também geram um excedente exportável. Este somente ocorre na forma de bens transacionáveis internacionalmente, como é o caso das manufaturas. Por exemplo, países do leste asiático que foram bem-sucedidos nessa estratégia apresentavam taxas elevadas de poupança doméstica. E, do ponto de vista dos preços, mais poupança produz câmbio real de equilíbrio mais depreciado.

Um último ponto a ser mencionado é que países com reduzida taxa de poupança possuem, em geral, uma taxa de juros mais elevada,[24] ou seja, um custo do capital mais elevado. Como o setor industrial é intensivo em capital relativamente aos demais, ele é o setor mais prejudicado. Se os juros forem baixos, o custo do capital será reduzido e, consequentemente, haverá estímulo ao investimento neste setor de alta produtividade.

Resumindo, em países com menor taxa de poupança, a indústria de transformação poderá apresentar problemas de desempenho e, consequentemente, sua participação no PIB ficará mais reduzida.

De fato, analisando uma amostra transversal de países, Bonelli, Matos e Pessôa (2013) mostram que a taxa de poupança correlaciona-se positivamente com a participação da indústria no produto. Em particular, uma elevação da taxa de poupança em 10 pontos percentuais do PIB eleva a participação da indústria no produto em dois pontos percentuais.

---

24. O estudo de Segura-Ubiergo (2012) encontra evidência de que parte importante do diferencial de juro real entre o Brasil e os demais países emergentes pode ser atribuída à nossa baixa poupança doméstica.

4.3 Maior dificuldade em manter uma taxa de crescimento elevada

Recentemente, a tendência de diversas economias em desenvolvimento pararem de crescer quando o processo de desenvolvimento se encontra ainda inacabado tem adquirido importância no debate acadêmico. Isto é, do ponto de vista da evolução da renda *per capita*, a desaceleração da taxa de crescimento ocorre quando esta se encontra bem abaixo da renda das economias líderes, apesar de ser bem superior à renda das economias mais pobres.

Do ponto de vista teórico, o modelo que nos ajuda a entender o baixo crescimento de países de renda média é o modelo de Arthur Lewis. Nele, o excedente populacional nas zonas rurais garantiria elevadas taxas de crescimento pela simples transferência do trabalho do campo para as cidades. Em seguida ao término do processo de urbanização, porém, a continuidade do crescimento tornar-se-ia mais complexa. Passa a ser necessário crescer com elevação da produtividade no interior dos diversos setores e não mais transferindo trabalhadores para os setores de maior produtividade.

Há duas formas de lidarmos com o baixo crescimento. A primeira, mais complexa, é tentar entender seus fatores causadores e, em seguida, desenhar políticas econômicas que consigam evitá-lo. A segunda é procurar os fatores que possam atrasar ao máximo o momento em que o processo de transferência de trabalhadores entre os setores de baixa e alta produtividade pare de ocorrer.

Nosso entendimento é que a indústria tem papel central no atraso do início deste processo. O motivo é que a natureza da produção industrial permite que a produtividade do trabalho seja elevada em diversos países, com níveis diversos de dotação de capital humano e outras características. Em outras palavras, há uma tendência à convergência absoluta entre as economias no setor manufatureiro. Diferentemente, quando se trata de países, observamos somente convergência condicional às características de cada economia.[25] Ou seja, manter parcela considerável da força de trabalho no setor manufatureiro é uma forma de manter uma taxa de crescimento mais elevada por um tempo mais prolongado. Neste ponto a taxa de poupança adquire importância, como foi destacado na discussão anterior.

Para testar essa hipótese, analisou-se o conjunto de países apresentado na seção anterior. Utilizando os dados da *Penn World Table*[26] e a classifica-

---
25. Ver Rodrik (2012).
26. Versão 7.1 de novembro de 2012

ção elaborada pelo Banco Mundial, foi selecionada uma amostra de 43 países classificados como países de renda média em 1960 para as quais os dados de poupança doméstica estão disponíveis.[27]

Uma preocupação comum entre os diversos países de renda média diz respeito à possibilidade de não conseguir completar a transição do desenvolvimento, tornando-se países desenvolvidos.

Por este critério, é investigado se o grupo de países que conseguiram completar a transição do desenvolvimento é, em média, mais poupador do que o grupo composto por aqueles que não conseguiram fazer a transição em 2008. Como se pode observar nos gráficos 7 e 8, a taxa de poupança média daqueles países que permaneceram na mesma condição é significativamente menor. Deve-se ressaltar, porém, que os dados referentes às taxas de poupança são dos anos 1970 e não dos anos 1960.

É interessante notar no gráfico 8 que o Japão possui um nível mais elevado de poupança. Mesmo se excluirmos este país do grupo, a média ainda continua superior ao do primeiro grupo: 24% *vs.* 19%.

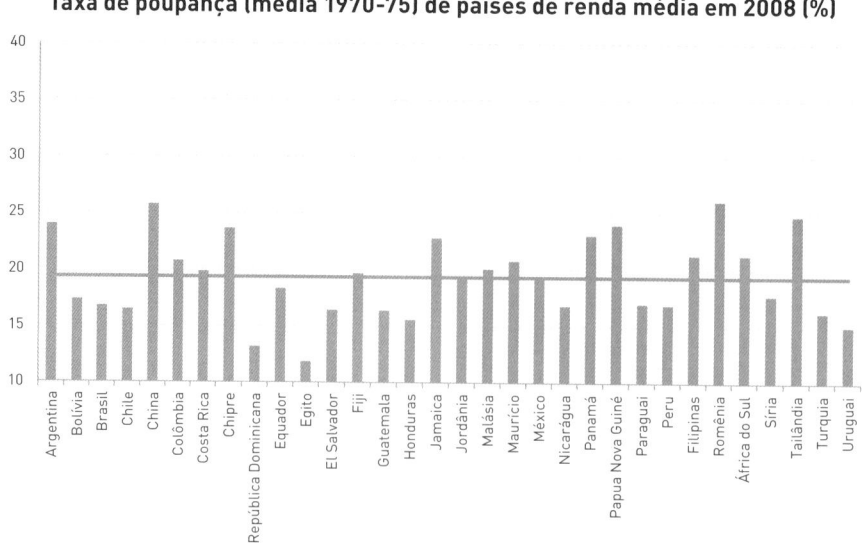

Gráfico 7
Taxa de poupança (média 1970-75) de países de renda média em 2008 (%)

Fontes: United Nations Statistics Division, Database National Accounts Estimates of Main Aggregates e Penn World Table (2012). Elaboração dos autores.

---

27. Por este critério, os países que tinham em 1960 entre 5% e 50% da renda *per capita* dos EUA a preços constantes de 2005.

Gráfico 8
Taxa de poupança (média 1970-75) de países que se tornaram desenvolvidos (%)

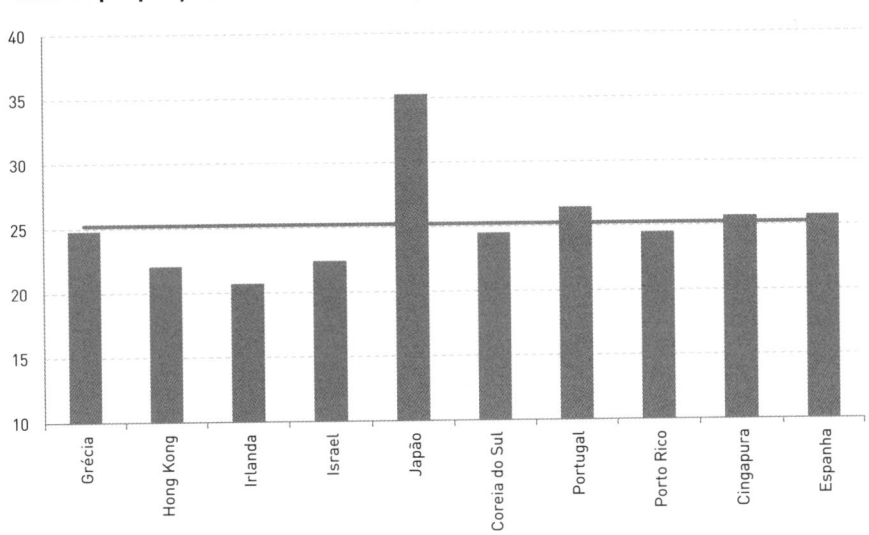

[Gráfico de barras mostrando: Grécia ~25, Hong Kong ~22, Irlanda ~21, Israel ~22, Japão ~36, Coreia do Sul ~25, Portugal ~27, Porto Rico ~25, Cingapura ~26, Espanha ~26]

Fontes: United Nations Statistics Division, Database National Accounts Estimates of Main Aggregates e Penn World Table (2012). Elaboração dos autores.

Adicionalmente, alguns países, como a Irlanda e Hong Kong, tinham uma taxa de poupança em torno de 22%, um valor apenas moderadamente superior à média do outro grupo. No caso da Irlanda, é interessante notar que em 1960 a renda *per capita* era de 47% dos EUA, ou seja, era um país que já estava muito perto de conquistar a classificação de renda elevada (gráfico 9). Por outro lado, o caso de Hong Kong é mais emblemático, pois mesmo com baixa poupança, ele foi capaz de superar rapidamente o *gap* com relação aos EUA.

Os dados acima mostram que existe uma relação positiva entre a taxa de poupança e a probabilidade de o país se tornar desenvolvido. No entanto, há uma grande dispersão entre estas duas variáveis, o que deve refletir as outras especificidades de cada economia, tema explorado em outros capítulos deste livro.

5. Conclusão

Historicamente, a taxa de poupança doméstica é baixa no Brasil. Nos últimos 10 anos essa taxa tem permanecido em torno de 17% do PIB, um valor reduzido não apenas em comparação aos países asiáticos, mas também em compa-

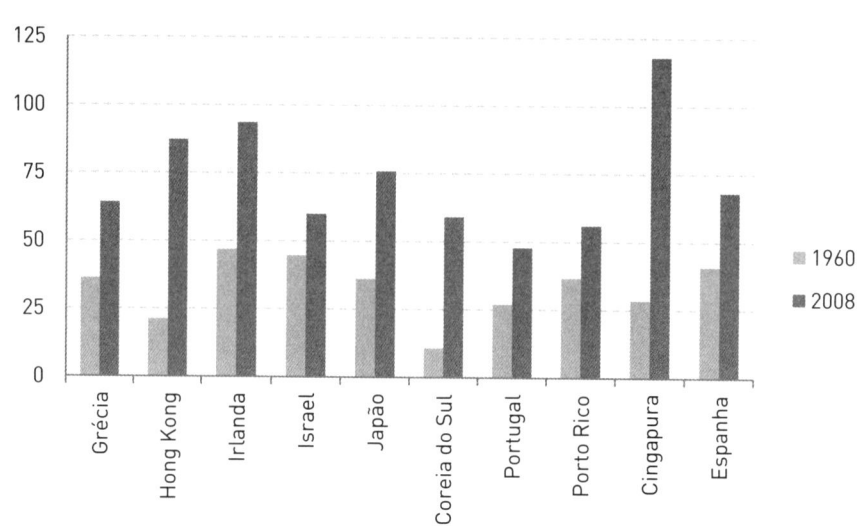

Gráfico 9
Proporção da renda *per capita* com relação à renda dos EUA em 1960 em e 2008 (%)

Fonte: Penn World Table (2012). Elaboração dos autores.

ração aos países da América Latina. Este capítulo abordou as principais causas e consequências da baixa poupança no Brasil.

Com relação às causas, é possível identificar uma relação entre a expansão das políticas redistributivas e uma redução da poupança privada. As comparações internacionais mostram que no Brasil os gastos sociais são elevados para o nosso nível de renda *per capita*. Adicionalmente, um fator que ajuda a explicar nossa baixa poupança doméstica é a despoupança do setor público a partir dos anos 1980.

No que tange às consequências, este capítulo enfatizou o baixo investimento público em infraestrutura, a necessidade de absorção de poupança externa, a valorização da taxa de câmbio, bem como os efeitos colaterais sobre o desempenho da indústria de transformação e o potencial de crescimento econômico do país.

Referências

ANDO, A.; MODIGLIANI, F. The life cycle hypothesis of saving: aggregate implications and tests. *American Economic Review*, v. 53, n. 1, p. 55-84, 1963.

ATTANASIO, O.; BRUGIAVINI, A. Social security and households' saving. *Quarterly Journal of Economics*, v. 118, n. 3, p. 1075-1119, 2003.

BAHIA, L. et al. *O sistema de saúde brasileiro*: história, avanços e desafios. 2011. p. 11 -31. Disponível em: <www.thelancet.com>.

BONELLI, R.; MATOS, S.; PESSÔA, S. Padrões de Crescimento Industrial no Brasil. In: VELOSO, F. et al. *Desenvolvimento econômico*: uma perspectiva brasileira. Rio de Janeiro: Campus; Elsevier, 2013. cap. 10, p. 285-321.

CEPAL. *Fortalecer el desarrolo de internacciones entre macro y microeconomia*. Santiago, Chile: Naciones Unidas, Comisión Económica para América Latina y el Caribe, 1996.

DAYAL-GULATI, A.; THIMANN, C. *Saving in Southeast Asia and Latin America compared*: searching for policy lessons. 1997. p. 1-25. (IMF Working Paper n. 110)

EDWARDS, S. Why are Latin America's savings rates so low? An international comparative analysis. *Journal of Development Economics*, v. 51. p. 5-54, 1996.

FERREIRA, P. *Public expenditures, taxation and welfare measurement*. Rio de Janeiro: EPGE, 1994. (Ensaios Econômicos)

FRISCHTAK, C. Infraestrutura e desenvolvimento no Brasil. In: VELOSO, F. et al. *Desenvolvimento econômico*: uma perspectiva brasileira. Rio de Janeiro: Campus; Elsevier, 2013. cap. 11, p. 322-346.

GIAMBIAGI, F.; LEVY, P. Poupança e investimento: o caso brasileiro. In: VELOSO, F. et al. *Desenvolvimento econômico*: uma perspectiva brasileira. Rio de Janeiro: Campus; Elsevier, 2013. cap. 10, p. 285-321.

LOAYZA, N.; SCHMIDT-HEBBEL, K.; SERVÉN, L. Saving in developing countries: an overview. *The World Bank Review*, v. 14, n. 3, p. 393-414, 2000.

MADURO JUNIOR, P. *Taxas de matrículas e gastos em educação no Brasil*. Dissertação (mestrado) — Escola de Pós-Graduação em Economia, Fundação Getulio Vargas, Rio de Janeiro, 2007.

PASTORE, A. C.; PINOTTI, M. C.; PAGANO, T. de A. Investimentos, poupanças, contas-corrente e câmbio real. In: BACHA, E. L.; BOLLE, M. de (Ed.). *Novos dilemas da política econômica*: ensaios em homenagem a Dionísio Dias Carneiro. Rio de Janeiro: LTC, 2011. p. 161-178.

PERSSON, T.; TABELLINI, G. Is inequality harmful for growth? *American Economic Review*, v. 84, n. 3, p. 600-621, 1994.

PESSÔA, S. de A. O contrato social da redemocratização. In: BACHA, E.; SCHWARTZMAN, S. (Ed.). *Brasil*: a nova agenda social. Rio de Janeiro: LTC, 2011. p. 204-211.

____. O contrato social da redemocratização e seus limites. *Revista Interesse Nacional*, 16 jul. 2012. Disponível em: <http://interessenacional.uol.com.br/2012/07/o-contrato-social-da-redemocratizacao-e-seus-limites/>.

PRASAD, E. S. *Rebalancing growth in Asia*. 2009. (NBER Working Paper #15169)

RODRIK, D. *One economics, many recipes*: globalization, institutions, and economic growth. Princeton, NJ: Princeton University Press, 2007.

____. Unconditional convergence in manufacturing. *Quarterly Journal of Economics*, v. 109, n. 2, p. 465-490, 1994.

____; ALESINA, A. Distributive politics and economic growth. *Quarterly Journal of Economics*, v. 109, n. 2, p. 465-90, 1994.

SCHMIDT-HEBBEL, K.; SERVÉN, L. Aggregate saving and income distribution. In: ____; ____ (Ed.). *The economics of saving and growth*. Cambridge: Cambridge University Press; The World Bank, 1999.

SEGURA-UBIERGO, A. *The puzzle of Brazil's high interest rates*. International Monetary Fund, 2012. (IMF Working Papers 12/62)

Apêndice

Composição dos grupos de países

Renda Alta Fora da OECD (23)	Renda Alta OECD (27)	Renda Baixa (41)	Renda média baixa (53)	Renda média alta (44)
Antígua e Barbuda	Alemanha	Afeganistão	Albânia	África do Sul
Arábia Saudita	Austrália	Bangladesh	Angola	Argélia
Bahamas	Áustria	Benin	Armênia	Argentina
Bahrein	Bélgica	Burkina Faso	Azerbaijão	Bielorrússia
Barbados	Canadá	Burundi	Belize	Bósnia e Herzegovina
Bermudas	Coreia do Sul	Camboja	Bolívia	Botswana
Brunei	Dinamarca	Chade	Butão	Brasil
Catar	Eslováquia	Comores	Cabo Verde	Bulgária
Chipre	Espanha	Eritreia	Camarões	Cazaquistão
Croácia	Finlândia	Etiópia	China	Chile
Emirados Árabes Unidos	França	Gâmbia	Congo	Colômbia
Eslovênia	Grécia	Gana	Costa do Marfim	Costa Rica
Estônia	Holanda	Guiné	Djibuti	Cuba
Guiné Equatorial	Hungria	Guiné-Bissau	Egito	Dominica
Hong Kong	Irlanda	Haiti	El Salvador	Fiji
Israel	Islândia	Iêmen	Equador	Gabão
Kuwait	Itália	Laos	Estados Feds. da Micronésia	Granada
Macau	Japão	Libéria	Filipinas	Jamaica
Malta	Luxemburgo	Madagascar	Geórgia	Letônia
Omã	Noruega	Malawi	Guatemala	Líbano
Porto Rico	Nova Zelândia	Mali	Guiana	Líbia
Cingapura	Portugal	Mauritânia	Honduras	Lituânia
Trinidad e Tobago	Reino Unido	Moçambique	Ilhas Marshall	Macedônia
	República Checa	Nepal	Ilhas Salomão	Malásia
	Suécia	Níger	Índia	Maurício
	Suíça	Quênia	Indonésia	México
	Estados Unidos	Quirguistão	Irã	Montenegro
		República Centro-Africana	Iraque	Namíbia
		República Dem. do Congo	Jordânia	Palau
		Ruanda	Kiribati	Panamá
		Senegal	Lesoto	Peru
		Serra Leoa	Maldivas	Polônia
		Somália	Marrocos	República Dominicana
		Tajiquistão	Moldávia	Romênia
		Tanzânia	Mongólia	Rússia
		Togo	Nicarágua	Santa Lúcia
		Uganda	Nigéria	São Cristóvão e Neves
		Uzbequistão	Papua Nova Guiné	São Vicente e Granadinas
		Vietnã	Paquistão	Sérvia
		Zâmbia	Paraguai	Seychelles
		Zimbábue	Samoa	Suriname
			São Tomé e Príncipe	Turquia
			Síria	Uruguai
			Sri Lanka	Venezuela
			Suazilândia	
			Sudão	
			Tailândia	
			Timor-Leste	
			Tonga	
			Tunísia	
			Turcomenistão	
			Ucrânia	
			Vanuatu	

Fonte: FGV/IBRE.

Capítulo 7

Federalismo fiscal no Brasil*

Marcus Melo**
Carlos Pereira***
Saulo Souza****

1. Introdução

Países como o Brasil, com regimes presidenciais multipartidários e estrutura federativa, regidos por governos de coalizão organizados por meio de barganhas pós-eleitorais, enfrentam dificuldades de coordenação potencialmente sérias para superar problemas de compartilhamento na arena fiscal. Há duas classes de problemas dessa ordem que é necessário endereçar: primeiro, os associados ao comportamento fiscal dos estados; segundo, os associados ao gerenciamento da coalizão. Esses dois tipos de problemas têm sido superados no Brasil, com variados graus de êxito.

O Brasil tem realizado grandes melhorias em governança fiscal nos últimos 15 anos. Este capítulo discute esses resultados como produto de escolhas endógenas dos formuladores de políticas e como representativos de um equilíbrio político geral. Essa abordagem baseia-se em estratégias analíticas existentes na literatura sobre política fiscal, porque ela incorpora explicitamente à análise os determinantes políticos e institucionais das escolhas das políticas adotadas. Uma lição fundamental dessa literatura é que as decisões fiscais

---
* Este capítulo baseia-se em um relatório do Inter-American Development Bank (IADB), IDB-WP-117, e foi escrito originalmente em inglês, traduzido para o português por Eduardo Lessa Peixoto de Azevedo.
** Professor associado da Universidade Federal de Pernambuco (UFPE).
*** Professor titular da Escola Brasileira de Administração Pública e de Empresas da Fundação Getulio Vargas (Ebape/FGV).
**** Professor de economia brasileira, economia do setor público e finanças internacionais da Associação Caruaruense de Ensino Superior (Asces).

são factíveis e sustentáveis somente quando há coerência entre o conteúdo das reformas e as preferências dos formuladores das políticas e dos principais atores políticos. O conteúdo das reformas propriamente dito é fortemente dependente do contexto e varia conforme as áreas em foco, mas existe também um padrão comum derivado do processo geral de construção das políticas. Se a política fiscal é endógena, coloca-se como crucial a questão sobre o que determina as reformas.

Os resultados da política fiscal melhoraram muito no Brasil desde meados nos anos 1990. A maior parte das mudanças institucionais implementadas ocorreu durante os dois mandatos presidenciais de Fernando Henrique Cardoso (1995-2002), embora algumas iniciativas o tenham precedido. Nenhum desdobramento significativo dos mecanismos de governança fiscal introduzidos por Fernando Henrique aconteceu nas administrações subsequentes. As três maiores inovações institucionais em governança fiscal estão relacionadas a episódios de crise: a reforma do planejamento orçamentário, associada a um importante escândalo de corrupção (conhecido como escândalo dos anões do orçamento); a privatização de bancos e de empresas de utilidade pública (como as de distribuição de água, gás e eletricidade) e medidas para um novo federalismo fiscal, no rastro da crise de dívida dos estados; e a Lei de Responsabilidade Fiscal (LRF), subsequente às crises da Ásia e da Rússia. Nos três casos mencionados, essas crises proporcionaram uma janela de oportunidade para reformas. No caso da reforma tributária, contudo, o impacto da crise foi radicalmente diferente — a crise inibiu a reforma.

A crise internacional (asiática e russa) levou a que condutores de políticas avessos a riscos preferissem um sistema ineficiente, porém capaz de gerar altos níveis de receita, em detrimento de um sistema de melhor fluxo e de maior eficiência. Assim, considerações de eficiência perderam a importância no contexto da crise. Outro exemplo de não reforma com grande impacto no desempenho fiscal do país foi a maciça expansão da receita de impostos associada a fortes aumentos em contribuições sociais existentes, assim como a introdução de novas contribuições e, em menor grau, de novos impostos. Para a análise de reformas tributárias, é portanto necessário distinguir os casos de sistemas relativamente estáveis — aqueles capazes de gerar um grande volume de receita e em que ganhos de eficiência e redistributividade sejam os principais alvos da reforma — daqueles casos em que o aumento da receita seja o objetivo fundamental. Nestes, as mudanças não se qualificam como reformas, embora sejam parte do jogo fiscal. Uma definição menos estrita incluiria essas mudanças na categoria de resposta a crises, embora sua natureza incremental contraste com iniciativas de reforma que assumem a forma de uma mudança legal de maior envergadura, por meio de pacotes de reforma fiscal.

Ainda que tenham proporcionado uma janela de oportunidade para reformas concernentes ao federalismo fiscal, as crises não podem, por si, explicar a aprovação e a sustentabilidade alcançadas por essas reformas. De fato, a questão-chave é, portanto, *que fatores explicam o êxito alcançado pelos governos na área fiscal?* Este capítulo explora o papel dos incentivos políticos encontrados pelos atores políticos envolvidos no jogo da governança fiscal. A resposta tem sido associada à reafirmação da autoridade fiscal federal do país e ao fortalecimento do ministro da Fazenda. Mais instituições da hierarquia fiscal e orçamentária são convencidas a aderirem à disciplina fiscal. A efetividade da delegação de autoridade do ministro e do presidente na área fiscal é dependente, porém, da mais ampla estrutura política dos governos (Hallenberg, 2004).

Em suas relações com os governos estaduais, um presidente forte e seu ministro da Fazenda conseguiram recentralizar a autoridade fiscal no país, restringindo a autonomia fiscal dos estados. As determinações fiscais a serem cumpridas devem ter o seu cumprimento espontaneamente exercido pelos atores (os estados) ou devem esses ser compelidos a cumpri-las por um agente externo com o poder suficiente para garantir o devido cumprimento. Temos argumentado que o caso brasileiro se aproxima da adesão espontânea. Os governadores desenvolveram seu interesse em reformas, na esteira da aprovação da emenda constitucional que permitiu a reeleição (para cargos executivos) e tendo em vista os mecanismos de compensação envolvidos no processo de reforma. Destacamos que o Executivo colhe benefícios advindos da estabilidade fiscal e do controle inflacionário, em função de incentivos eleitorais e de ganhos de credibilidade nos mercados internacionais. A competição política é uma precondição para a existência de tais incentivos. No caso brasileiro, encontram-se evidências da intensa competição entre os dois partidos que se têm alternado no poder, o Partido dos Trabalhadores (PT) e o Partido da Social Democracia Brasileira (PSDB). Em nível subnacional, a disputa política é também intensa em todo o território, apesar dos variados padrões que se observam no país. Essa perspectiva endógena permite-nos entender as iniciativas de reforma fiscal como geradoras de benefícios aos políticos em exercício de mandato. Deve-se destacar que a estabilidade fiscal tem sido atingida ao custo de certa ineficiência sistêmica, em razão de impostos altamente regressivos e causadores de distorções.

Este capítulo está organizado da seguinte forma. A seção 2 provê uma visão geral das instituições políticas brasileiras e oferece um balanço do processo de formulação das políticas, necessário para o entendimento dos resultados fiscais. A seção 3 agrega uma discussão do federalismo fiscal e do recente desempenho fiscal, na qual descrevemos brevemente as melhorias dos indicadores fiscais e fornecemos informações essenciais sobre taxação e sobre evolução do federalismo fiscal. A seção 4 analisa três estudos de caso: primeiro, a reforma tributária que nunca ocorreu; segundo, um estudo de caso sobre a renegociação dos débitos estaduais e a privatização dos bancos estaduais; terceiro, uma análise detalhada da promulgação da Lei de Responsabilidade Fiscal. A seção 5 conclui o capítulo.

2. Instituições formais e o processo de articulação das políticas

Nesta seção exploramos as bases institucionais da governança fiscal no Brasil. Mostramos como um presidente poderoso tem detido as ferramentas e os incentivos para assegurar uma boa governança fiscal, especialmente após a administração de Fernando Henrique Cardoso. As mudanças nas instituições fiscais e orçamentárias, assim como a reorganização do federalismo fiscal, que ocorreram na última década e meia, foram factíveis por causa das prerrogativas constitucionais dos presidentes e do fato de ficarem internalizados os custos da irresponsabilidade fiscal — essencialmente, os custos políticos da inflação e da reputação internacional. Explicações rivais de que regimes presidenciais multipartidários estão condenados ao fracasso não são consistentes com o desempenho institucional do país. As prerrogativas institucionais dos presidentes coexistem com desafios e equilíbrios; portanto, o poder presidencial é um poder limitado.

Existem duas classes de problemas comuns compartilhados de natureza fiscal que devem ser endereçados em um país como o Brasil. Em primeiro lugar, os associados ao potencial comportamento oportunista de governadores de estado. Em segundo lugar, os concernentes ao gerenciamento da coalizão em um sistema partidário muito fragmentado. Ambos esses tipos de problemas têm sido largamente mitigados por diversas medidas institucionais que recentralizaram o jogo em favor do Executivo nacional desde a Constituição de 1988. Adicionalmente, parece-nos que os presidentes têm aprendido como tratar e gerir sua coalizão multipartidária no Congresso.

Pode-se argumentar que um Executivo forte teria as condições para estabelecer e ajustar a política fiscal em seu ponto ideal. Então, por que os presidentes brasileiros parecem contentar-se com esse resultado inferior ao ótimo, que incrementa a taxação sem tornar o sistema mais eficiente? Para solucionar esse quebra-cabeça, deve-se levar em conta que o ponto de conforto do Executivo é dependente do que Alston e colaboradores (2009) chamam imperativo fiscal. Isto é, a estabilidade monetária e fiscal tem sido um imperativo, independentemente de qual partido ou pessoa esteja no poder. Adicionalmente, fatores contextuais como as crises asiática e russa (e mais recentemente as crises financeiras de 2008) levaram os governos a evitar a tomada de iniciativas que pudessem representar risco para a geração de receita. O sistema corrente é altamente complexo, afetando um vasto conjunto de interesses; portanto, sua reforma implica pesados custos políticos. Considerando-se que o sistema atual seja ineficiente, mas produza receitas suficientes, os benefícios líquidos de uma reforma orientada à eficiência seriam pequenos ou pelo menos imprevisíveis.

Na categoria de regimes presidenciais multipartidários, o caso do Brasil é particularmente interessante. O Poder Executivo brasileiro tem alcançado êxito substancial, embora lidando com uma situação de presidencialismo minoritário, em um dos sistemas multipartidários mais fragmentados do mundo, com frequente troca de partido pelos legisladores (Mainwaring, 1999; Melo, 2004; Desposato, 2006).[1] Desde 1990, o partido do presidente tem ocupado menos de 25% dos assentos na câmara baixa. Ademais, embora os partidos da coalizão pró-governamental quase sempre votassem com a posição anunciada pelas lideranças partidárias no agregado (Figueiredo e Limongi, 2000), a disciplina da coalizão está longe da perfeição (Ames, 2002; Amorim Neto, 2002). Como observa Samuels (2000), os executivos brasileiros precisam construir suporte legislativo quase que do zero a cada nova proposta que suscite controvérsia.

O êxito dos executivos brasileiros em aprovar no Congresso a maior parte de sua agenda se deve largamente aos vários instrumentos institucionais à

---

1. O suporte legislativo médio a Fernando Henrique Cardoso (dados mensais de 1997 a 2002) foi de 70%, enquanto o suporte legislativo médio a Luiz Inácio Lula da Silva (2003 a 2005) foi de 81,6%.

sua disposição (Figueiredo e Limongi, 1999; Amorim Neto e Borsani, 2004). O Executivo brasileiro, especialmente em comparação com presidentes de outros regimes, detém extensos poderes legislativos e recursos (Figueiredo e Limongi, 1999; Alston e Mueller, 2006). Alguns desses poderes facultam ao Executivo estabelecer e defender o *status quo* negociado. O mais surpreendente poder conferido pela constituição brasileira é a capacidade de o presidente legislar por meio de decretos executivos (medidas provisórias). Decretos executivos não apenas concedem ao presidente o poder de legislar imediatamente e sem a aprovação do Congresso, como também lhe conferem influência sobre o curso da agenda legislativa (Pereira, Power e Rennó, 2005; Pereira, Timothy e Rennó, 2008). Adicionalmente, a constituição permite que o presidente defenda o *status quo*, reagindo a tentativas de mudança pela legislatura por meio de vetos, seja em pacotes seja em itens específicos. O Executivo tem também a prerrogativa de apresentar uma proposta a um comitê, requerendo urgência.

O Executivo brasileiro possui ainda recursos vários que lhe permitem negociar suporte legislativo. Talvez o mais importante seja que o Executivo controla o desembolso de recursos monetários (caixa de recompensas) a legisladores individuais, por meio da execução de emendas orçamentárias individuais e coletivas. Outros recursos disponíveis ao Executivo incluem um sistema de distribuição de benesses (mais de 40 mil empregos na burocracia pública que estão submetidos à discrição do presidente), transferências intergovernamentais para os estados e municípios, e recursos financeiros discricionários no Banco Nacional de Desenvolvimento Econômico e Social (BNDES) que não são descontados do orçamento anual. Em um recente estudo da organização presidencial no Brasil, Inácio (2006) destaca ainda que os executivos frequentemente redesenham a própria estrutura interna da presidência, adotando reformas organizacionais e assessoriais que, de certa forma, se assemelham à designação de postos ministeriais.

Além de centralizar os processos decisórios no interior do Congresso e de garantir ao Executivo impressionantes poderes legislativos (Figueiredo e Limongi, 2000), o sistema político brasileiro também confere ao presidente um extraordinário grau de controle sobre o orçamento anual. O Executivo tem o direito exclusivo de dar partida ao processo de elaboração orçamentária. Embora os legisladores possam propor emendas individuais ao orçamento anual, cabe ao Executivo determinar quais emendas serão de fato apropriadas. Desse modo, em termos políticos, é o presidente — não o Congresso — que tem o poder sobre os recursos. Diversos estudos recentes têm demonstrado as conexões entre o voto de legisladores de acordo com os desejos do Executivo e o atendimento a suas emendas individuais ao orçamento anual, com o correspondente desembolso (recompensa) aprovado e efetivado (Ames, 2002; Pereira e Mueller, 2004; Alston e Mueller, 2006). O controle sobre essa "caixa de recompensas" constitui um dos poderes mais efetivos da presidência. Os legisladores que se comportam no Congresso de acordo com as preferências do Executivo ganham acesso aos recursos orçamentários, os quais, demonstra-se empiricamente, aumentam suas chances de sobrevivência política (Ames, 2002; Samuels, 2000; Pereira, Power e Rennó, 2005). Esse intercâmbio parece operar em dois sentidos, pois o Executivo tanto oferece recompensas para induzir apoio como fornece recompensas para premiar o comportamento nas votações (Pereira e Mueller, 2004).

A capacidade de administrar as características da coalizão é outra importante fonte de poder proporcionada ao Executivo pelo sistema político brasileiro. Dentre os indutores políticos disponíveis aos presidentes está o reconhecimento formal da participação na coalizão governamental, em postos de gabinete, em patrocínios e em apoio a campanhas. Na medida em que estar associado ao governo e à passagem de medidas legislativas seja útil a um legislador ou a um partido político, o reconhecimento de sua participação como membro da coalizão governamental significa um benefício valioso. Isso é especialmente o caso se o partido ganha acesso aos poderes de formulação das políticas e aos recursos associados a postos de gabinete. O patrocínio político é valioso por fortalecer o apoio ao partido e as perspectivas de reeleição individual dos legisladores. Assim, um Executivo com suporte minoritário conta com numerosas opções para criar um governo de coalizão. Essas opções produzem um mercado para o apoio legislativo, no qual o Executivo e os vários partidos podem negociar o ingresso na coalizão governamental. Desde a redemocratização, e especialmente após a nova Constituição de 1988, que estipulou as regras do atual jogo político no Brasil, todos os presidentes eleitos têm sido capazes de construir no Congresso coalizões majoritárias razoavelmente estáveis, com alto grau de governabilidade, por meio de forte disciplina partidária da coalizão governamental (Figueiredo e Limongi, 1999).[2]

---

2. A única ocasião em que não houve uma coalizão majoritária estável foi o período de março de 1990 a outubro de 1992, sob o presidente Fernando Collor. Este optou por trabalhar por meio de coalizões minoritárias *ad hoc* e, talvez como consequência dessa escolha política, tenha sido subsequentemente deposto por *impeachment*.

Embora nenhum dos presidentes eleitos pertencesse a um partido com maioria pré-eleitoral de assentos, eles foram capazes, ainda assim, de obter o suporte do Congresso pelo uso de seus extensos poderes legislativos e não legislativos.

A despeito do alto grau dos poderes presidenciais, esses não são absolutos. Os presidentes estão aptos a obter na maior parte aquilo que desejam, mas não tudo ou a qualquer tempo. As instituições políticas proveem diversos pontos de aferição, que limitam o controle do presidente. Embora a separação de poderes no Brasil seja claramente orientada em favor do presidente, vários outros atores políticos com diferentes motivações estão aptos a interferir de formas diversas nas ações do presidente. Entre esses fatores de interferência encontram-se o Judiciário, a Constituição, procuradores públicos, governadores, e uma imprensa livre e ativa. Formas de controle do Poder Executivo, especialmente em um regime no qual o Executivo desfruta de substanciais poderes legislativos, são consideradas valiosas pela maioria dos legisladores. Ainda que disponham de reduzida autonomia, membros da coalizão podem recorrer a tentativas de inflar o preço de seu suporte ou a outras técnicas de desgaste para bloquear políticas específicas. Esses fatores limitantes ajudam a prevenir oportunismos, facilitam compromissos dignos de crédito, mas às vezes também impedem a resposta a choques.

Adicionalmente, a conexão eleitoral com o presidente opera como forte salvaguarda. Devido a esse condicionamento eleitoral, o presidente é incentivado a perseguir políticas macroeconômicas prudentes, uma vez que ele é percebido pelo eleitorado como o responsável pelos resultados mais fundamentais, como economia forte e crescimento econômico com estabilidade. Devido aos fortes poderes presidenciais, o fracasso nessas áreas não pode ser atribuído de forma convincente a outros atores políticos, tais como o Congresso ou o Judiciário. Assim, se um presidente incapaz ou mal-intencionado assumisse o poder, o presidencialismo forte não viria a tornar-se um cheque em branco para a condução de uma política desatinada. Entretanto, conforme discutido, a competição política é uma precondição para a existência de tais incentivos. Na verdade, tem havido intensa competição entre os dois partidos que se têm alternado no poder desde 1994, o PT e o PSDB. Isso não significa que não haja estímulos intempestivos causadores de desvios do comportamento fiscal prudente e que não ocorram ciclos de negociação política. Ao contrário, essas observações destacam que a forma normal de governança fiscal tem sido relativamente efetiva. Conforme já indicado, o produto resultante é, todavia, inferior ao ótimo e mostra limitações, com perdas de eficiência crescentes, decorrentes do arranjo institucional praticado.

Argumentamos que no Brasil o presidente possui incentivos políticos para buscar a responsabilidade fiscal e uma política monetária indutora de crescimento e de estabilidade. Uma vez que o processo orçamentário deve ser um instrumento para o alcance dessas metas, o comportamento presidencial inserido no processo orçamentário deve ser consistente com esses objetivos.[3]

3. Evolução do federalismo fiscal e dos resultados fiscais no Brasil

O ponto de partida de nossa análise é a Constituição de 1988, que criou um processo orçamentário rígido e altamente descentralizado, com poucos incentivos e muitos obstáculos para a sustentabilidade fiscal e o equilíbrio orçamentário. As circunstâncias que produziram esse *status* anterior, favorecendo os estados, eram extraordinárias, não tinham antecedentes no Brasil: uma Assembleia Constituinte na qual o Executivo Federal exercia papel de menor importância; uma conjuntura política de transição ao regime democrático na qual a descentralização fiscal e o aumento de dispêndios sociais eram bandeiras importantes; e a específica sequência de eventos mediante a qual a transição política (eleições democráticas) ocorreu, primeiro em nível estadual (1982) e a seguir em nível nacional, convertendo os governadores em figuras políticas-chave na transição.

A história das reformas constitucionais posteriores a 1988 pode ser interpretada como uma série de contramedidas tomadas pelo Executivo a fim de desconstitucionalizar certas questões e restabelecer a sua preponderância no federalismo brasileiro. Ou seja, a evolução do processo orçamentário, daquele ponto até a situação corrente, tem consistido em uma sequência de mudanças, graduais mas persistentes, na qual um forte poder presidencial tem sido decisivo para mudar incentivos e obstáculos, recentralizando o poder e moldando o jogo orçamentário. Nesse processo, unidades subnacionais têm sido relegadas

---

3. Embora as motivações citadas condigam com o comportamento presidencial desde 1995 (Fernando Henrique Cardoso e Lula), a adequação a presidentes anteriores não é tão clara. Observamos, contudo, que, mesmo não tendo contado com aprovação na época, Fernando Collor propôs diversas reformas constitucionais que viriam a ser adotadas em reformas políticas posteriores.

à submissão, perdendo poder e sendo forçadas a contestar o comportamento dissipador que as antigas regras estimulavam. O controle da agenda legislativa pelo presidente e a capacidade de adotar medidas discricionárias na execução das emendas orçamentárias têm constituído recursos-chave para as instituições políticas envolvidas nesses resultados. Similarmente, a Lei de Responsabilidade Fiscal, que discutiremos, tem sido bem-sucedida em contribuir para a sustentabilidade fiscal, porque se trata em essência de um instrumento do Executivo para controlar o comportamento das unidades subnacionais. Esse programa conduzido pelo governo federal tem implicado custo fiscal significativo, mas ele gerou uma reestruturação do federalismo brasileiro, por eliminar as fontes de incerteza fiscal e por restaurar o poder do governo central em matéria fiscal. Essa era uma precondição para o adequado gerenciamento dos problemas observados.

Nesta seção apresentamos evidências selecionadas acerca das melhorias alcançadas pelo Brasil na questão fiscal, durante a última década e meia. Essas evidências sugerem que: a) tem havido progresso na sustentabilidade fiscal em todos os níveis de governo; b) embora o sistema tributário tenha permanecido grosseiramente ineficaz, a receita tributária tem passado por incrementos maciços, especialmente quanto às contribuições sociais; c) tem ocorrido uma recentralização de recursos nas mãos do governo federal, como resultado da concentração de impostos e da autoridade para gastar, na esfera central do governo.

3.1 Recentes resultados fiscais

Na última década, a situação fiscal do Brasil tem mostrado grandes melhorias. As metas orçamentárias de superávit primário têm sido aumentadas ao longo do tempo desde 1999 e têm sido frequentemente excedidas, a fim de assegurar a sustentabilidade da dinâmica do débito público. Na verdade, o ajuste fiscal do Brasil desde a flutuação do real em 1999 tem sido impressionante: o orçamento consolidado deslocou-se de um déficit primário de quase 0,2% do PIB anual em 1995 a 1998 para um superávit de quase 4% do PIB, em média, de 1999 a 2005, período durante o qual o crescimento médio real do PIB caiu a apenas pouco acima de 2% ao ano e esteve mais volátil. Em 2007, o superávit alcançou 3,9%, ultrapassando a meta de 3,75%, e o superávit em 2008 ainda melhorou — alcançando 4,27% —, apesar da piora das condições econômicas. Resultados fiscais que excedem as metas fiscais têm sido, de fato, o padrão dominante desde 2002. É importante destacar o imenso esforço que tem sido exigido do governo para atingir essas metas, pois envolve negar, de forma sistemática, desembolsos aprovados no processo de orçamentação e relacionados a importantes bases eleitorais. Consideramos digno de nota que o governo tenha não apenas desejado mas também sido capaz de levar a efeito a desagradável política de atingir esses superávits. Ainda mais intrigante é o fato de que o Brasil tenha alcançado tal desempenho sem uma reforma tributária mais abrangente. De fato, países que têm tido êxito na geração de superávits fiscais usualmente adotam uma combinação de significativos cortes de despesas e substanciais ajustes do sistema de tributação. O Brasil não tem adotado nenhuma dessas opções em suas políticas.

Recentes apreciações da gestão fiscal brasileira na última década têm sido marcantemente encorajadoras. O FMI e o Banco Mundial, assim como agências de risco, têm convergido em suas avaliações sobre a situação fiscal do país. Um estudo da OECD descreve o ajuste fiscal no Brasil desde a flutuação do real em 1999 como "impressionante, mesmo em períodos de fraco crescimento" (de Mello e Moccero, 2006). De fato, de acordo com essa fonte, o desempenho fiscal do Brasil aponta para "um esforço fiscal notável para assegurar a sustentabilidade do débito público" (de Mello, 2008). Separando-se os fatores que explicam a posição fiscal — aqueles que se devem à ação política daqueles que estão relacionados a estabilizadores automáticos inseridos no código fiscal, o sistema de seguridade social e o seguro desemprego —, o estudo conclui que as ações discricionárias tendem a ser essencialmente pró-cíclicas nas crises, sublinhando-se a presença de "uma forte motivação pela sustentabilidade" na recente política fiscal brasileira (de Mello e Moccero, 2006).

As melhorias nos resultados fiscais ocorreram tanto no governo federal quanto nos estados. A situação fiscal nos estados melhorou consideravelmente desde a promulgação da Lei de Responsabilidade Fiscal em 2000, que impôs regras numéricas para os resultados fiscais. Enquanto todos os estados enfrentavam déficits antes da promulgação da lei, as contas estaduais consolidadas têm sistematicamente apresentado superávits próximos de 4% do PIB. A figura 1 mostra que os déficits fiscais dos estados em 1994 e em 1998 alcançaram quase 10% do PIB. Entre 1993 e 1999, o déficit fiscal era em média de 4,5% do PIB. Muito desse montante pode ser atribuído à escalada dos gastos públicos.

A Constituição de 1988 expandiu os compromissos de despesas dos estados, com a consequência de que o desembolso em nível subnacional cresceu 28% em termos reais entre 1989 e 1996, enquanto o PIB cresceu apenas 14%. Só as despesas com a folha de pagamento do estado aumentaram 34% nesse período, como fatia da receita líquida. Ao mesmo tempo, as receitas dos estados permaneceram quase inalteradas, porque o impulso nas transferências federais e o alargamento da base de cálculo do tributo sobre o valor agregado (TVA), subsequentes à Constituição, foram em parte contrabalançados pelo imperativo de os estados elevarem suas próprias transferências para os governos municipais. Como resultado desses termos, a maior parte dos governos estaduais passou a enfrentar dificuldades financeiras e tornou-se dependente de operações de antecipação de receitas (AROs) de curto prazo, para assegurar o pagamento a fornecedores e a servidores públicos. Adicionalmente, os estados emitiram títulos através de seus bancos estatais e tomaram empréstimos de instituições financeiras privadas. Outra parte significativa da deterioração das contas fiscais dos estados proveio dos pagamentos de juros, porquanto a dívida líquida dos governos subnacionais aumentou de 9,3% para 20,4% do PIB ao longo do mesmo período.

Figura 1
Contas fiscais dos estados, 1993-2007 [em %]

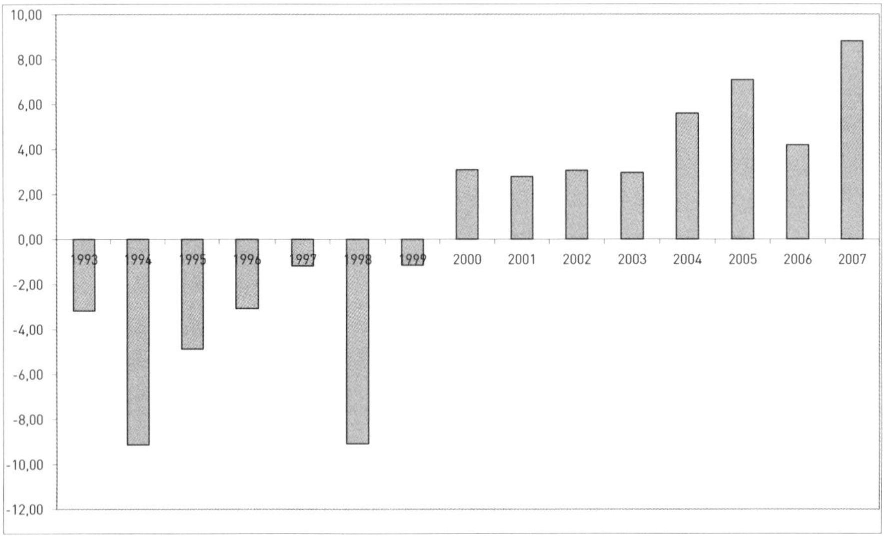

Fonte: Secretaria do Tesouro Nacional, Ministério da Fazenda, Brasil.

De fato, três sérias crises fiscais tiveram origem no superendividamento dos estados. Primeiramente, na esteira da crise mundial da dívida dos anos 1980, o Brasil defrontou-se com importantes desvalorizações monetárias e os governos estaduais pararam de pagar suas contas internacionais em atraso. A segunda crise da dívida dos estados ocorreu entre 1991 e 1993 e foi principalmente causada por operações domésticas de débito junto a instituições financeiras federais, em conjunção com a escalada de sua dívida em títulos. Nessa mesma ocasião, a dívida líquida dos estados pulou de 7,5% para mais de 9% do PIB e continuou a aumentar. A terceira grande crise foi consequência do pacote de estabilização econômica e fiscal lançado em 1994 pelo governo federal, denominado Plano Real. O pacote minou a estratégia dos estados de continuamente reduzir o valor real de salários reais e pensões por meio da inflação. Logo, as folhas de pagamento dos estados ultrapassaram os 80% de suas receitas correntes, enquanto as dívidas em títulos cresceram em uma média anual de quase 40%.

Em reação a essas crises fiscais, o governo federal decidiu socorrer os estados. Em geral, esse tipo de socorro compreende uma ampla reestruturação das dívidas estaduais, com o perdão imediato das dívidas ou a adoção de taxas de juros subsidiadas para a dívida remanescente. Em 1989 foi estipulado pela Lei nº 7.976 que o tesouro federal assumiria o estoque existente das dívidas externas dos estados contraídas anteriormente a dezembro de 1988 com garantia federal.[4] Para resolver a segunda crise da dívida, o governo federal aprovou a Lei nº 8.727 em novembro de 1993.[5] O novo acordo de reescalonamento implicava que o tesouro federal assumisse aproximadamente 28 bilhões de dólares de dívida dos estados, com 20 anos de refinanciamento e taxas de juros baseadas na média ponderada dos contratos originais. O abrangente socorro de 1997 foi levado a efeito, mas dessa vez com uma abordagem totalmente diferente, em função do enrijecimento das limitações orçamentárias. Uma série de medidas de ajustamento fiscal foi organizada por meio da Lei nº 9.496.[6] Seguindo o exemplo do estado de São Paulo, a maioria dos estados concordou em assumir um roteiro de ajustamento para se tornarem elegíveis ao refinanciamento de

---

4. Em 1989, 23 estados foram socorridos pelo governo federal. Apenas quatro estados, Amapá, Roraima, Tocantins e Distrito Federal, foram deixados de fora.
5. Na nova onda de socorro, que teve lugar em 1993, 25 estados foram incluídos, com a exceção do Amapá e do Distrito Federal.
6. Em 1997, enquanto 22 estados foram socorridos, Acre, Alagoas, Amapá, Tocantins e Distrito Federal não participaram.

suas dívidas por até 30 anos, com uma taxa de juros anual de 6%. Adicionalmente, as receitas decorrentes de impostos por valor agregado (TVA) e transferências constitucionais foram submetidas em garantia de pagamento dos débitos ao Tesouro Nacional.

A combinação desses fatores, em conexão com recentes superávits comerciais, explica a redução sustentada do déficit nominal[7] na última década, equivalente a mais de 1,3% do PIB. Ainda, como dado-chave para a explicação desses resultados fiscais, deve-se considerar o programa de privatização posto em marcha pelo governo federal e que envolveu virtualmente todos os estados brasileiros em diferentes graus. Empresas estatais do governo federal reduziram a zero seus débitos por volta de 2000 e têm gerado significativos superávits desde então, contribuindo dessa forma para o superávit primário em mais de 2% do PIB. A maciça privatização de empresas de utilidade pública e de bancos estatais ocorreu entre 1997 e 2000. Em nível subnacional, o refinanciamento federal das dívidas dos estados — discutido em maior detalhe em outras partes deste capítulo — e uma política de vara e cenoura tornaram as privatizações viáveis.

3.2 Resultados tributários

Parte do ajustamento fiscal foi tornada possível por um aumento maciço das receitas provenientes de impostos. Isso aconteceu em um contexto de carga fiscal já elevada, em uma perspectiva comparativa. Os impostos tomados como percentual do PIB cresceram 12 pontos percentuais (de 25% a 37%) entre 1993 e 2005. Atualmente, é da ordem de 36,27% do PIB. Isso torna o Brasil um estranho entre os países em desenvolvimento, em termos da habilidade de extrair recursos da sociedade (Lora, 2007). Na América Latina, a apropriação fiscal no Brasil tem sido o dobro da média latino-americana (tabela 1). O aumento da taxação deveu-se à introdução de novos impostos e à elevação das taxas aplicadas a impostos preexistentes, particularmente de impostos federais

---

7. O cálculo do déficit primário exclui o repagamento de débitos, enquanto o déficit nominal o inclui, e portanto representa uma medida mais robusta da situação fiscal do país. Superávits comerciais sustentados têm sido usados para o repagamento de débitos, afetando a demanda dos governos por crédito e desempenhando assim um papel importante na redução do déficit nominal.

e das assim chamadas contribuições sociais.[8] Na verdade, o orçamento fiscal, que compreende o imposto sobre a renda, o TVA federal e outras fontes menos importantes, representou uma média de 8% do PIB no período de 1995 a 2000. Em contraste, o orçamento estendido da seguridade social, composto de contribuições individualizadas para assistência social, serviços de saúde e pensões, subiu 84% entre 1991 e 2005, atingindo 14,5% do PIB ao final desse período. Conforme mostra a figura 2, a fatia destinada aos estados aumentou, em paralelo com a expansão dos impostos federais e contribuições, alcançando 26% do PIB em 2007 — 9 pontos percentuais acima de seu nível em 1992.

Tabela 1
Carga fiscal na América Latina (1990-2005) [em %]

	1990	1995	1996	1997	1998	1999	2000	2001	2002	2003	2004	2005
Argentina	16,1	20,3	19,7	20,6	21	21,2	21,5	20,9	19,9	23,4	26,4	26,7
Bolívia	15,3	17,5	17,7	17,6	19,7	18,6	18,7	17,9	17,7	17,8	20,6	25,2
Brasil	30,5	29,8	29	29	29,7	31,7	32,5	34	35,6	34,9	35,9	37,4
Chile	16,3	18,4	17,9	17,6	17,8	17,1	17,8	18,2	18,1	17,4	17,2	18,8
Colômbia	8,7	13,4	14,2	15,2	14,4	14,2	14,1	16	16	16,2	17,3	17,6
Costa Rica	16,9	18	18,5	18,7	18,5	18,3	18,9	19,9	20,1	20,2	20,1	20,5
Equador	10,1	9,5	8,5	9,6	10,4	10,2	12	13,9	14,8	14,2	14,1	14,9
El Salvador	8,9	13,8	13,5	13	12,8	12,8	13	12,3	13	13,3	13,2	14,2
Guatemala	6,9	8,1	8,4	8,2	8,9	9,6	9,7	9,9	10,8	10,5	10,4	9,8
Honduras	15,3	18,9	14,8	14,2	17,2	18,3	17	16,9	17,1	17,6	18,2	18,3
México	12,6	11,3	10,9	11,6	12	12,9	12,1	12,9	13,2	12,6	11,4	11
Nicarágua	9,2	14,9	14,9	16,4	18	17,9	18,2	17,3	18	19,9	20,5	21,5
Panamá	14,7	17,4	17,1	16,8	16,2	16,6	16	15	14,8	14,6	14,4	14,2
Paraguai	9,9	13,6	12,7	12,7	12,6	11,8	12	12	11,2	11,3	12,9	13
Peru	11,6	15,7	16,1	16,3	16	14,6	14,2	14,4	13,9	14,7	15	15,4
Rep. Dom.	10,5	13,9	13,2	14,8	15,1	15,6	15	15,9	15,9	14,8	15,3	16,7
Uruguai	22,4	23,1	23,1	23,6	24,1	24,1	23,6	23,6	22,8	23	24,4	23,4
Venezuela	4,4	8,9	8,2	10,1	11,6	11,6	9,4	9,6	10,3	10,4	11,7	12,6
Average	13,35	15,92	15,47	15,89	16,44	16,51	16,43	16,70	16,84	17,04	17,72	18,40

Fonte: Cepal.

---

8. As contribuições sociais constituem uma categoria especial no sistema tributário brasileiro. Diferentemente de outros impostos, esses foram em sua maioria criados durante a administração de Fernando Henrique Cardoso, especificamente vinculados a uma dada finalidade, e em teoria a receita é atribuída a essa finalidade.

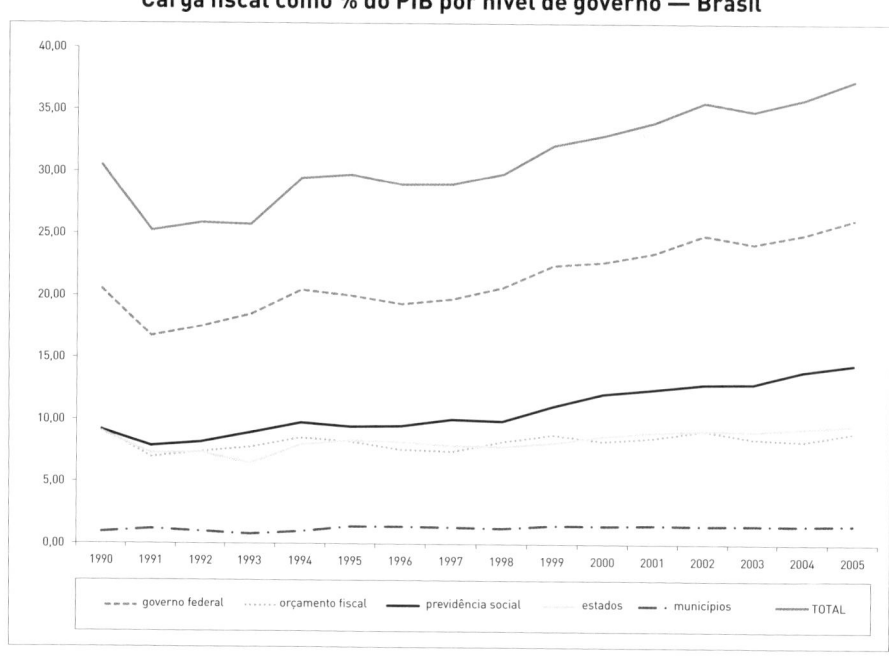

Figura 2
Carga fiscal como % do PIB por nível de governo — Brasil

Fonte: Secretaria do Tesouro Nacional, Ministério da Fazenda, Brasil.

A parte do leão da nova receita foi gerada pelas contribuições sociais, que, diferentemente dos impostos normais, não são compartilhadas com estados e municípios. A economia política do estado *versus* as relações fiscais do governo central são integralmente exploradas ao longo deste capítulo. Basta dizer que a escolha do governo de se apoiar nas contribuições teve impacto fundamental no federalismo fiscal brasileiro. As contribuições sociais têm crescido até representar aproximadamente metade da receita do governo central, em 9% do PIB (figura 3). As contribuições tornaram-se instrumento valioso para o governo, por causa de uma característica adicional — ao contrário dos impostos normais, o recolhimento das contribuições pôde ter início no ano mesmo fiscal de sua introdução.

A segmentação dos impostos entre as várias camadas governamentais é característica única do Brasil, por causa dos vastos poderes de taxação desfrutados pelos estados, os quais coletam o imposto que isoladamente produz a maior receita (8% do PIB), o ICMS[9] — um arranjo não encontrado em nenhum outro país. Apesar do grande desbalanceamento fiscal vertical em grande número de províncias, que são altamente dependentes das transferências federais, os estados mais importantes possuem grande autonomia fiscal.

Figura 3
A expansão das contribuições sociais como % do PIB — Brasil

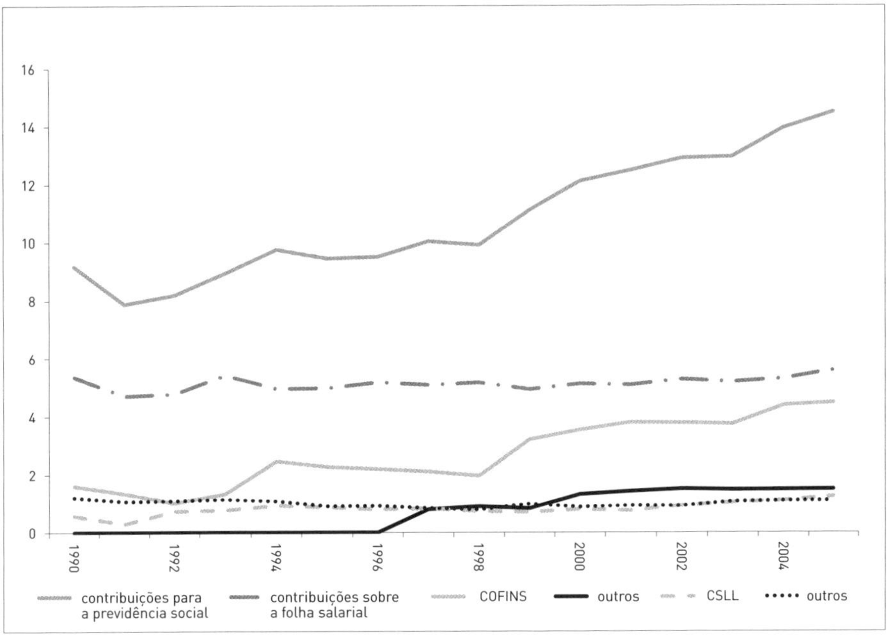

Fonte: Secretaria do Tesouro Nacional, Ministério da Fazenda, Brasil.

3.3 Federalismo fiscal

A história do federalismo fiscal tem sido marcada pela expansão do espaço fiscal federal desde os anos 1960. Nos anos 2000, a expansão dos impostos federais e estaduais comportou-se de forma proporcional. Entretanto, em meados da década de 1990, o governo federal começou a desvincular receitas

---

9. ICMS significa Imposto sobre Circulação de Mercadorias e Serviços. É um imposto incidente sobre o valor agregado em bens e serviços, coletado pelos estados. Assemelha-se, basicamente, ao Imposto sobre Produtos Industrializados (IPI), que é coletado pelo governo federal.

que faziam parte do conjunto de impostos que constituíam a base das transferências, constitucionalmente estipuladas, para os estados e os municípios (o IPI e impostos sobre a receita; Alston et al., 2005). Isso, na prática, equivaleu a uma recentralização dos recursos nas mãos do governo federal. Conforme discutido extensivamente em outras partes deste capítulo, essa e outras medidas correlatas foram tomadas como reação à descentralização de receitas determinada pela Constituição de 1988.

A recentralização de recursos nas mãos do governo federal constitui um processo de concentração da autoridade do governo central em tributar e despender. Não obstante, isso aconteceu a partir de um contexto de extensiva descentralização da apropriação final dos gastos públicos. O Brasil possui um arranjo constitucional complexo para o compartilhamento da receita entre os diferentes níveis de governo, incluindo um esquema único de transferências dos estados para os municípios. Essa disposição cria uma estrutura complexa de incentivos, que é também objeto de análise em outras seções deste capítulo. Em adição à transferência, estipulada pela Constituição, de recursos fiscais aos governos subnacionais, o governo central opera diversas transferências setoriais nas áreas de educação, de saúde e de assistência social, entre outras, envolvendo estritas condicionalidades. O resultado líquido dessas transferências é que a descentralização administrativa se aprofundou no último decênio aproximadamente. Conforme apresentado na tabela 2, os municípios foram os principais beneficiários — pois recolheram um montante estimado de 6,4% da receita total em 2004, enquanto realizavam 17,3% dos desembolsos totais. As cifras correspondentes para os estados e para o governo central mostram que a coleta de impostos e os desembolsos executados estão aproximadamente balanceados.

O corrente *status quo* fiscal é favorável, mostrando uma tendência positiva em direção à sustentabilidade. Na verdade, têm-se observado melhorias na posição fiscal do país ao longo de uma década. Essa evolução foi atingida pela elevação da carga tributária e por uma ativa política federal para assegurar superávits fiscais e fortalecer o controle orçamentário quanto a questões orçamentárias e fiscais. Na próxima seção fazemos um balanço das mudanças institucionais que ocorreram ou que simplesmente tenham sido tentadas.

Tabela 2
Receita coletada *versus* receita disponível por nível de governo

	Central	States	Local	Total	Central	States	Local	Total
Receita coletada								
1960	11,14	5,45	0,82	17,41	64,0	31,3	4,7	100
1980	18,31	5,31	0,90	24,52	74,7	21,6	3,7	100
1988	16,08	5,74	0,61	22,43	71,7	25,6	2,7	100
2004	25,10	9,82	2,21	37,14	67,6	26,4	6,0	100
Receita disponível após transferências								
1960	10,37	5,94	1,11	17,41	59,5	34,1	6,4	100
1980	16,71	5,70	2,10	24,52	68,2	23,3	8,6	100
1988	13,48	5,97	2,98	22,43	60,1	26,6	13,3	100
2004	21,32	9,38	6,43	37,14	57,4	25,3	17,3	100

Fonte: Afonso e Barroso (2006).

4. Estudos de caso

4.1 Reforma tributária: a reforma que nunca existiu

Os desdobramentos no domínio da reforma tributária no Brasil, desde o início dos anos 1990, têm numerosas características distintas. Em primeiro lugar, tem havido uma agenda de reformas que nunca foi seguida, apesar da enorme preponderância do Executivo em suas relações com o Congresso, como fica evidente em outras matérias, tais como o federalismo fiscal e a seguridade social. Nessas áreas, o governo foi bem-sucedido em realizar reformas que afetaram negativamente os interesses de estados e municípios. Em segundo lugar, as iniciativas de reforma acabaram sendo descontinuadas, porque o governo federal optou por um sistema ineficiente com alta capacidade de captação, ao invés de um sistema eficiente com receitas futuras incertas.

Houve numerosas propostas que nunca foram seriamente consideradas pelo governo. Paradoxalmente, estão nesse caso proposições apresentadas pelo próprio governo. O destino da mais importante proposta apresentada nos últimos 15 anos — a reforma tributária constitucional (PEC 175/1995) — é ilustrativo da lógica subjacente a reformas tributárias. Uma proposta substitutiva veio à luz em setembro de 1996, mas foi descontinuada. O governo recusou--se a aceitar a proposta alternativa defendida pelo relator legislativo e decidiu encerrar a negociação em torno da PEC 175. Uma possível — mas errônea — interpretação é que o governo tenha sido obstruído em suas proposições e, em consequência, tenha decidido não levar a proposta adiante. Na verdade, os benefícios envolvidos no jogo da reforma tinham mudado, em razão dos desdobramentos subsequentes à corrida contra o real em seguida às crises da Rússia e da Ásia. Como indicado pelas nossas discussões sobre o papel de uma crise no início de uma reforma, no caso particular do sistema tributário a crise inibiu as mudanças, especialmente aquelas direcionadas a ganhos de eficiência, em face das orientadas ao aumento da receita.[10] A segunda tentativa da proposta ocorreu em 1997. Uma proposição elaborada por Pedro Parente representava uma nova versão do substitutivo, que se supunha ter o respaldo do Executivo federal, como contraproposta alternativa à defendida pelo relator. A proposição circulou informalmente e obteve o apoio de grupos empresariais e da mídia. Foi entendido que a divulgação tinha por objetivo aquilatar o nível de suporte à proposta entre os atores sociais e especialistas. A proposta envolvia a substituição de ISS, IPI, ICMS, CSLL e os principais impostos em cascata, isto é, PIS e Cofins, por um único tributo federal sobre valor agregado (TVA), um imposto estadual sobre as vendas e um imposto seletivo em lugar do IPI. Tratava-se de uma proposta mais radical do que a do relator. Contudo, a proposta havia sido apresentada na forma de anteprojeto, e o governo nunca mobilizou seus líderes partidários para levá-la adiante junto ao Legislativo. Na verdade, o governo trabalhou ativamente para minar os trabalhos do comitê. Líderes partidários da coalizão governamental, por exemplo, instruíram membros do partido a não comparecerem a determinadas reuniões, de forma que o comitê não tivesse o *quorum* exigido (entrevista do autor com membros do comitê).

O comitê, que era controlado por congressistas independentes e membros dissidentes da coalizão governamental, continuou a trabalhar na sua proposta e manteve um grande número de sessões com representantes empresariais e com especialistas, apesar da falta de interesse em razão da crise financeira e da corrida presidencial. Muitos dos membros do comitê tinham ligações com organizações empresariais. É interessante notar que a proposta contava com amplo suporte em muitos setores, especialmente na esfera dos negócios. A proposta nunca foi encaminhada à votação na legislatura 1995-98, apesar do fato de o relator ter elaborado três relatórios.

---

10. Na verdade, a carga tributária do país já era bem mais alta do que o esperado, considerando-se o PIB *per capita*.

Na nova legislatura 1999-2002, o comitê de tributação retomou os trabalhos, realizou incontáveis entrevistas, e finalmente a proposta de substitutivo de emenda constitucional foi aprovada ao final de 1999 por 34 "sim" e um "não". O governo reagiu contra a proposta, criticando-a, assim como os estados. Mais tarde, em março de 2000, a proposta substitutiva para a PEC 175 foi aprovada por votação em comitê especial, mas foi rejeitada mais uma vez pelo Executivo federal. O comitê ofereceu o anteprojeto como uma "contribuição informal" para a agenda de reforma tributária do novo governo. O presidente da Câmara dos Deputados anunciou que a reforma tributária não fazia parte da agenda legislativa no momento. Ficou então claro para os principais atores que o governo federal tinha de fato decidido abandonar a reforma devido à piora da situação econômica, na esteira das crises da Ásia e da Rússia e subsequente corrida contra o real. O governo seguiu a estratégia de fazer passar uma legislação ordinária enfocando aspectos tributários específicos, e submeteu também uma emenda constitucional para a criação do TVA federal (PEC 383/2001), que jamais foi posta em votação.

Em suma, o destino da reforma tributária de Fernando Henrique Cardoso está relacionado à aversão de risco e à incerteza quanto ao impacto em curto prazo em termos de perdas e ganhos. Um dos autores da proposta de reforma repetidamente relembrou aos seus ouvintes que bons tributos são antigos tributos (Melo, 2002). A crise internacional e a corrida contra o real tornaram os formuladores das políticas avessos a riscos. Eles optaram por não apresentar uma reforma abrangente do sistema tributário brasileiro que pudesse conduzir a uma redução da receita. A passagem de tal reforma teria também implicado um custo político não trivial, devido ao fato de que afetaria muitos interesses, incluindo os de setores empresariais, de regiões e de governos subnacionais. O governo federal tinha os trunfos políticos para aprová-la, mas o jogo em torno da reforma tinha mudado.

A não reforma foi também produto do relativo sucesso na introdução de mudanças incrementais que não requeriam alterações constitucionais. Essas incluíam a extensão de uma tarifa temporária denominada Contribuição Provisória sobre a Movimentação ou Transmissão de Valores e de Créditos e Direitos de Natureza Financeira (CPMF); a extensão de mecanismos de desvinculação de tributos; um mecanismo simplificado para a taxação de negócios de pequeno porte (Simples); uma proposta específica eliminando o ICMS sobre as exportações (a chamada Lei Kandir); e a elevação dos percentuais da rendosa Contribuição para o Financiamento da Seguridade Social (Cofins). Essas mudanças marginais foram relevantes na geração de mais receita e, ao mesmo tempo, tornaram o sistema ligeiramente menos ineficiente. Conforme anteriormente indicado, o governo preferiu o *status quo*, caracterizado por um sistema de tributação ineficiente, mas com alto poder extrativo, a um sistema melhor, porém com incertezas quanto aos resultados da receita.

A Emenda Constitucional nº 44, aprovada por Lula como se fosse uma reforma tributária, na verdade pareceu antes uma ação simbólica, para sinalizar algum ativismo do governo na área, que uma verdadeira proposta de reforma.

4.2 Respondendo à crise (1997-99): renegociação do débito dos estados e privatização dos bancos estaduais

Esta seção analisa a renegociação das dívidas dos estados com o governo federal e o processo que conduziu à privatização dos bancos estaduais. Nesse caso, o presidente foi capaz de impor suas preferências fiscais por causa de diversos fatores. Além de contar com poderes quanto à agenda e de controlar recursos, o Executivo federal foi ainda ajudado pela aprovação da emenda para reeleição. Com a aprovação da Emenda Constitucional nº 16, de junho de 1997, que permitia ao presidente e aos governadores concorrerem à reeleição, o governo federal envidou todos os esforços para acelerar a implementação de medidas de ajuste fiscal nos estados. A razão era que a disputa eleitoral de 1998, que aconteceria nos níveis nacional e estadual, implicaria novos incentivos aos governadores, que, tendo em vista a sua reeleição, estariam diante de um dilema: ou aumentar despesas para o granjeamento de votos ou pagar os juros da dívida. Um vultoso aumento no déficit fiscal dos estados havia ocorrido durante o ano eleitoral de 1994, justificando as preocupações do governo federal.

De fato, alguns governos estaduais que enfrentavam dificuldades financeiras haviam decidido não pagar suas dívidas no ano subsequente à euforia de gastos no ano eleitoral, resultando um conflito político entre esses estados e o governo federal. Temendo perder popularidade, os governadores atribuíram a culpa a seus predecessores pelos desequilíbrios orçamentários, assim como ao governo federal por ter incluído cláusulas duras nos contratos de renegociação de débitos, especialmente cláusulas que permitiam ao governo federal a retenção de transferências constitucionais do Fundo de Participação dos Estados, ou mesmo a retirada das correspondentes quantias diretamente das contas dos bancos estaduais.

Esse foi o caso, por exemplo, de Minas Gerais em 1999 e do Rio de Janeiro em 2003. Em ambos, os governadores recém-empossados declararam moratória, apenas para levar o governo central a reter as transferências federais. Na época, os governadores buscaram apoio político na Câmara dos Deputados e no Senado por meio de seus representantes no Congresso, a fim de suspender a imposição das sanções. Houve mesmo uma tentativa de alguns governadores de estado de voltar a opinião pública contra o governo federal, argumentando que as sanções apenas agravariam sua situação financeira. A fim de evitar a moratória por outros estados no futuro, o governo federal não aceitou as moratórias praticadas, e as transferências foram finalmente retidas pelo Departamento do Tesouro Nacional, conforme estabelecido nos contratos de renegociação de débitos, e, no caso do Rio de Janeiro, pela Lei de Responsabilidade Fiscal.

Contudo, não foram apenas as restrições fiscais baseadas em normas legais, que viriam a culminar com a Lei de Responsabilidade Fiscal no ano 2000, que tiveram forte efeito sobre o comportamento fiscal dos estados, mas também a emenda constitucional para a reeleição. Os incentivos para os gastos acima do limite de débitos eram muito maiores nos estados em que os governantes se encontravam diante de maiores chances de deixar o poder, já que caberia ao novo governador suportar os custos do desbalanceamento fiscal. Em outras palavras, o uso estratégico de déficits pelos governadores em curso de mandato para limitar o escopo orçamentário de seus sucessores ocorreria em geral quando a reeleição não fosse possível de acordo com a nova regra (o político estava concluindo o seu segundo mandato), ou quando as pesquisas pré-eleitorais claramente mostrassem que a reeleição fosse improvável. Mas, em ambos os casos, havia a polarização entre os governos que se alternavam no poder, condição já estabelecida pela teoria (Aizenman, 1998; Alt e Lassen, 2003). Por exemplo, um enorme déficit fiscal em Alagoas (11,3% da receita líquida), surgido na administração do PDT, foi carreado para um grupo rival, do PSDB, que assumiu o mandato após as eleições de 2006, enquanto governadores recém-empossados no Rio de Janeiro e no Mato Grosso do Sul culparam o PT pelos desequilíbrios fiscais que erodiam as contas desses estados.

Inversamente, um governador em gozo de mandato que estivesse esperando ser reeleito deveria optar por escolher uma disciplina fiscal mais contida, porque seu eleitorado poderia interpretar bons resultados fiscais, por exemplo, como indicativos de um governo competente e fiscalmente responsável. Por outro lado, a elevação de gastos nas eleições de 2002 e 2006 foi percebida como especialmente suspeita e sujeita a investigação pelos Tribunais de Contas, com base na legislação de responsabilidade fiscal.

Em suma, os governadores que concorriam à reeleição evitavam, tanto quanto possível, ficar em falta com os pagamentos dos juros de seus empréstimos, porque: 1) eles sabiam que o presidente estava politicamente fortalecido, com alta probabilidade de aplicar as garantias contratuais; portanto, agiam com cautela, a fim de evitar uma confrontação potencialmente danosa; 2) particularmente no caso de estados altamente dependentes de transferências federais, eles estariam em risco de não cumprir a plataforma de seu segundo mandato; 3) déficits mais elevados poderiam exercer influência negativa sobre os eleitores; e 4) devido à legislação de responsabilidade fiscal, os governadores poderiam ter de enfrentar sanções financeiras, assim como criminais.

Acreditamos que a vulnerabilidade financeira enfrentada pelos governadores e a competição eleitoral sejam os aspectos-chave para o entendimento da sucessão dos eventos que acarretaram importantes consequências para o federalismo fiscal no Brasil. O Plano Real[11] representou um impacto que reforçou o poder do presidente. Seus efeitos incluíram: a) o fato de que ele pôs a nu os desequilíbrios fiscais dos estados; b) ele tornou impossível aos estados recorrer à flutuação ou a outros mecanismos financeiros para financiar seus déficits fiscais; c) ele agravou a deterioração dos déficits por causa do brusco aumento das taxas de juros.

Diversamente de outras iniciativas de assistência financeira aos bancos estaduais, o Programa de Incentivo à Redução do Setor Público Estadual na Atividade Bancária (Proes)[12] teve caráter voluntário, tendo 23 bancos esta-

---

11. O Plano Real foi implementado em 1994, quando Fernando Henrique Cardoso era ministro da Fazenda do governo de salvação nacional de Itamar Franco (1993-94). O plano consistia de uma série de medidas que derrubaram dramaticamente a inflação, incluindo a introdução de um novo padrão monetário e a elevação das taxas de juros.

12. O Proes foi criado em 1996 e foi modelado com base no acordo estabelecido entre o governo federal e o estado de São Paulo. Depois de o Banco do Estado de São Paulo (Banespa) sofrer a intervenção do governo federal por cerca de um ano, os governos estadual e federal planejaram assinar um acordo que manteria o Banespa sob controle do governo estadual. Metade da dívida do estado com o Banespa seria obtida pela privatização de bens do estado e

duais sido privatizados ou fechados. Os estados eram fiscalmente fracos. Com a inflação controlada, os bancos estaduais perderam sua principal fonte de receita (isto é, a flutuação de bens financeiros). Por outro lado, a forte alta das taxas de juros causou uma rápida deterioração da situação fiscal dos estados. Adicionalmente, as elites políticas locais tiveram de dividir responsabilidades em função da aprovação de uma nova legislação pela assembleia legislativa estadual. A oferta apresentada pelo governo federal foi de refinanciar 100% do débito estadual, condicionada à privatização ou à extinção do banco estadual. Esse acordo era um excelente negócio para os governos estaduais, porque criava uma oportunidade para estancar a drenagem contínua de seus orçamentos.

De fato, a renegociação das dívidas estaduais e o Proes ocorreram simultaneamente. Contudo, o cronograma dessas negociações seguiu as preferências do governo nacional. Isto é, o governo nacional estaria melhor fechando primeiro as torneiras dos bancos estaduais, porque isso reduziria uma das principais fontes de desequilíbrio financeiro, e, ao mesmo tempo, diminuiria a margem de negociação do governo estadual. Os governadores, por outro lado, prefeririam baixar seus débitos primeiro e negociar a questão do banco estadual depois. A solução ótima para os governadores seria manter seus bancos — uma fonte de recursos e de patrocínio — ao mesmo tempo que recebessem o socorro do governo federal. Não é difícil prever que lado do governo venceu essa disputa: o governo federal. Os governos estaduais estavam demasiado vulneráveis e enfrentavam difíceis problemas de coordenação para negociar uma melhor alternativa. A conexão eleitoral era importante — vários governadores estariam disputando a reeleição, e dinheiro à frente, em função da privatização dos bancos, funcionava como forte incentivo para os governadores em curso de mandato concordarem com a agenda do governo federal. A grande maioria dos acordos do Proes foi celebrada durante o primeiro semestre de 1998, antes da campanha eleitoral. Em consequência, a grande maioria dos governadores decidiu livrar-se do seu banco estadual, via privatização ou extinção, ou transformando-o em agência.

---

o tesouro nacional ficou responsável por financiar a metade restante. Entretanto, a negociação foi muito difícil e prolongou-se por mais de cinco meses. Quando finalmente o Senado aprovou o acordo, o débito do estado com o Banespa era de cerca de 20 bilhões. Ao final da negociação, o governador de São Paulo, Mário Covas, recusou-se a assinar o acordo (Leite, 2001).

4.3 Respondendo à crise (1999-2000): a Lei de Responsabilidade Fiscal

Nesta seção exploramos a promulgação da Lei de Responsabilidade Fiscal (LRF). A LRF deve ser situada no processo, desde 1995, de reafirmação da autoridade federal em matéria fiscal. Em conjunto com sua companheira, a assim chamada Lei dos Crimes Fiscais, a LRF é a culminância de uma relativamente bem-sucedida série de medidas para conter o comportamento fiscal e controlar a tendência ao endividamento pelos governos estaduais. A LRF ilustra a existência de um elemento endógeno, não apenas nos incentivos do governo federal, mas também na resposta dos governadores de estado à lei, pelo menos nos estágios iniciais do processo, quando a proposta de lei foi apresentada.

Em 2000, a LRF tornou-se aplicável a todos os níveis de governo, independente de suas condições econômicas prévias. A lei foi introduzida em resposta à corrida contra o real, e a concomitante crise de confiança que afetou a economia brasileira no rastro das crises da Ásia e da Rússia. A crise monetária foi desencadeada pela moratória do estado de Minas Gerais, em um movimento muito noticiado, que se tornou manchete nos principais jornais de economia no mundo. O projeto de lei foi aprovado muito rapidamente, tendo atraído grande número de emendas e sugestões — das quais muito poucas granjearam a simpatia do governo e foram incorporadas ao texto. Houve muitas demonstrações de resistência por parte de prefeitos de município, de governadores e do maior partido de oposição a Fernando Henrique, o PT.[13] Finalmente, a LRF foi aprovada por uma expressiva maioria de 385 votos para o governo e 86 contra. No Senado, o relator do comitê rejeitou 13 emendas do plenário; a proposta governamental foi aprovada pela maioria de 60 votos a favor da proposta, 10 contra e 3 abstenções.

Conforme anteriormente examinado neste capítulo, o histórico fiscal dos três níveis de governo tem melhorado significativamente, com superávits primários crescentes, produzidos nos níveis estadual e nacional. Muitos países adotaram leis de responsabilidade fiscal na América Latina, mas na maioria

---

[13]. O projeto de lei foi apresentado ao Congresso em abril de 1999 e aprovado em maio de 2000. O Executivo submeteu a proposta da Lei de Responsabilidade Fiscal primeiro, em maio, e o das Leis de Crimes Fiscais em outubro, em razão de sua natureza mais controversa, uma vez que esta impunha penalidades individuais, inclusive prisão, para os ocupantes de escalões superiores do Executivo, nos três níveis governamentais.

desses países a adesão à lei é voluntária.[14] A LRF brasileira constitui um caso contrastante, por ser mandatória. Adicionalmente, a LRF estabelece parâmetros para todos os níveis de governo, representando uma abordagem de cima para baixo quanto às regras fiscais e ao controle orçamentário. Não apenas a LRF fornece controles *ex ante* e *ex post* tanto para emprestadores quanto para tomadores de empréstimos, como também especifica em grande detalhe as regras orçamentárias e fiscais que regulam o endividamento do setor público, as operações de crédito e a apresentação de relatórios para informação ao público.

A lei também se aplica ao nível federal de governo, embora sem uma força condicionante externa. Ainda mais importante, a lei estipula que o governo federal tem a prerrogativa exclusiva de fixar parâmetros de débitos e tetos para despesas. A LRF também proíbe que o governo federal financie os governos subnacionais. Isso tem por meta eliminar a possibilidade de socorros, assim como quaisquer alterações das cláusulas financeiras dos acordos existentes de reestruturação de débitos. Em adição ao Poder Executivo, o Senado é um ator-chave na governança fiscal. O artigo 52 da Constituição estipula que cabe ao Senado aprovar tetos de dívidas globais para as três camadas de governo. Todavia, a LRF investe o governo federal do poder de propor limites a esses tetos. O Senado tem retido o poder de arbitrar os tetos e as condições pertinentes a todas as emissões de garantias pelo governo federal e pelos governos subnacionais, assim como qualquer aval do governo para operações de crédito, seja externa ou interna. Essas disposições constitucionais foram reforçadas pela LRF, que impõe tetos de dívida para cada nível governamental.[15]

Apesar das fortes críticas do PT à lei durante sua discussão no Legislativo, o governo Lula demonstrou forte compromisso com as novas regras fiscais. A LRF tem contribuído para gerar uma importante mudança na abordagem das questões fiscais. Entre outras coisas, ao exigir importantes alterações de procedimento em matéria orçamentária, a lei introduziu novos participantes nas questões fiscais, tais como os Tribunais de Contas e outros agentes de

---

14. Não se pretende aqui defender que a não observância de regras em outros contextos seja necessariamente uma decorrência dessa abordagem de cima para baixo, embora seja nossa opinião que essa orientação exerça uma influência nos resultados fiscais positivos no Brasil.
15. Embora a relação entre dívida e receita líquida difira marcantemente entre os governos subnacionais, a lei requer o mesmo teto para estados e municípios. Pela Resolução nº 40, de dezembro de 2001, o Senado definiu os critérios para a aplicação das regras, autorizando os governos estaduais e municipais a ajustar os limites no prazo de 15 anos, requerendo um ajuste anual equivalente a 1/15 da diferença. Portanto, apesar de terem a mesma meta (o teto), cada unidade subnacional terá seu próprio caminho, dependendo das condições iniciais.

controle. O sucesso da LRF para o objetivo de promover o equilíbrio fiscal manifestou-se rapidamente em nível subnacional. Construído com base na contabilidade de todos os 27 estados, o balanço fiscal anual agregado ganhou visibilidade.

É significativo que, apesar da disposição da LRF de que o governo federal devesse ter um teto (2,45 em 2004) para a relação entre a dívida líquida consolidada e a receita líquida total, o Senado não tenha imposto esse teto. Isso destaca o fato de que a lei é fundamentalmente um instrumento do governo federal para controlar os gastos das camadas subnacionais. Tal fato é consistente com a interpretação expressa neste capítulo sobre a preponderância do Executivo no jogo fiscal e orçamentário. Não obstante, isso é também coerente com a visão da LRF como um desenvolvimento endógeno que reflete consensos quanto aos imperativos fiscais.

Argumentamos anteriormente que as reformas que culminaram com a promulgação da lei continham fortes elementos endógenos, mas que representavam um processo por meio do qual o Executivo atuava para reafirmar sua autoridade fiscal sobre os governos subnacionais. Embora o componente endógeno fosse crucial para a iniciação e a aprovação da reforma, em um contexto em que os estados ficaram fiscalmente vulneráveis, o conjunto de problemas compartilhados que os estados enfrentavam tinha-se tornado sistemicamente insustentável. Ainda que a administração de Fernando Henrique fosse forte (como resultado da emenda da reeleição), é também verdade que, ao longo do tempo, se esmaeceram muitos dos elementos endógenos (para os estados, não para o governo federal) e a sustentabilidade das duras limitações orçamentárias passou a depender de instrumentos em nível estadual, especialmente do Tribunal de Contas.

As regras fiscais a serem obedecidas requerem que os atores (os estados) sejam autocompelidos (ou constrangidos) a fazê-lo e que exista um poder capaz de garantir a observância dessas regras. O caso brasileiro está agora mais próximo do tipo do caso de uma força compulsória (constrangimento) externa. O Executivo possui a tecnologia capaz de gerar os meios para exercer pressão e a lei tem-se mostrado efetiva em obrigar tal comprometimento. Argumentamos que a sustentabilidade da corrente situação fiscal é, portanto, não dependente da cooperação dos estados. Embora a LRF pudesse ser revertida, destacamos que existe nela certa estabilidade, já que, para mudar a lei, seria necessário maioria absoluta em duas rodadas de votação nas duas instâncias do Congresso. A LRF é uma Lei Complementar, o que significa que suas disposições estão contempladas na Constituição.

Embora argumentemos que o Executivo seja predominante nas relações entre Executivo e Legislativo, particularmente em matérias fiscal e orçamentária, os interesses dos executivos subnacionais são relevantes para explicar o êxito marcante da implementação da lei. A fim de entender o interesse dos governadores na lei, deve-se considerar que estes sejam atores dotados de racionalidade, em busca da sobrevivência política. Os governadores têm interesse na expansão fiscal porque isso os ajudaria a atingir esse objetivo. Contudo, no contexto de estados altamente endividados e fiscalmente vulneráveis, os governadores também têm interesse em desviar a responsabilidade pelas medidas de austeridades para outros atores. Esse cálculo é, porém, afetado pelas chances eleitorais futuras dos governadores. Em estados altamente polarizados, nos quais os governadores enfrentam eleições apertadas, os governadores teriam interesse em atar as mãos do futuro governador, inibindo seus "poderes fiscais" (Melo, 2002; Gama Neto, 2007).

Caso o político em ofício esteja em seu segundo mandato — e, portanto, impedido de competir na próxima eleição —, ainda assim ele teria interesse na lei. Esse interesse seria mais forte em caso de polarização eleitoral; porém, independentemente disso, o mandatário corrente se beneficiaria da lei porque esta lhe daria uma escusa para negar demandas de seu próprio eleitorado, evitando aumentos bruscos nas contas a pagar. Governadores e prefeitos usaram a LRF, assim como a sua correspondente, a Lei dos Crimes Fiscais, como desculpa para dizer não a reivindicações para gastos com assuntos de interesse especial ou a transferências que violariam a LRF.[16] A lei tornou-se um "escudo" (para escapar à responsabilidade e à culpabilização) e uma "espada" (que pode ser usada para atar as mãos de competidores políticos). Gama Neto (2007) fornece extensiva evidência de que, em 1999 e 2000, a maioria dos governadores se encontrava em situação de grande vulnerabilidade fiscal e a maioria deles não poderia disputar o mandato novamente no futuro imediato (2002) — pois, em 1998, 19 governadores tinham sido reeleitos e estavam impossibilitados de concorrer por uma terceira vez em 2002. Isso explica o alto nível de suporte pelos governadores à lei. Esse apoio não era suficiente e nem mesmo talvez

---

16. Webb (2004:8) reporta muitos casos em que governadores de estados tiveram de colocar sinais ou *posters* em suas paredes lembrando as penalidades em que eles incorreriam se eles tivessem de atender a alguns dos pedidos e interesses que levassem ao não cumprimeto da LRF.

necessário, como sugerido pela aprovação de muitas iniciativas que colidiam diretamente com interesses subnacionais. Não obstante, esses fatos ajudam a explicar o êxito e a facilidade observada na implementação da LRF.

5. Conclusões

Neste capítulo, examinamos as reformas fiscais no Brasil desde meados da década de 1990. A mais óbvia constatação é que o *status quo* mudou radicalmente durante a última década, aproximadamente. O Brasil era um país atrasado em matéria de reformas e tinha um dos piores desempenhos fiscais da região. Um cenário de déficits orçamentários, inflação alta e uma grave crise de dívidas em nível subnacional (a qual desencadeou uma corrida contra o real) deu lugar a um ambiente macroeconômico muito favorável, caracterizado por sucessivos superávits fiscais, uma razão declinante da dívida sobre PIB e inflação baixa. Conforme discutido, são significativamente variados os resultados ao longo das áreas em questão. Em termos do federalismo fiscal, os estados moveram-se de uma posição de déficit para a de balanços fiscais positivos, e há substancial transparência nas contas fiscais. Ainda que não tenha havido nenhuma reforma importante na área tributária, têm ocorrido maciços aumentos na receita de impostos em relação à última década e meia, os quais têm sido usados para assegurar a estabilidade econômica. Embora essa estabilidade seja crucial para a evolução do desenvolvimento do país, as ineficiências e as desigualdades do sistema tributário permanecem um sério obstáculo ao desenvolvimento sustentável. No geral, entretanto, o balanço parece positivo.

 O capítulo discutiu esses resultados como produto de decisões dos formuladores de políticas e representativos de um equilíbrio político geral. Reformas são bem-sucedidas quando há um alinhamento de interesses entre os atores envolvidos, não tanto quando o conteúdo das mudanças apenas seja tecnicamente ótimo ou quando o sequenciamento do conjunto de medidas seja apropriado. Esse parece ser o caso das reformas no federalismo fiscal e nas instituições orçamentárias. Mas, porque há nas reformas um forte grau de endogenia, é difícil diferençar os resultados das condições gerais que as favoreceram. As reformas que discutimos não foram importadas como modelos a serem emulados, mas refletiram os incentivos encontrados pelos atores. Não apenas os incentivos se mostraram apropriados, mas também os principais atores — especialmente aqueles na esfera executiva, o presidente, o ministro da Fazenda e o do Planejamento — tiveram a capacidade institucional de negociar a partir de uma posição de força. A Lei de Responsabilidade Fiscal foi aprovada relativamente sem maiores resistências e os governadores de fato cooperaram com a reforma. Similarmente, a renegociação da dívida dos tesouros estaduais contou com a colaboração dos governadores dos estados, incluindo os de alguns que estavam controlados pela oposição. Os outros atores envolvidos beneficiaram-se porque houve ganhos negociais associados às reformas e os custos das transações envolvidas não foram muito elevados. Outra condição facilitadora foi o fato de que o horizonte de atuação dos personagens-chave foi estendido quando a emenda pela reeleição foi aprovada para os chefes de Executivo, tanto em nível federal quanto estadual. A coalizão de Fernando Henrique Cardoso desfrutava de uma larga maioria no Senado e de uma pequena maioria na Câmara dos Deputados, que podiam ser mobilizadas para aprovar as reformas. O fato de que o partido do presidente detinha apenas a quarta parte dos assentos no Congresso não foi obstáculo para as reformas.

Se argumentamos que a política fiscal é endógena, o passo seguinte é estabelecer os determinantes das reformas. No caso brasileiro, as crises fiscais dos estados em 1993-95 e a crise financeira internacional desencadeada pelas crises da Rússia e da Ásia (1998-99) claramente proporcionaram uma janela de oportunidade. Analogamente, a reforma do processo orçamentário foi impulsionada pelo escândalo do orçamento. Um caso contrastante foi o da reforma tributária, prejudicada em uma série de movimentos, para ser adiante descontinuada pelo governo; mas as condições que faziam de um problema uma questão-chave nas agendas governamental e legislativa podem ter estado ausentes durante a elaboração dessa reforma. Se os custos de reversão não forem excessivamente elevados, reformas podem ser desfeitas, a menos que estejam respaldadas por uma coalizão reformista, envolvendo os atores relevantes. As reformas no Brasil não têm sido bloqueadas nem foram malsucedidas em sua implementação devido à resistência de atores-chave.

O fracasso das iniciativas de reforma tributária no Brasil poderia ser erroneamente descrito como representativo de um caso de reformas bloqueadas. Por que o governo se incomodou em apresentar uma emenda constitucional de reforma, se não tinha a intenção de reformar o sistema? Nossa avaliação dos episódios relacionados à reforma tributária indica que, nas diferentes iniciativas, as propostas de reforma eram paramétricas (portanto, não requeriam mudanças constitucionais) e que o governo optou pelo *status quo*, que lhe permitia extrair volumosa receita, ao invés de um sistema reformado e presumivelmente mais eficiente, mas com um nível incerto de receita. Durante os anos de Fernando Henrique Cardoso, as reformas ocorreram em períodos de crise — primeiramente dos estados e a seguir em nível internacional. O contexto de crise exacerbou as incertezas envolvidas, tanto para o governo federal quanto para os estados. A resistência à reforma pelos governos subnacionais não impediu que o governo impusesse perdas aos estados, pois os mecanismos introduzidos para a retenção de fundos federais eram concebidos para serem compartilhados com os estados.

Os desdobramentos na arena fiscal têm sido associados à recuperação da autoridade fiscal federal no país e ao fortalecimento do Ministério da Fazenda no processo. Essas eram questões-chave para a superação dos problemas comuns compartilhados, assim como o comportamento fiscal dos estados e o gerenciamento da coalizão por um governo minoritário. Os presidentes têm sido capazes de moldar coalizões por causa dos ganhos negociais que permitem ao partido que controla a presidência comprar apoio na legislatura a custo relativamente baixo. Em suas relações com os governos estaduais, a presidência manobrou para recentralizar sua autoridade fiscal no país, limitando sua autonomia fiscal. Relembramos que as regras fiscais a serem cumpridas requerem que os atores (os estados) sejam autocompelidos a observá-las ou que haja um poder capaz de obrigar ao cumprimento. Embora o Executivo tivesse sido capaz de implementar suas preferências por causa de suas prerrogativas institucionais, houve também ganhos negociais na interação entre governo federal e estados.

A intensa competição política entre o PT e o PSDB foi uma precondição para o equilíbrio político que identificamos na governança fiscal. Essa perspectiva endógena permite-nos compreender as iniciativas de reforma fiscal como geradoras de benefícios políticos para os políticos em exercício de mandato. Conforme indicado em todo este capítulo, a estabilidade fiscal foi atingida, ainda que não em ponto de equilíbrio ótimo, porquanto o sistema atual é sistemicamente ineficiente, em razão de impostos altamente regressivos e causadores de distorções.

Referências

AFONSO, J. R.; BARROSO, R. Brazil. In: BERNARDI, L. et al. (Ed.). *Tax systems and tax reforms in Latina America*. Societá Italiana de Economia Publica. Nova York: Routledge Taylor & Francis Group, 2006. p. 154-182.

AIZENMAN, J. Fiscal discipline in a union. In: STURZENEGGER, F.; TOMMASI, M. (Ed.). *The political economy of economic reforms*, a preliminary version. 1998. (NBER Working Paper # 4656)

ALSTON, L. J.; MUELLER, B. Pork for policy: Executive and Legislative exchange in Brazil. *Journal of Law, Economics, & Organization*, v. 22, p. 87-114, 2006.

____ et al. Presidential power, fiscal responsibility law, and the allocation of spending: the case of Brazil. In: HALLERBERG, M.; SCARTASCINI, C.; STEIN, E. (Ed.). *Who decides the budget*: a political economy analysis of the budget process in Latin America. Cambridge: Harvard University Press, 2005. p. 57-90.

____ et al. *The political economy of productivity in Brazil*. Final Report. Washington, DC: IADB, 2009.

ALT, J.; LASSEN, D. *Fiscal transparency and fiscal policy outcomes in OECD countries*. 2003. (EPRU Working Paper Series n. 03-02)

AMES, B. Party discipline in the chamber of deputies. In: MORGENSTERN, S.; NACIF, B. (Ed.). *Legislative politics in Latin America*. New York: Cambridge University Press, 2002. p. 185-221.

AMORIM NETO, O. Presidential cabinets, electoral cycles, and coalition discipline in Brazil. In: MORGENSTERN, S.; NACIF, B. (Ed.). *Legislative politics in Latin America*. New York: Cambridge University Press, 2002. p. 48-78.

____; BORSANI, H. Presidents and cabinets: the political determinants of fiscal behavior in Latin America. *Studies in Comparative International Development*, v. 39, n. 1, p. 3-27, 2004.

DESPOSATO, S. W. Parties for rent? Ambition, ideology, and party switching in Brazil's Chamber of Deputies. *American Journal of Political Science*, v. 50, p. 62-80, 2006.

FIGUEIREDO, A.; LIMONGI, F. *Executivo e Legislativo na nova ordem constitucional*. Rio de Janeiro: Editora FGV, 1999.

_____; _____. Presidential power, legislative organization, and party behavior in Brazil. *Comparative Politics*, v. 32, n. 2, p. 151-70, 2000.

GAMA NETO, R. *Refém, cenoura, ou porrete*: federalismo, comportamento fiscal e ciclo político. Dissertação (mestrado) — Departamento de Ciência Política, Universidade Federal de Pernambuco, Recife, 2007.

INÁCIO, M. Entre presidir e coordenar: presidência e gabinetes multipartidários no Brasil. In: CONGRESS OF THE LATIN AMERICAN POLITICAL SCIENCE ASSOCIATION (ALACIP), III, 2006, Campinas.

HALLERBERG, M. *Domestic budgets in a United Europe*: fiscal governance from the end of Breton Woods to EMU. Ithaca: Cornell University Press, 2004.

LEITE, C. K. S. *Autoridade monetária e federalismo no Brasil*: uma reflexão sobre a reforma do sistema de bancos públicos estaduais. Dissertação (mestrado) — Departamento de Ciência Política, Faculdade de Filosofia, Letras e Ciências Humanas, Universidade de São Paulo, São Paulo, 2001.

LORA, E. Trends and outcomes in of tax reforms. In: _____. *The state of state reform in Latin America*. Washington, DC: IADB-Staford University Press, 2007.

MAINWARING, S. *Rethinking party systems in the third wave of democratization*: the case of Brazil. Palo Alto, CA: Stanford University Press, 1999.

MELLO, L. de. The Brazilian "tax war". *Public Finance Review*, v. 36, n. 2, p. 169-193, 2008.

_____; MOCCERO, D. *Consolidating macroeconomic adjustment in Brazil*. OECD Publishing, 2006. (OECD Economics Department Working Papers 531)

MELO, C. R. *Retirando as cadeiras do lugar*: migração partidária na Câmara dos Deputados (1985-2002). Belo Horizonte: Editora UFMG, 2004.

MELO, M. Institucional obstacles to market reform: the politics of tax reform in Brazil. In: LASA CONFERENCE, 2002.

PEREIRA, C.; MUELLER, B. The cost of governing: the strategic behavior of the president and legislators in Brazil's budgetary process. *Comparative Political Studies*, v. 37, n. 7, p. 781-815, 2004.

_____; POWER, T. J.; RENNÓ, L. Under what conditions do presidents resort to decree power? Theory and evidence from the Brazilian case. *Journal of Politics*, v. 67, n. 1, p. 178-200, 2005.

____; TIMOTHY, P.; RENNÓ, L. Agenda power, Executive decree authority, and the mixed results in the Brazilian Congress. *Legislative Studies Quarterly*, v. XXXIII, n. 1, p. 5-33, 2008.

SAMUELS, D. J. The gubernatorial coattails effect: federalism and congressional elections in Brazil; *Journal of Politics*, v. 62, p. 240-253, 2000.

WEBB, S.B. *Fiscal responsibility laws for subnational discipline*: the Latin American experience. 2004. (World Bank Policy Research Working Paper 3309)

Capítulo 8

Poupança e desenvolvimento financeiro no Brasil

Armando Castelar Pinheiro*

1. Introdução

A relação entre desenvolvimento financeiro e crescimento econômico é um tema bastante estudado na literatura. Levine (2005) apresenta uma extensa resenha desses estudos, que mostram que o sistema financeiro, pelo menos em teoria, influi nas decisões de poupança e investimento e no ritmo de progresso tecnológico, donde também na taxa de crescimento econômico no médio/longo prazo. Os canais pelos quais essa influência acontece são variados. A abordagem tradicional, seguida, por exemplo, por Levine (1997), destaca o papel do sistema financeiro na redução de custos de informação e de transação. Nesse sentido, Levine destaca cinco funções desempenhadas pelo sistema financeiro: "*facilitate the trading, hedging, diversifying, and pooling of risk; allocate resources; monitor managers and exert corporate control; mobilize savings; and facilitate the exchange of goods and services*".

Pagano (1993), por outro lado, adota uma abordagem de função de produção, a partir de um modelo de crescimento endógeno simples, em que o sistema financeiro afeta a produtividade do capital, o custo da intermediação financeira e a taxa de poupança. Um maior desenvolvimento financeiro aumenta a produtividade de capital por promover projetos de investimento maiores, mais arriscados, e menos líquidos, mas que também tendem a ser mais produtivos; e por aprimorar a seleção e o monitoramento de projetos, acompanhando sua execução, mitigando, assim, os problemas de seleção

---

* Coordenador de economia aplicada do Instituto Brasileiro de Economia da Fundação Getulio Vargas (FGV/IBRE).

adversa e risco moral. Sistemas financeiros mais desenvolvidos também consomem menos recursos para intermediar a poupança da economia, de modo que uma maior proporção desses fundos fique disponível para os investidores.

O desenvolvimento do sistema financeiro também pode ter um impacto distributivo importante, ao beneficiar mais do que proporcionalmente os mais pobres, porque são eles que, de outra forma, ficam privados ou pagam proporcionalmente mais por serviços financeiros. Assim, ao se contar com um setor financeiro mais desenvolvido, um maior número de famílias e empresas poderá financiar o consumo e o investimento, permitindo-lhes planejar melhor seu fluxo de gastos, além de obter serviços como seguros e previdência, dessa forma podendo melhor gerir seus riscos. Além disso, o maior desenvolvimento financeiro dá a um maior número de famílias e empresas um meio seguro e mais rentável de manter suas economias.

Como observa Levine (2005), porém, a literatura empírica sobre se e como o desenvolvimento financeiro impacta o crescimento — e, se, de fato, a causalidade não opera ao contrário — é menos robusta do que preveem os modelos teóricos, sendo os resultados sensíveis à metodologia adotada. Para Watchel (2003), contudo, no todo é possível concluir que "há ampla evidência empírica para se construir um argumento convincente de que o desenvolvimento do setor financeiro promove o crescimento econômico".[1] Porém, como ressalva Watchel, um setor financeiro desenvolvido não se confunde necessariamente com um setor financeiro grande, ou inchado. A história do setor no Brasil é um bom exemplo disso: no período de alta inflação, a participação desse setor no Produto Interno Bruto (PIB) cresceu muito, sem que as instituições financeiras contribuíssem significativamente para aumentar a produtividade ou o investimento, visto que respondiam por parcela reduzida do financiamento ao setor produtivo.

Outro ponto importante é que nem sempre as atividades das instituições financeiras correspondem às funções descritas por Levine (1997) e Pagano (1993). Em especial, como o sistema financeiro define em grande parte a alocação setorial e intergrupos da poupança nacional, esse sofre e gera interferência política. Assim, a atuação das instituições financeiras, ao refletir a influência da regulação pública, pode se pautar por outros critérios que não os enfatizados pela literatura. Algo semelhante tende a ocorrer com a atuação dos bancos

---

[1]. Ver também Matos (2002) para evidências empíricas no caso brasileiro.

públicos, que obedece em parte a critérios políticos (Pinheiro, 2007). Também por esta via, portanto, o que acontece no setor financeiro influencia o padrão e o ritmo de desenvolvimento econômico, mas não necessariamente no sentido de alavancá-lo.

O Brasil é um exemplo importante de um país em que a contribuição do setor financeiro para o desenvolvimento econômico, pelo menos até recentemente, ficou aquém das expectativas. De acordo com Rodrik (2004:11), com uma elevada produtividade marginal do capital, se as empresas brasileiras contassem com crédito mais farto e barato, o impacto sobre o crescimento seria significativo:

> *All the indications are that this (Brazil) is an economy that is bumping against a financing constraint. Real interest (rates) are extremely high despite a reasonable investment rate, and the current account balance is driven by the willingness of foreign creditors to lend. (...) Brazil, therefore, is a high-return country where the domestic financial system and external capital markets constrain the equilibrium level of investment. The solution therefore lies in improving financial intermediation and in increasing Brazil's external creditworthiness (in part by tight fiscal policies).*

O país contou historicamente com um sistema financeiro pouco desenvolvido, ainda que esse tenha em alguns momentos respondido por uma parcela elevada do PIB. O mercado de capitais, em especial, permaneceu atrofiado na maior parte da história do país, ainda que existisse desde a primeira metade do século XIX. O acesso ao sistema financeiro também foi, até recentemente, restrito às grandes empresas e às famílias mais ricas. O insuficiente desenvolvimento do setor não se deu por falta de políticas públicas de estímulo. São exemplos a criação e o fortalecimento dos bancos públicos, estratégia outra vez em voga, e o direcionamento do crédito, além de iniciativas pontuais, em geral via benefícios tributários, voltadas a incentivar o desenvolvimento do mercado de capitais.

No período mais recente, porém, o Brasil experimentou um salto no tamanho e na qualidade do seu mercado de capitais — principalmente no segmento de renda variável, mas também no de títulos corporativos de renda fixa — e uma explosão do crédito bancário, que dobrou como proporção do PIB entre 2004 e 2011. Em especial, o crédito bancário tornou-se mais barato, acessível a uma clientela muito maior e, mais recentemente, disponível em prazos mais longos.

Com esse pano de fundo, este trabalho analisa a experiência brasileira com o desenvolvimento do setor financeiro, sua participação na alocação da poupança nacional e o papel cumprido pelas instituições financeiras públicas. O foco recai sobre os avanços obtidos na última década, assim como nas principais barreiras que ainda limitam o aprofundamento com qualidade desse setor no Brasil.

O capítulo está estruturado em sete seções, incluindo esta introdução. A seção 2 apresenta a evolução histórica do setor financeiro no Brasil. A seção 3 discute o papel do setor financeiro na alocação da poupança nacional. A seção 4 discute o recente *boom* do crédito bancário. A seção 5 mostra os desenvolvimentos recentes e as barreiras à expansão do mercado de capitais. A seção 6 analisa o papel dos bancos públicos. Uma última seção sintetiza os principais pontos do capítulo.

2. Evolução histórica do setor financeiro no Brasil

O setor financeiro apresentou um crescimento bastante heterogêneo ao longo das seis últimas décadas. Na maior parte desse período, a norma foi uma expansão acelerada do PIB do setor (tabela 1). Entre 1951 e 1990, esse bom desempenho esteve associado à elevada inflação que marcou todo esse período. Foi exatamente quando essa foi trazida para patamares mais civilizados, na primeira metade dos anos 1990, que o setor sofreu suas maiores perdas, que continuaram pelo restante dessa década, com o fechamento de várias instituições financeiras, privadas e públicas. Na década seguinte, porém, o setor financeiro voltou a crescer em ritmo acelerado, mesmo com a inflação tendo se mantido em patamar relativamente baixo, para padrões históricos.

Em 2011, o setor de intermediação financeira respondeu por 7,4% do PIB, medido a preços básicos. Como mostra o gráfico 1, porém, essa participação variou consideravelmente ao longo das seis últimas décadas. Como se vê, ela aumentou, a partir de década de 1950, e se estabilizou no patamar de 6% a 8% entre 1960 e 1980. A superinflação dos anos 1980 e início dos anos 1990 inflou, efetiva e contabilmente, a participação do setor de intermediação financeiro no PIB. Com a estabilização de preços em 1994, essa participação voltou a patamares mais razoáveis. Em 2000, atingiu um mínimo de 4,8% do PIB, recuperando-se parcialmente nos anos seguintes.

Tabela 1
Variação média do PIB do setor de intermediação financeira (% a.a.)

Período	Taxa	Período	Taxa
1951-55	8,6%	1981-85	13,7%
1956-60	9,1%	1986-90	3,0%
1961-65	9,1%	1991-95	-11,6%
1966-70	5,8%	1996-2000	-5,3%
1971-75	13,3%	2001-05	8,9%
1976-80	11,1%	2006-10	10,8%

Fonte: Ipeadata.

Gráfico 1
Participação do setor financeiro no PIB (%)

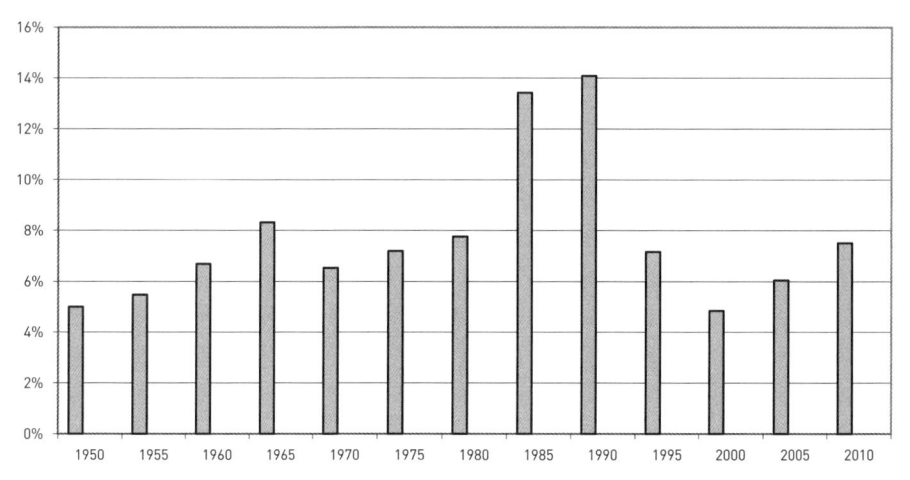

Fonte: Ipeadata.

A tabela 2 permite analisar a importância do setor financeiro pela ótica do mercado de trabalho. Os números aí apresentados mostram que, dessa perspectiva, a relevância do setor financeiro para a economia do país é menor do que quando mensurada como proporção do PIB, contando com apenas 1,2% do total da população ocupada. Note-se, ainda, que a participação do setor no emprego caiu na década passada, em contraste com o que aconteceu com a parcela do PIB gerada pelo setor financeiro. Observou-se, portanto, uma forte elevação da produtividade do trabalho no setor, superior à registrada para a economia como um todo.

Tabela 2
Emprego no setor financeiro

	2001	2009
População Ocupada Total	75.458.172	92.689.253
População Ocupada no Setor Financeiro	1.035.355	1.131.833
Setor Financeiro como % da População Ocupada Total	1,4%	1,2%

Fonte: Pnad/IBGE.

Essa alta na produtividade do trabalho se deu conjuntamente a um significativo processo de consolidação empresarial: como mostra a tabela 3, na última década e meia diminuiu o número de instituições financeiras do país. A queda ocorreu para praticamente todos os tipos de instituições, com exceção das cooperativas de crédito, cujo aumento mascara um pouco o tamanho da concentração por que passou o setor. Observe que essa redução no número de instituições se deu após, e em adição, à quebra de várias instituições nos anos 1990, na esteira do Plano Real, quando o setor também experimentou uma relevante consolidação.

Tabela 3
Quantidade de instituições financeiras brasileiras por tipo

	1998	2002	2006	2010	2011
Banco Múltiplo	174	143	137	137	139
Banco Comercial	28	23	21	19	20
Banco de Desenvolvimento	6	4	4	4	4
Banco de Investimento	22	23	18	15	14
Sociedade de Crédito, Financiamento e Investimento	44	46	51	61	59
Sociedade Corretora de Títulos, Valores Mobiliários e Câmbio	233	161	162	149	146
Sociedade Distribuidora de Títulos e Valores Mobiliários	210	151	133	125	126
Sociedade de Arrendamento Mercantil — Leasing	83	65	41	32	31
Caixa Econômica	2	1	1	1	1
Sociedade de Crédito Imobiliário e Associação de Poupança e Empréstimo	21	18	18	14	14
Companhia Hipotecária	4	6	6	7	8
Agência de Fomento e/ou Desenvolvimento	0	10	12	15	16

(continua)

(continuação)

	1998	2002	2006	2010	2011
Sociedade de Crédito ao Microempreendedor	0	37	56	45	42
Subtotal 1	827	730	662	624	622
Cooperativa de Crédito	1198	1430	1452	1370	1312
Subtotal 2	2025	2160	2114	1994	1934
Administradora de Consórcio	422	376	333	300	284
TOTAL	2447	2536	2447	2294	2218

Fonte: Banco Central.

Não obstante, esses dois períodos de concentração de mercado tiveram lógicas algo distintas. O primeiro refletiu o fato de o setor ter crescido demais nas décadas anteriores, em busca dos lucros fáceis da época de alta inflação. Quando esta caiu, viu-se que muitas instituições estavam insolventes. Essa primeira etapa da consolidação também foi ajudada pela privatização de bancos estaduais, que facilitou a abertura do setor a instituições estrangeiras, até então pouco importantes no contexto geral. Já a segunda etapa do processo de consolidação teve um foco mais tradicional em ganhar parcela de mercado e aumentar a escala de operação.

A despeito da crescente concentração, a rede de atendimento bancário aumentou a partir de 2001, concomitantemente ao ganho de participação do setor no PIB, ainda que de forma mais significativa nas maiores cidades (tabela 4). De fato, simultaneamente ao aumento do número de agências por habitante, houve uma queda no número de postos de atendimento e uma elevação na proporção de municípios sem atendimento ou com apenas uma agência bancária. Em particular, vê-se que apenas um terço dos municípios brasileiros tem mais de uma agência bancária. Nos demais, ou não há atendimento, ou não há competição entre instituições, sugerindo que a qualidade do atendimento pode estar sendo sacrificada.

3. A intermediação da poupança e a riqueza financeira

Como discutido na introdução, o setor financeiro contribui para o crescimento ao elevar a eficiência com que a poupança é alocada.[2] Nesse sentido, há

---
2. Esta seção e a quinta são parcialmente baseadas em Pinheiro (2012).

Tabela 4
Cobertura do atendimento bancário

	Agências / 10 mil habitantes	Postos de Atendimento Bancário / 10 mil habitantes	% Municípios com uma Agência	% Municípios sem Atendimento
1994	1,11	0,65	28,0%	22,7%
2000	0,96	0,38	24,7%	29,4%
2004	0,95	0,37	28,5%	31,2%
2008	1,01	0,36	26,2%	39,4%
2011	1,11	0,34	33,9%	33,4%

Fonte: Banco Central.

duas limitações importantes à contribuição desse setor ao desenvolvimento do país: o Brasil tem um problema concreto de baixa taxa de poupança e uma parcela elevada dessa poupança é canalizada para um agente econômico que investe relativamente pouco, o setor público. Na média dos últimos 20 anos, o país registrou uma taxa de poupança de apenas 16,4% do PIB, média que nos últimos cinco anos subiu para 17,1% do PIB.

As Contas Nacionais divulgadas em novembro de 2011 pelo Instituto Brasileiro de Geografia e Estatística (IBGE) abrem a poupança nacional por setor institucional para 2000-09, revelando que (tabela 5):

Tabela 5
Poupança nacional bruta por setor institucional, 2000-09 (% PIB)

	Adm. Pública	Famílias	Empresas Financeiras	Empresas Não Financeiras	Instituições sem fins Lucrativos	Poupança Nacional Bruta	Poupança Externa	Poupança Total
2000	-3,5%	5,2%	1,2%	10,8%	0,2%	14,0%	4,2%	18,2%
2001	-4,8%	5,4%	2,3%	10,4%	0,2%	13,5%	4,5%	18,0%
2002	-4,5%	5,7%	4,4%	8,9%	0,1%	14,7%	1,4%	16,1%
2003	-3,5%	5,6%	2,5%	11,3%	0,2%	16,0%	-0,3%	15,7%
2004	-1,4%	5,2%	1,9%	12,6%	0,1%	18,5%	-1,4%	17,1%
2005	-1,3%	4,5%	2,8%	11,2%	0,1%	17,3%	-1,2%	16,1%
2006	-2,8%	4,7%	4,0%	11,5%	0,1%	17,6%	-0,9%	16,7%
2007	-2,9%	4,5%	5,4%	10,9%	0,1%	18,1%	0,2%	18,3%
2008	-0,7%	4,5%	3,0%	11,8%	0,2%	18,8%	1,9%	20,6%
2009	-2,1%	4,5%	2,7%	10,6%	0,2%	15,9%	1,9%	17,8%

Fonte: IBGE

- As empresas não financeiras são a principal fonte de poupança doméstica, respondendo em média por dois terços da poupança nacional bruta nesse período;
- As famílias são o segundo grupo mais importante na geração de poupança, mas sua contribuição caiu cerca de 1% do PIB na segunda metade da década;
- O governo é um grande despoupador, registrando uma poupança sistematicamente negativa nesse período,
- A poupança externa chegou a mais de 4% do PIB em 2000-01, tornou-se negativa no meio da década e depois voltou a pouco menos de 2% do PIB em 2008-09.

Para entender o papel da intermediação financeira, porém, importa não só o que cada setor institucional poupa, mas também aquilo que sobra, ou falta, depois que se leva em conta seu investimento. Esse é o caso, em especial, das empresas não financeiras, pois elas financiam uma parte grande de seus investimentos via lucros retidos, que não são intermediados. A tabela 6 apresenta esse saldo, chamado pelo IBGE de "capacidade (+) ou necessidade (-) líquida de financiamento", que é dada basicamente pela diferença entre a poupança bruta e o investimento de cada setor institucional. Dois dos traços mencionados ficam mais evidentes quando se olha esse indicador: a grande necessidade de captação de recursos pelo governo e a queda no excedente de poupança gerado pelas famílias. A poupança externa também ganha um papel de destaque como fonte líquida de financiamento.

Tabela 6
Capacidade (+) / necessidade(-) líquida de financiamento, 2000-09 (% PIB)*

	Adm. Pública	Famílias	Empresas Financeiras	Empresas Não Financeiras	Instituições sem fins Lucrativos	Resto do Mundo
2000	-5,0%	0,7%	1,2%	-1,2%	0,0%	4,2%
2001	-6,7%	1,2%	2,8%	-1,8%	0,0%	4,5%
2002	-6,3%	1,4%	4,5%	-1,0%	0,0%	1,4%
2003	-4,9%	1,2%	2,4%	1,5%	0,0%	-0,3%
2004	-3,0%	1,0%	1,8%	1,6%	0,0%	-1,4%
2005	-2,9%	0,4%	2,6%	1,0%	0,0%	-1,2%
2006	-4,6%	0,4%	3,9%	1,2%	0,0%	-0,9%
2007	-4,8%	0,2%	5,2%	-0,9%	0,0%	0,2%
2008	-2,9%	0,2%	3,0%	-2,3%	0,0%	1,9%
2009	-4,6%	0,1%	2,6%	0,1%	0,0%	1,9%

Fonte: IBGE.
(*) Líquidas, inclusive, de variação de estoques e "aquisições líquidas de cessões de ativos não financeiros"

Mais ao ponto, três resultados na tabela 6 são especialmente relevantes:
- O forte aumento do crédito pessoal desde 2005 (mais sobre isso na seção 4), como se esperava, reduziu a capacidade líquida de financiamento das famílias, que no agregado deixaram de ser uma fonte relevante de financiamento.
- As empresas apresentam grande variação na sua condição líquida de financiamento, com os períodos em que prevalece a necessidade de financiamento coincidindo com a elevação dos investimentos, incluída a formação de estoques.
- O setor público tem um grau de poupança incompatível com seu esforço de investimento. Sua necessidade de financiamento caiu com o esforço fiscal realizado sob a gestão de Antonio Palocci no Ministério da Fazenda (2003-05), mas as políticas adotadas desde então reverteram em grande parte esse esforço.

Obviamente, o fato de um setor institucional ter, no agregado, uma capacidade líquida de financiamento não impede que haja dentro dele indivíduos ou empresas que necessitem de recursos, nem, vice-versa, para os setores que são demandantes líquidos de recursos no agregado. Mesmo com essa ressalva, porém, fica evidente que o governo é o principal absorvedor de recursos de outros setores institucionais, enquanto as empresas financeiras e o resto do mundo são os maiores provedores de recursos. As empresas não financeiras oscilam entre absorver e prover recursos, em geral com correlação negativa com o resultado para o resto do mundo.

A tabela 7 apresenta a forma como esses recursos são poupados, formando a riqueza financeira. Ao final de 2010, esta equivalia a 158% do PIB, sendo 13% do PIB acumulados a partir de poupanças compulsórias, que são administradas sob a forma de fundos geridos pelo setor público.[3] A riqueza financeira acumulada em outros instrumentos ou veículos, aqui chamada de voluntária, teve forte expansão na década, chegando em 2010 a 145% do PIB, distribuídos da seguinte forma: 52% em títulos corporativos, 24% em títulos públicos (incluindo as operações compromissadas), 21% em depósitos bancários e 2% em outros ativos financeiros.

Há uma clara aceleração na acumulação de riqueza financeira voluntária na segunda metade da década — excluindo ações, o aumento passa de 5% para

---

3. Incidentalmente, o saldo acumulado dessas poupanças compulsórias era em 2010 igual ao de 2000, como proporção do PIB, em parte porque seu rendimento é baixo.

20% do PIB de um lustro para outro. Essa aceleração é mais notável no que se refere aos depósitos bancários, títulos da dívida pública (inclusive operações compromissadas) e títulos da dívida corporativa. A riqueza em ações também aumenta bastante, mas o ritmo é o mesmo (em % do PIB) nas duas metades da década.

Tabela 7
Composição da carteira consolidada de ativos financeiros domésticos (% PIB, fim de período)

Riqueza financeira doméstica	2000	2005	2010
Total	102%	122%	158%
1. Fundos de poupança compulsória	13%	14%	13%
2. Riqueza financeira total ex-fundos poupança compulsória	89%	108%	145%
2.1 Instrumentos do Mercado de Capitais	40%	55%	76%
a) Ações	37%	53%	69%
b) Títulos da Dívida Privada*	2%	3%	8%
2.2 Depósitos Bancários	21%	23%	31%
2.3 Títulos da Dívida Pública	26%	24%	26%
2.4 Operações Compromissadas		3%	9%
2.5 Outros Ativos Financeiros	2%	2%	2%
Memo			
Riqueza financeira total ex-ações	64%	69%	89%
Riqueza financeira total ex-fundos compulsórios e ex-ações	52%	56%	76%

Fonte: Cemec.
(*) "No saldo de títulos de dívida privada das contas de poupança são incluídos também os títulos emitidos por instituições financeiras (ex.: debêntures de leasing, letras financeiras etc.)" (Cemec, 2011:8-9)

A descrição na tabela 7 não evidencia corretamente, porém, o papel do setor financeiro como intermediário na alocação da riqueza financeira. As tabelas 8 e 9 apresentam um quadro mais fiel em relação aos veículos utilizados para alocar a riqueza financeira voluntária. Chamam a atenção a elevada proporção da riqueza mantida nos investidores institucionais — fundos de pensão e seguradoras, por exemplo —, o destacado papel dos fundos de investimento e a participação crescente dos investidores estrangeiros. Em particular, observe-se que os estrangeiros respondem por boa parte do aumento da riqueza financeira voluntária na segunda metade da década. Note-se, ainda, que uma proporção relativamente pequena de títulos da dívida pública está fora da carteira dos intermediários financeiros.

Tabela 8
Evolução da Carteira consolidada total
(inclusive compulsória) — % PIB, fim de período

	2000	2005	2010
1. Investidores institucionais	33,3%	41,4%	52,1%
2. Outros não financeiros	52,7%	61,1%	76,2%
3. Estrangeiros	3,1%	5,8%	16,8%
4. Fundos de poupança compulsória	12,8%	13,7%	12,6%
Total da carteira consolidada	101,8%	122,0%	157,7%

Fonte: Cemec.

Tabela 9
Carteira dos ativos financeiros voluntários por alternativas
de aplicação — % PIB, fim de período

	2000	2005	2010
Ações	34,3%	48,6%	60,6%
Títulos da Dívida Privada	1,0%	1,1%	4,4%
Depósitos Bancários	19,7%	19,5%	26,2%
Títulos da Dívida Pública	5,5%	3,1%	7,9%
Fundos de Investimento	27,5%	35,3%	45,5%
Outros	0,9%	0,6%	0,7%
Total do Ativo	89,0%	108,3%	145,1%
Total do Ativo ex-ações	54,7%	59,7%	84,6%

Fonte: Cemec.

Entre os investidores institucionais, os grandes destaques são os fundos de investimento, aí incluídos os fundos de previdência, e as seguradoras. A indústria de fundos brasileira está entre as maiores do mundo, com um patrimônio líquido de pouco mais de 1 trilhão de dólares, basicamente o mesmo tamanho da dívida mobiliária do governo federal. Ao todo, são mais de 12 mil fundos em atividade no Brasil, com mais de 10 milhões de contas.

O setor de seguros se estabeleceu originalmente com base em grandes seguradoras independentes, como a Sul América, a Atlântica-Boavista e a Internacional Seguros. A partir dos anos 1970 e 1980, se observou uma forte expansão dos bancos no setor de seguros, adquirindo algumas das seguradoras e transformando as agências bancárias em importantes canais de distribuição de vários tipos de seguros. Em 2010, Bradesco (19,0%), Itaú Unibanco (19,5%, incluindo a Porto Seguro e a Azul) e Banco do Brasil (12,8%, incluindo a Mapfre) responderam por mais da metade do mercado, medido pelo volume de prêmios. O setor vem crescendo consistentemente há alguns anos, com a expansão em direção a setores menos tradicionais, como de vida, mas a receita total com prêmios, entendida de forma ampla, para incorporar planos de seguro saúde, chegou a apenas 5,2% do PIB em 2011.

A tabela 10 olha a alocação da riqueza financeira de outro prisma: o das necessidades de financiamento dos atores a quem a poupança é alocada, depois que ela passa pelas mãos dos intermediários financeiros. A tabela mostra de forma mais transparente alguns pontos fundamentais sobre a alocação da poupança no Brasil.

Como indicado antes, as empresas não financeiras são as maiores absorvedoras de poupança, via ações (em especial lucros retidos, como observado acima), créditos bancários e dívidas corporativas.[4] Ao final de 2010 elas tinham um passivo financeiro de 73,1% do PIB, considerando apenas o mercado doméstico, valor que subia para 76,3% do PIB se incluídas as captações via bancos e mercado de capitais no mercado internacional. O exigível financeiro das empresas (crédito bancário e dívida privada) aumentou bastante na segunda metade da década, depois de permanecer estável no primeiro lustro do século.

Na segunda metade da década, as pessoas físicas aumentaram significativamente seu passivo financeiro, na forma de dívidas com os bancos.

A expansão da dívida pública em poder do mercado resultou basicamente da alta nas operações compromissadas do Banco Central. O total de dívida pública na carteira dos bancos diminuiu um pouco, enquanto a detida de outras formas aumentou, sempre como proporção do PIB.

Tabela 10
Financiamento de entidades não financeiras — mercado doméstico — operações de dívida — Saldos — % PIB, fim de período

	2000	2005	2010
Mercado Doméstico	108,1%	104,5%	142,5%
1. Setor Privado	63,6%	58,5%	92,0%
1.1 Pessoa Jurídica	51,4%	52,3%	51,4%
a) Ações (patrimônio líquido empresas abertas)	32,6%	27,6%	40,6%
b) Títulos de Dívida Privada*	2,7%	2,4%	5,8%

(continua)

---

4. Observe que na tabela 10 o valor em ações se refere ao patrimônio líquido e não ao valor de mercado das empresas, na medida em que este reflete melhor a absorção de poupança.

(continuação)

	2000	2005	2010
c) Crédito Bancário	17,6%	17,9%	26,7%
1.2 Pessoa Física	10,6%	10,6%	18,9%
a) Títulos de Crédito (Empréstimos e Financiamentos a Participantes)	0,5%	0,4%	0,4%
b) Crédito Bancário	10,1%	10,2%	18,5%
2. Setor Público (incl. operações compromissadas Bacen)	**44,5%**	**46,0%**	**50,6%**
2.1 Dívida pública fora do sistema bancário**	26,5%	24,5%	26,0%
2.2 Dívida pública no sistema bancário**	18,0%	19,8%	16,8%
a) Títulos da Dívida Pública (carteira própria e vinculados)**	18,0%	19,6%	16,4%
b) Crédito Bancário (BNDES)	0,0%	0,2%	0,4%
2.3 Títulos da Dívida Pública (Operações Compromissadas do Banco Central)	0,0%	1,7%	7,7%
Mercado Internacional (Pessoas Jurídicas não Financeiras)	**14,8%**	**4,7%**	**3,2%**
1 Títulos de Dívida (bonds & notes)	6,9%	2,8%	1,0%
2 Crédito Bancário	7,9%	1,9%	2,1%
Memo			
Total mercado doméstico sem operações compromissadas	108,1%	102,8%	134,8%
Exigível financeiro pessoas jurídicas não financeiras, incluindo mercado internacional	35,1%	25,0%	35,7%

Fonte: Cemec.
(*) "Nas contas de financiamento para evitar dupla contagem, o saldo de títulos de privados não inclui debêntures de companhia de leasing e outros títulos emitidos por instituições financeiras, que representam fontes de recursos dessas entidades para sustentar suas operações de crédito; portanto, o saldo de títulos privados corresponde ao estoque de títulos de dívida colocado por empresas não financeiras via mercado de capitais." (Cemec, 2011:9)
(**) Inclui títulos estaduais e municipais.

Das tabelas acima conclui-se que, no Brasil, o mercado de capitais desempenha um papel de destaque na alocação da poupança: as ações e os títulos de dívida pública e privada respondem por cerca de três quartos da riqueza financeira voluntária. Uma parcela significativa da expansão da riqueza financeira na última década se deu, porém, via novas concessões de crédito bancário. Esse é o tema da próxima seção.

4. Crédito bancário

Historicamente, o crédito bancário foi relativamente restrito no Brasil: há apenas 10 anos, ao final de 2002, o crédito bancário totalizava apenas 22% do PIB. Como mostra o gráfico 2, esse total chegou a ser mais alto no passado, mas isso se devia em parte a critérios contábeis: as elevadas multas e juros de mora incidentes sobre empréstimos não pagos eram contabilizados no total, superestimando o grau de intermediação financeira. Tradicionalmente, se atribuiu esse baixo nível de crédito à alta inflação que marcou o país até 1994, que elevava muito a incerteza quanto ao real retorno da operação, risco que acabava refletido nos *spreads*. Como se vê no gráfico, porém, a brutal queda da inflação depois de 1994 não foi seguida de uma alta na razão crédito bancário/PIB.

À época, se atribuiu essa ausência de reação à falta de *know-how* e experiência dos bancos locais com a concessão de crédito, especialmente às pessoas físicas. Houve então um esforço de atrair instituições estrangeiras para o país, tendo a participação destas no total de ativos do setor subido de 11% em 1996 para 30% em 2001.[5] Apesar dessa importante mudança na estrutura do setor, o impacto sobre o volume de crédito foi relativamente modesto. De fato, quando o crédito bancário começou a subir com rapidez, em meados de 2004, a participação dessas instituições no setor já vinha se reduzindo, inclusive com a saída de algumas delas do país.

Não obstante, nesse período os grandes bancos organizaram suas bases de dados sobre clientes, passaram a usar mais intensamente as informações contidas nos vários *bureaus* de crédito existentes no país — setor que, desde então, vem passando por seguidos avanços, inclusive com a criação, em 1997, da Central de Risco de Crédito — e compraram e/ou desenvolveram modelos de *credit scoring* e outros para análise do risco de crédito. Os bancos também ficaram mais eficientes, seja por conta do processo de consolidação referido acima, em que as instituições menos eficientes foram assumidas por outras mais bem geridas, o que foi particularmente relevante no caso dos bancos públicos, seja pela pressão competitiva exercida pelas instituições estrangeiras — e o receio de que o setor se consolidasse sob o seu domínio, como ocorreu no México e na Argentina.

---

5. Considerando apenas o chamado segmento bancário, que exclui os bancos de desenvolvimento.

Esse foi o terreno fértil sobre o qual quatro outras transformações relevantes vieram a atuar a partir do início da década passada. A primeira foi a gradativa mas constante redução da taxa básica de juros, conforme se impôs uma forte disciplina fiscal, que reduziu a dívida líquida do setor público como proporção do PIB. A segunda foi o esforço organizado de redução do *spread* bancário, com a diminuição do Imposto sobre Operações Financeiras (IOF) incidente sobre empréstimos e dos depósitos compulsórios, por exemplo. A terceira, mais conhecida, foram as reformas institucionais que melhoraram a qualidade das garantias disponíveis para o credor: destacam-se aqui a criação do crédito consignado em folha de pagamento e da alienação fiduciária de imóveis. Essas explicam grande parte do forte aumento do crédito às pessoas físicas nos últimos anos. Finalmente, e também importante, foi o forte aumento da bancarização: em 2010 o país já tinha 88,6 milhões de contas correntes ativas, e o número de cartões de crédito pulou de 82,4 milhões em 2006 para 153,4 milhões em 2010.

Todas essas transformações contribuíram para o *boom* de crédito observado desde o final de 2003. Nesses noves anos, o crédito bancário cresceu 13,3% ao ano, em termos reais, e aquele destinado às pessoas físicas teve expansão média anual real de 16,3%. Não obstante, há ainda várias áreas em que é preciso avançar para desenvolver o setor financeiro brasileiro.

Quase duas décadas depois de a inflação ser controlada e mais de dois séculos depois de o primeiro banco público ter sido criado, essas instituições continuam desempenhando um papel central na provisão do crédito bancário no Brasil. Ou seja, elas não promoveram o desenvolvimento financeiro do país. Também importante, foram elas que geraram a alta mais recente no crédito, de forma que, pela primeira vez desde o início da década passada, os bancos públicos voltaram a responder por quase metade de todo o crédito bancário no país (gráfico 2).

Os *spreads* de juros permanecem muito elevados, a despeito da queda quase contínua nos últimos 15 anos. Da mesma forma, os prazos médios dos empréstimos são relativamente curtos. Para as pessoas físicas, ao final de 2012, o *spread* de juros foi de 27,1%, enquanto o prazo médio era de 632 dias.[6] Em parte, isso reflete a ainda reduzida participação do crédito imobiliário,

---

6. Esses valores não incorporam, porém, os empréstimos habitacionais com recursos direcionados. Se forem incluídos, assumindo que os empréstimos habitacionais tenham em média 15 anos, o prazo médio sobe para 2.140 dias.

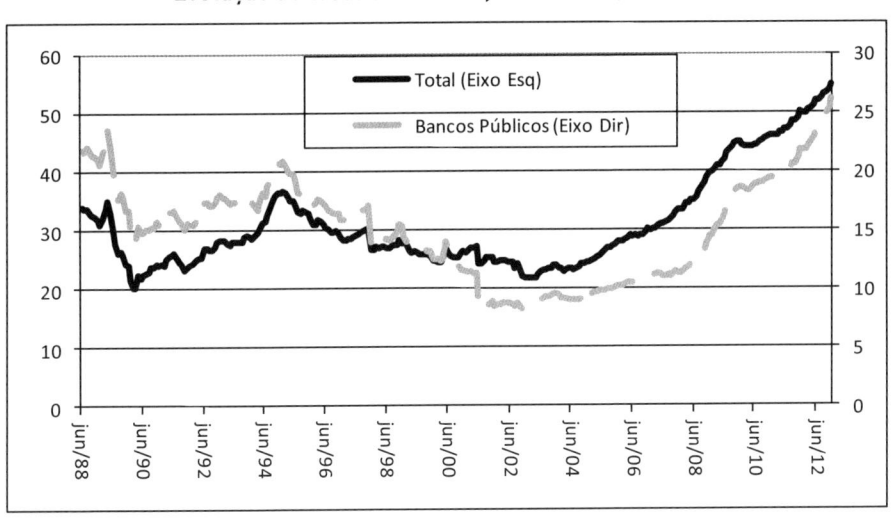

Gráfico 2
Evolução do crédito bancário, 1988-2012 (% do PIB)

[Gráfico: Total (Eixo Esq) e Bancos Públicos (Eixo Dir), jun/88 a jun/12]

Fonte: Banco Central.
Obs.: Dados com PIB corrigido para inflação, com dados pós-2010 estimados a partir da evolução da relação sem correção.

que é, não obstante, crescente: ao final de 2012, o crédito imobiliário para as pessoas físicas somava 6,3% do PIB, contra 3,7% do PIB dois anos antes. Para as pessoas jurídicas, é preciso considerar também as operações do Banco Nacional de Desenvolvimento Econômico e Social (BNDES). Supondo que essas ocorram com *spread* médio de 2% e prazo de cinco anos, tem-se que os empréstimos para as pessoas jurídicas em dezembro de 2012 tinham um *spread* de juros de 8,9% e um prazo médio de 998 dias.

Apesar da melhora observada na qualidade das garantias, a taxa de inadimplência permanece muito alta: ao final de 2012, considerando apenas as operações com recursos livres, essa era de 4% para as pessoas jurídicas e 7,9% para as pessoas físicas. Essa é parte da razão por que o *spread* de juros é tão alto. Outra razão importante é a elevada carga de tributos incidente sobre a intermediação financeira.

Todos esses fatores fazem com que os bancos no Brasil ainda exerçam um papel limitado em termos das funções elencadas por Levine (1997), mencionadas na introdução. Uma parte considerável do crédito — em especial do aumento do crédito desde 2003 — vai para as pessoas físicas e não para as empresas. Os empréstimos que estas recebem são em geral de curto prazo, de forma que o papel de selecionar e monitorar boas operações, ainda que presente, é limitado. Os investimentos em si são majoritariamente financiados pelos bancos públicos ou via crédito direcionado, caso em que outros critérios interferem com a atuação teórica dos bancos.

5. Mercado de capitais

5.1 Renda variável

Com o agravamento do processo de alta inflação, no período pré-Plano Real, o mercado de ações perdeu a pequena relevância que já tinha chegado a ter na intermediação da poupança. Esse quadro começou a mudar, porém, com a estabilização de preços e, já no início deste século, com a instituição do Novo Mercado no âmbito da Bolsa de Valores de São Paulo (Bovespa).[7] Quando se olham os números para 2010, vê-se que as ações respondiam por grande parte da riqueza financeira nacional e de estrangeiros investida no Brasil, após um expressivo aumento de 32% do PIB na riqueza detida sob a forma de ações ao longo da década. Parte desse ganho resultou da valorização das ações, como refletida na alta do Ibovespa (tabela 11), mas uma parcela também relevante resulta da acumulação de lucros retidos e de emissões primárias.

Tabela 11
Indicadores da Bovespa

	Valor de mercado		ADTV (R$ milhões)	Velocidade anual (%)*	Nº de Empresas	Ibovespa (média anual)	Emissões primárias ações	
	R$ bilhões	% PIB					R$ bilhões	% PIB
2000	441	37%	683	39,6%	459	16.263	1,4	0,12%
2005	1.129	53%	1.469	38,7%	343	27.561	4,4	0,20%
2010	2.569	70%	6.045	63,8%	381	67.254	145,2	3,89%

Fonte: BMFBovespa, Banco Central e IBGE.
(*) Relação entre o volume negociado no mercado e a capitalização de mercado da bolsa.

---

7. Uma descrição das regras e dos níveis do Novo Mercado está disponível em: <www.bmfbovespa.com.br/en-us/markets/equities/companies/corporate-governance.aspx?idioma=en-us>.

A tabela 11 mostra que na segunda metade da década cresceu a importância do mercado acionário como forma de captação de recursos pelas empresas. Mesmo excluindo das emissões primárias de 2010 a parte da Petrobras comprada pelo governo via cessão onerosa de barris de petróleo (R$ 74,8 bilhões), tem-se que em 2006-10 as empresas captaram em média 1,1% do PIB via emissões primárias de ações. Além disso, mostra que na década passada houve um substantivo aumento do volume negociado, notadamente na segunda metade da década, não por coincidência quando houve uma alta mais expressiva da riqueza financeira nas mãos de investidores estrangeiros. Em particular, o mercado de ações ficou bem mais líquido nesse período, com expressivo aumento da velocidade anual. Assim, como ilustrado na tabela 12, na primeira década deste século houve uma importante mudança na distribuição por tipo de investidor do volume negociado na bolsa, com as instituições financeiras perdendo participação para as pessoas físicas e investidores institucionais e estrangeiros. Em 2010, esses três tipos de investidores respondiam, em partes mais ou menos iguais, por 90% do giro diário da bolsa.

Tabela 12
Participação por tipo de investidor no volume financeiro — segmento Bovespa

Anual	Pessoas Físicas	Investidores Institucionais	Investidores Estrangeiros	Empresas	Instituições Financeiras	Outros
1994	9,7%	16,4%	21,4%	6,9%	45,5%	0,2%
2000	20,2%	15,8%	22,0%	4,2%	36,7%	1,1%
2005	25,4%	27,5%	32,8%	2,3%	11,7%	0,3%
2010	26,4%	33,3%	29,6%	2,3%	8,4%	0,1%

Fonte: BM&FBovespa.

Não obstante esses avanços, o Brasil ainda se compara desfavoravelmente com as economias mais desenvolvidas, e mesmo com outros países em termos da capitalização de mercado das empresas listadas e da penetração do seu mercado de ações. Em especial, houve pouco progresso na década passada em relação ao número de empresas listadas, que em 2010 era inferior ao de 2000, ainda que na segunda metade da década esse total tenha aumentado. Como mostra a tabela 13, o número de empresas com ações na bolsa brasileira compara-se desfavoravelmente com o de várias outras bolsas, mesmo aquelas de alguns países com PIB inferior ao brasileiro, como

Cingapura e Coreia do Sul.[8] Aumentar o número de empresas listadas é fundamental para reduzir a concentração da Bovespa, em termos de setores e empresas. Além disso, as empresas médias ainda têm dificuldade de listar suas ações. Não obstante, a queda no número de empresas listadas teve como contrapartida uma melhoria na qualidade da governança corporativa das empresas cotadas na Bolsa. Em especial, o número de empresas listadas com nível superior de governança — Novo Mercado, Nível 1 e Nível 2 — subiu de 65 em 2005 para 167 em 2010.

Tabela 13
Capitalização de mercado e número de empresas listadas, 2010

	Capitalização de Mercado (2010, % do PIB)	Número de empresas listadas
Chile	168%	231
Cingapura	156%	778
Inglaterra	138%	2966
Canadá	137%	3741
Estados Unidos	118%	5095
Coreia	107%	1798
China	81%	3476
Japão	75%	3566
Brasil	70%	379
México	44%	427

Fontes: Bovespa e World Federation of Exchanges.

5.2 Renda fixa

Os títulos emitidos pelo governo são o principal papel de renda fixa no Brasil, tendo o seu estoque em mercado permanecido relativamente estável ao longo da década, como proporção do PIB (tabela 14). Os fundos de investimento e os bancos são os principais detentores desses papéis, mas a sua participação vem caindo, em detrimento dos fundos de pensão e dos investidores estrangeiros, cuja participação aumentou de 2% do PIB em 2005 para 7,2% do PIB em 2010. O fato de esses investidores trabalharem com passivos relativamente longos permitiu que houvesse concomitantemente um importante alonga-

---

8. A bolsa brasileira é a 27ª do mundo em termos de número de empresas listadas.

mento de prazos e uma alta na proporção de títulos prefixados e indexados a índices de preços.

Tabela 14
Títulos públicos por detentor (DPMFi) — inclusive setor bancário, saldo — % PIB, fim de período

DETENTORES	2000	2005	2010
Fundos de Pensão	0,7%	1,7%	2,5%
Companhias de Capitalização	0,2%	0,1%	0,1%
Seguradoras	0,6%	0,6%	0,7%
Estrangeiros (com fundos de investimentos)	0,1%	0,3%	4,7%
Outros Não Financeiros	4,0%	0,6%	0,4%
Fundos de Investimento (sem estrangeiros)	21,0%	21,2%	17,7%
Setor Bancário			
Carteira Própria	15,0%	15,0%	13,5%
Vinculados	3,0%	4,6%	2,9%
Ajuste Título Público sem Fundos de Investimento, Anbima e Bacen	-4,8%	-0,2%	-0,2%
Total	39,7%	43,9%	42,2%

Fonte: Cemec.

Como discutido, os títulos de dívida privada respondem por uma parcela pequena da riqueza financeira voluntária, em comparação com o que está acumulado sob a forma de ações. Não obstante, a segunda metade da década passada foi marcada por uma forte expansão do estoque desses títulos, tanto aqueles de emissão bancária quanto corporativa, ampliando o papel do segmento de renda fixa na alocação da poupança via mercado de capitais. Nesse sentido, alguns resultados na tabela 15 merecem destaque, especialmente em relação à segunda metade da década:
• Houve um forte aumento do estoque de títulos corporativos e bancários. Na soma, um salto de 8,7% do PIB em 2006-10, contra 1,9% do PIB em 2001-05.
• A securitização de créditos ganhou expressão, tanto para emissões corporativas como bancárias. A securitização de recebíveis imobiliários — Certificados de Recebíveis Imobiliários (CRIs) e Letras de Crédito Imobiliário (LCIs) — foi o destaque, mas também digno de nota foi o volume emitido de quotas de Fundo de Investimento em Direitos Creditórios (FIDCs) e de Cédulas de Crédito Bancário (CCBs). O volume dessas operações

Tabela 15
Mobilização da poupança financeira — títulos de dívida privada — saldos (% PIB, fim de período)

	2000	2005	2010
Mercado de Capitais — Títulos de Dívida Total	**3,54%**	**5,47%**	**14,17%**
1. Títulos Corporativos	**2,56%**	**2,12%**	**4,29%**
1.1 Debêntures não leasing	2,23%	1,70%	3,10%
1.2 Notas promissórias	0,33%	0,05%	0,27%
1.3 Obrigações International Finance Corporation	--	--	0,01%
1.4 FDICs	--	0,38%	0,91%
2. Títulos Atividade Imobiliária	**0,02%**	**0,23%**	**1,21%**
2.1 Certif. Recebíveis Imobiliários (CRI)	0,02%	0,14%	0,56%
2.2 Cédulas de Crédito Imobiliário (CCIM)	--	0,08%	0,65%
3. Títulos de Atividade de Exportação	**0,13%**	**0,09%**	**0,29%**
3.1 Nota de Crédito de Exportação (NCE)	--	--	0,27%
3.2 Export Notes	0,13%	0,09%	0,02%
4. Títulos de Atividade Agrícola	**--**	**0,00%**	**0,04%**
4.1 Certif. Dir. Creditórios do Agronegócio (CDCA)	--	0,00%	0,04%
5. Títulos Bancários	**0,84%**	**3,03%**	**8,36%**
5.1 Debêntures leasing	--	2,34%	5,99%
5.2 Letras financeiras	--	--	0,70%
5.3 Letra de Crédito do Agronegócio (LCA)	--	0,00%	0,35%
5.4 Letra de Crédito Imobiliário (LCI)	--	0,19%	0,78%
5.5 Letra Hipotecária	0,84%	0,38%	0,05%
5.6 Cédula de Crédito Bancário (CCB)	--	0,14%	0,49%
Memo			
A. Mercado de Capitais —Títulos de Dívida Privada fora das Instituições Financeiras	2,40%	2,93%	7,67%
B. Títulos de Dívida Privada em Instituições Financeiras	1,15%	2,54%	6,50%
B.1 Debêntures	0,87%	2,47%	6,17%
B.2 Certif. Recebíveis Imobiliários (CRI)	0,01%	0,05%	0,33%
B.3 Letra Hipotecária	0,26%	0,02%	0,00%

Fonte: Cemec.

permanece, porém, muito sensível ao ambiente regulatório, ainda insuficientemente consolidado.
- Quase metade dos títulos de renda fixa privados está na carteira dos bancos. Isso ocorre em particular com as debêntures, que são o principal título de renda fixa privado no Brasil. Provavelmente, a maioria das debêntures na carteira dos bancos é de empresas de leasing, mas também é esse o destino de várias debêntures corporativas, caracterizando uma operação de crédito travestida de mercado de capitais. Não obstante, houve na segunda metade da década uma ampliação importante do estoque de papéis fora a carteira dos bancos, de 2,9% para 7,7% do PIB entre 2005 e 2010.

Como mostra a tabela 16, o aumento do estoque de títulos privados de renda fixa colocado fora da carteira dos bancos se explica pela expansão das posições de investidores institucionais e outros investidores, como os *family offices* e as pessoas físicas em geral, que vêm se tornando importantes detentores de títulos lastreados em recebíveis imobiliários, por conta dos benefícios tributários. É digna de nota, porém, a pouca importância dos investidores estrangeiros nesse segmento, em contraste com o que se observa na renda variável e nos títulos da dívida pública. A tendência, porém, é que esse quadro mude nos próximos anos, por conta das mudanças regulatórias e tributárias trazidas pelas Leis nº 12.431 e nº 12.715.

Tabela 16
Mobilização da poupança financeira — títulos de dívida privada por detentor — saldos (% PIB, fim de período)

Data	2000	2001	2002	2003	2004	2005	2006	2007	2008	2009	2010
1.Títulos fora da carteira das instituições financeiras	2,4%	2,7%	3,2%	2,5%	2,4%	2,9%	3,5%	4,0%	5,6%	7,6%	7,7%
1.1 Investidores institucionais	1,6%	1,6%	1,6%	1,5%	1,3%	2,0%	2,7%	2,9%	3,0%	3,1%	3,8%
1.2 Estrangeiros	0,0%	0,1%	0,0%	0,0%	0,0%	0,1%	0,1%	0,4%	0,4%	0,6%	0,2%
1.3 Outros não financeiros	0,7%	1,0%	1,6%	1,0%	1,0%	0,9%	0,8%	0,8%	2,1%	3,8%	3,8%
2. Instituições financeiras	1,1%	1,3%	1,1%	1,0%	1,1%	2,5%	4,8%	6,1%	6,4%	5,3%	6,5%
TOTAL BRUTO DE DÍVIDA PRIVADA	3,5%	4,0%	4,3%	3,5%	3,4%	5,5%	8,3%	10,2%	12,0%	12,8%	14,2%

Fonte: Cemec.

No todo, como ilustrado na tabela 17, apesar da expansão recente, o estoque de títulos privados de renda fixa no Brasil equivale a apenas uma fração do existente nos EUA. Controlando-se para o tamanho das duas economias, se observa que, enquanto esses ativos correspondem a 9,5% do PIB no Brasil (14,7% se incluídos títulos de securitização e outros emitidos pelos bancos), nos Estados Unidos esses sobem a 51,3% do PIB.

Com a queda dos juros básicos, esse é claramente um segmento com grande potencial de expansão ao longo desta década. Para isso, porém, é necessário continuar avançando com a regulação e o desenvolvimento institucional desse mercado. Em especial, um problema com os títulos privados é sua baixa liquidez. Assim, enquanto o estoque de papéis privados de renda fixa — bancários, corporativos e de crédito — aproxima-se daquele do de títulos públicos (83%), o volume de papéis negociados no mercado secundário é bem inferior (12%). Essa deveria ser uma área prioritária de trabalho.

Uma vez ultrapassado um patamar mínimo, a liquidez tende a se autoalimentar, com o aparecimento e a participação de novos agentes. Isso pode ser visto como uma falha de mercado na dinâmica econômica, na medida em que a sociedade como um todo se beneficia dessa liquidez, mas os agentes de mercado não a geram voluntariamente, seja por um problema de ação coletiva, seja porque eles não têm como se apropriar privadamente de uma proporção suficientemente alta dos benefícios daí resultantes. O desafio, portanto, é como elevar a liquidez acima desse patamar.

Tabela 17
Títulos corporativos — US$ bilhões

	Estados Unidos	Brasil
2006	5.344,2	73,5
2007	5.947,3	120,1
2008	6.198,6	114,2
2009	6.862,7	170,9
2010	7.519,0	209,3
2011 (até junho)	7.666,5	242,8

Fonte: Anbima.
Obs.: Para Brasil, incluem debêntures e notas promissórias.

Outro inibidor do mercado doméstico de renda fixa privada é a atratividade de fontes alternativas. Por exemplo, há no mercado grande demanda por papéis de bons emissores, empresas com boa governança, como Vale e Petrobras. Ocorre que essas empresas satisfazem a maior parte de sua demanda por crédito em outras fontes; em especial o BNDES e o mercado internacional. Essa maior atratividade deriva não apenas de o custo (taxa de juros e de emissão) ser mais baixo, mas também de os prazos serem mais longos, o mercado mais profundo e as emissões mais ágeis. É mais vantajoso obter recursos no BNDES do que no mercado de renda fixa, em termos do custo e, em alguns casos, do volume de recursos.

Por outro lado, a demanda por papéis que não os de melhor risco é reduzida. A política de investimento das fundações, por exemplo, limita esse tipo de aplicação, pelos critérios de *rating* e tamanho, que precisa ser grande o bastante para justificar seu envolvimento. Por outro lado, nas grandes emissões há necessidade de atrair outros investidores e há poucos candidatos com fundos para isso. Assim, a "profundidade" do mercado é um fator importante não apenas para grandes emissores como para alguns investidores. Essa é uma das razões para se facilitar a entrada do investidor estrangeiro no mercado doméstico de renda fixa privada.

Há alguma circularidade nos fatores que limitam o tamanho e os prazos no mercado de renda fixa privada. Assim, a pouca profundidade do mercado faz com que os emissores não queiram ir a mercado sem a garantia de sua colocação pelos bancos coordenadores. Isso limita o tamanho das emissões à capacidade de os bancos darem a garantia da colocação firme. Algo semelhante ocorre com o prazo: os bancos não querem fazer o *underwriting* de uma emissão muito longa, pois seus passivos são curtos. A redução do risco de subscrição é, portanto, um meio para se expandir o tamanho e o prazo das emissões.

6. Bancos públicos

Em sua análise comparada do desenvolvimento financeiro das grandes economias emergentes mais próximas à OCDE (Brasil, China, Índia, Indonésia e África do Sul), Thompson (2010) observa que um traço comum a essas economias, com a exceção da África do Sul, é que os bancos estatais respondem por uma parcela bastante elevada do total de ativos do setor bancário, que por sua vez é amplamente dominante no processo de intermediação financeira.[9]

---

9. Esta seção é parcialmente baseada em Pinheiro (2007).

Ainda que sem ter a importância relativa de que gozam essas instituições em países como China e Índia, no Brasil os bancos públicos sempre tiveram uma participação elevada no setor financeiro.

Destacam-se entre os bancos públicos brasileiros o Banco do Brasil (BB), a Caixa Econômica Federal (CEF), e o Banco Nacional de Desenvolvimento Econômico e Social (BNDES), cuja operação obedece a certa lógica de especialização:

- O BB, criado em 1808, comanda a canalização de subsídios públicos para a agricultura, mas é também um importante veículo de acesso ao sistema financeiro. É o maior banco brasileiro e aquele com características mais próximas às de uma instituição privada.
- A CEF, fundada em 1861, originalmente com uma preocupação de acesso ao sistema financeiro, atualmente se volta primordialmente para intermediação de subsídios públicos para os setores de construção habitacional e de saneamento.
- O BNDES é focado em subsidiar o setor industrial e, desde a extinção dos fundos setoriais nos anos 1980, o investimento nos setores de infraestrutura que não saneamento. Ainda que comparativamente jovem, tendo sido criado em 1952, é atualmente um dos maiores bancos de desenvolvimento do mundo, com desembolsos anuais que superam em muito os realizados pelo Banco Mundial e o Banco Interamericano de Desenvolvimento (BID), juntos. O BNDES responde sozinho por 20% de todo o crédito concedido pelo sistema financeiro brasileiro.

Além desses, o governo federal é dono do Banco do Nordeste do Brasil (BNB) e do Banco da Amazônia (Basa), que são orientados para canalizar subsídios públicos com vistas a fomentar o desenvolvimento das regiões Nordeste e Norte, inclusive ampliando o acesso ao sistema brasileiro de pagamentos nessas regiões. Somam-se a esses os bancos instituídos pelos governos estaduais, tanto bancos comerciais como de desenvolvimento, que replicam em menor escala a organização federal.

Nas cinco décadas que vão do fim da Segunda Guerra Mundial às vésperas do Plano Real, o BB e a CEF responderam por algo entre 41% e 56% do total dos empréstimos bancários no país. Após o Plano Real, porém, a participação dos bancos públicos no crédito bancário diminuiu gradativamente (gráfico 2), por conta das privatizações e do fechamento de algumas dessas instituições, em especial os bancos públicos estaduais, assim como da limpeza dos balanços, com destaque para a baixa (retirada do balanço) dos créditos habitacionais "podres" dos ativos da CEF no primeiro semestre de 2001 (tabela 18).[10]

Tabela 18
Operações de crédito do sistema financeiro público por tomador final (% do PIB)

	Ao Setor Privado						Total		
	Indústria	Habitação	Rural	Comércio	Pessoas Físicas	Outros Serviços	Ao Setor Público	% do PIB	% do Crédito Total do SFN
Dez. 95	3,1%	5,3%	2,9%	1,2%	0,7%	1,2%	4,7%	19,3%	55%
Dez. 00	2,8%	4,0%	1,7%	0,5%	1,2%	1,0%	0,9%	12,2%	43%
Dez. 05	2,9%	1,1%	2,0%	0,8%	1,8%	2,2%	0,8%	11,5%	37%
Dez. 06	2,9%	1,1%	1,9%	0,8%	1,7%	2,2%	0,6%	11,3%	37%
Dez. 08	4,0%	1,5%	2,0%	1,0%	2,4%	3,0%	0,8%	14,7%	36%
Dez. 12	5,5%	4,9%	2,3%	1,5%	4,1%	4,6%	2,6%	25,5%	48%

Fonte: Banco Central.

Esse processo se reverteu, não obstante, desde a crise financeira internacional: a parcela das instituições financeiras estatais no crédito bancário, que chegou a 36% do total ao final de 2008, aumentou fortemente nos quatro anos seguintes, atingindo 48% ao final de 2012 e devendo subir outra vez em 2013. No todo, entre os finais de 2006 e 2012, o total de crédito concedido pelos bancos públicos saltou em 14,2% do PIB. Em comparação às instituições estrangeiras e às privadas nacionais, observa-se que os bancos públicos:

- Emprestam mais para o setor público e para o segmento habitacional, que respondem por parcelas crescentes de suas operações. Juntos, esses dois segmentos experimentaram uma alta de 5,8% do PIB no crédito concedido pelos bancos públicos entre os finais de 2006 e 2012;
- São responsáveis pela maioria (cerca de 60%) do crédito rural;
- Têm uma parcela minoritária do crédito às pessoas físicas, apesar de também terem expandido consideravelmente essas operações a partir de 1999. Em especial, entre o final de 2006 e de 2012, seus empréstimos às pessoas físicas (crédito ao consumo) tiveram uma expansão de 2,4% do PIB;
- Respondem por cerca da metade do crédito à indústria (53%) e aos outros serviços (50%), e por 29% do financiamento bancário ao comércio, segmento dominado pelos bancos privados nacionais e os estrangeiros.

---

10. Note que a "limpeza" do balanço da CEF no primeiro semestre de 2001 reduziu em 3% do PIB o volume de crédito direcionado.

Registre-se que os bancos públicos não são o único instrumento utilizado para canalizar subsídios para determinados setores da economia. Há, adicionalmente, o direcionamento do crédito por meio de regulações diversas, que incidem também sobre os recursos disponíveis nos bancos privados, e que, no total, abrange 37% de todo o crédito concedido no Brasil. Dos créditos bancários para os setores de habitação (pessoas físicas) e rural, 93% e 74%, respectivamente, são feitos com recursos direcionados.

Há uma concordância na literatura de que os bancos públicos são menos eficientes do que os privados, pois perseguem outros objetivos que não apenas o lucro. A discordância é sobre a natureza desses objetivos. Os que defendem a sua existência falam de promover o desenvolvimento econômico, os que os criticam, de defender os interesses dos políticos que os controlam. A evidência empírica no Brasil confirma a menor eficiência dessas instituições.

Segundo o estudo da Booz-Allen e Hamilton-Fipe (2000), relativamente aos bancos privados, as instituições financeiras públicas federais têm despesas administrativas por agência 22% mais altas; 37% mais funcionários por agência; 81% mais despesas de pessoal por funcionário. Ness (2000) também observa que os bancos públicos no Brasil se destacaram historicamente pela má qualidade dos seus ativos, pelas elevadas taxas de inadimplência e pelos custos operacionais extraordinariamente altos. Beck, Crivelli e Summerhill (2005) e Nakane e Weintraub (2005) mostram que os bancos públicos brasileiros são menos produtivos do que seus congêneres privados e que a privatização teve um impacto positivo sobre a produtividade dos bancos que passaram por esse processo, superior ao obtido com a simples reestruturação dos bancos públicos, sem venda.

A literatura sobre bancos públicos é controversa sobre a sua utilidade, mas aqueles que defendem sua existência apontam que esses podem promover o desenvolvimento econômico de três formas principais: (i) estendendo o acesso ao mercado financeiro, tanto no que tange ao sistema de pagamentos quanto a outros serviços; (ii) fomentando a intermediação financeira, ao dar segurança aos poupadores de colocar seus recursos no sistema financeiro e efetivamente usando esses fundos para financiar o desenvolvimento; e (iii) melhorando a eficiência alocativa da economia, ao apoiar projetos com retorno social superior ao privado. Subsidiariamente, essas instituições poderiam servir de linha auxiliar na gestão da política monetária, incentivar a competição e fornecer quadros de qualidade para apoiar a execução das políticas públicas.

Cabe nos perguntar, portanto, em que grau a atuação dos bancos públicos brasileiros tem contribuído para que se atinjam esses objetivos, e em que medida o Brasil ainda necessita deles para isso.

Os bancos públicos desempenharam, em épocas distintas, e em geral mais intensamente nos anos imediatamente após a sua fundação, as funções clássicas que a literatura lhes atribui. Por exemplo, o fomento à intermediação financeira foi parte essencial da motivação original para a criação da CEF, como explicitado no Decreto Imperial que a criou, onde se indica que ela deveria ter como principal função incentivar a poupança popular e conceder empréstimos, por meio de penhor, única alternativa então à disposição de grande parte da população. Essa parece ter sido uma experiência bem-sucedida, pois 13 anos depois o imperador autorizou as províncias a instalarem suas próprias Caixas Econômicas.

A questão que se coloca é se, em um Brasil muito mais desenvolvido do que quando essas instituições foram criadas, ainda se justifica a existência de bancos públicos no Brasil, e com a escala que mantêm atualmente. A evidência empírica sugere que não, ainda que as conclusões sejam dificultadas pela falta de transparência.

Yeyati, Micco e Panizza (2004) observam que três medidas que aumentam a chance de sucesso das intervenções de caráter social dos bancos públicos são a precisão quanto à sua missão, a clara contabilização do componente de subsídio de seus financiamentos e a constante avaliação de seus resultados. Em especial, a transparência e uma contabilidade fiscal adequada exigiriam que se medissem os subsídios recebidos pelos bancos públicos. A importância de controles também é apontada por Aghion (1995), em especial a existência de metas de desempenho para a intervenção do banco e a obrigatoriedade de cofinanciamento entre o banco público e instituições privadas, inclusive como forma de inibir a corrupção.

No Brasil, há muito pouca transparência sobre tudo isso. Não se sabe o valor e o custo dos subsídios, qual o objetivo dessas intervenções e muito menos sobre os seus resultados, inclusive porque os próprios bancos não os avaliam. Não surpreende, assim, que não haja um conjunto de avaliações do impacto da atuação dos bancos públicos — e o crédito direcionado — comensurável à sua importância no sistema financeiro brasileiro. Não obstante, há algumas evidências que ilustram não haver um adequado retorno para o enorme volume de recursos públicos consumidos nessas instituições.

A já citada análise da Booz-Allen e Hamilton-Fipe (2000) apontou uma série de lacunas importantes na atuação dos bancos públicos federais. Primeiro, 75% dos pontos de atendimento do BB e da CEF estavam à época do estudo em localidades atendidas pelas duas instituições, o BB estava presente em mais de 90% dos municípios em que atuavam o Basa e o BNB, e em 34% dos municípios brasileiros havia sobreposição entre as redes privada e dos bancos públicos federais. De fato, os bancos públicos respondem hoje por 40% das agências e 36% dos pontos de atendimento bancário no país, mas uma elevadíssima proporção das agências e pontos de atendimento está localizada próxima a unidades semelhantes de instituições privadas. Não é mais o caso, portanto, de que os bancos públicos são necessários para garantir o acesso ao sistema financeiro, menos ainda que eles precisem ter a dimensão atual para isso.

Kogut (2006), por sua vez, mostra que o BNDES não aloca seus recursos de forma a favorecer a criação de empregos, não atua de forma importante como um instrumento contracíclico, é viesado em favor das grandes empresas, e, principalmente, não promove os setores mais inclinados à criação tecnológica: "a correlação negativa entre os desembolsos do BNDES e o nível de inovação levantam dúvida quanto à rationale econômica dos subsídios do BNDES". Kogut (2006) conclui que este "comportamento tem o benefício de minimizar os riscos associados com empréstimos de má qualidade, mas ao mesmo tempo ele falha em não justificar os elevados subsídios que o Banco provê aos seus clientes". Pinheiro (2007) atualiza o exercício de Kogut (2006) e chega a conclusões semelhantes.[11]

O viés pró grandes empresas dos empréstimos do BNDES é um sinal de que sua atuação contribui pouco para fomentar a intermediação financeira (tabela 19). Assim, os recursos e subsídios do banco vão majoritariamente para empresas de baixo risco de crédito, algumas detentoras de grau de investimento, como é o caso da Vale e da Petrobras. São recursos que simplesmente substituem o financiamento que poderia ser obtido com facilidade, e a um custo internacionalmente competitivo, junto aos bancos privados e ao mercado de capitais. De fato, a partir do momento em que o banco empresta recursos a

---

11. Pinheiro (2007) avalia que as operações dos grandes bancos públicos federais não têm nenhum efeito positivo sobre o crescimento econômico, com a exceção do impacto positivo dos créditos do Banco do Brasil sobre a expansão do PIB agrícola estadual. Em especial, não há evidência de que essas instituições atuem de forma a corrigir falhas de mercado.

juros reais nulos ou muito baixos, como tem ocorrido em anos recentes, ele acaba inibindo o desenvolvimento do mercado de capitais.

Tabela 19
Participação dos maiores clientes do BNDES na sua carteira de empréstimos (30 jun. 2011)

	Valor (bilhões de reais)	%
10 maiores clientes	149,1	39,3
Próximos 50 maiores clientes	115,4	30,4
Próximos 100 maiores clientes	58,8	15,5
Demais clientes	56,0	14,8
Total	379,2	100,0

Fonte: BNDES.

Outra preocupação constante que sai da experiência brasileira é o efeito negativo dos bancos públicos sobre a eficiência da política monetária. Na mesma linha, as operações cruzadas entre o Tesouro Nacional e o BNDES desenvolvidas em 2009-12 contribuíram para reduzir a transparência das contas fiscais. Ness (2000) observa que a possibilidade de os governos se financiarem junto aos seus bancos, tanto em nível federal como estadual, dificultou significativamente, até recentemente, a execução da política monetária, além de criar um *soft budget* que viabilizava a indisciplina fiscal. Novaes e Werlang (1995) também mostram que a existência de bancos públicos dificulta a obtenção de disciplina fiscal, criando um viés em direção a elevados déficits fiscais e alta inflação.[12] Os autores observam que um banco público é único, no sentido de que seus depositantes e controladores agem com a certeza de estarem inteiramente protegidos contra o risco de falência.

Outra questão diz respeito ao custo social dos subsídios disponibilizados para os bancos públicos, que distorcem a eficiência alocativa nos setores tributados. O custo fiscal dos subsídios concedidos aos bancos públicos não é pequeno, especialmente considerando a intermediação com juros negativos que o Tesouro Nacional faz para prover o BNDES de recursos, operações que se tornaram a principal fonte de recursos da instituição. Os subsídios concedidos aos demais bancos públicos são mais difíceis de estimar, mas também são significativos.

---

12. Ver também Moura (2007).

7. Conclusões

O setor financeiro brasileiro deu historicamente uma contribuição limitada ao desenvolvimento do país. Em parte isso se deveu à frágil situação macroeconômica, em especial à elevadíssima inflação, que ao mesmo tempo encurtou horizontes e desviou a atenção das instituições financeiras para outras atividades que não o financiamento do investimento e da produção. Esse quadro começou a mudar com o sucesso do Plano Real em promover a estabilização monetária, após o qual o setor financeiro passou por ampla e profunda reestruturação.

As reformas dos anos 1990 e outras promovidas já no início deste século prepararam o terreno para uma vigorosa expansão do setor financeiro. O crédito bancário mais do que dobrou como proporção do PIB e hoje em dia, exceto pelo segmento habitacional, já não destoa do padrão internacional. Pelo contrário, a preocupação atual é exatamente se o volume de crédito, em especial para as pessoas físicas, não se expandiu de forma muito acelerada, acentuando o risco de que as famílias tenham dificuldade de honrar suas dívidas, em especial em um cenário de piora no mercado de trabalho.

O mercado de capitais também se desenvolveu consideravelmente na última década. Em 2010, dos 145% do PIB de riqueza financeira voluntária acumulada no Brasil, mais da metade estava em títulos corporativos e um quarto em títulos públicos. No todo, portanto, três quartos da riqueza financeira nacional são detidos por meio de instrumentos do mercado de capitais. O grau de desenvolvimento desse mercado é, porém, bastante distinto nos seus diferentes segmentos. O de renda variável experimentou significativos avanços na primeira década deste século, notadamente a partir da criação e consolidação do Novo Mercado. A melhor governança e a forte entrada de capitais externos deram um grande impulso ao mercado acionário como meio de captação de recursos pelas empresas. Não obstante, em algumas dimensões o Brasil ainda se compara desfavoravelmente com os mercados mais desenvolvidos. Esse é o caso, por exemplo, do número de empresas listadas.

Na renda fixa, o segmento de títulos públicos também apresentou historicamente um grau importante de sofisticação e volume, este explicado por o setor público ter registrado historicamente uma grande necessidade líquida de financiamento. O mercado de capitais é o principal meio pelo qual outros setores institucionais transferem recursos para o governo. O estoque em mercado desses ativos permaneceu relativamente estável ao longo da década, como proporção do PIB. Os fundos de investimento e os bancos são os principais detentores desses papéis, mas nos dois casos o estoque de papéis caiu como proporção do PIB. Por outro lado, cresceu o volume de papéis detidos pelos fundos de pensão e investidores estrangeiros.

Também o mercado de títulos bancários de renda fixa é razoavelmente grande no Brasil, com a riqueza financeira poupada sob a forma de letras, debêntures de *leasing* e Cédulas de Crédito Bancário somando 8,4% do PIB ao final de 2010, total em que se destacam as debêntures de *leasing*. Esse total vem aumentando, na medida em que as letras financeiras ganham parte do mercado de CDBs.

O segmento que se mostra menos desenvolvido é o de títulos corporativos de renda fixa, ainda que sua importância tenha crescido na segunda metade da década. Em 2010, o saldo desses papéis somava 4,3% do PIB, total ao qual poderia ser adicionado 1,5% do PIB em títulos resultantes da securitização de recebíveis imobiliários e ligados às exportações. Houve uma significativa alta no saldo desses papéis na segunda metade da década.

Que obstáculos ainda limitam a ampliação do mercado de renda fixa corporativa no Brasil? Há vários dignos de nota, como a elevada taxa básica de juros, padrões culturais, assimetrias de informação e regras tributárias.

O incompleto ajuste macroeconômico é uma barreira importante. A taxa básica de juros permanece elevada e a colocação de grandes volumes de títulos públicos desloca as emissões de renda fixa corporativa, pois oferecem rendimento elevado, menor risco de crédito, mais liquidez e, até recentemente, menor tributação. Além disso, os papéis do governo contam com um tratamento privilegiado em termos regulatórios, seja quanto às exigências de capital, seja como garantia em operações na bolsa ou com o BNDES. Some-se a isso o fato de que o Tesouro e o Banco Central fazem o papel de comprador de última instância desses títulos para instituições financeiras detentoras de conta reserva bancária, mas não há um mecanismo semelhante para títulos privados.

A elevada carga tributária é outro problema, devido ao tamanho da cunha fiscal na intermediação financeira. Esse não é problema exclusivo do mercado de capitais, afetando também o desenvolvimento e a eficiência do setor bancário. Adicionalmente, a também elevada tributação das empresas não financeiras é um estímulo à informalidade — o que reduz a transparência da sua contabilidade e seu acesso ao financiamento — e ao "planejamento tributário", que entre outras coisas ajuda a explicar o pequeno número de empresas listadas na bolsa de valores.

A atratividade de fontes alternativas é outro limitante relevante. Por exemplo, há no mercado grande demanda por papéis de bons emissores, empresas com boa governança, como Vale e Petrobras. Ocorre que essas empresas satisfazem a maior parte de sua demanda por crédito em outras fontes; em especial no BNDES e no mercado internacional. Isso cria um problema de seleção adversa, ao mesmo tempo que tira do mercado emissores que poderiam abrir espaço para empresas de menor tamanho e/ou qualidade.

Esse último ponto é um dos vários em que a atuação dos bancos públicos precisa ser revista para se adequar à realidade de um país muito mais desenvolvido do que quando essas instituições foram criadas. Entre outras coisas, é preciso reduzir o volume de subsídios concedidos por essas instituições, muitos dos quais contribuem para elevar a carga tributária e inibir o desenvolvimento do setor financeiro privado, sem gerar benefícios externos aos projetos apoiados.

Também é necessário dar maior transparência à alocação de subsídios pelos bancos públicos, requerendo-se, *ex ante*, que se enunciem os objetivos sociais que pretendem alcançar com o apoio a projetos específicos, e, *ex post*, que se avalie o grau em que estes foram alcançados.

Por outro lado, há espaço para uma atuação mais intensa do BNDES em estimular que uma parte maior da poupança nacional seja canalizada por meio de títulos privados de renda fixa. O banco poderia, por exemplo, condicionar o acesso a seus recursos à obtenção de parte do financiamento no mercado de capitais, por meio de emissões com boa governança. O banco também poderia ampliar suas próprias emissões, em particular promovendo a securitização de seus créditos mais longos. Ou poderia prover parte de seus financiamentos via títulos de renda fixa, em lugar de operações bancárias tradicionais. Esses títulos poderiam ser eventualmente negociados no mercado secundário.

O setor financeiro brasileiro necessita, portanto, implementar uma nova agenda de reformas que, apesar de desafiadora, também é bastante promissora. A exemplo do que ocorreu com as mudanças introduzidas no decênio seguinte ao Plano Real, essa deve focar nos problemas que constrangem o desenvolvimento do setor, em lugar de se limitar a expandir o crédito subsidiado dos bancos públicos.

Referências

AGHION, B. A. *Development banking*. Londres: London School of Economics and Political Science, 1995. (Working Paper n. 64)

BECK, T.; CRIVELLI, J. M.; SUMMERHILL, W. *State bank transformation in Brazil*: choices and consequences. 2005. (World Bank Research Working Paper, n. 3619)

BOOZ-ALLEN; HAMILTON-FIPE. *Instituições financeiras públicas federais*: alternativas para a orientação estratégica. Brasília, 2000. Mimeografado.

CEMEC. Participação do mercado de capitais na mobilização de poupança e no financiamento da economia brasileira: retrospecto 2000-2010. Relatório Cemec 05, 2011.

KOGUT, J. *BNDES: a different view*: a study on BNDES recent lending behavior — 1996-2003. John Kennedy School of Government, Harvard University, 2006. Mimeografado.

LEVINE, R. Finance and growth: theory and evidence. In: AGHION, P.; DURLAUF, S. (Ed.). *Handbook of economic growth*. 2005. v. 1.

____. Financial development and economic growth: views and agenda. *Journal of Economic Literature*, v. XXXV, n. 2, June 1997.

MATOS, O. Desenvolvimento do sistema financeiro e crescimento econômico no Brasil: evidências e causalidade. Banco Central do Brasil, 2002. (Trabalhos para Discussão n. 49)

MOURA, A. Bancos públicos estaduais e políticas macroeconômicas. In: PINHEIRO, A. C.; OLIVEIRA FILHO, L. C. de (Org.). *Mercado de capitais e bancos públicos*: análise e experiências comparadas. Contracapa, 2007.

NAKANE, M.; WEINTRAUB, D. Bank privatization and productivity evidence in Brazil. *Journal of Banking and Finance*, v. 29, 2005.

NESS, W. Reducing government bank presence in the Brazilian financial system: why and how. *Quarterly Review of Economics and Finance*, v. 40, 2000.

NOVAES FILHO, W.; WERLANG, S. Inflationary bias and state-owned financial institutions. *Journal of Development Economics*, v. 47, 1995.

PAGANO, M. Financial markets and growth: an overview. *European Economic Review*, Elsevier, v. 37, n. 2-3, 1993.

PINHEIRO, A. C. Bancos públicos no Brasil: para onde ir? In: PINHEIRO, A. C.; OLIVEIRA FILHO, L. C. de (Org.). *Mercado de capitais e bancos públicos*: análise e experiências comparadas. Contracapa, 2007.

_____. *O mercado de capitais e o desafio da poupança no Brasil.* 2012. Mimeografado.

RODRIK, D. *Rethinking growth policies in the developing world.* Kennedy School, Harvard, 2004. Mimeografado.

THOMPSON, J. *Current and structural developments in the financial systems of OECD enhanced engagement countries.* OECD, 2010.

WATCHEL, P. How much do we really know about growth and finance? *Federal Reserve Bank of Atlanta Economic Review*, First Quarter, 2003.

YEYATI, E.; MICCO, A.; PANIZZA, U. Should the government be in the banking business?" The role of state-owned and development banks. In: SEMINÁRIO IDB-IIC "GOVERNMENTS AND BANKS: RESPONSIBILITIES AND LIMITS", 2004.

Capítulo 9

Ambiente de negócios e reformas institucionais no Brasil

Fernando Veloso*

1. Introdução

Vários estudos mostram que uma baixa eficiência agregada da economia, medida pela produtividade total dos fatores (PTF), é um dos principais fatores responsáveis pelo atraso dos países em desenvolvimento em geral, e do Brasil em particular, em relação às economias desenvolvidas.[1] Pesquisas recentes também mostram que a regulação excessiva do ambiente de negócios resulta em ineficiências na alocação de fatores de produção entre firmas, que por sua vez têm forte impacto negativo na PTF agregada.[2] Nesse sentido, o objetivo deste capítulo é analisar o ambiente de negócios no Brasil, seu impacto na PTF agregada, e o papel das reformas institucionais para sua melhoria.

Entre 1950 e 1980, o modelo brasileiro de desenvolvimento foi baseado na substituição de importações e em forte intervenção do Estado na economia. Diante da perda de dinamismo da economia a partir de 1980, foram implementadas, ao longo da década de 1990, várias reformas com foco na

---

* Pesquisador do Instituto Brasileiro de Economia da Fundação Getulio Vargas (FGV/IBRE). O autor agradece o apoio do assistente de pesquisa Paulo Henrique Ribeiro Peruchetti.
1. Klenow e Rodriguez-Clare (1997) e Hall e Jones (1999) utilizam uma metodologia de decomposição do desenvolvimento e mostram que a PTF explica a maior parte das diferenças de produtividade do trabalho entre países. Ferreira, Pessôa e Veloso (2008) utilizam a mesma metodologia e mostram que na década de 1970 a contribuição dos fatores de produção (capital físico e humano) para explicar diferenças de produtividade do trabalho entre países era maior que a da PTF, mas que ao longo do tempo a contribuição da PTF aumentou, resultando na sua predominância a partir da década de 1990. Ferreira e Veloso (2013) mostram que a PTF explica a maior parcela da diferença de produtividade do trabalho entre o Brasil e os Estados Unidos.
2. Loayza e Servén (2010) mostram que uma regulação excessiva do ambiente de negócios reduz a eficiência da alocação de fatores entre firmas e eleva a informalidade.

maior participação do setor privado na atividade econômica e na abertura ao exterior. No entanto, o processo de reformas perdeu impulso desde meados da década de 2000, o que coloca obstáculos para o aumento da produtividade nos próximos anos.

Além desta introdução, o capítulo está organizado da seguinte forma: a segunda seção mostra a importância da PTF para o crescimento econômico brasileiro no pós-guerra e para explicar a distância atual do país em relação às economias desenvolvidas. Em seguida, são discutidos alguns de seus aspectos mais importantes, como a baixa produtividade do setor de serviços e as evidências de ineficiências na alocação de fatores de produção entre firmas no Brasil e na América Latina. Finalmente, são discutidos alguns estudos que associam a baixa PTF à regulação excessiva do ambiente de negócios. A terceira seção analisa a evolução do ambiente de negócios no Brasil nas últimas décadas, com ênfase nas principais reformas implantadas na década de 1990 e no início dos anos 2000. A quarta seção analisa o ambiente de negócios atual no Brasil, e em que medida ele se diferencia de outros países de renda *per capita* similar e de países desenvolvidos. A quinta seção resume as principais conclusões e discute os principais desafios para a melhoria do ambiente de negócios no país.

2. Evolução da PTF e crescimento econômico brasileiro no pós-guerra[3]

A renda *per capita* brasileira elevou-se de forma significativa no período do pós-guerra.[4] Como mostra o gráfico 1, ela aumentou quase cinco vezes entre 1950 e 2010. No entanto, grande parte desse crescimento ocorreu entre 1950 e 1980, quando a renda *per capita* quadruplicou, expandindo-se a uma taxa de 4,8% ao ano (a.a.). A partir de 1980, houve uma grande desaceleração do crescimento, e nos 30 anos seguintes a renda *per capita* cresceu apenas 0,6% a.a.

---

3. Esta seção é parcialmente baseada em Ferreira e Veloso (2013).
4. Nesta seção faremos uma análise do crescimento da economia brasileira no pós-guerra com base nos dados da versão 7.1 da Penn World Table, que contém informações para 189 países, de 1950 (para um subconjunto de países) até 2010. A principal vantagem da Penn World Table é que os dados de produto, investimento e demais estatísticas das Contas Nacionais são calculados segundo o conceito de paridade de poder de compra (preços internacionais), que corrige os efeitos de diferenças sistemáticas de custo de vida entre as economias. Os dados da Penn World Table estão disponíveis em: <http://pwt.econ.upenn.edu>. Para mais detalhes, ver Heston, Summers e Aten (2012).

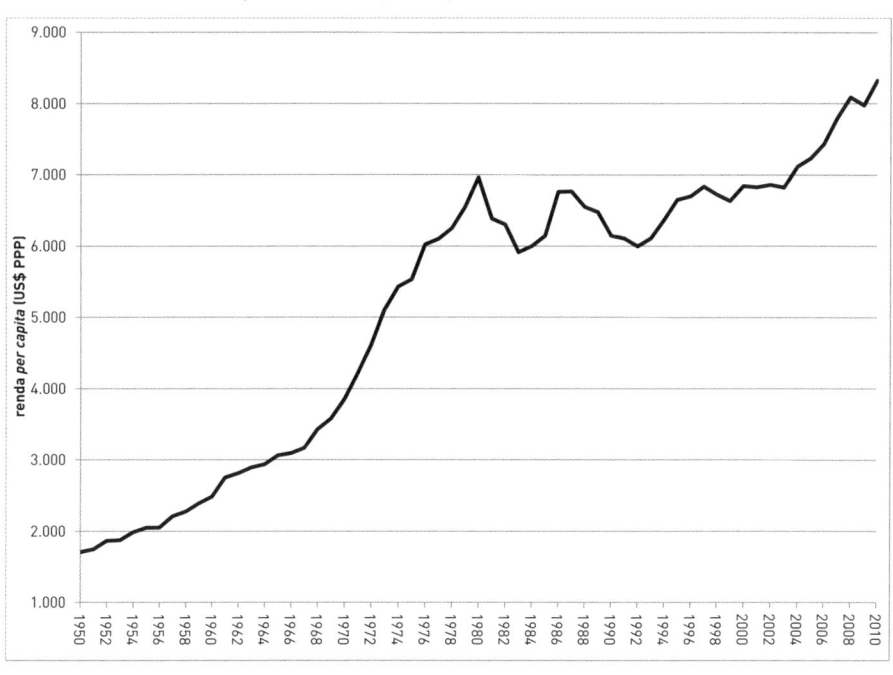

Gráfico 1
Evolução da renda *per capita* — Brasil, 1950-2010

Fonte: Penn World Table 7.1.

Para que se tenha uma ideia de magnitude, um país com a taxa de crescimento que o Brasil experimentou entre 1950 e 1980 dobra sua renda *per capita* aproximadamente a cada 15 anos. Isso implica que, se o país tivesse mantido essa taxa de crescimento nos 30 anos que se seguiram, nossa renda *per capita* atualmente seria cerca de 16 vezes a de 1950, em vez de cinco.

Existem, no entanto, importantes variações dentro de cada período. Durante a década de 1950, a renda *per capita* cresceu 3,8% a.a., mas o dinamismo da economia brasileira perdeu fôlego na primeira metade da década de 1960. No período 1968-73, ocorreu o "milagre" econômico brasileiro, com crescimento anual da renda *per capita* de 8,3%. Entre 1973 e 1980, o crescimento desacelerou para 4,5% a.a., embora continuasse elevado.

Da mesma forma, a trajetória do crescimento entre 1980 e 2010 não foi homogênea ao longo do período. Entre 1980 e 1992, houve grande flutuação da renda *per capita*, e no final do período seu valor era 14% menor que no início, o que corresponde a uma redução anual média de 1,2%. Esse processo foi revertido entre 1992 e 2003, quando ocorreu uma expansão média anual de

1,1%. Nesse último ano, no entanto, a renda *per capita* ainda estava 2% abaixo de seu valor em 1980. Entre 2003 e 2010, houve uma aceleração do crescimento da renda *per capita* para 2,9% a.a., o que representou um crescimento acumulado de 22% nesse período.

Como mostra o gráfico 2, a trajetória da produtividade do trabalhador foi similar à da renda *per capita*. Entre 1950 e 1980, o produto por trabalhador cresceu 4,5% a.a. Entre 1980 e o início da década de 1990 houve uma queda da produtividade do trabalho, seguida de estabilidade até o início dos anos 2000. Entre 2003 e 2010, a produtividade passou a crescer a uma taxa média anual de 2% a.a.

Gráfico 2
Evolução do produto por trabalhador — Brasil, 1950-2010

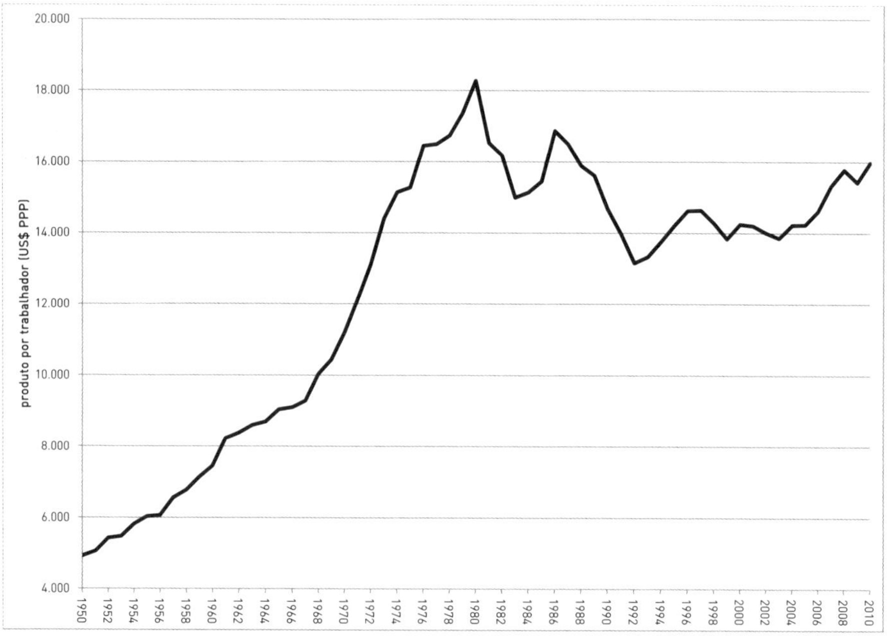

Fonte: Penn World Table 7.1.

Quando analisamos este desempenho do ponto de vista relativo, comparando-o ao dos Estados Unidos, o gráfico 3 mostra que o período pré-1980 foi de convergência, quando reduzimos nossa distância em relação aos EUA, seguido por um período de divergência. Em particular, entre 1950 e 1980 a renda *per capita* brasileira elevou-se de 13% para 28% da norte-americana, enquanto o produto por trabalhador relativo aumentou de 16% para 35%. Devido à forte queda do crescimento brasileiro e à continuidade da expansão da economia norte-americana, ambas as variáveis caíram nas décadas seguintes, estabilizando-se em torno de 20% na segunda metade dos anos 2000, o que corresponde a um nível relativo similar ao do início da década de 1960.

Outro aspecto do gráfico 3 que deve ser ressaltado é que, durante várias décadas, a renda *per capita* relativa do Brasil era menor do que a produtividade relativa. Isso se deve ao fato de que a taxa de participação na força de trabalho era menor no Brasil do que nos EUA. Com sua elevação a partir do final dos anos 1970, a taxa de participação brasileira igualou-se à norte-americana no final da década de 2000, o que fez com que a diferença de renda *per capita* entre os dois países passasse a ser inteiramente explicada pela diferença de produtividade do trabalhador.

Gráfico 3
Evolução da renda *per capita* e do produto por trabalhador do Brasil relativo aos Estados Unidos, 1950-2010 [em %]

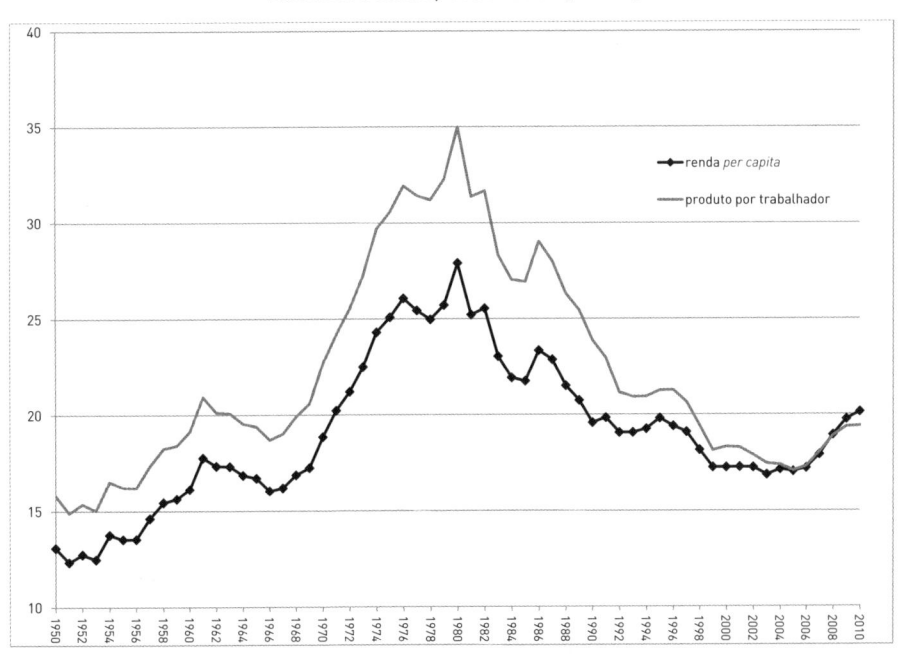

Fonte: Penn World Table 7.1.

O crescimento do produto por trabalhador depende da acumulação de capital físico (máquinas, equipamentos e construção), de capital humano (educação) e da elevação da produtividade total dos fatores (PTF). A PTF é uma medida de eficiência agregada da economia, que inclui a tecnologia e a eficiência da alocação dos fatores de produção entre firmas.

O gráfico 4 mostra que a evolução da PTF no Brasil entre 1950 e 2010 teve uma trajetória similar à do produto por trabalhador.[5] Entre 1950 e 1980, a PTF cresceu 1,8% a.a. No período do "milagre", entre 1968 e 1973, houve uma grande aceleração no crescimento da PTF (5,2% a.a.). Entre 1973 e 1980, a PTF permaneceu relativamente estagnada, a despeito do crescimento do produto por trabalhador. A partir de 1980, houve um colapso da PTF, que caiu 4,2% a.a. entre 1980 e 1992. No período 1992-2003, houve uma redução da velocidade de queda da PTF para -1% a.a. A partir de 2003, ocorreu uma reversão da queda da PTF, que passou a crescer a uma taxa anual de 1,4% até 2010.

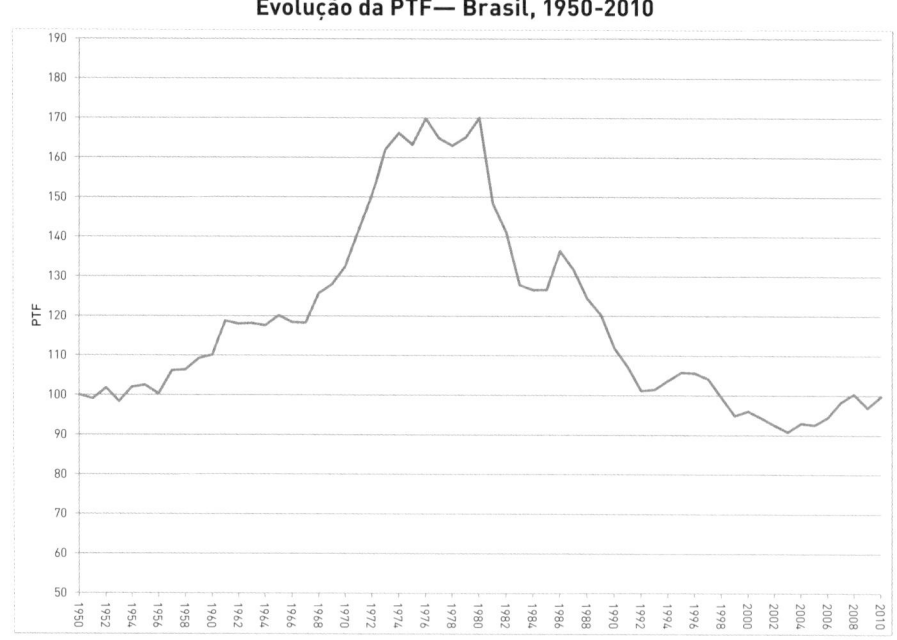

Gráfico 4
Evolução da PTF— Brasil, 1950-2010

Fonte: Penn World Table 7.1, Barro e Lee (2010) e cálculo do autor.
OBS: 1950=100.

---

5. Para maiores detalhes sobre a metodologia de cálculo da PTF adotada neste capítulo, ver Ferreira, Pessôa e Veloso (2008, 2013) e Veloso, Villela e Giambiagi (2013). Gomes, Pessôa e Veloso (2003), Barbosa Filho, Pessôa e Veloso (2010) e Ferreira e Veloso (2013) analisam a evolução da PTF no Brasil.

A contribuição da PTF para o crescimento econômico se dá através de dois canais. Primeiro, existe um impacto direto, devido ao fato de que uma melhoria da PTF eleva a produtividade do trabalho. Além disso, ocorre um efeito indireto, já que a elevação da PTF aumenta a produtividade marginal do capital, o que estimula o investimento e induz maior acumulação de capital. Ferreira e Veloso (2013) mostram que, levando-se em conta a soma dos seus efeitos diretos e indiretos, a queda da PTF a partir de 1980 foi o principal responsável pela redução da taxa de crescimento do produto por trabalhador e da renda *per capita*. Os autores também mostram que, em consequência, a PTF se tornou o principal determinante do atraso relativo da economia brasileira. Em particular, diferenças de PTF explicam 64% das diferenças de produtividade do trabalho entre Brasil e Estados Unidos.[6]

A tabela 1 apresenta a PTF relativa aos Estados Unidos para o Brasil e países selecionados em 2010. A PTF do Brasil corresponde a apenas 50% da produtividade norte-americana, valor acima de China (39%) e Índia (42%) e similar ao da Rússia (52%) e da África do Sul (56%). As PTFs relativas de Chile (63%) e México (65%) são superiores, mas ainda distantes da fronteira tecnológica. Apesar de seu crescimento extraordinário nas últimas décadas, a produtividade da Coreia do Sul (70%) ainda não convergiu para a norte-americana.

Tabela 1
PTF em relação aos Estados Unidos — 2010 [em %]

	PTF relativa aos Estados Unidos
Brasil	50
China	39
Chile	63
México	65
Coreia do Sul	70
Índia	42
Rússia	52
África do Sul	56

Fonte: Penn World Table 7.1, Barro e Lee (2010) e cálculo do autor.

---

6. Este cálculo inclui a soma dos efeitos diretos e indiretos da PTF sobre a produtividade do trabalho.

Essas evidências indicam que elevar a PTF deve ser um elemento central da estratégia brasileira de desenvolvimento nos próximos anos. Porém, para desenhar políticas adequadas nesse sentido é preciso, em primeiro lugar, entender as razões para a baixa PTF da economia brasileira.

Existem evidências de que as empresas brasileiras inovam pouco, apesar da criação de vários instrumentos de apoio à inovação nos últimos anos. Um dos fatores que explicam esse relativo insucesso das políticas de incentivo é a burocracia e excessiva complexidade da legislação. Outra razão é a dificuldade de empresas de pequeno porte em lidar com o risco econômico elevado associado à atividade de inovação.[7]

Uma importante linha recente de pesquisa mostra que ineficiências na alocação de fatores de produção entre firmas têm forte impacto na PTF agregada.[8] Hsieh e Klenow (2009) mostram que a eliminação da ineficiência na alocação de fatores entre firmas na China elevaria a PTF da indústria manufatureira em 115%. Se o capital e o trabalho fossem alocados de forma eficiente entre firmas na Índia, a PTF da indústria manufatureira poderia elevar-se em 128%.

A existência de ineficiências na alocação de fatores entre firmas também pode explicar uma parcela significativa da baixa PTF na América Latina. Segundo Pagés (2010), uma realocação de capital e trabalho de firmas menos produtivas para firmas mais produtivas pode elevar a PTF média do setor manufatureiro da região em 60%. A magnitude dos ganhos de produtividade varia entre países. Enquanto no Chile a PTF poderia aumentar cerca de 50%, no México, onde a ineficiência é maior, o aumento da PTF seria de quase 100%.

Uma das principais manifestações de ineficiência na América Latina é uma proliferação de firmas pequenas com produtividade muito baixa, particularmente no setor de serviços. Segundo Pagés (2010), os ganhos de produtividade resultantes de uma alocação eficiente de recursos no setor de serviços poderiam ser ainda maiores do que na indústria manufatureira. Por exemplo, a PTF do comércio varejista do México poderia elevar-se em 260%.

No caso do Brasil, Ferraz e Monteiro (2009) mostram que a eliminação da ineficiência na alocação de fatores de produção entre firmas elevaria a PTF da indústria manufatureira em até 49%. Esse cálculo subestima o ganho potencial de produtividade, já que os dados disponíveis no Brasil só permitem que seja feita uma estimativa para empresas com pelo menos 30 trabalhado-

---

7. Esse tema é tratado no capítulo de Maurício Canêdo Pinheiro neste livro.
8. Os trabalhos pioneiros foram Banerjee e Duflo (2005) e Restuccia e Rogerson (2008).

res. Os estudos para os outros países, apresentados em Pagés (2010), utilizam dados de firmas com 10 ou mais trabalhadores, o que permite a inclusão de empresas pequenas de produtividade muito baixa. No setor de serviços, o potencial de elevação da eficiência é ainda maior. Segundo de Vries (2009), os ganhos potenciais de PTF no setor de comércio varejista brasileiro são superiores a 200%.

Diante dessas evidências, o passo seguinte é entender por que a alocação de fatores entre firmas é tão ineficiente nos países em desenvolvimento e, em particular, na América Latina e no Brasil. Para Loayza e Servén (2010), a regulação excessiva do ambiente de negócios é um determinante importante da alocação ineficiente de fatores. Ela também torna as recessões mais longas e eleva o impacto de choques adversos no produto. Isso ocorre porque a regulação cria barreiras à entrada de firmas mais produtivas no mercado, e torna mais difícil a saída de firmas menos produtivas. Restuccia (2012) mostra que barreiras regulatórias à entrada e à saída de firmas do mercado e à alocação eficiente de recursos entre firmas podem explicar uma grande parte da diferença de PTF entre a América Latina e os Estados Unidos.

Portanto, políticas que reduzam a regulação excessiva do ambiente de negócios podem contribuir para elevar a PTF na América Latina e, em particular, no Brasil. Nesse sentido, a próxima seção faz uma análise da evolução do ambiente de negócios no Brasil nas últimas décadas, com ênfase no papel das reformas institucionais da década de 1990 e início dos anos 2000.

3. Ambiente de negócios e reformas institucionais

Entre 1950 e 1980, o modelo brasileiro de desenvolvimento foi baseado na substituição de importações e forte intervenção do Estado na economia. Diante da queda do crescimento a partir do início da década de 1980, várias reformas foram implantadas na década de 1990, com foco na maior participação do setor privado na atividade econômica e na abertura ao exterior. O processo de reformas teve continuidade no início da década seguinte, mas perdeu impulso desde meados da década de 2000. Esta seção descreve essas mudanças, com ênfase nas principais reformas da década de 1990 e início dos anos 2000.

A política de industrialização via substituição de importações implantada no Brasil no pós-guerra foi uma estratégia de desenvolvimento caracterizada por uma natureza sequencial. Ela começou no setor de bens de consumo duráveis nos anos 1950 e culminou com a substituição de importações de bens de capitais e bens intermediários pela produção doméstica na década de 1970.

Nesse período, dois planos de desenvolvimento tiveram destaque. O Plano de Metas, implantado no governo de Juscelino Kubitschek (1956-61), promoveu setores específicos, com foco em energia (petróleo e carvão), infraestrutura (rodovias, ferrovias e implantação da indústria naval), insumos básicos (aço e cimento) e bens de consumo duráveis (implantação da indústria automobilística).

Foram utilizados vários instrumentos de proteção para estimular os setores escolhidos pelo Plano de Metas. Um mecanismo adotado foi o sistema de taxas múltiplas de câmbio, no qual matérias-primas essenciais, além de máquinas e equipamentos utilizados nas indústrias automobilística e naval podiam ser importados a uma taxa de câmbio valorizada.[9] Por outro lado, bens que pudessem ser produzidos no mercado doméstico estavam sujeitos a tarifas de importação muito elevadas.

O II Plano Nacional de Desenvolvimento (II PND), introduzido pelo governo de Ernesto Geisel (1974-79), aprofundou a política de substituição de importações, com foco em bens de capital e produtos intermediários. Dentre os setores prioritários, destacavam-se bens de capital, energia (hidrelétrica, petróleo e nuclear), siderurgia, petroquímica e infraestrutura. O II PND tornou obrigatória a existência de depósitos prévios para o recebimento de certificados de importação de vários produtos, e foram criadas várias barreiras não tarifárias, incluindo uma lista negativa de importações, conhecida como Anexo C.

Adicionalmente, ao longo da década de 1980 foi implantada uma reserva de mercado no setor de informática, que envolveu a proibição de importação de computadores estrangeiros e obrigatoriedade de utilização de componentes produzidos domesticamente. Como resultado, atrasou-se a introdução de tecnologias de ponta em vários setores da economia.[10]

Como se pode notar, tanto o Plano de Metas como o II PND caracterizaram-se por ampla intervenção do Estado na atividade econômica. Além dos

---

9. A tarifa de importação de bens de capital utilizados na produção dos setores favorecidos pelo Plano de Metas era muito baixa ou nula. O capítulo de Lia Valls Pereira e Luiza Niemeyer neste livro discute a política comercial brasileira no período.

10. Luzio e Greenstein (1995) mostram que a reserva de mercado na informática causou uma forte redução da produtividade brasileira.

instrumentos mencionados, diversos outros foram adotados, como subsídios, controle de preços e, na década de 1970, um aumento expressivo da atuação de empresas estatais em setores considerados estratégicos.

Embora essas medidas tenham contribuído para acelerar a industrialização e dessa forma estimular o crescimento, seus custos manifestaram-se nos anos seguintes através de crises macroeconômicas e estagnação ou queda da produtividade. De fato, como mostra o gráfico 4 (seção 2), na primeira metade da década de 1960 a PTF encontrava-se estagnada, após um período de grande crescimento econômico. Além disso, havia uma grande desorganização macroeconômica, caracterizada por inflação ascendente e dificuldades de financiamento do balanço de pagamentos.

Neste contexto, foi implantado, entre 1964 e 1967, o Programa de Ação Econômica do Governo (Paeg), que combinou um programa de estabilização com reformas institucionais. As reformas do Paeg envolveram um forte ajuste fiscal com redução dos gastos, uma ampla reforma tributária, criação do Banco Central e reforma do sistema financeiro. Também foram adotadas diversas medidas para incentivar um maior grau de abertura da economia brasileira ao comércio e ao movimento de capitais com o exterior. Todas essas medidas estão potencialmente associadas a um aumento da eficiência da economia. Existem evidências de que a aceleração do crescimento do produto por trabalhador e da PTF entre 1968 e 1973 — o chamado "Milagre Econômico" — decorreu em boa medida das reformas institucionais do Paeg.[11]

O gráfico 4 também mostra que a PTF se encontrava estagnada a partir de meados da década de 1970, quando foi implantado o II PND. A situação se agravou no final dessa década com a elevação da taxa de juros norte-americana e culminou na crise da dívida externa e na aceleração da inflação brasileira na década de 1980, que foi combatida sem êxito por sucessivos programas de estabilização. Isso gerou grande elevação da incerteza e consequente desorganização da economia, que contribuiu para o colapso da PTF e do investimento.

Neste contexto, foi implantado em 1994 o Plano Real, que combinou um plano de estabilização macroeconômica bem-sucedido com um ambicioso programa de reformas institucionais. As reformas do governo Fernando

---

11. Veloso, Villela e Giambiagi (2008) utilizam técnicas econométricas de painel para testar as principais explicações do "milagre brasileiro". Em particular, os autores analisam em que medida o "milagre" decorreu da situação externa favorável, da política econômica do período e das reformas do Paeg. O principal resultado é que a aceleração do crescimento no período 1968-73 está em larga medida associada às reformas institucionais do período 1964-67.

Henrique Cardoso (1995-2002) tiveram o objetivo de aprimorar o ambiente de negócios por meio de dois canais principais.[12] Primeiro, consolidar a estabilidade macroeconômica e dessa forma reduzir uma importante fonte de risco para as decisões de investimento em máquinas, equipamentos e novas tecnologias. Segundo, elevar o grau de competição da economia, através do aumento da participação do setor privado na atividade econômica e maior abertura ao exterior.

Dentre as principais reformas, podem ser citadas as seguintes:[13]

1. Criação do regime de metas de inflação e autonomia operacional do Banco Central (1999). Em conjunto com a adoção no mesmo ano do sistema de taxa de câmbio flexível e da política de metas para o superávit primário, foi dessa forma implantado um arcabouço institucional que teve um papel importante no sentido de reduzir o risco macroeconômico.

2. Lei de Responsabilidade Fiscal (2000). Esta lei contribuiu para o equilíbrio das finanças públicas, ao estabelecer várias restrições para a elevação de gastos, como a criação de limites para despesas com pessoal e punições em caso de não cumprimento. A renegociação das dívidas estaduais entre 1997 e 1998 também foi importante para reduzir o risco de *default*.[14]

3. Reforma do sistema financeiro. Além da privatização de vários bancos estaduais, foram criados programas de saneamento financeiro de bancos públicos e privados e introduzidas medidas de regulação prudencial do setor bancário. Em conjunto, essas políticas aumentaram a eficiência e solidez do setor financeiro.

4. Fim dos monopólios estatais em vários setores da atividade econômica. Foram privatizadas várias empresas estatais em diversos setores, como extração mineral, energia elétrica, telecomunicações, siderurgia e aeronáutica, dentre outras. No setor de petróleo, a principal empresa estatal (Petrobras) não foi privatizada, mas o mercado foi aberto para a entrada de empresas privadas domésticas e estrangeiras.[15]

---

12. Embora algumas reformas, como a liberalização comercial, tenham tido início no final de década de 1980, o esforço reformista ocorreu principalmente ao longo dos dois mandatos do governo Fernando Henrique Cardoso.
13. Cardoso (2013) apresenta uma descrição detalhada das reformas das décadas de 1990 e 2000.
14. Vários governos estaduais firmaram um acordo com o governo federal, através do qual este assumia a responsabilidade pela dívida dos estados em troca do pagamento de amortizações e juros reais entre 6% e 10% ao ano, durante 30 anos.
15. Também foram introduzidos mecanismos para melhorar a governança da Petrobras, como a abertura de seu capital na Bolsa de Valores.

5. Criação de agências reguladoras. Para evitar que os monopólios estatais fossem substituídos por monopólios privados, foram criadas agências reguladoras dos serviços de utilidade pública. Dessa forma, foi criado um marco regulatório caracterizado por regras claras para orientar os investimentos nesses setores.

6. Abertura ao exterior. A partir do final da década de 1980, ocorreu um processo de liberalização comercial, com redução significativa de barreiras tarifárias e não tarifárias. Isso foi combinado com incentivos à entrada de investimento estrangeiro direto a partir de meados da década de 1990.[16]

A manutenção pelo governo Lula (2003-10) dos principais elementos da política econômica do governo anterior foi fundamental para assegurar a estabilidade macroeconômica e, dessa forma, reduzir uma fonte importante de risco do ambiente de negócios.

Além disso, no seu primeiro mandato (2003-06) foram introduzidas algumas reformas microeconômicas, com foco no aumento da segurança jurídica das operações de crédito e redução de custos de transação decorrentes de assimetria de informações.[17] Dentre elas, destacam-se:[18]

1. Lei de Falências. Esta lei criou mecanismos de renegociação de dívidas de empresas em dificuldade financeira, com o objetivo de permitir que empresas viáveis pudessem se reestruturar e continuar em operação. Dentre outras medidas, foi aprimorada a segurança jurídica de credores com garantias reais, gerando um incentivo para o aumento da concessão de crédito.

2. Legislação do crédito consignado em folha de pagamento. O instrumento de empréstimo consignado em folha de pagamento para trabalhadores do setor privado e beneficiários do Regime Geral de Previdência Social (INSS) reduziu a insegurança em relação ao pagamento de operações de crédito.[19] Essa modalidade de empréstimo caracteriza-se por taxas de juros significativamente mais baixas do que as do crédito pessoal e foi responsável por uma elevação expressiva do acesso ao crédito.

---

16. Ferreira e Rossi (2003) mostram que a abertura comercial elevou de forma significativa a taxa de crescimento da PTF na indústria.
17. Em particular, várias iniciativas tiveram o objetivo de lidar com problemas de seleção adversa, como a dificuldade de identificar bons e maus devedores, no caso do crédito consignado, e empresas viáveis e insolventes, no caso da Lei de Falências.
18. Uma descrição detalhada das reformas microeconômicas do governo Lula encontra-se em Ministério da Fazenda (2004).
19. Isso ocorre porque o pagamento do empréstimo é descontado diretamente da folha de pagamento do devedor.

3. Reforma do crédito imobiliário. Foi aprimorada a execução de garantias em financiamentos imobiliários através da alienação fiduciária.[20]

No entanto, não foram implantadas reformas microeconômicas relevantes no segundo mandato do presidente Lula (2007-10) e nos dois primeiros anos do governo de Dilma Rousseff (2011-14).[21] Como veremos, a ausência de reformas nesse período refletiu-se nos indicadores do ambiente de negócios.

4. Indicadores do ambiente de negócios

The global competitiveness report 2012-2013 do Fórum Econômico Mundial apresenta vários indicadores de competitividade dos países. A competitividade de um país é definida como o conjunto de instituições, políticas e fatores que determinam seu nível de produtividade. *The global competitiveness report 2012-2113* apresenta indicadores de competitividade para 144 países. Os indicadores são agrupados em 12 pilares de competitividade. Por sua vez, os 12 pilares são divididos em três grandes categorias: Requisitos Básicos (que abrangem os pilares de instituições, infraestrutura, ambiente macroeconômico, saúde e educação primária); Eficiência (educação superior e treinamento, eficiência do mercado de bens, eficiência do mercado de trabalho, desenvolvimento do mercado financeiro, absorção tecnológica, tamanho do mercado) e Inovação e Sofisticação (sofisticação dos negócios e inovação).

O Índice de Competitividade Global é calculado através de uma ponderação dos indicadores nas três categorias, em que os pesos variam de acordo com o nível de desenvolvimento do país.[22] O peso da categoria de requisitos básicos é maior para países nos estágios iniciais do processo de desenvolvimento. À medida que a renda *per capita* se eleva, aumenta o peso de indicadores relacionados à eficiência, enquanto em países em estágio mais avançado

---

20. A alienação fiduciária, que já era adotada em financiamentos de automóveis, estabelece que o devedor somente se torna proprietário do bem (automóvel ou imóvel, por exemplo) após ter pagado o empréstimo em sua totalidade. Caso ocorra interrupção do pagamento, o bem pode ser retomado imediatamente pelo credor.
21. Uma exceção foi a aprovação do cadastro positivo, que disponibiliza para as instituições financeiras um banco de dados com informações sobre o histórico de crédito de pessoas físicas. Os objetivos desse cadastro são permitir que bons pagadores obtenham melhores condições de crédito e estimular a competição entre bancos. O cadastro positivo encontra-se em fase de implantação.
22. A medida utilizada para avaliar o grau de desenvolvimento do país é a renda *per capita* em dólares correntes.

as medidas de inovação e sofisticação crescem em importância. A ideia subjacente é que, à medida que o país se desenvolve, ocorre uma mudança das oportunidades e dos desafios para a sustentação do crescimento, o que por sua vez exige mudanças nas instituições, políticas econômicas e fatores que afetam a competitividade dos países.

O Brasil foi classificado em uma posição intermediária entre a etapa de eficiência e a de inovação e sofisticação. A tabela 2 apresenta a posição relativa do Brasil e países selecionados no Índice de Competitividade Global. O Brasil ocupa uma posição intermediária (48º lugar), pouco melhor que o México (53) e a África do Sul (52). Segundo esse indicador, o Brasil é mais competitivo que Índia (59) e Rússia (67), mas está atrás de China (29) e Chile (33). A Coreia do Sul possui elevada competitividade (19), consistente com sua experiência bem-sucedida de desenvolvimento nas últimas décadas.

Tabela 2
Índice de Competitividade Global 2012-2013 — geral

	Ranking de Competitividade
Brasil	48
China	29
Chile	33
México	53
Coreia do Sul	19
Índia	59
Rússia	67
África do Sul	52
Estados Unidos	7

Fonte: World Economic Forum (2012).

Por trás do indicador agregado de competitividade existe grande heterogeneidade entre seus componentes. Em termos de posição relativa, o pior desempenho do Brasil se dá na categoria de requisitos básicos, na qual o país ocupa o 73º lugar (tabela 3). Nesta categoria, nossa competitividade é particularmente baixa no pilar de saúde e educação primária (88º lugar). Uma desagregação dos pilares de competitividade, não mostrada na tabela, indica que, dentre os grandes entraves à competitividade da economia brasileira, incluem-se a baixa qualidade da educação primária (126ª posição)[23] e deficiências nos

---

23. A posição relativa do Brasil é melhor em indicadores de quantidade da educação, como a

indicadores de qualidade da infraestrutura.[24] Estes indicadores revelam que, apesar de ser um país de renda média alta na classificação do Banco Mundial, o Brasil ainda apresenta deficiências de competitividade em áreas básicas, que podem comprometer sua capacidade de expansão no futuro.

Tabela 3
Índice de Competitividade Global 2012-2013 — requisitos básicos

	Requisitos Básicos	Instituições	Infraestrutura	Ambiente Macroeconômico	Saúde e Educação Primária
Brasil	73	79	70	62	88
China	31	50	48	11	35
Chile	28	28	45	14	74
México	63	92	68	40	68
Coreia do Sul	18	62	9	10	11
Índia	85	70	84	99	101
Rússia	53	133	47	22	65
África do Sul	84ª	43	63	69	132
Estados Unidos	33	41	14	111	34

Fonte: World Economic Forum (2012).

As tabelas 4 e 5 apresentam a posição do Brasil e países selecionados na categoria de eficiência. Nosso desempenho relativo é melhor nessa categoria (38ª posição), ainda que não seja uniforme dentre os pilares que o compõem. Embora a competitividade proporcionada pelo tamanho do mercado seja elevada (9), a eficiência do mercado de bens é baixa (104). A análise desagregada revela que os maiores obstáculos estão relacionados às restrições ao comércio exterior e a aspectos da regulação do ambiente de negócios, como a burocracia para abrir uma firma e a tributação complexa e elevada. A regulação do ambiente de negócios no Brasil será discutida em mais detalhe adiante.

---

taxa de matrícula no ensino primário (60). O capítulo de Fernando de Holanda Barbosa Filho e Rodrigo Moura neste livro analisa os indicadores de educação do Brasil.
24. O Brasil ocupa a 107ª posição no indicador de qualidade geral da infraestrutura. O desempenho do país é bastante sofrível em quase todos os itens de qualidade da infraestrutura, como estradas (123), ferrovias (100), portos (135) e aeroportos (134), com melhor desempenho na qualidade da oferta de energia elétrica (68). A posição relativa em indicadores relacionados à quantidade de infraestrutura, como o número de telefones fixos (55) e celulares (68) por habitante, é mais satisfatória.

Tabela 4
Índice de Competitividade Global 2012-2013 — eficiência (I)

	Eficiência	Educação Superior e Treinamento	Eficiência do Mercado de Bens	Eficiência do Mercado de Trabalho
Brasil	38	66	104	69
China	30	62	59	41
Chile	32	46	30	34
México	53	77	79	102
Coreia do Sul	20	17	29	73
Índia	39	86	75	82
Rússia	54	52	134	84
África do Sul	37	84	32	113
Estados Unidos	2	8	23	6

Fonte: World Economic Forum (2012).

Tabela 5
Índice de Competitividade Global 2012-2013 — eficiência (II)

	Eficiência	Desenvolvimento do Mercado Financeiro	Absorção Tecnológica	Tamanho do Mercado
Brasil	38	46	48	9
China	30	54	88	2
Chile	32	28	44	42
México	53	61	72	12
Coreia do Sul	20	71	18	11
Índia	39	21	96	3
Rússia	54	130	57	7
África do Sul	37	3	62	25
Estados Unidos	2	16	11	1

Fonte: World Economic Forum (2012).

A tabela 6 mostra que a posição relativa do Brasil na categoria de inovação e sofisticação (39) é similar à de eficiência. Nossa principal deficiência nessa categoria encontra-se na baixa disponibilidade de cientistas e engenheiros (113), que pode representar um entrave importante para o esforço de inovação.

O relatório anual *Doing business*, do Banco Mundial, mensura diversas dimensões do ambiente regulatório no qual as firmas produzem. O *Doing business* 2013 calculou indicadores para 185 países.[25] São apresentados indi-

---

25. World Bank (2013).

Tabela 6
Índice de Competitividade Global 2012-2013 — fatores de inovação e sofisticação

	Inovação e Sofisticação	Sofisticação dos Negócios	Inovação
Brasil	39	33	49
China	34	45	33
Chile	45	48	44
México	49	44	56
Coreia do Sul	17	22	16
Índia	43	40	41
Rússia	108	119	85
África do Sul	42	38	42
Estados Unidos	7	10	6

Fonte: World Economic Forum (2012).

cadores relacionados a obstáculos em 10 categorias: abertura de empresas, obtenção de alvará de construção, obtenção de eletricidade, registro de propriedade, obtenção de crédito, proteção de investidores, pagamento de impostos, comércio internacional, cumprimento de contratos e resolução de insolvência.[26] Esses indicadores, por sua vez, são combinados em um indicador geral do ambiente de negócios.

De forma consistente com o indicador de eficiência do mercado de bens do Índice de Competitividade Global, a tabela 7 mostra que o ambiente de negócios no Brasil é muito desfavorável — posição de número 130 no ranking global. Embora tenham crescido muito nas últimas décadas, a China e, particularmente, a Índia também não estão bem colocadas. Isso é possível porque uma parcela significativa do crescimento desses países nas últimas décadas deveu-se ao deslocamento da atividade econômica da agricultura para a indústria e serviços. Isso permitiu grandes ganhos de produtividade apesar de um ambiente de negócios desfavorável. A Coreia do Sul, por outro lado, possui ótima colocação (8), o que é consistente com seu êxito em tornar-se uma economia desenvolvida nas últimas décadas.

World Bank (2013) classifica os 10 indicadores do ambiente de negócios em dois grandes grupos: complexidade e custo dos processos regulatórios e qualidade das instituições legais, que são apresentados nas tabelas 8 e 9. Os

---

26. Também são apresentados indicadores referentes à regulação do mercado de trabalho, mas esses não são incorporados ao indicador geral de ambiente de negócios.

Tabela 7
Ranking do *Doing business* 2013 — geral

	Ranking de Ambiente de Negócios
Brasil	130
China	91
Chile	37
México	48
Coreia do Sul	8
Índia	132
Rússia	112
África do Sul	39
Estados Unidos	4

Fonte: World Bank (2013).

dados indicam que o ambiente de negócios no Brasil se caracteriza por burocracia elevada e deficiências na proteção legal a transações de mercado. Em particular, os indicadores de abertura e resolução de insolvência de empresas mostram que existem barreiras significativas à entrada e saída de firmas do mercado no Brasil. A posição relativa do país é particularmente baixa no indicador de pagamento de impostos (156).

Tabela 8
Ranking do *Doing business* 2013 — complexidade e custo dos processos regulatórios

	Abertura de Empresas	Obtenção de Alvará de Construção	Obtenção de Eletricidade	Registro de Propriedade	Pagamento de Impostos	Comércio Internacional
Brasil	121	131	60	109	156	123
China	151	181	114	44	122	68
Chile	32	84	40	55	36	48
México	36	36	130	141	107	61
Coreia do Sul	24	26	3	75	30	3
Índia	173	182	105	94	152	127
Rússia	101	178	184	46	64	162
África do Sul	53	39	150	79	32	115
Estados Unidos	13	17	19	25	69	22

Fonte: World Bank (2013).

Tabela 9
Ranking do *Doing business* 2013 — qualidade das instituições legais

	Obtenção de Crédito	Proteção de Investidores	Cumprimento de Contratos	Resolução de Insolvência
Brasil	104	82	116	143
China	70	100	19	82
Chile	53	32	70	98
México	40	49	76	26
Coreia do Sul	12	49	2	14
Índia	23	49	184	116
Rússia	104	117	11	53
África do Sul	1	10	82	84
Estados Unidos	4	6	6	16

Fonte: World Bank (2013).

As deficiências do ambiente de negócios no Brasil também ficam evidentes quando analisamos a relação entre o ranking do *Doing business* e a renda *per capita*. Como mostra o gráfico 5, a posição relativa do Brasil é consideravelmente pior do que seria de se esperar diante do nível de renda *per capita* do país.[1]

Gráfico 5
Relação entre renda *per capita* e ranking do *Doing business* 2013 — geral

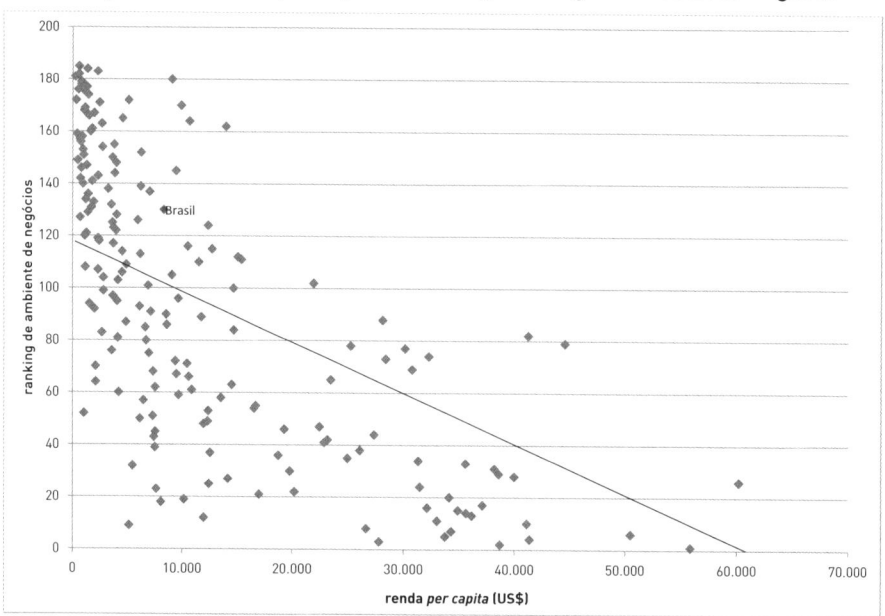

Fonte: World Bank (2013) e Penn World Table 7.1.

---

1. O nível esperado diante da renda *per capita* do país é dado pela linha de tendência no gráfico.

O indicador de pagamento de impostos captura a complexidade e o custo do sistema tributário. Uma estrutura tributária mal desenhada, caracterizada por burocracia excessiva e custos elevados de operação, contribui para o aumento da informalidade. Firmas informais em geral são menos produtivas, dado que têm pouco acesso ao crédito e oportunidades limitadas para inovar, treinar trabalhadores e crescer. Além disso, como não pagam impostos, possuem uma vantagem competitiva em relação às firmas formais, o que permite que sobrevivam mesmo sendo ineficientes. Dessa forma, utilizam recursos que poderiam ser alocados de forma mais eficiente. Como evidencia o gráfico 6, o Brasil apresenta uma enorme deficiência em termos da eficiência e custo de sua estrutura tributária.

Gráfico 6
Relação entre renda *per capita* e ranking do *Doing business* 2013 — pagamento de impostos

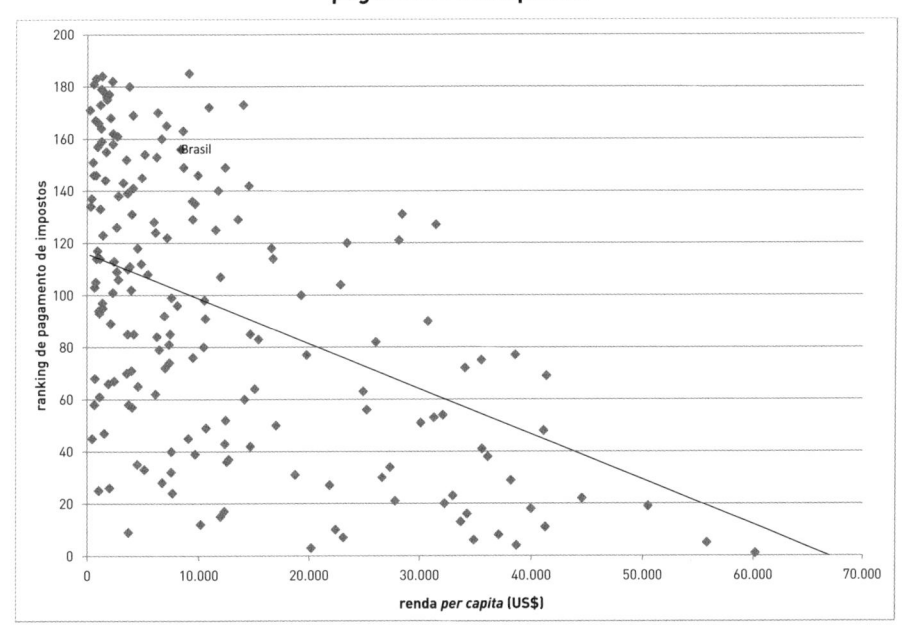

Fonte: World Bank (2013) e Penn World Table 7.1.

O indicador de resolução de insolvência mensura a capacidade das instituições legais de assegurar um processo organizado de falência nos casos de firmas insolventes. Um bom processo de resolução de insolvência permite que firmas ineficientes saiam do mercado e que os fatores de produção sejam dessa forma realocados para firmas mais produtivas. O gráfico 7 mostra que o Brasil tem desempenho relativo bastante insatisfatório nesse indicador.

Gráfico 7
Relação entre renda *per capita* e ranking do *Doing Business* 2013 — resolução de insolvência

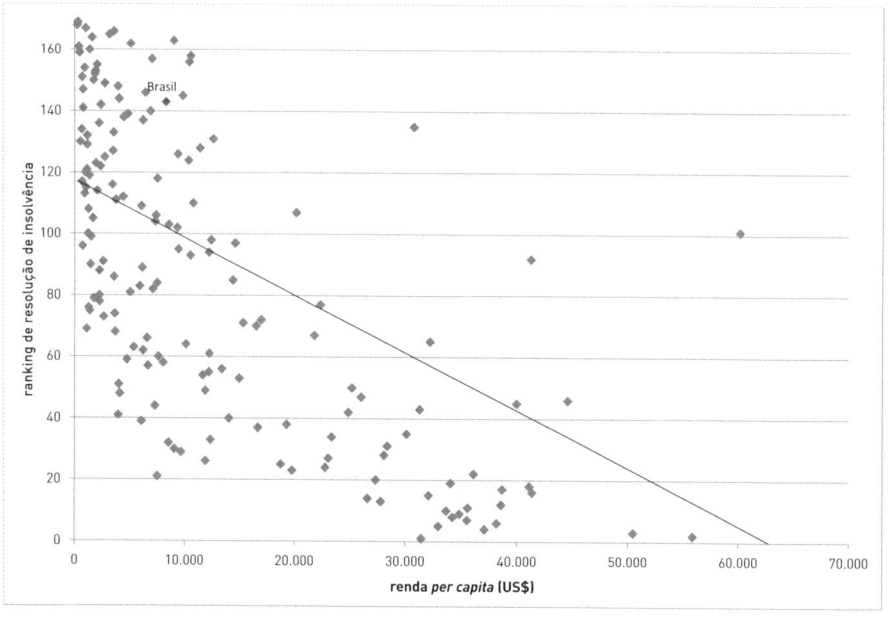

Fonte: World Bank (2013) e Penn World Table 7.1.

Esses indicadores do *Doing business* mostram a posição relativa de cada país em termos das várias dimensões do ambiente de negócios, mas não revelam seu desempenho absoluto. Essa informação pode ser obtida por meio do indicador de distância da fronteira. A fronteira em cada indicador é definida como seu melhor desempenho levando-se em consideração todos os países e todos os anos em que foi calculado. A distância do país em relação à fronteira, medida em termos percentuais, fornece uma ideia da magnitude do esforço a ser feito para se alcançar o nível das melhores práticas e também permite acompanhar sua evolução ao longo do tempo.

O gráfico 8 apresenta a evolução da distância do Brasil em relação à fronteira do ambiente de negócios entre 2005 e 2012.[2] Pode-se observar que o

---

[2]. Para alguns indicadores específicos, a série da distância da fronteira inicia em 2003.

indicador geral de facilidade de fazer negócios do Brasil ficou estável em torno de 47% da fronteira, refletindo a quase inexistência de reformas nesse período. Por outro lado, outras economias emergentes, como México, China e Índia, reduziram sua distância em relação à fronteira. Em particular, China e Índia ultrapassaram o Brasil e o México aumentou sua vantagem, atingindo 72% da fronteira em 2012.

Gráfico 8
Evolução da distância da fronteira do *Doing business* 2013 — geral

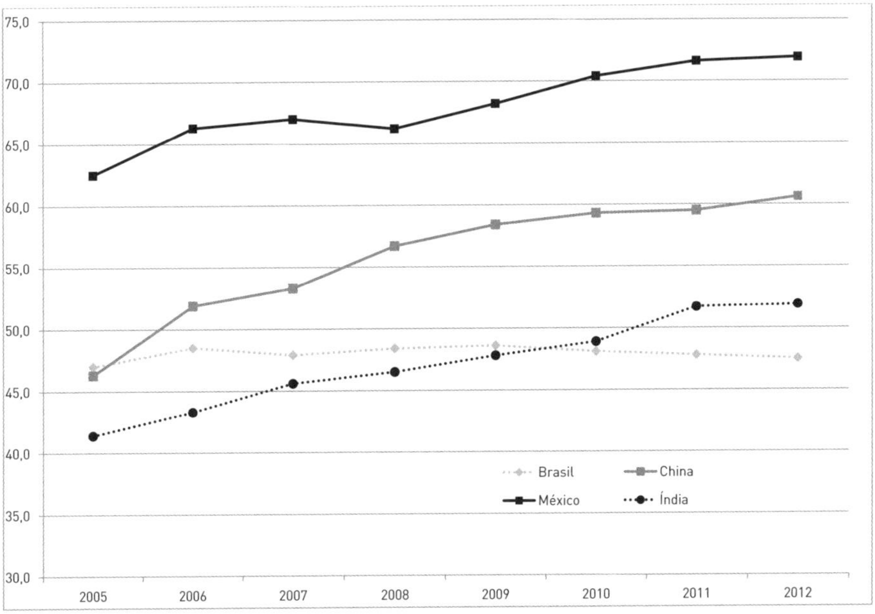

Fonte: World Bank (2013).

Em relação ao pagamento de impostos, o Brasil também não fez progresso, permanecendo a uma distância de cerca de 40% da fronteira, enquanto México, China e Índia melhoraram seu desempenho (gráfico 9). Em razão dessa disparidade de trajetórias, o Brasil foi ultrapassado por China e Índia. O México, que em 2005 estava pouco acima do Brasil, teve uma melhoria expressiva e atingiu quase 70% da fronteira em 2012.

O Brasil reduziu a distância da fronteira em relação à resolução de insolvência (gráfico 10), devido principalmente à aprovação da Lei de Falências, já mencionada. No entanto, a distância ainda é muito grande, já que nosso

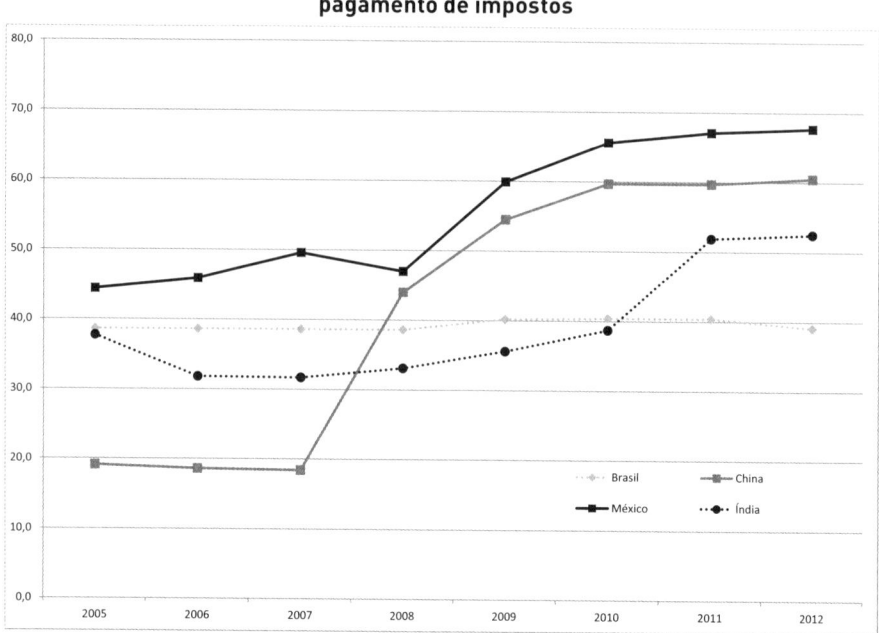

Gráfico 9
Evolução da distância da fronteira do *Doing business* 2013 — pagamento de impostos

Fonte: World Bank (2013).

indicador corresponde a apenas cerca de 20% da fronteira, abaixo de China e Índia e distante do México (70% da fronteira).

Essas informações objetivas da qualidade do ambiente de negócios são confirmadas por pesquisas qualitativas com empresários. O *World Bank enterprise surveys* apresenta dados para 135 países organizados em 12 tópicos: corrupção, crime, finanças, características da firma, gênero, informalidade, infraestrutura, inovação e tecnologia, performance, regulação e impostos, comércio e força de trabalho.

A tabela 10 indica que 84% dos empresários brasileiros entrevistados identificam a carga tributária como um grande obstáculo, muito acima da América Latina e do Caribe (35%) e da média mundial (35%). A burocracia associada ao pagamento de impostos no Brasil também é vista como um grande obstáculo (75%) em comparação com 23% na América Latina e no Caribe e no mundo. A burocracia brasileira também torna a obtenção de uma licença para o negócio um grande obstáculo para 49% dos empresários brasileiros, muito acima de América Latina, Caribe e mundo (16%). De forma consistente

Gráfico 10
Evolução da distância da fronteira do *Doing business* 2013 — resolução de insolvência

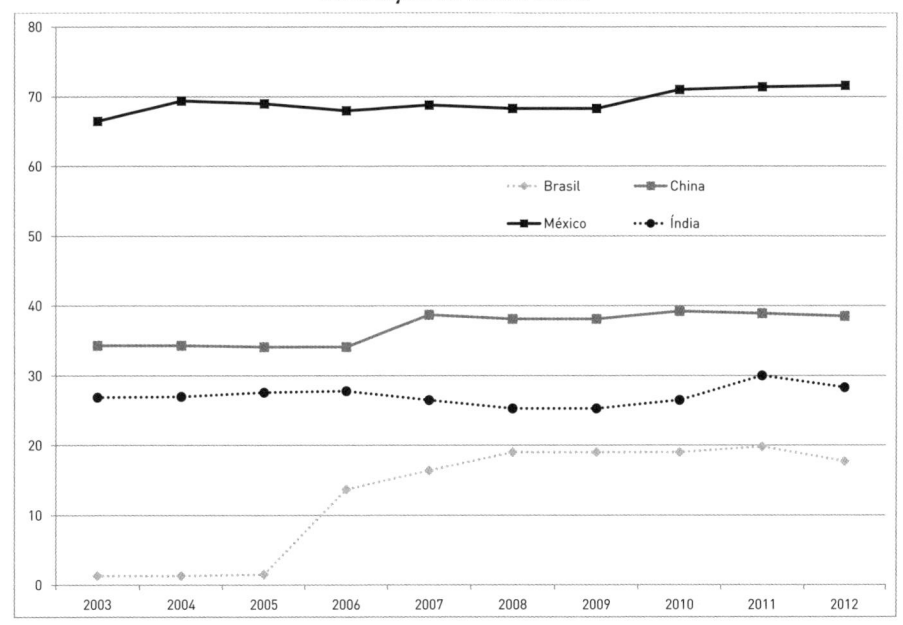

Fonte: World Bank (2013).

Tabela 10
Obstáculos para fazer negócios — World Bank Enterprise Surveys [em %]

	Brasil	América Latina e Caribe	Mundo
proporção de firmas que identificam a carga tributária como um grande obstáculo	83,5	35,1	34,8
proporção de firmas que identificam a administração de impostos como um grande obstáculo	75,1	22,7	22,9
proporção de firmas que identificam a obtenção de licença de negócio como um grande obstáculo	48,5	15,9	15,7
proporção de firmas que identificam o sistema judiciário como um grande obstáculo	47,1	25,0	18,9

Fonte: World Bank Enterprise Surveys.

com as deficiências nas instituições legais identificadas no *Doing business*, 47% dos empresários no Brasil identificam o sistema judiciário como um grande obstáculo, em comparação com 25% na América Latina e o Caribe e 19% na média mundial.

5. Conclusão

O período de elevado crescimento da economia brasileira, entre 1950 e 1980, caracterizou-se por ampla intervenção do Estado na economia e baixo grau de abertura ao exterior. Esse modelo de crescimento foi caracterizado por distorções significativas sob o ponto de vista da alocação microeconômica e da estabilidade macroeconômica, que foram se acumulando ao longo do tempo. Esses fatores contribuíram em grande medida para o baixo crescimento nas três décadas seguintes. A PTF teve forte queda e foi a principal responsável pela desaceleração do crescimento. Com isso, a baixa eficiência passou a ser o principal entrave para o Brasil atingir o padrão de vida dos países desenvolvidos.

As reformas da década de 1990 tiveram como objetivo recuperar o dinamismo da economia brasileira através de uma melhoria do ambiente de negócios. Seus principais focos foram a redução do risco através da consolidação da estabilidade macroeconômica e o aumento da competição por meio da maior participação do setor privado na economia e abertura ao exterior.

A estabilidade macroeconômica foi alcançada através de várias reformas, com destaque para a criação do chamado "tripé macroeconômico", caracterizado pelo regime de metas de inflação com autonomia operacional do Banco Central, sistema de taxa de câmbio flexível e política de metas para o superávit primário. A Lei de Responsabilidade Fiscal deu importante contribuição para o equilíbrio das finanças públicas, principalmente de governos estaduais e municipais. A reforma do sistema financeiro, que incluiu a privatização de bancos públicos e programas de saneamento financeiro de bancos públicos e privados, contribuiu para a grande expansão do crédito nos anos 2000. Em conjunto, essas reformas foram de grande importância para a queda do risco soberano do país e para a redução do impacto da crise financeira internacional de 2008 na economia brasileira.

O aumento de competição baseou-se na eliminação de monopólios estatais em vários setores da atividade econômica, como extração mineral, energia elétrica, telecomunicações, siderurgia, aeronáutica e petróleo. Para evitar que os monopólios estatais fossem substituídos por monopólios privados, foram criadas agências reguladoras dos serviços de utilidade pública. Outro elemento importante dessa estratégia foi a abertura ao exterior, iniciada a partir do final da década de 1980 com um processo de liberalização comercial, combinado com incentivos à entrada de investimento estrangeiro direto a partir de meados da década de 1990.

Nos primeiros anos da década de 2000 foram introduzidas algumas reformas microeconômicas, com foco no aumento da segurança jurídica das operações de crédito e redução de custos de transação decorrentes de assimetria de informações. A Lei de Falências criou mecanismos de renegociação de dívidas de empresas em dificuldade financeira, com o objetivo de permitir que empresas viáveis pudessem se reestruturar e continuar em operação. A legislação do crédito consignado em folha de pagamento reduziu a insegurança em relação ao pagamento de operações de crédito e contribuiu para a redução das taxas de juros e para a elevação expressiva do acesso ao crédito. A reforma do crédito imobiliário aprimorou a execução de garantias em financiamentos imobiliários e teve papel importante para a expansão dessa modalidade de empréstimo.

Apesar de várias reformas, o ambiente de negócios no Brasil ainda é muito desfavorável, como evidenciado pelos indicadores de *The global competitiveness report 2012-2013*, *Doing business* e *World Bank enterprise surveys*. O ambiente regulatório do país caracteriza-se por elevada complexidade, que cria barreiras à entrada e saída de firmas do mercado e à realocação de fatores de produção entre as firmas. Também existem deficiências no funcionamento das instituições legais, que resultam em insegurança jurídica de vários contratos. Os indicadores também revelam que o ambiente de negócios no Brasil avançou pouco desde meados dos anos 2000, refletindo a quase inexistência de reformas nesse período.

Estas evidências mostram que ainda há muito a ser feito no sentido de melhorar o ambiente de negócios no Brasil, com ênfase na redução da complexidade da regulação e no fortalecimento das garantias jurídicas dos contratos. Dentre outras medidas, é preciso facilitar o processo de abertura e fechamento de empresas, e reduzir o nível e a complexidade da tributação. Apesar dos avanços recentes, ainda existe uma margem expressiva para a melhoria do acesso ao crédito e muito a ser aprimorado na segurança jurídica dos credores.

Essas políticas não envolvem necessariamente grandes reformas. Mudanças incrementais enfrentam resistências menores à sua implantação, e podem ter efeitos significativos se tiverem o foco adequado. Uma estratégia gradual e persistente de melhoria do ambiente de negócios tem o potencial de elevar a taxa de crescimento de longo prazo da economia brasileira e colocar novamente o país em uma trajetória de convergência para o patamar dos países desenvolvidos.

Referências

BANERJEE, A.; DUFLO, E. Growth theory through the lens of development economics. In: AGUION, P.; DURLAUF, S. (Ed.). *Handbook of economic growth*. Amsterdã: Elsevier, 2005. v. 1A, pp. 473–552.

BARBOSA FILHO, F.; PESSÔA, S.; VELOSO, F. Evolução da produtividade total dos fatores na economia brasileira com ênfase no capital humano — 1992-2007. *Revista Brasileira de Economia*, v. 64, n. 2, p. 91-113, 2010.

BARRO, R.; LEE, J. W. *A new data set of educational attainment in the world, 1950-2010*. 2010. (NBER Working Paper n. 15902)

CARDOSO, R. F. Política econômica, reformas institucionais e crescimento: a experiência brasileira (1945-2010). In: VELOSO, F. et al. (Org.). *Desenvolvimento econômico*: uma perspectiva brasileira. Rio de Janeiro: Campus; Elsevier, 2013. p. 129-165.

DE VRIES, G. *Productivity in a distorted market*: the case of Brazil's retail sector. Groningen Growth and Development Centre, University of Groningen, 2009. Mimeografado.

FERRAZ, C.; MONTEIRO, J. *Misallocation and manufacturing TFP in Brazil*. Pontifícia Universidade Católica, Rio de Janeiro, 2009. Mimeografado.

FERREIRA, P.; PESSÔA, S.; VELOSO, F. On the evolution of total factor productivity in Latin America. *Economic Inquiry*, v. 51, n. 1, p. 16-30, 2013.

____; ____; ____. The evolution of international output differences (1970-2000): from factors to productivity. *B. E. Journal of Macroeconomics (Topics)*, v. 8, Article 3, 2008.

____; ROSSI JR., J. L. New Evidence from Brazil on trade liberalization and productivity growth. *International Economic Review*, v. 44, n. 4. p. 1383-1405, 2003.

____; VELOSO, F. O desenvolvimento econômico brasileiro no pós-guerra. In: VELOSO, F. et al. (Org.). *Desenvolvimento econômico*: uma perspectiva brasileira. Rio de Janeiro: Campus; Elsevier, 2013. p. 129-165.

GOMES, V.; PESSÔA, S.; VELOSO, F. Evolução da produtividade total dos fatores na economia brasileira: uma análise comparativa. *Pesquisa e Planejamento Econômico*, v. 33, n. 3, p. 389-434, 2003.

HALL, R.; JONES, C. Why do some countries produce so much more output per worker than others? *Quarterly Journal of Economics*, v. 114, n. 1, p. 83-116, 1999.

HESTON, A.; SUMMERS, R.; ATEN, B. *Penn-World table version 7.1*. Center for International Comparisons of Production, Income and Prices at the University of Pennsylvania, 2012.

HSIEH, C.; KLENOW, P. Misallocation and manufacturing TFP in China and India. *Quarterly Journal of Economics*, v. 124, n. 4, p. 1403-1448, 2009.

KLENOW, P.; RODRIGUEZ-CLARE, A. The neoclassical revival in growth economics: has it gone too far? In: BERNANKE, B.; ROTEMBERG, J. (Ed.). Cambridge, MA. The MIT Press, *NBER Macroeconomics Annual*, p. 73-103, 1997.

LOAYZA, N.; SERVÉN, L. *Business regulation and economic performance*. Washington, DC: The World Bank, 2010.

LUZIO, E.; GREENSTEIN, S. Measuring the performance of a protected infant industry: the case of Brazilian microcomputers. *Review of Economics and Statistics*, v. 77, p. 622-633, 1995.

MINISTÉRIO DA FAZENDA. *Reformas microeconômicas e crescimento de longo prazo*. Brasília: Secretaria de Política Econômica do Ministério da Fazenda, 2004.

PAGÉS, C. *The age of productivity*. Washington, DC: Inter-American Development Bank, 2010.

RESTUCCIA, D. *The Latin American development problem*: an interpretation. University of Toronto, 2012. Mimeografado.

____; ROGERSON, R. Policy distortions and aggregate productivity with heterogeneous plants. *Review of Economic Dynamics*, v. 11, p. 707-720, 2008.

VELOSO, F.; FERREIRA, P.; PESSÔA, S. Experiências comparadas de crescimento econômico no pós-guerra. In: VELOSO, F. et al. (Org.). *Desenvolvimento econômico*: uma perspectiva brasileira. Rio de Janeiro: Campus; Elsevier, 2013. p. 3-38.

____; VILLELA, A.; GIAMBIAGI, F. Determinantes do 'milagre' econômico brasileiro (1968-1973): uma análise empírica. *Revista Brasileira de Economia*, v. 62, n. 2, p. 221-246, 2008.

WORLD BANK. *Doing business 2013*: smarter regulations for small and medium-size enterprises. Washington, DC: The World Bank, 2013.

WORLD ECONOMIC FORUM. *The global competitiveness report 2012-2013*. Genebra: World Economic Forum, 2012.

Capítulo 10

O setor externo no Brasil: comércio e investimento direto

Lia Valls Pereira*
Luiza Niemeyer**

1. Introdução

Até o início dos anos 1970, o Brasil era um exportador de produtos agrícolas e o café explicava cerca de 50% das exportações do país.[1] No ano 2000, 60% das exportações do país eram de produtos manufaturados e o principal produto exportado foram aviões (5,5%).[2] Em 2012, a participação das manufaturas caiu para 38% e o minério de ferro explicou 13% do total exportado pelo país. O debate sobre a desindustrialização da pauta de exportações está na agenda da política de comércio exterior do país.[3]

A partir do início dos anos 1950, a política de comércio exterior do Brasil foi subordinada à lógica do processo de substituição de importações, identificado como um programa para criar uma indústria diversificada e autárquica. O protecionismo perdurou até o final dos anos 1980, quando foi iniciada a liberalização comercial no país com a Reforma Tarifária de 1990. O compromisso com a liberalização foi consolidado com a criação da união aduaneira

---

* Pesquisadora do Centro de Economia Aplicada do Instituto Brasileiro de Economia da Fundação Getulio Vargas (FGV/IBRE).
** Pesquisadora do Centro de Economia Aplicada do Instituto Brasileiro de Economia da Fundação Getulio Vargas (FGV/IBRE).
1. MDIC/ApexBrasil (2012): *200 anos de comércio exterior do Brasil*. Segundo essa publicação, a média da participação do café nas exportações brasileiras foi de 60% no período 1950-60 e de 45% entre 1960 e 1970.
2. Os dados sobre fluxos de comércio são da Secretaria de Comércio Exterior.
3. Ver Bacha e de Bolle (2013), que organizaram um livro sobre o tema da desindustrialização no Brasil.

do Mercosul,[4] que promoveu uma nova rodada de reduções tarifárias a partir de 1994. As duas questões estão associadas, pois a oferta de novos acordos preferenciais supõe que a política de comércio exterior acata propostas de liberalização. No entanto, o Mercosul, acordo prioritário da política externa brasileira, está distante da constituição de um mercado comum unificado, pois as exceções introduzidas a partir do final dos anos 1990 não permitem classificar o bloco nem como uma área de livre comércio. Além disso, os novos estímulos à indústria, introduzidos em 2009, contêm um viés protecionista que descarta possíveis programas de liberalização unilateral (Cebri, 2012). O debate sobre a "volta de políticas protecionistas" *versus* a liberalização comercial como fator positivo para a competitividade dos produtos brasileiros está na atual agenda brasileira (Cindes, 2010).

Apesar do viés protecionista no comércio exterior, o Brasil quase sempre apresentou um conjunto de incentivos amigáveis à entrada do investimento estrangeiro. A presença deste fluxo, caracterizada por três grandes ciclos, foi historicamente importante no processo de desenvolvimento do país. Durante os anos do processo de substituição de importações, o investimento direto ajudou a criar o parque industrial brasileiro, enquanto que nos anos 1990 contribuiu para a modernização de setores de serviços na esteira das privatizações da década. Após 2002, permaneceu complementando a poupança doméstica, mesmo após a incidência da crise internacional. Nas diretrizes da política industrial anunciadas após a crise de 2008, porém, voltaram-se a incluir exigências de conteúdo local atrelados ao investimento, medida que poderá diminuir a participação do país nas cadeias produtivas globais comandadas pelo capital estrangeiro.

O capítulo está organizado da seguinte forma. A seção 2 analisa o desempenho dos fluxos de comércio, a partir da década de 1970 até o ano de 2011. A seção 3 apresenta um breve relato sobre a agenda de acordos comerciais do Brasil. A seção 4 descreve e analisa os ciclos de investimento estrangeiro direto sob a ótica dos determinantes domésticos e menciona brevemente as características do investimento brasileiro direto. Por fim, a seção 5 conclui o capítulo.

---

4. No ano de 2001 foi criado o Mercado Comum do Sul (Mercosul), constituído por Argentina, Brasil, Paraguai e Uruguai. A seção 4 irá analisar as principais questões relacionadas à agenda de acordos comerciais do Brasil.

2. O desempenho dos fluxos de comércio exterior (1970-2011)

O grau de abertura (*trade openness*) de um país é um dos indicadores que compõem o quadro de análise sobre sua participação no comércio mundial. Quanto maior o indicador, maior sua integração comercial no mundo. A comparação deve ser feita com economias de tamanho similar, pois quanto menor a economia espera-se que esse indicador seja maior.[5] O Brasil, na comparação com economias de tamanho similar, registrou o menor resultado na média dos anos de 2009-11 (tabela 1). Observa-se, porém, que o resultado para o Brasil (22,7%) é próximo ao dos Estados Unidos (28,4%). No entanto, enquanto os Estados Unidos foi o segundo maior exportador mundial de mercadorias e o primeiro importador mundial em 2011, o Brasil foi o 22º exportador e o segundo importador, conforme a OMC.[6]

Tabela 1
Grau de abertura — participação do comércio total* no PIB (média 2009/2011) [em %]

País	%
Índia	48,1
Brasil	22,7
China	53,2
México	61,2
Rússia	51,4
África do Sul	56,4
Estados Unidos	28,4

Fonte: WTO (2012b).
* Comércio total é a soma das exportações e importações de mercadorias e serviços

A seção inicia, portanto, com uma breve descrição da participação do Brasil nos fluxos do comércio mundial. Em seguida, é apresentada uma breve evolução do desempenho das exportações e importações brasileiras desde a década de 1970. Finalmente, destacam-se as mudanças ocorridas na primeira década do século XXI.

---

5. Numa economia pequena, a obtenção de economia de escala só é possível através das exportações.
6. WTO International Trade Statistics (2012).

2.1 O Brasil no comércio mundial[7]

Selecionamos para efeito de comparação os parceiros do Brasil no Brics, o México e a Coreia do Sul. Até a década de 1980, a participação das exportações brasileiras no total mundial, embora pequena, era superior à dos países destacados, com exceção apenas da África do Sul, conforme ilustrado no gráfico 1.[8] Esse resultado muda a partir de meados da década de 1990, quando Coreia do Sul, China e México superam a participação do Brasil. Em 2011, embora a participação do Brasil tenha aumentado para 1,4%, o país só superou a África do Sul, cuja participação foi de 0,5%.[9]

Gráfico 1
Participação das exportações dos países nas exportações mundiais (%)

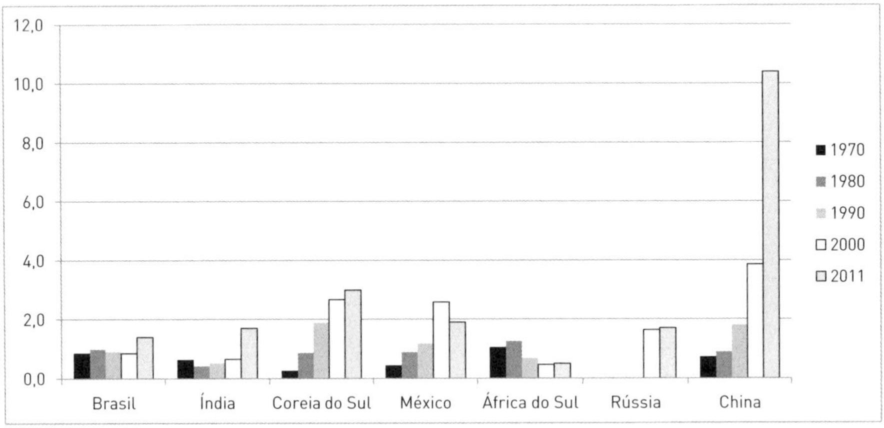

Fonte: WTO (2012b).

Quando são analisadas as importações mundiais, os resultados são similares (gráfico 2). Nos anos de 1970 e 1980, a participação do Brasil nas importações mundiais supera a dos países selecionados. Entre 2000 e 2011, embora o percentual do Brasil tenha passado de 0,9% para 1,3%, ainda é menor do que os da Índia (2,5%), Coreia do Sul (2,8%), México (2%), Rússia (1,7%) e China (9,5%). Novamente, o resultado do Brasil só é maior que o da África do Sul (0,6%).

---

7. Os dados do comércio mundial são da base de dados da OMC: WTO Statistics database (2012).
8. Observa-se que a República da Rússia foi constituída em 1991.
9. A queda da participação do México de 2,6% para 1,9% está associada à crise nos Estados Unidos.

O dinamismo de um país no comércio mundial requer participação tanto nos fluxos de exportações como importações. Ademais, num mundo onde as empresas se organizam através das cadeias produtivas regionais e/ou globais, a importância do comércio intraindústria e intrafirma só tende a crescer, acentuando a complementariedade dos fluxos de exportações e importações (Baumann, 2010a).

Gráfico 2
Participação das importações dos países nas importações mundiais (%)

[Gráfico de barras mostrando, para Brasil, Índia, Coreia do Sul, México, África do Sul, Rússia e China, a participação nas importações mundiais em 1970, 1980, 1990, 2000 e 2011.]

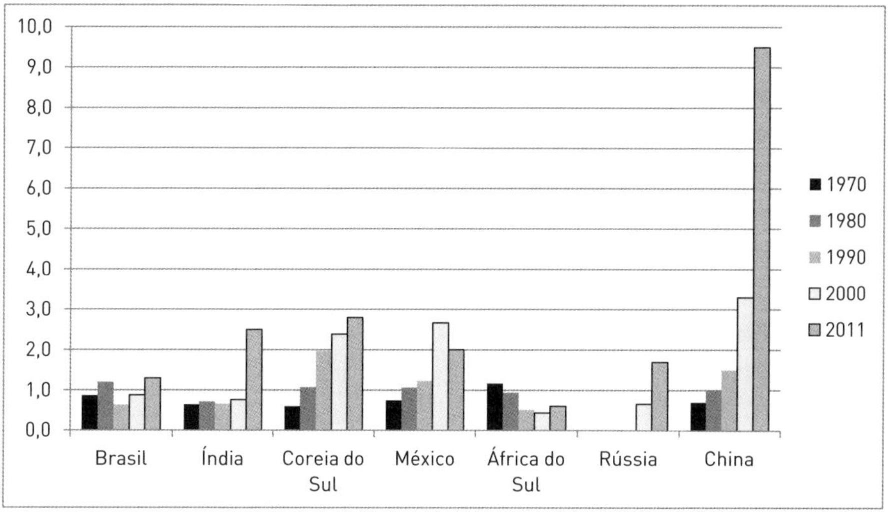

Fonte: WTO (2012b).

Outro resultado distingue o Brasil dos países analisados. Enquanto o aumento da participação do Brasil nas exportações mundiais na primeira metade dos anos 2000 está associado ao *boom* das *commodities*, o dos demais países, exceto a África do Sul, se explica pelo aumento das exportações de manufaturas. Em 1990, o Brasil respondia por 2,4% das exportações mundiais agrícolas. No ano 2011, esse percentual aumentou para 5,2% e atualmente o país é o terceiro maior exportador desses produtos.

No comércio mundial de manufaturas, a participação das exportações brasileiras tem ficado ao redor de 0,7% desde os anos 1980,[10] enquanto a dos

---

10. Essa participação foi de 0,7%, em 1980, 1990, 2000 e 2011.

países selecionados aumentou, exceto África do Sul.[11] Assim, por exemplo, entre 2000 e 2011, a da China passou de 4,7% para 15,4% e a da Índia, de 1,1% para 1,6%, aumento que foi acompanhado de elevação no percentual de participação nos fluxos importados. Na China, houve uma elevação de 3,5% para 8,7% e na Índia de 0,5% para 1,6%. No Brasil, a participação das importações de manufaturas também aumentou de 0,8% para 1,4%, mas não guarda relação com o desempenho das exportações de manufaturas no comércio mundial.

Como resultado, o Brasil não consta na lista dos 15 principais exportadores mundiais de manufaturas no ano de 2011, enquanto China, Índia e México estão presentes. Esse quadro sugere que a competitividade dos produtos agrícolas do Brasil contrasta com a dos produtos industrializados. Essa constatação preocupa, pois como argumentam Hausmann, Hwang e Rodrik (2007), a composição e a diversificação das exportações são importantes para o crescimento econômico de um país. Nesse caso, ao não avançar no desenvolvimento de suas exportações de manufaturas, o país poderia estar convivendo com um dos fatores que atrasariam sua trajetória de crescimento.

As próximas subseções analisam o desenvolvimento do comércio exterior brasileiro desde os anos 1970 até 2011, buscando melhor entender sua evolução até a situação atual.

2.2 Os anos de 1970 a 2001[12]

Para melhor analisar o desempenho do comércio exterior brasileiro, as próximas subseções discorrerão sobre a política de comércio exterior brasileira nas últimas décadas.

Desde o início dos anos 1950, a política de comércio exterior do Brasil foi subordinada a duas orientações principais. A primeira se refere ao processo de substituição de importações como modelo de desenvolvimento econômico, identificado como necessário para a implementação de uma estrutura industrial diversificada e autárquica. A segunda está associada à questão da restrição externa expressa na deterioração dos termos de troca e no financiamento

---

11. Há exceções. O México aumentou sua participação nas exportações de manufaturas de 1,1% para 3% entre 1990 e 2000, mas depois caiu para 2,1%, em 2011. O efeito da crise dos Estados Unidos e a concorrência chinesa influenciam no resultado. A África do Sul não alterou sua participação, que ficou entre 0,3% e 0,4%, desde os anos de 1980.
12. Parte dessa seção está baseada em Pereira (2003, 2006).

dos déficits em transações correntes da balança de pagamentos. No período de 1950 a meados dos anos 1960, foi privilegiado o incentivo à industrialização somente via medidas de proteção. A partir do final da década de 1960, porém, reconheceu-se que a questão da restrição externa exigia também incentivos às exportações. O incremento nas exportações de manufaturas seria um fator importante na redução da vulnerabilidade externa do país. Não era um modelo que pudesse ser classificado como *"export led growth"*, mas o estímulo às exportações de manufaturas era entendido como positivo para a indústria nacional.

O primeiro choque do petróleo de 1973 foi respondido com um programa de desenvolvimento que privilegiou a lógica do protecionismo como estímulo ao desenvolvimento industrial. Após a etapa de substituição de bens de consumo, era o momento de estimular as indústrias de bens de capital e bens intermediários, além de reduzir a dependência do petróleo.[13] O segundo choque do petróleo junto com a crise da dívida externa privilegiaram a questão da vulnerabilidade externa. A adoção de medidas de restrição cambial, controle das importações e a ampliação de isenções fiscais e creditícias para as exportações não seguiam nenhum planejamento previsto no modelo de substituição de importações (Pereira, 2003).

O modelo de substituição de importações no Brasil nunca teve como parâmetro a criação de uma indústria competitiva no mercado internacional. As mudanças no cenário internacional, além de questões domésticas, mudaram o rumo da política brasileira nos anos 1990.

A seguir são apresentadas as principais características dos anos de 1970 a 2001. O período pode ser dividido em quatro fases principais, que serão analisadas a seguir. Os gráficos 3 e 4 ilustram a evolução das exportações e importações brasileiras ao longo dessas décadas.

A primeira fase compreende os anos de 1970 a 1980. A partir de 1964 foram realizadas várias reformas econômicas no Brasil. No campo do comércio exterior, o principal objetivo foi alcançar a diversificação da pauta de exportações brasileiras em direção aos produtos manufaturados, o que contribuiria para atenuar a restrição externa. Dois conjuntos de medidas merecem ser destacados. O primeiro se refere à indexação da taxa de câmbio nominal ao diferencial entre a taxa de inflação do Brasil e a taxa de inflação dos

---

13. As compras de bens de capital por parte das empresas estatais, por exemplo, deveriam privilegiar as empresas domésticas fornecedoras de bens de capital. O choque do petróleo incentivou os programas para a produção do etanol.

Gráfico 3
Exportações, importações e saldo comercial do Brasil em US$ bilhões — 1970-2001

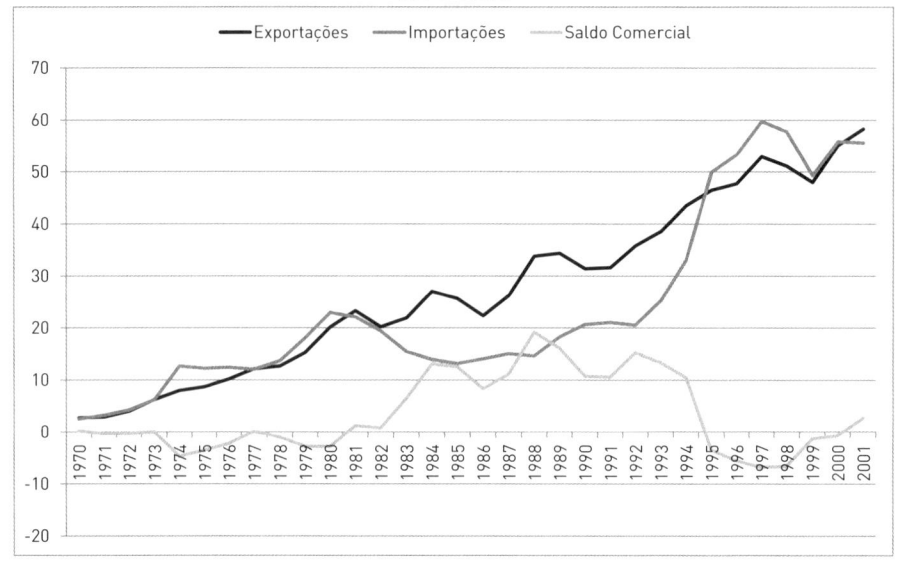

Fonte: Secex/MDIC (2012).

Gráfico 4
Crescimento médio anual das exportações e importações brasileiras (%)

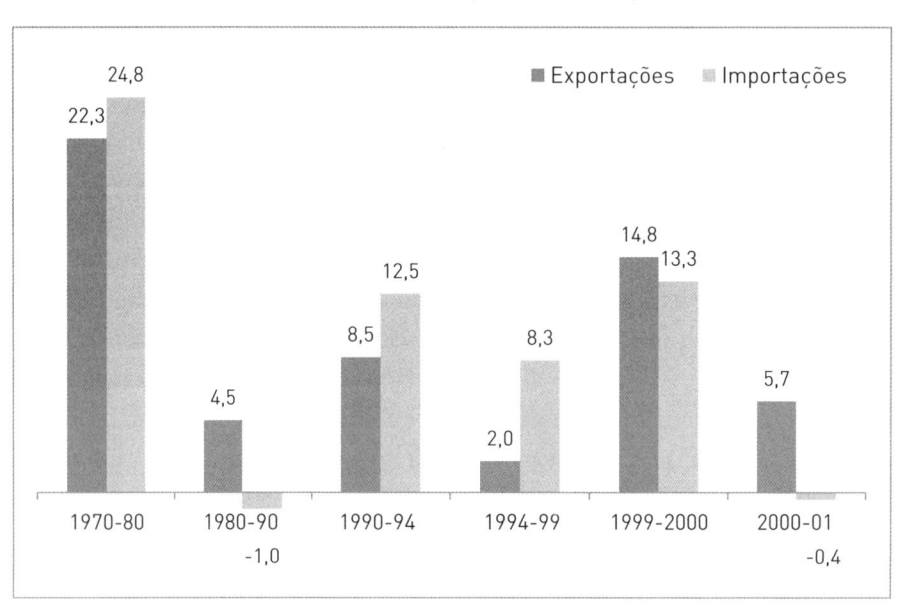

Período	Exportações	Importações
1970-80	22,3	24,8
1980-90	4,5	-1,0
1990-94	8,5	12,5
1994-99	2,0	8,3
1999-2000	14,8	13,3
2000-01	5,7	-0,4

Fonte: Secex/MDIC (2012).

Estados Unidos (o regime de *crawling peg*), adotada em 1968 e que acabou com o viés antiexportador da política de valorização da moeda brasileira que vigorava nas décadas anteriores. O segundo foram os programas de incentivo às exportações de manufaturas por meio da concessão de uma série de subsídios de caráter fiscal e creditício.

As exportações brasileiras responderam a esses incentivos e aumentaram a uma média anual de 22% entre 1970 e 1980, acima do crescimento médio anual das exportações mundiais, que foi de 20%. O resultado mais importante, porém, foi o aumento da participação de produtos manufaturados na pauta de exportações, que subiu da ordem de 15% em 1970 para 45% em 1980. Vale lembrar que durante esse período o país manteve a sua política protecionista associada ao processo de substituição de importações. Entretanto, vigorava também um sistema de isenções tarifárias para importações que fossem consideradas essenciais para o aumento da capacidade produtiva. A definição de "essenciais" era interpretada pelos órgãos governamentais em função da existência ou não de oferta doméstica, prazo de entrega e qualidade.

O segundo choque do petróleo, em 1979, acompanhado da elevação da taxa de juros dos Estados Unidos, pôs fim ao ciclo de crescimento econômico da década de 1970. Na segunda fase, que começa na década de 1980, a política de comércio exterior ficou totalmente subordinada aos objetivos da política macroeconômica. Foram intensificados os programas de subsídios às exportações e proliferaram medidas protecionistas com o intuito de assegurar saldos positivos na balança comercial que atenuassem as restrições externas cambiais. O crescimento médio anual das exportações brasileiras foi de 4,5% (abaixo da média anual mundial de 5,8%) e as importações caíram a uma média anual de 1%. A balança comercial registrou superávits em todo o período de 1981 a 1990. Em 1988, o saldo comercial atingiu o valor de US$ 19,1 bilhões. Nota-se, porém, que o viés protecionista não poderia ser justificado somente pelas restrições cambiais. Em 1984, foi instituída uma reserva de mercado para empresas de capital nacional que produzissem bens do setor de informática.[14]

---

14. A Lei de Reserva de Mercado para Informática tinha como objetivo assegurar a produção doméstica de toda a cadeia dos bens desse setor e só foi extinta em 1991. É consensual que a reserva de mercado não conseguiu deslanchar esse setor no Brasil. Para a análise das novas versões da Lei de Informática a partir da década de 1990, ver o capítulo de Maurício Pinheiro.

Essas diretrizes da política governamental passaram a ser questionadas, em especial a partir de meados da década de 1980. Restrições orçamentárias tornavam difícil a continuação de programas pautados em renúncia fiscal e/ou concessões de créditos subsidiados. Além disso, demandas no plano internacional sugeriam que a permanência dos programas nacionais de subsídios teria vida curta. Num primeiro momento, essa questão foi expressa pela abertura de um grande número de investigações sobre práticas de subsídios praticadas pelo governo brasileiro nas suas exportações para os Estados Unidos.[15] Depois, durante as negociações da Rodada Uruguai (1986-2004) foi ficando cada vez mais claro que diversos incentivos que faziam parte do programa de exportações brasileiras não seriam mais aceitos pelas regras do comércio mundial.

A terceira fase se inicia em 1990 com o programa de liberalização comercial.[16] Controles quantitativos que proibiam a importação de cerca de 1.200 bens foram suspensos. Após essa etapa foi anunciado um cronograma de liberalização tarifária que deveria ser cumprido em quatro etapas entre fevereiro de 1991 e julho de 1993. A tarifa média aplicada na indústria de transformação passou de 45% para 14,8% na última etapa. Ademais, a tarifa máxima permitida passou a ser 40% e a tarifa modal (a tarifa com maior grau de incidência) era de 20%.[17]

O programa de liberalização comercial ganhou um novo impulso com a criação do Mercosul no ano de 1991. O objetivo era criar um mercado comum único composto por Argentina, Brasil, Paraguai e Uruguai, a vigorar a partir de dezembro de 1995.[18] No Protocolo de Assunção de 1994, que instituiu a tarifa máxima externa comum do bloco, foi acordado que a tarifa máxima era de 20% e a tarifa modal, de 10%.

As exportações brasileiras cresceram a uma média anual de 8,5%, entre 1990 e 1994, superando o valor registrado para as exportações mundiais, que foi de 5,5%. As importações aumentaram, em média, 12,5%, mas foram man-

---

15. O grande número de investigações em relação às exportações brasileiras na primeira metade da década de 1980 está associado principalmente às exportações de produtos siderúrgicos. A demanda por proteção da indústria siderúrgica norte-americana era uma questão que envolvia problemas estruturais de competitividade do setor e que não estavam relacionados a uma fonte específica de importações. No entanto, as práticas de subsídios apontadas nas investigações pelo governo norte-americano sinalizavam um questionamento do programa geral de promoção às exportações brasileiras.
16. Uma prévia da Reforma Tarifária foi iniciada em 1988, mas essa só foi plenamente instituída em 1990.
17. Com as negociações do Mercosul essas tarifas foram alteradas.
18. A análise sobre a trajetória da integração do Mercosul será feita na seção 4.

tidos os superávits comerciais acima de US$ 10 bilhões, o que relegou o tema da promoção das exportações a um segundo plano.

A partir de 1995, quando se inicia a quarta fase, observou-se que a produtividade aumentou na comparação com a década de 1980, devido a maior concorrência das importações. As exportações, porém, não responderam como seria esperado.[19] A adoção de um sistema de bandas cambiais associado ao plano anti-inflacionário de 1994 (Plano Real) seria uma das razões para o fraco desempenho das exportações que levaram a crescentes déficits na balança comercial a partir daquele ano.[20]

As crises internacionais a partir de meados da década de 1990 (México, Ásia e Rússia) acenderam uma luz vermelha para o governo ao sinalizar que a oferta de capital externo para financiamento dos déficits em transações correntes não podia ser considerada uma variável estável. Sob esse prisma, a piora na balança comercial passou a fazer parte do debate sobre os rumos da política de exportações. Em 1998, o governo anunciou o Programa Especial de Exportações, que visava dobrar as exportações em cinco anos, o que significava que essas deveriam atingir US$ 100 bilhões em 2002.[21]

A piora nas condições externas (moratória russa) e questões domésticas levaram a que o governo optasse pelo regime de câmbio livre, a partir de 1999.[22] A moeda brasileira foi desvalorizada em relação ao dólar em 27% em termos reais entre julho de 1994 e janeiro de 1999. Em 2001, a balança comercial registrou o primeiro superávit comercial (US$ 2,6 bilhões) desde 1994.[23]

2.3 Os anos de 2002 a 2011[24]

O ano de 2002 marca uma nova etapa do comércio exterior brasileiro, que pode ser caracterizada pelos seguintes aspectos.

Primeiro, houve aumento da participação das exportações brasileiras no mundo, liderado pelos produtos agrícolas, conforme mencionado.[25] Isso levou

---

19. Ferreira e Rossi (2003).
20. Os saldos da balança comercial foram de US$ 6,7 e US$ 6,5 bilhões em 1997 e 1998, respectivamente.
21. A meta seria atingida em 2002 com exportações de US$ 118 bilhões.
22. Ver capítulo de Regis Bonelli.
23. Observa-se, porém, que o superávit de 1994 foi de US$ 10,5 bilhões.
24. Esta subseção reproduz em parte Pereira (2011) e Pereira e Souza (2011).
25. Outras *commodities* não agrícolas como o minério de ferro também contribuem para o

a um intenso debate sobre a sustentabilidade do crescimento das vendas externas do país. A concentração das exportações em *commodities* significa uma demanda externa vulnerável às oscilações dos preços internacionais. Os gráficos 5 e 6 ilustram como o desempenho favorável das exportações brasileiras foi dependente do comportamento dos preços, a partir de 2005. Ao mesmo tempo, ao exportar produtos com demanda crescente no mercado mundial, foi possível aumentar o valor das exportações globais do Brasil, que passaram de US$ 60,4 bilhões para US$ 256 bilhões entre 2002 e 2011.[26]

A relação entre o desempenho favorável das exportações e das *commodities* levou a uma mudança na pauta de exportações brasileiras (gráfico 7). Logo, o segundo destaque desta época foi a passagem do país de exportador de manufaturas para exportador de produtos básicos. Assim, enquanto no ano de 2002 a participação das manufaturas no total exportado pelo país era de 55%, em 2011 esta caiu para 36%.

Gráfico 5
Crescimento médio anual do índice de preços das exportações brasileiras e mundiais (%)

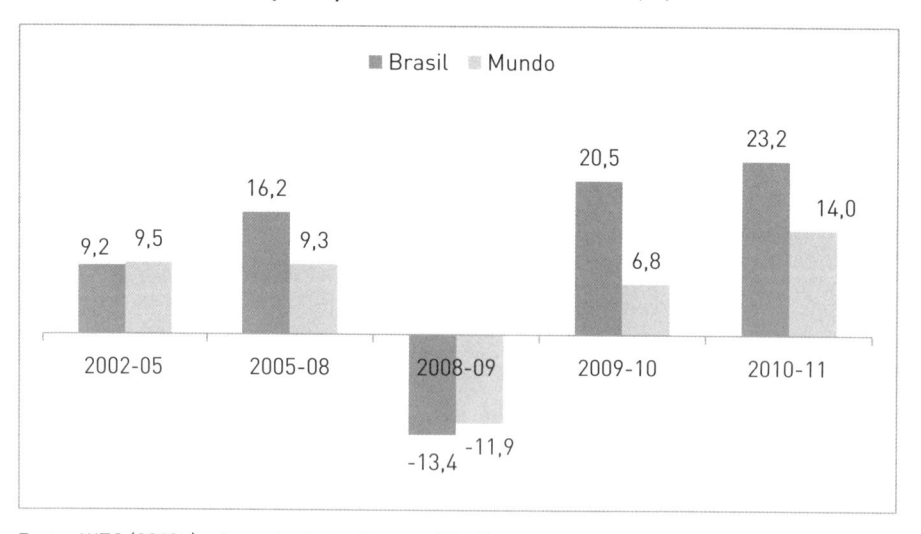

	Brasil	Mundo
2002-05	9,2	9,5
2005-08	16,2	9,3
2008-09	-13,4	-11,9
2009-10	20,5	6,8
2010-11	23,2	14,0

Fonte: WTO (2012b) e Base de dados Funcex (2012).

---

aumento das exportações do Brasil. Entre 2010 e 2011, por exemplo, somente o minério de ferro contribuiu 24% para o aumento das exportações brasileiras que foi de 27% (Secex/MDIC).
26. No ano de 2012, a crise mundial levou a uma queda das exportações brasileiras para US$ 242 bilhões.

Gráfico 6
Crescimento médio anual do índice de quantidade das exportações brasileiras e mundiais (%)

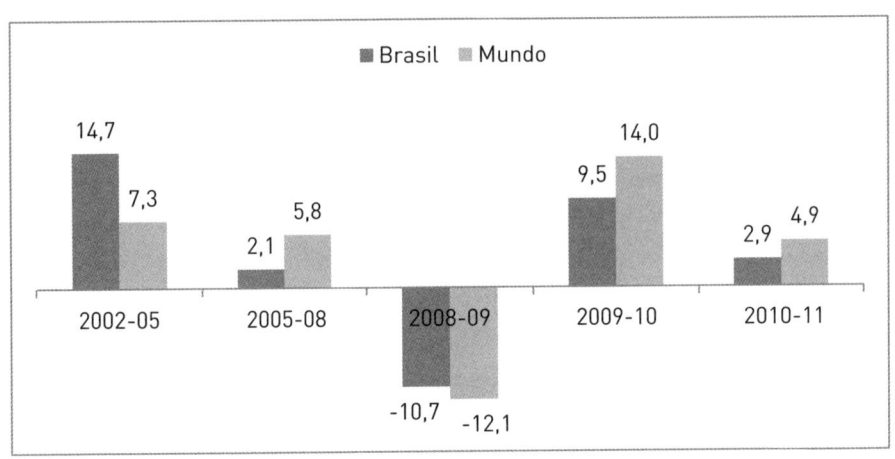

■ Brasil ■ Mundo

Período	Brasil	Mundo
2002-05	14,7	7,3
2005-08	2,1	5,8
2008-09	-10,7	-12,1
2009-10	9,5	14,0
2010-11	2,9	4,9

Fonte: WTO (2012b) e Base de dados Funcex (2012).

Gráfico 7
Estrutura das exportações brasileiras por grandes setores (% total)

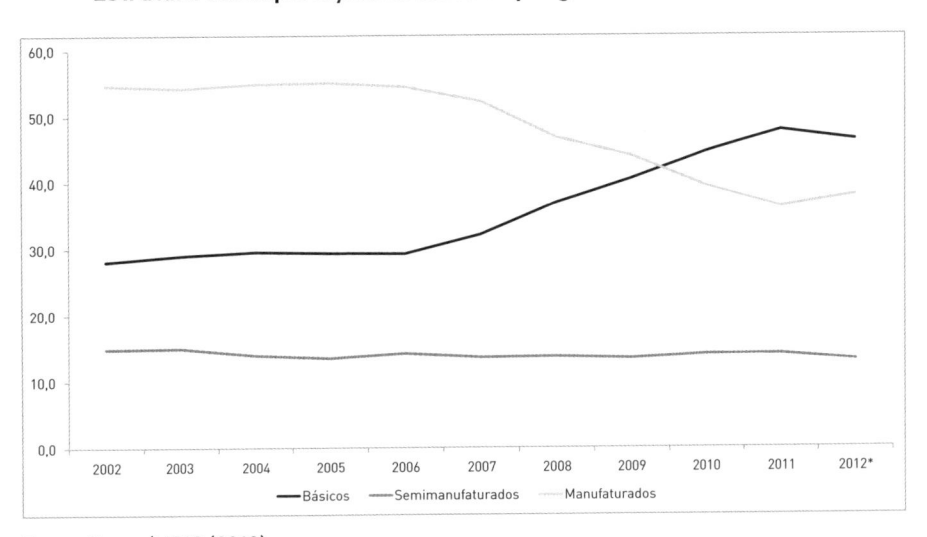

Básicos — Semimanufaturados — Manufaturados

Fonte: Secex/MDIC (2012).

O terceiro aspecto que merece ser mencionado se refere à mudança na estrutura dos mercados das exportações do país. No ano de 2002, o Brasil era um *global trader* — 13% das exportações brasileiras eram destinadas para a América do Sul, 15% para a Ásia, 25% para os Estados Unidos e 26% para a União Europeia. No ano de 2011, o Brasil continuou um *global trader*, mas o mercado asiático passou a liderar o destino das exportações brasileiras ao responder por 30% desse total, seguido da União Europeia (21%), América do Sul (17%) e dos Estados Unidos (10%).

O aumento da participação da Ásia nas exportações brasileiras é explicado pela China, cuja participação nas exportações totais do Brasil passou de 4,2% para 17% entre 2002 e 2011. Esse crescimento da China como mercado de destino das exportações brasileiras está associado à mudança na estrutura da pauta de exportações brasileira. Em 2002, o principal mercado de destino das exportações brasileiras eram os Estados Unidos e as manufaturas respondiam por 75% das vendas externas para esse país. Em 2011, a China foi o principal mercado de destino das exportações do Brasil, mas as manufaturas explicaram apenas 4,5% das vendas externas brasileiras para esse país.

No entanto, a "desindustrialização" da pauta de exportações brasileira não se resume ao caso da China. Nas vendas para os Estados Unidos, por exemplo, caiu a participação das manufaturas de 75% para 45%, entre 2002 e 2011. Ainda que a China também possa estar substituindo as exportações brasileiras em terceiros mercados, o atual debate no Brasil não se resume a este "efeito China", mas engloba a questão da competitividade da oferta de produtos manufaturados do país sob o ponto de vista de questões estruturais. Aqui, a análise parte da identificação da competitividade com produtividade. Nesse caso, fazem parte do debate algumas das questões abordadas nesse livro como ambiente de negócios desfavorável; infraestrutura de transportes deficiente (logística); educação e baixa qualificação da mão de obra; inovação tecnológica; e custos associados à carga tributária.[27] Além desses temas, a valorização da taxa de câmbio real teria contribuído para a perda de competitividade das

---

27. Para uma análise sobre o tema da competitividade das exportações brasileiras nos anos recentes, ver Canuto, Cavallari e Reis (2013), Rios e Iglesias (2010), Bonelli (2011), Bonelli e Pinheiro (2012) e Pinheiro, Markwald e Pereira (2002). Ademais, são destacados os capítulos do presente livro que abordam as questões que influenciam a produtividade/competitividade dos produtos brasileiros.

exportações de manufaturas no período analisado. Entre 2002 e 2011, a taxa de câmbio efetiva real da moeda brasileira valorizou em 54% (gráfico 8).[28]

A valorização da taxa de câmbio também contribuiu para o aumento das importações, que cresceram a uma média anual de 19% entre 2002 e 2011, passando de US$ 47 bilhões para USS$ 226 bilhões no período. A estrutura da pauta de importações não sofreu alterações, conforme se verifica no gráfico 9, exceto pelo aumento da participação dos bens de consumo, que era cerca de 10% no início do período analisado e passou para cerca de 15% a partir de 2008. As importações de bens intermediários (matérias-primas) continuaram a explicar mais da metade das importações brasileiras, seguidas de bens de capital e combustível.

Gráfico 8
Taxa de câmbio efetiva real: 2002-11

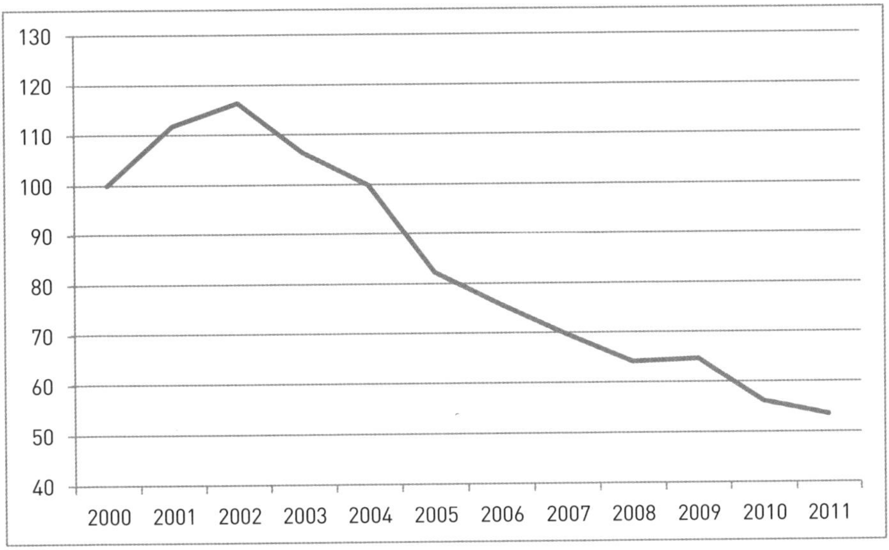

Fonte: Banco de dados FGV/IBRE (2012).

---

28. A taxa de câmbio efetiva real é composta de uma cesta de moedas (dólar, euro, moeda chinesa, moeda japonesa, moeda argentina e libra esterlina) deflacionada pelos índices ao produtor.

Gráfico 9
Estrutura das importações brasileiras por categorias de uso (%)

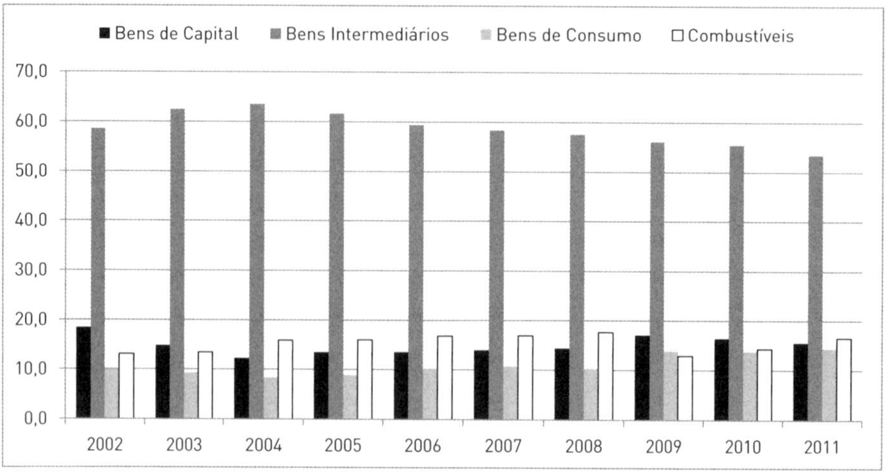

■ Bens de Capital   ■ Bens Intermediários   ■ Bens de Consumo   ☐ Combustíveis

Fonte: Secex/MDIC (2002).

Quanto aos mercados de origem das importações, a principal mudança foi novamente a ascensão da China. No ano de 2002, esse país respondia por 3,3% das compras externas do Brasil e, em 2011, por 14,5%. Em compensação, caiu a participação dos Estados Unidos de 22% para 15%, da União Europeia de 28% para 20% e da América do Sul de 16% para 14%.

A valorização do câmbio junto com as questões estruturais da competitividade levaram a que o coeficiente de penetração das importações passasse de 12,4% para 22% entre 2002 e 2011, enquanto o coeficiente das exportações aumentou apenas 3 p.p. (15% para 18%).[29] Apesar desses resultados, o saldo comercial foi superavitário ao longo de todo esse período (gráfico 10), o que contribuiu para o aumento das reservas internacionais do país, que passaram de US$ 35 bilhões (dezembro de 2002) para US$ 352 bilhões (dezembro de 2011).[30]

Se no período de 1970 a 2001 a restrição externa cambial e a vulnerabilidade resultante dominaram o debate sobre a política de comércio exterior brasileira, na primeira década do século XXI o bom desempenho da balança

---

29. Dados da Funcex (2012). O aumento do coeficiente importado ocorreu tanto nas indústrias de baixa tecnologia, como fabricação de artigos de couro (14% para 43%), quanto de alta tecnologia, como equipamentos eletrônicos, que aumentou de 34% para 52%, entre 2002 e 2011.
30. Dados do Banco Central.

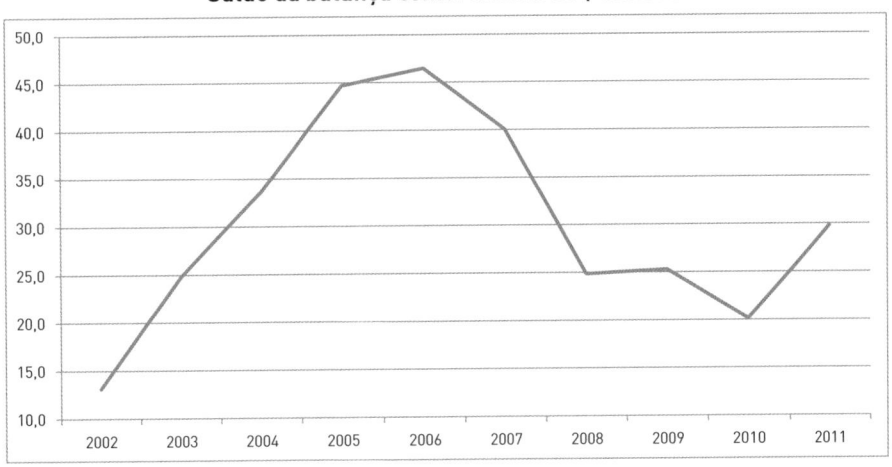

Gráfico 10
Saldo da balança comercial em US$ bilhões

Fonte: Secex/MDIC.

comercial juntamente com a entrada de capital estrangeiro reduziram a importância dessa questão e trouxe à tona o tema da competitividade.

Após a crise de 2008, o governo anunciou novos programas e medidas, como o Plano Brasil Maior (2011), em que, além do tema da inovação tecnológica, foi também privilegiada a questão do desenvolvimento das cadeias produtivas locais.[31] Em relação a esse último, a opção por exigências de conteúdo local na produção sinalizou que a orientação da política contém um viés protecionista. Não se trata de reduzir tarifas de importações para estimular o comércio intraindústria e a integração do Brasil nas cadeias globais, mas o inverso.[32]

Por último, dois indicadores sintetizam o debate sobre o desempenho exportador do Brasil. De um lado, o aumento no índice de concentração da pauta por produtos é interpretado como sinal de "fragilidade" da pauta brasileira (gráfico 11). A questão principal não é o aumento da "concentração" em si, mas a crescente especialização em produtos não manufaturados. Por outro lado, a diversificação das exportações por mercados de destino até 2008 sinalizaria a competitividade das exportações do país (gráfico 12). O resultado

---
31. Ver o capítulo de Maurício Pinheiro.
32. Em setembro de 2012, o governo anunciou a intenção de elevar a tarifa de importação de 100 produtos, muitos deles matérias-primas (Ibre, 2012).

Gráfico 11
Índice de concentração HH das exportações por produtos*

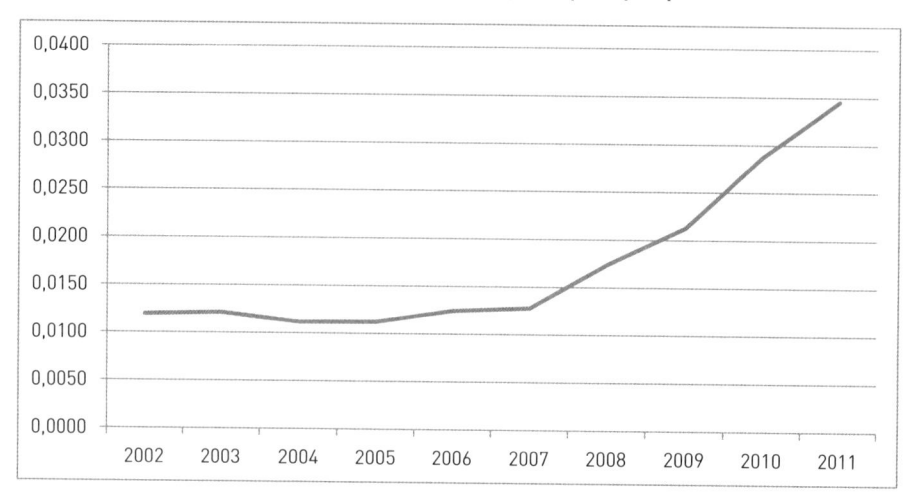

Fonte: Elaboração das autoras. Baseado em dados de Secex/MDIC.
*O índice HH é o índice de Herfindhal-Hirschmann. Quanto maior o índice, maior a concentração.

Gráfico 12
Índice de concentração HH por mercado de destino das exportações

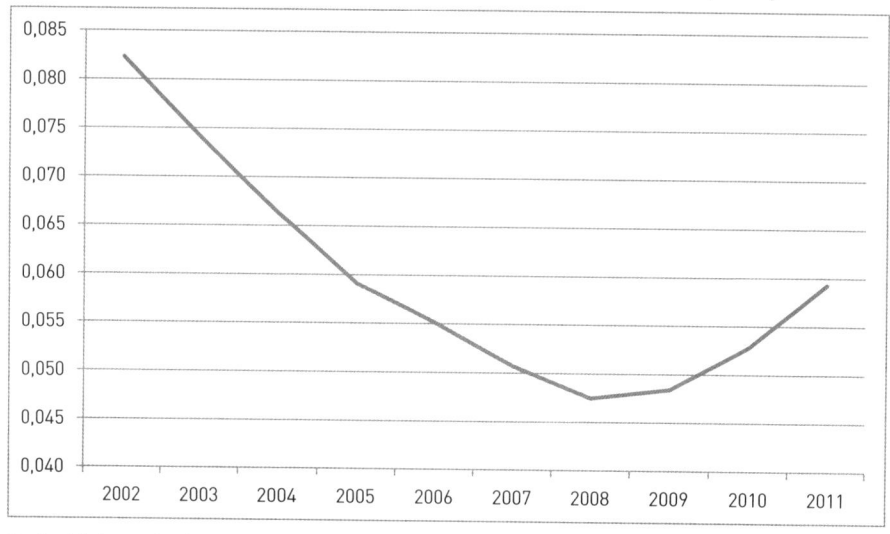

Fonte: Elaboração das autoras. Baseado em dados da Secex/MDIC.

pós-2008 deve ser relativizado, pois é influenciado pela crise mundial, que, ao afetar com intensidades diferentes os países, tendeu a concentrar as exportações do Brasil na Ásia. A questão dos mercados leva a uma reflexão sobre a agenda de acordos comerciais do Brasil, tema da próxima seção.

3. A agenda de acordos comerciais do Brasil[33]

A agenda de acordos comerciais do Brasil pode ser dividida em quatro projetos principais. O primeiro se refere à formação de um mercado comum, o Mercado Comum do Sul (Mercosul). O segundo está associado aos acordos de comércio com países da América do Sul e ao projeto da União Sul-Americana das Nações. O terceiro são acordos com países em desenvolvimento não latinos. O quarto se refere às negociações com os dois principais parceiros do Brasil — China e Estados Unidos — e mais a União Europeia.[34]

3.1 Mercosul: dilemas da integração

Em 1991, foi assinado o Tratado de Assunção, que estabelecia como objetivo a criação de um mercado comum, em 1995, composto por Argentina, Brasil, Paraguai e Uruguai. A meta do mercado comum, que pressupõe livre circulação de bens, serviços, capital e trabalho, está longe de ser atingida e não há compromisso com novas datas. O início da união aduaneira plena, previsto para 2006, foi postergado e não está claro quando entrará em vigor. Em adição, há divergências na sociedade brasileira sobre qual deve ser a trajetória de integração com os parceiros do Mercosul.

O histórico do Mercosul, como qualquer processo de integração, está marcado por períodos de tensões entre os parceiros. No entanto, foi a partir de 1999 que as controvérsias sobre a importância do bloco para o Brasil afloraram de forma nítida. Naquele ano, deveriam ter terminado as medidas de exceção ao livre comércio intrarregional como etapa preparatória para a plena união

---

33. Esta seção reproduz em parte Pereira (2009).
34. A China passou a ser incluída na lista dos três principais parceiros comerciais do Brasil a partir de 2005, ao lado dos Estados Unidos e da Argentina. Até 2008, a União Europeia era o principal destino (em termos de região) das exportações brasileiras. A partir de 2009, passa a ser a Ásia.

aduaneira. Em janeiro de 1999, porém, o Brasil desvalorizou sua moeda e a Argentina pediu a prorrogação dessas medidas. A resposta do governo brasileiro, apoiada pelos setores industriais brasileiros, foi que os problemas econômicos da Argentina eram fruto de suas políticas (a opção por manter uma taxa de câmbio fixa com paridade unitária entre o peso argentino e o dólar). Logo, a Argentina deveria se ajustar à nova realidade cambial. O resultado foi a estagnação das negociações do Mercosul, que só foram retomadas com o fim da crise Argentina, em 2002.

O Brasil é o país mais rico do Mercosul (cerca de 75% do produto do bloco) e possui uma estrutura industrial diversificada e uma agricultura com elevada produtividade. O tamanho da economia brasileira permite que suas indústrias tenham economias de escala independentemente dos parceiros do Mercosul. Logo, o padrão geral de comércio entre o Brasil e seus parceiros é caracterizado pelas exportações brasileiras de manufaturas e importações de produtos do setor agropecuário e mineral ou de manufaturas de baixo valor adicionado. Há exceções, como as importações oriundas da Argentina de produtos automotivos. No entanto, esse fluxo é explicado pelo acordo do setor automotivo entre Brasil e Argentina, que estabelece cotas de importações entre os dois países. Nota-se, porém, que os parceiros do Mercosul não fizeram um acordo com o Brasil para se tornarem importadores de manufaturas brasileiras. A aspiração era que o acesso ao mercado brasileiro permitisse impulsionar as suas indústrias.

Na concepção dos formuladores do Tratado de Assunção de 1991, que instituíram o Mercosul, o tema da assimetria das estruturas produtivas e dos níveis de desenvolvimento esteve ausente. O tratamento especial para as economias menores (Paraguai e Uruguai) se restringiu apenas à possibilidade de incluírem um número maior de produtos nas listas de exceções negociadas no período de transição em direção à união aduaneira plena de 2006. A liberalização comercial intrarregional e com o resto do mundo (a tarifa externa comum da união aduaneira era menor do que as tarifas de importações que os países praticavam antes de 1990) iria assegurar os ganhos de eficiência via especialização associada aos padrões de vantagens comparativas. Além disso, a formação do espaço unificado regional seria um atrativo para os investimentos diretos estrangeiros.

A evidência histórica mostra que a liberalização comercial não assegura por si só um aumento de produtividade e crescimento econômico (Rodriguez e Rodrik, 1999). É preciso que estejam presentes políticas macroeconômicas responsáveis, como controle da inflação e dos déficits públicos. A estrutura institucional é outro fator crucial. Os investimentos produtivos diminuem num cenário de incertezas quanto às regras do jogo econômico. É preciso assegurar infraestrutura física e social (educação e saúde). A análise desses temas é aplicada nos acordos regionais amplos, como o Mercosul, que tinha como objetivo a formação de um mercado comum.

A partir de 2003, surgiu um relativo consenso no governo brasileiro de que, sendo a maior economia do bloco, deveria "pagar um custo maior" pela integração. Esse debate nunca esteve ausente, mas novos fatos e estratégias ajudam a explicar essa mudança. Após a paralisação das negociações era preciso sinalizar que o governo brasileiro compreendia as dificuldades dos parceiros (o produto interno bruto na Argentina chegou a diminuir em 11% no ano de 2002). Em adição, no novo governo[35] ganhou destaque o tema da cooperação Sul-Sul, o que exigia o fortalecimento dos projetos de integração com os países em desenvolvimento.

Este reconhecimento motivou, então, novas medidas. A primeira se refere ao tratamento da tarifa externa comum de importações (Tec). Os parceiros do Brasil sempre reclamaram que a Tec refletia a estrutura protecionista do Brasil. Os principais pontos de discórdia estão associados às tarifas de importações de produtos de bens de capital, eletroeletrônicos, informática e telecomunicações. O Brasil tem uma produção diversificada desses produtos, enquanto os parceiros não. Logo, desejavam tarifas zero para poder importar os produtos de menor custo. A solução adotada foi prorrogar prazos de exceções à tarifa externa comum e ao livre comércio intrarregional. Essa prática foi estendida ao longo dos anos e, a partir da crise de 2008, cresceram as exceções ao livre comércio intrarregional, motivadas pelo acirramento do protecionismo argentino.

A segunda questão do "custo" partia do diagnóstico de que era preciso implantar medidas que auxiliassem na redução das assimetrias do bloco e, logo, que pudessem auxiliar na consolidação de uma união aduaneira. As propostas foram variadas: identificação de projetos comuns entre firmas brasileiras e dos parceiros do Mercosul que pudessem ser financiados pelo banco de desenvolvimento socioeconômico brasileiro (BNDES); formação

---

35. Neste ano assumiu o presidente Lula da Silva.

de cadeias produtivas regionais como forma de consolidar a integração; entre outras. Afinal, a vigência de uma união aduaneira plena estaria associada ao aumento no grau de complementaridade produtiva entre os parceiros do bloco (Baumann, 2010b).

Assim, em 2005 foi criado o Fundo de Convergência Estrutural do Mercosul (Focem), com um orçamento anual de US$ 100 milhões. O objetivo era o de atenuar as assimetrias da região através de projetos de infraestrutura, desenvolvimento regional, entre outros. O Brasil contribui com 70% dos recursos, Argentina com 27%, Uruguai com 2% e o Paraguai com 1% dos recursos. Brasil e Argentina podem utilizar, cada um, 10% do orçamento do fundo, o Paraguai, 48% e o Uruguai, 32%. O Focem está em operação e seus recursos estão ao redor de US$ 650 milhões.[36]

A agenda do Mercosul não trata exclusivamente de temas comerciais e econômicos. Medidas para o reconhecimento de diplomas universitários e criação do passaporte Mercosul são alguns dos exemplos que fogem a esses temas. No entanto, o enfoque desta análise é avaliar o Mercosul como acordo econômico. Nesse caso, o Mercosul ainda está longe de se constituir num acordo de integração profunda. Em adição, a flexibilização do governo brasileiro é importante, mas não sugere que se está caminhando para um mercado comum. A abrangência das negociações do bloco é, até o momento, menor do que os acordos de livre comércio de nova geração dos Estados Unidos. Esses incluem o comércio de serviços, compras governamentais e políticas de competição, por exemplo. No Mercosul, todos esses temas ainda estão na mesa de negociações.

No ano de 2006, foi proposta a entrada da Venezuela no bloco, o que foi aprovado pelos Congressos de todos os países-membros, exceto o Paraguai. Em 2012, devido a uma crise política no Paraguai, os demais membros do Mercosul não reconheceram o novo presidente do país, e o Paraguai foi suspenso do Mercosul, enquanto a Venezuela foi aceita. Logo, além das questões econômicas, o Mercosul passa, desde 2012, por tensões de caráter político.

Em suma, o processo de integração do Mercosul em direção a um mercado comum ou união aduaneira plena parece cada vez mais distante.

---

36. O principal usuário dos recursos é o Paraguai.

3.2 Integração sul-americana

A ideia da integração sul-americana não é nova. A Associação Latino-Americana de Livre Comércio (Alalc) de 1960 já estabelecia como objetivo a formação de uma área de livre comércio até 1972, composta pelos países da Comunidade Andina, os atuais países do Mercosul, o Chile e o México. Contudo, a adoção por diversos países do modelo de substituição de importações, que identificava nas políticas protecionistas o impulso para a industrialização, dificultava a plena aceitação da abertura de mercados, em especial nas economias menores. Questões de instabilidade macroeconômica foram outras razões apontadas pelo fracasso do projeto.

No ano de 1993, surgiu uma nova proposta: a área de livre comércio da América do Sul (Alcsa). Os países do Mercosul teriam que rever seus acordos com os países da Associação Latino-Americana de Integração (Aladi). Assumindo que o Mercosul iria funcionar como união aduaneira a partir de 1995, seus países-membros teriam um tratamento tarifário igual para países fora do bloco. A concepção do acordo foi, então, a de definir um cronograma de reduções tarifárias automáticas entre os países que assegurasse a área de livre comércio em 10 anos. Essa proposta não foi aceita pelos parceiros. Não se sabe se por motivos políticos e/ou por temores dos efeitos de uma abertura ampla, o processo não deslanchou. O cenário era favorável, pois os países sul-americanos haviam implementado suas reformas comerciais e as crises da década de 1990 ainda não haviam acontecido.

Na agenda da diplomacia econômica brasileira, a integração sul-americana passaria então a ser construída através dos acordos bilaterais de livre comércio com os parceiros da região, sempre negociados via Mercosul. O sucesso de um rápido acordo com a Bolívia e o Chile, em 1996, foi seguido de uma longa espera para a assinatura do acordo com os países andinos, marcado pelas dificuldades de construção de posições comuns entre os membros de ambas as uniões aduaneiras. Quando saiu, o acordo Mercosul/Comunidade Andina, com seus 67 cronogramas de liberalização tarifária, não sinalizou um cenário transparente para as decisões dos setores produtivos que promovem o intercâmbio comercial.[37]

---

37. A Venezuela, como membro atual do Mercosul, renegociou o seu cronograma de liberalização tarifária com os seus parceiros.

Além das dificuldades que vigoraram no acordo Mercosul/Comunidade Andina, as exceções no âmbito do Mercosul cobriam quase que exclusivamente o comércio de mercadorias. A experiência da década de 1990 havia mostrado que a ênfase somente em aspectos comerciais não seria suficiente para a consolidação do projeto sul-americano. O tamanho da economia brasileira e as assimetrias produtivas, que tendiam a favorecer os setores brasileiros, levaram a uma percepção pouco otimista do projeto de integração pelos parceiros.

No ano 2000, na Primeira Cúpula dos Presidentes da América do Sul, foi lançado o Projeto Integração da Infraestrutura Regional Sul-Americana (Iirsa). O projeto parte do diagnóstico de que a integração física da região é um fator decisivo para a integração econômica dos países.[38]

Além disso, em dezembro de 2004 foi anunciada a criação da Comunidade Sul-Americana das Nações (Casa), que reconhece "a convergência de seus (dos países sul-americanos) interesses políticos, econômicos, sociais, culturais e de segurança, como um fator potencial de fortalecimento e desenvolvimento de suas capacidades internas para sua melhor inserção internacional". É destacado o tema da integração física, energética e de comunicações como um dos pilares na promoção da convergência. Em 2007, a Casa foi substituída pela União de Nações Sul-Americanas (Unasul), que reúne 12 países da América do Sul (países do Mercosul, Comunidade Andina, Chile, Venezuela, Guiana e Suriname). Os objetivos da Unasul são amplos. Existe a proposta de um mercado comum até 2019, a criação de um Conselho de Defesa Comum, cooperação energética, entre outros. Até o momento, porém, os resultados da Unasul estão no campo das intenções.

O ideal da integração sul-americano está presente em todos os discursos dos governos sul-americanos, independentemente das preferências políticas. O que isso significa varia em função de como as políticas externas de cada país consideram que essa integração contribui para o atendimento dos seus objetivos domésticos. A conciliação dos interesses domésticos e da agenda de integração é um tema central para definir qual será o formato da integração possível.

---

38. O projeto Iirsa visa o ordenamento espacial do território, a partir da identificação de eixos regionais que concentrem fluxos comerciais e de investimentos atuais e potenciais. A construção de 506 projetos nos setores de energia, transporte e telecomunicação está subordinada, portanto, a uma concepção de cadeias produtivas e exploração de economias de escala que atenderiam ao consumo interno da região e ao escoamento das exportações. O projeto deve ser interpretado como uma meta de longo prazo. Os governos acordaram com uma agenda de 31 projetos para ser implantado entre 2005 e 2010. O Brasil tem US$ 15 bilhões para financiar projetos de integração física na região.

Desde meados da década de 2000, começam a surgir tendências nas diferentes opções de políticas comerciais dos países sul-americanos (Rios e Motta Veiga, 2008). Essa tendência se consolidou e podem ser identificados três grupos. O primeiro formado por Chile, Peru e Colômbia, que optaram por estratégias de inserção no comércio mundial através de uma ampla rede de acordos comerciais. Todos esses países possuem acordos com os Estados Unidos e a União Europeia. Já negociaram com a China e junto com o México criaram a Aliança para o Pacífico. Logo, este grupo segue políticas comerciais não protecionistas na área de mercadorias e serviços.

O segundo grupo segue uma política com elevado viés protecionista, como é o caso da Argentina e da Venezuela. No terceiro grupo, encontram-se Paraguai, Uruguai e Equador, que apesar do discurso protecionista, possuem um perfil de política híbrido, pois como economias pequenas, acabam tendo que praticar tarifas de importações baixas. Por último, como classificar o Brasil? Um perfil também híbrido, mas não por ser uma economia pequena com viés nacionalista. No caso, devido à não definição de forma clara dos rumos da política comercial, embora seja possível identificar um viés protecionista e certa aversão a compromissos com acordos que envolvam amplas concessões de abertura comercial. Nesse contexto de percepções distintas quanto ao formato de inserção comercial no mundo, "uma integração econômica profunda" que requeira a adoção de políticas comuns não parece muito viável.

3.3 Acordos Sul-Sul

O tema Sul-Sul ganhou destaque na agenda da política externa brasileira após 2003. A formação do G-20 liderado por China, Brasil e Índia nas negociações da Rodada de Doha, que impediram o acordo agrícola proposto pelos Estados Unidos e União Europeia, consolidou o tema da cooperação Sul-Sul. O estado das negociações desses acordos é:[39]

i. Índia. O acordo foi assinado em 2004 e o Mercosul ofereceu preferências para 452 produtos e a Índia para 450 produtos. Entrou em vigor no ano de 2009, mas o escopo continua o mesmo.

---

39. Informação publicada no Departamento de Negociações Internacionais da Secretaria de Comércio Exterior, fevereiro de 2013.

ii. Sacu (South African Costums Union ou União Aduaneira da África Austral, composta por África do Sul, Botswana, Lesoto, Namíbia e Suazilândia). O Mercosul oferece preferências para 958 produtos e a África do Sul para 951 produtos. Foi assinado em 2008, mas ainda não está em vigor.
iii. Israel. Acordo de livre comércio assinado em 2007. Entrou em vigor no ano de 2009.
iv. Egito. Acordo de preferências comerciais assinado em 2010, ainda não está em vigor.
v. Palestina. Acordo de preferências comerciais assinado em 2010, ainda não está em vigor.

Esta agenda representa uma parte pequena do comércio brasileiro. A participação nas exportações brasileiras dos mercados nos acordos citados foi de 3,2% em 2011. Além disso, os acordos são modestos em termos de abrangência e, como mencionado, muitos ainda não estão em vigor.

3.4. Acordos com principais parceiros: China, Estados Unidos e União Europeia

A ascensão da China no comércio exterior brasileiro seguiu a sua trajetória no comércio mundial. Foi rápida e se deu de forma acentuada, a partir do início dos anos 2000. O país passou de 14º mercado de exportação do Brasil em 1998 para o primeiro em 2009, onde se manteve até 2012.

A balança comercial com a China é superavitária, mas a composição da pauta é alvo de preocupação. Minério de ferro, soja em grão e óleo bruto de petróleo responderam por cerca de 80% do total exportado pelo Brasil para esse país em 2011. Nas importações, a pauta é diversificada e a principal questão é o "dano sobre a indústria doméstica" representado pelas medidas *antidumping* adotadas.[40] Além disso, outra questão ressaltada no debate brasileiro é a perda de exportações brasileiras em função da concorrência com a China em terceiros mercados (Pereira, 2012).[41]

---

40. A China é o principal alvo das investigações sobre *dumping* no Brasil. Em dezembro de 2011, estavam em vigor 20 medidas *antidumping* incidentes sobre produtos chineses. O segundo colocado, os Estados Unidos, tinha seis medidas. Ver Decom (2011).
41. O exemplo mais citado são as perdas no *market share* do Brasil para a China no mercado de importações de calçados nos Estados Unidos. No entanto, as maiores perdas estão no mercado

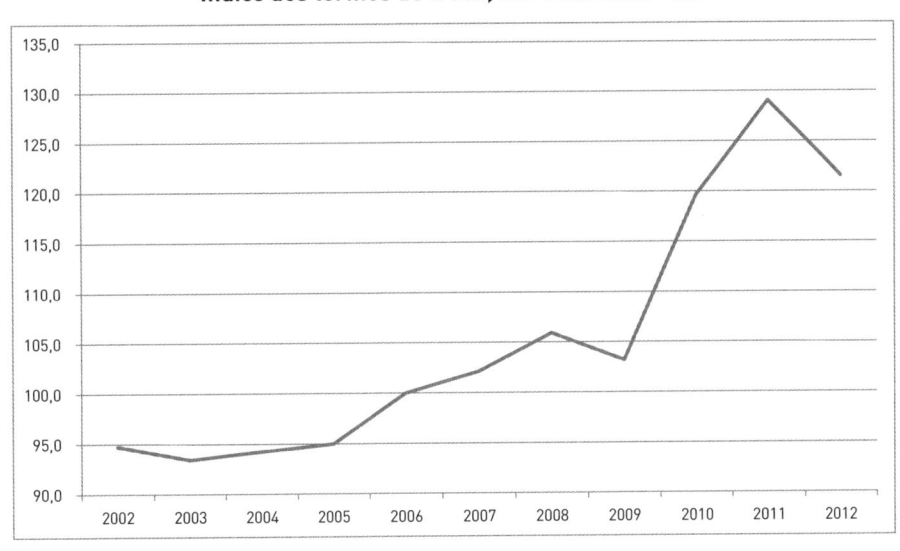

Gráfico 13
Índice dos termos de troca; ano base 2006=100

[Gráfico de linha mostrando valores de aproximadamente 95 em 2002, caindo ligeiramente em 2003, subindo até cerca de 106 em 2008, caindo em 2009, subindo para cerca de 129 em 2011 e caindo para cerca de 122 em 2012.]

Fonte: Funcex (2012).

Quanto aos Brics (Brasil, Rússia, Índia, China e África do Sul), não existe um compromisso institucionalizado para a formação de algum tipo de acordo comercial. Ademais, considera-se que no campo comercial as principais questões entre os parceiros serão negociadas de forma bilateral.[42]

A trajetória da relação comercial Brasil-Estados Unidos caminhou na direção inversa à da China. Os Estados Unidos passaram do primeiro para o segundo lugar na lista dos principais mercados exportadores do Brasil devido a uma queda acentuada na participação do mercado estadunidense — de 25% para 10%, entre 2002 e 2011. Após o fracasso das negociações para a formação de uma área de livre comércio das Américas, em 2003, não houve iniciativa para novas negociações. Observa-se, porém, que os Estados Unidos avançaram na sua agenda bilateral de acordos comerciais no mundo e na América do Sul.[43]

---

sul-americano de manufaturas (Pereira, 2012). Ver também Jenkins e Peters (2009).
42. Não se entra no debate se o Brics é ou não importante. Até o momento, porém, o grupo tem atuado de forma mais coesa nas reuniões do G-20 financeiro (Brics Monitor, 2012). No Brasil, existem várias publicações sobre o tema e destaca-se Baumann e Ceratti (2012) no campo comercial. De forma geral, a análise econômica e comercial não identifica interesses convergentes que possam sustentar o grupo num acordo comercial "profundo".
43. Os países do Mercosul e o Equador ainda não têm acordos com os Estados Unidos.

Com a União Europeia, após a estagnação das negociações em 2004, essas foram retomadas e há perspectivas, segundo alguns autores, de um desfecho positivo (Lazarou, 2013). Caso esse resultado se verifique, irá sinalizar uma mudança nas diretrizes da política comercial do Brasil na direção de uma trajetória de liberalização. Nesse caso, é possível especular sobre um acordo de livre comércio com os Estados Unidos. A tradição da política externa brasileira da defesa do multilateralismo sugere esse resultado.

4. O investimento direto no Brasil[44]

4.1 O investimento estrangeiro direto

Como ilustra o gráfico 14, os fluxos de investimento estrangeiro direto (IED) para o Brasil podem ser caracterizados, *grosso modo*, em três grandes ciclos. O primeiro se estende desde o fim da segunda guerra até o princípio dos anos 1980, compreendendo, portanto, todo o período de industrialização por substituição de importações. Em conformidade com o modelo adotado e os incentivos oferecidos à época, descritos a seguir, o investimento, nesse período, destinou-se majoritariamente ao setor industrial. O fim desse ciclo é contemporâneo à retração que perdurou por maior parte daquela que ficou conhecida como a "década perdida" (anos 1980) e alcançou os primeiros anos da década de 1990, ainda marcados por elevada instabilidade macroeconômica.

Junto aos ensaios de uma recuperação, já em meados dos anos 1990, surge um novo ciclo de IED orientado ao Brasil. Alinhado às novas tendências internacionais e às possibilidades disponibilizadas por um conjunto de privatizações, o investimento que entrou entre a segunda metade dos anos 1990 e início dos anos 2000 voltou-se, primordialmente, ao setor de serviços. Por fim, o último ciclo começa onde este termina e corresponde ao período mais atual. Ainda que seus contornos ainda estejam sendo delineados, o processo em curso sugere um maior reequilíbrio entre os setores de destino, com um ganho de participação, inclusive, do setor primário, ainda que indústria e serviços sigam responsáveis por atrair maior parte do IED no Brasil.

---

44. Todos os dados desta seção são oriundos do Banco Central do Brasil, exceto quando explicitado.

Esta seção se propõe a descrever e analisar os três ciclos de investimento estrangeiro direto para o Brasil privilegiando a ótica interna. Em outras palavras, busca-se entender como o contexto doméstico e os incentivos vigentes ajudam a explicar os movimentos observados neste fluxo ao longo dos anos. Ao mesmo tempo, discute-se a contribuição do investimento estrangeiro para o desenvolvimento do país. Por fim, discorre-se brevemente sobre a evolução do investimento brasileiro no exterior.

Gráfico 14
Fluxo Líquido de IED para o Brasil — % total mundial (média móvel 3 anos)

Fonte: Unctad.

Por mais de três décadas, a estratégia conhecida como industrialização por substituição de importações (ISI) foi a opção escolhida, no Brasil, para promover seu desenvolvimento econômico.[45] Ao longo deste período, marcado pelo elevado grau de proteção comercial, prevaleceu também, quase que paradoxalmente, um tratamento relativamente favorável ao capital estrangeiro,[46] criando uma combinação que visava combater as dificuldades

---
45. Ver o capítulo de Regis Bonelli neste mesmo livro.
46. Para uma análise mais detalhada, ver Franco e Fritsch (1991).

frequentes no balanço de pagamentos e problemas esporádicos de acesso a financiamento. Incentivar a entrada de investimento direto, em particular, além de ajudar a aliviar a restrição externa, complementaria a poupança interna e contribuiria para a transferência tecnológica e o aprendizado.

Deste modo, o Brasil oferecia uma legislação razoavelmente liberal, à época, e estável,[47] tendo o estatuto que sistematizou a legislação do capital estrangeiro,[48] criado na década de 1960, permanecido inalterado por mais de 25 anos. Além disso, diversos incentivos entre cambiais e fiscais foram oferecidos,[49] assim como proteção de mercado, através de barreiras tarifárias e não tarifárias. Nesse sentido, vale destacar a Lei do Similar Nacional, de 1957,[50] que bania as importações de produtos cuja produção interna fosse suficiente para atender à demanda.

Esta combinação de incentivos oferecia, portanto, um conjunto de atrativos não negligível que explica parcialmente a boa posição do Brasil como destino dos investimentos diretos globais em grande parte do período de ISI. Entre 1947 e 1980, o estoque de IED, a preços correntes, elevou-se quase 10 vezes, atingindo por volta de 17,5 bilhões de dólares em 1980,[51] valor que situava o Brasil como o país em desenvolvimento com a maior fatia do estoque mundial de IED, 2,5%.[52] Nesse período, os Estados Unidos mantiveram-se sempre como o principal investidor, seguido por outros países desenvolvidos. Com relação à alocação, os influxos responderam aos incentivos ofertados e respeitaram as prioridades dos governos, dirigindo-se majoritariamente ao setor industrial, que contava, em 1980, com 74,4% de todo o estoque de IED no país. Entre os principais receptores estavam os setores de material de transporte, química, mecânica, material elétrico e metalurgia.

O resultado foi que, enquanto ao fim da guerra as empresas estrangeiras tinham participação mínima na produção industrial do país, em 1980 já

---

47. Ver, por exemplo, Franco (1990), Franco e Fritsch (1988) e Vianna (1987).
48. Lei nº 4.131 de 1962, emendada, posteriormente, pelas Leis nº 4.390, de 1964, e pelo Decreto nº 55.762, de 1965.
49. Entre eles, destacam-se, por exemplo, a Lei nº 1.807, de 1953, conhecida como "Lei do Mercado Livre", que garantia condições favoráveis para a entrada de investimento que fosse de "relevante interesse" para a economia brasileira, e a criação do Befiex, um sistema de benefícios fiscais para exportação (Ver Lara Resende, 1990).
50. Para informações mais detalhadas sobre proteção à indústria brasileira até a década de 1990, ver, por exemplo, Pinheiro e Almeida (1995).
51. Dados de Franco e Fritsch (1991) e Unctad.
52. Dados da Unctad.

respondiam por quase um terço da mesma,[53] concentrando-se em alguns dos principais setores da indústria. Além disso, no mesmo período, representaram por volta de 40% da pauta brasileira de exportação.[54] Esses dados resumem, por conseguinte, a importância da participação estrangeira no processo de industrialização brasileiro.

O início do fim da bonança deste período remonta, provavelmente, ao primeiro choque do petróleo. A manutenção do financiamento externo, porém, permitiu uma sobrevida ao modelo de desenvolvimento vigente através do endividamento.[55] No começo dos anos 1980, contudo, com o segundo choque do petróleo, a piora da economia mundial e a elevação das taxas de juros internacionais, a situação do balanço de pagamentos brasileiro ficou bastante prejudicada e a disposição em seguir financiando o crescimento brasileiro caiu abruptamente. No restante da década, uma conjuntura de elevada inflação e incertezas macroeconômicas e políticas prolongaram a baixa atratividade do Brasil. Entre 1983-87 a entrada de investimentos diretos foi menos de 50% da correspondente aos anos 1978-82, mesmo com o aumento dos fluxos mundiais.

Esta situação só veio a reverter-se em meados da década de 1990. A partir de 1988, ano da nova Constituição Federal, o país iniciou um processo de maior liberalização comercial e financeira. Entre as diversas medidas, merecem menção a liberalização, em 1991, da remessa de lucros,[56] e a emenda Constitucional de 1995,[57] que além de garantir tratamento igualitário entre o capital nacional e o investido no país, facilitou a entrada de investimento estrangeiro em setores antes protegidos, incluindo vários de serviços e extração natural. Paralelamente, vários dos incentivos setoriais vigentes até então foram eliminados. Essas mudanças se desenvolveram em um contexto marcado por diversos ajustes macroeconômicos que contribuíram para melhorar o ambiente de negócios e reconquistar o interesse no país.[58] E, se não bastasse os

---

53. Segundo Cepal (1983), as empresas estrangeiras respondiam por 32% da produção industrial brasileira em 1977, enquanto Willmore (1987) afirma que a participação em 1980 era de 28,5%. Outros autores afirmam ainda, ao analisar apenas empresas de maior porte, que esta participação era mais elevada. Para um resumo dos resultados e possíveis interpretações, ver Willmore (1987).
54. Franco (1998).
55. Ver Carneiro (1990).
56. Lei nº 8.383, de 1991.
57. Lei nº 9.249, de 1995.
58. Ver o capítulo de Fernando Veloso neste livro. Para mais referências, ver, por exemplo, Pinheiro, Giambiagi e Gostkorzewick (1999).

novos estímulos internos, em 1991 foi criado o Mercosul,⁵⁹ que reforçou esse interesse, só que desta vez devido à posição estratégica do Brasil na região.

Nesse contexto, a onda de privatizações e concessões de serviços públicos que se deu nessa década apresentou-se como um convite à entrada do capital estrangeiro. Entre 1996 e 2000, 24% de todo o influxo de IED entrou através do programa de privatização e, durante a gestão Fernando Henrique Cardoso, 53% dos ativos vendidos foram adquiridos por estrangeiros.⁶⁰ Além disso, em contraste com as décadas anteriores, de 1996 a 2000, 80% do IED que entrou na forma de participação do capital dirigiu-se ao setor de serviços, particularmente às áreas de telecomunicações, energia e serviços financeiros. Enquanto em 1995 a indústria contava com 66,9% do estoque de IED e o setor de serviços com 30,9%, em 2000 essa tendência se inverteu e a participação de cada setor passou a ser de 33,7% e 64%, respectivamente. Nesse período, o país também recuperou sua importância como destino dos fluxos mundiais, particularmente de países desenvolvidos. Entre 1996 e 2000, o Brasil voltou a ser o principal receptor de investimento direto da região, desbancando o México, além de ser o segundo destino mais cobiçado entre os países em desenvolvimento, apenas atrás da China.⁶¹

Entretanto, após 2000 o país voltou a enfrentar um período marcado por diversas fontes de instabilidade. Internamente, entre 1999 e 2002, houve mudança no regime cambial, crise energética e uma eleição presidencial conturbada.⁶² Externamente, enquanto os países em desenvolvimento se recuperavam das crises dos anos 1990, tiveram que lidar mais uma vez com as crises argentina e estadunidense, ambas no ano de 2001. Diante desse panorama, o IED líquido caiu de uma média anual de US$ 20,7 bilhões entre 1995-2000 para US$ 16,9 bilhões entre 2001-2006. Ainda assim, de 1997 a 2005 os fluxos de IED constituíram a principal fonte de financiamento externo do Brasil.⁶³

---

59. Ver seção 2.
60. BNDES (2002).
61. Ver dados da Unctad.
62. Em 1999, adotou-se, no Brasil, o regime de câmbio flutuante em 1999. Em 2001, o país foi afetado por uma crise energética, que impôs a necessidade de medidas de racionamento durante nove meses consecutivos. Além disso, as incertezas relacionadas à condução da política econômica com a possível eleição de um governo de esquerda provocaram, em 2002, uma importante fuga de capital que levou o futuro presidente Lula a escrever um documento que ficou conhecido como "Carta ao Povo Brasileiro", onde firmava o compromisso de manter as diretrizes econômicas do governo anterior.
63. Banco Central do Brasil (2011).

A partir da segunda metade da década, observou-se uma nova recuperação, dando início ao terceiro ciclo de IED no Brasil. Uma característica que chama atenção nesse período é o ganho de importância dos setores de agropecuária e indústria extrativa, que passam a responder por 16,9% do estoque de IED em 2010, em comparação com apenas 2,3% em 2000 e 3,6% em 2005. Esse movimento tem entre os principais motores o *boom* no preço das *commodities* que se deu no fim da década. Esse choque serviu não apenas para aumentar a atração do setor primário, mas também alimentou as perspectivas de crescimento da economia brasileira. O otimismo foi ainda reforçado devido à descoberta, desde 2007, de poços de petróleo na camada do pré-sal, e em virtude do bom desempenho relativo do Brasil nos primeiros anos da atual crise, principalmente em face das economias desenvolvidas. Essa combinação de fatores contribuiu para atrair os investidores, de modo que entre 2007 e 2011 os investimentos diretos líquidos anuais bateram vários recordes. Só em 2011, o país recebeu 44,63% dos fluxos destinados à América Latina e 4,37% dos fluxos mundiais, patamar mais elevado desde 1982.

Outro aspecto que merece destaque, no período mais recente, é o perfil dos investidores do país. Ainda que os Estados Unidos e os países europeus continuem respondendo pela maior parcela do investimento, em 2010 dois novos países foram incorporados à lista dos 20 países com maior estoque interno de IED: China e Austrália, ocupando a 16ª e a 18ª posição, respectivamente. Essa ascensão se explica pelo grande volume de investimentos realizados por ambos os países entre 2005 e 2010. Nesse intervalo, o estoque chinês cresceu 2.316%, e o australiano subiu 3.805%. Uma curiosidade, no caso chinês, é que boa parte deste incremento se deve a uma única operação: a compra de 40% da Repsol YPF Brasil pela empresa China Sinopec, por sete bilhões de dólares, em 2010. Essa transação colocou o país no topo da lista dos maiores investidores finais no Brasil naquele ano.[64]

Este súbito interesse por parte dos chineses se explica não apenas pelas boas perspectivas mencionadas, mas também pela motivação do governo chinês em garantir a provisão futura de alimentos, energia e matéria-prima em geral. Segundo a Cepal, mais de 90% dos investimentos chineses na América Latina e Caribe em 2010, que se destinaram principalmente a Brasil, Peru e

---

64. Segundo o relatório Eclac (2010), esta operação foi feita através de Luxemburgo, o que explica a presença desse país, e não da China, no topo da lista dos principais investidores imediatos no Brasil em 2010.

Argentina, foram direcionados à exploração de recursos naturais, em especial petróleo e gás. No Brasil, o setor de hidrocarbonetos foi, de fato, o que mais atraiu os chineses, seguido pela exploração de minérios de ferro, e também agricultura, o que reitera a relevância da motivação sugerida.

O ganho de importância dos negócios em torno do setor primário, por sua vez, terminou por desencadear uma preocupação com relação à posse de terras por estrangeiros. No Brasil, a restrição à aquisição de terras rurais e em áreas de fronteira para sociedades estrangeiras está descrita na Lei nº 5.709, de 1971. Até 2010, porém, a legislação que prevê tratamento igualitário a qualquer empresa constituída no Brasil impedia que tais limitações fossem estendidas às empresas brasileiras controladas por capital estrangeiro. Naquele ano, contudo, uma revisão entendeu que ambas as determinações eram compatíveis, de modo que as determinações da lei de 1971 foram estendidas a firmas estrangeiras estabelecidas no Brasil.[65]

Apesar desta mudança, desde os anos 1990 poucas alterações foram feitas na legislação referente ao capital estrangeiro. As regras vigentes continuam sendo as estabelecidas naquela década, de tal modo que as alterações feitas posteriormente[66] dizem respeito apenas ao registro dos fluxos feito junto ao Banco Central. As restrições setoriais de entrada também foram mantidas desde o relaxamento das barreiras ao setor de serviços realizado naquela década. Mais especificamente, além das restrições às aquisições de terras, segue vedada a participação do capital estrangeiro nos setores envolvendo energia nuclear, serviços de saúde, serviços de correios e telégrafos e na indústria aeroespacial. Há também restrições a investimentos em instituições financeiras e exploração de serviços aéreos públicos e à participação nos setores de rádio, televisão, jornais, revistas e outras publicações.

Uma novidade recente, contudo, foi a volta de uma política industrial mais ativa, refletida no Plano Brasil Maior de 2011, como mencionado na seção 2. O plano visa continuar, e aprofundar, as políticas industriais implementadas desde 2003 e que vigoraram durante os dois governos Lula. Sua manifestação aparece, principalmente, como resposta a novos temores de desindustrialização e perda de competitividade da indústria brasileira. Neste arcabouço, uma opção em voga foi a volta das políticas de conteúdo local em diversos setores da economia. Vigentes desde 2003 para o setor do petróleo,

---

65. MRE (2012).
66. Circular nº 2.997/2000, Lei nº 11.371/2006 e Circular nº 3.491/2010.

estes requerimentos foram estendidos ao setor automotivo, de telecomunicações e informática, além de defesa e programação audiovisual. Naturalmente, esse novo conjunto de incentivos afeta as decisões de inversão estrangeira. Nos anos de 2011 e 2012, já se observa uma reação dos investimentos na indústria e em serviços, o que pode ser uma reação às novas políticas.[67] Suas consequências mais duradouras, porém, só devem ser mais bem compreendidas nos próximos anos.

Esta análise sugere, portanto, que o Brasil pode ser considerado uma nação historicamente amigável à entrada de investimento estrangeiro direto, além de ser um destino atraente, principalmente em função do tamanho de seu mercado interno. Como consequência, o país atualmente conta com o oitavo maior estoque de IED do mundo, o segundo maior entre os países em desenvolvimento, apenas atrás da China.

4.2 O investimento brasileiro no exterior

Diferentemente do investimento estrangeiro direto, cujas magnitude e importância histórica foram destacadas na seção anterior, o investimento brasileiro direto (IBD) é um processo de relevância mais recente, conforme apresentará esta seção.

Os primeiros registros de investimento brasileiro no exterior datam dos anos 1940, embora a intensificação desse processo só tenha se iniciado alguns anos mais tarde, na década de 1970, com a expansão regional de algumas grandes empresas, principalmente de construção e instituições financeiras, além da Petrobras.[68] Entretanto, como mostra o gráfico 15, foi somente a partir de meados dos anos 1990 que o investimento brasileiro direto começou a deslanchar.

Segundo Iglesias e Motta Veiga (2002), no Brasil, assim como em outros países da América do Sul, o contexto macroeconômico parece estar bastante relacionado com o processo de internacionalização das empresas. Deste modo, a liberalização comercial dos anos 1990 teria funcionado como importante estímulo para a reestruturação das empresas nacionais, induzindo-as a adotar uma estratégia de internacionalização, de modo a enfrentar a concorrência es-

---

67. Unctad (2012).
68. FDC (2012).

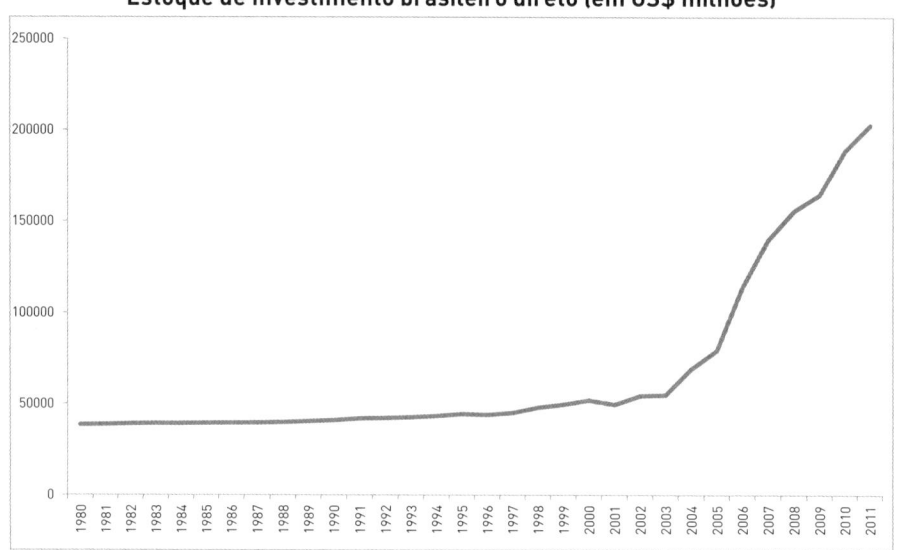

Gráfico 15
Estoque de investimento brasileiro direto (em US$ milhões)

Fonte: Unctad.

trangeira nos mercados doméstico e internacional. A estabilização da moeda e a valorização do câmbio, por sua vez, teriam arrefecido esse processo, que voltou a ganhar força nos anos 2000.[69]

Na última década, o estoque de investimento brasileiro no exterior cresceu mais de 300%, e, em 2011, o país se encontrava na 5ª posição entre os países em desenvolvimento com o maior estoque no exterior, apenas atrás de China, Rússia, Cingapura e Taiwan.[70] Nestes 10 anos, boa parte do investimento direcionou-se a paraísos fiscais, revelando uma importante motivação financeira por trás da internacionalização.[71] Analisando apenas os dados de investimento imediato, destaca-se também o volume em vários países europeus e nos Estados Unidos. Conforme a Fundação Dom Cabral (FDC, 2011), porém, em termos de dispersão geográfica, a América do Sul lidera como destino das empresas. Apesar do volume ainda menor, recentemente o Brasil também tem aumentado sua presença na China e em diversos países na África.[72]

---

69. Para mais informações sobre as principais operações na década, ver Hiratuka e Sarti (2011) e os relatórios da Fundação Dom Cabral.
70. Dados de 2011.
71. Iglesias e Motta Veiga (2002).
72. Para mais informações, ver Iglesias e Costa (2011), World Bank (2011) e FDC (2010, 2011).

Entre os setores de destino, a maior parte do IBD concentra-se nos setores de *commodities* e de serviços, sobressaindo as atividades de extração de recursos naturais e serviços financeiros e de engenharia/construção. Apesar disso, na última década assistiu-se a uma maior diversificação tanto nos setores como no tipo de empresas investindo no exterior, com o aumento da participação de empresas de menor porte.[73] Além disso, segundo a FDC (2011), o grau de internacionalização das empresas nacionais tem aumentado nos últimos anos.

Hiratuka e Sarti (2011) afirmam que parte importante da expansão recente pode ser explicada pelas melhores condições de financiamento das empresas. Nesse sentido, têm relevância o quadro macroeconômico e o grande apoio público que as empresas têm recebido, principalmente através de suporte financeiro do Banco Nacional de Desenvolvimento Econômico e Social (BNDES) e da Política de Desenvolvimento Produtivo, estabelecida em 2008. A política tem como objetivo reforçar a posição global de empresas brasileiras, focando, particularmente, os setores de aviação, petróleo e gás, petroquímica, bioetanol, mineração, papel e celulose, aço e carnes.[74] Finalmente, as empresas que querem expandir seus negócios para fora do país contam com assistência técnica e informação providas pelo Ministério das Relações Exteriores e pela agência brasileira de promoção ao comércio e investimento (Apex).

5. Conclusão

No período de 1970 a 1980, a política de comércio exterior seguiu as diretrizes do modelo de substituição das importações que privilegiava o uso do protecionismo para a implementação de uma estrutura produtiva industrial diversificada e autárquica. A diferença em relação às décadas anteriores, porém, foi o incentivo às exportações de manufaturas. Esta combinação de políticas visava o alívio da restrição externa cambial. Entretanto, essa não era uma opção por um modelo *export led growth*, onde a competitividade dos produtos produzidos no mercado doméstico guiava a política de comércio exterior. Na década de 1980, a crise da dívida externa levou a um aprofundamento do modelo protecionista e de incentivos fiscais e creditícios às exportações. Além disso, o in-

---

73. Ver Hiratuka e Sarti (2011).
74. Ver Eclac (2011) e Brasil (2009),

vestimento direto estrangeiro que contribui para a diversificação industrial do Brasil, nos anos anteriores, diminui em face do contexto de forte instabilidade macroeconômica no país.

No final da década de 1980, contudo, iniciou-se um debate sobre as diretrizes da política de comércio exterior no país. Chamava a atenção que a participação do Brasil nas exportações mundiais e nas exportações de manufaturas não havia se elevado, embora tivesse aumentado a participação das manufaturas na pauta de exportações do país. O tema da competitividade ganhou destaque. Desse modo, nos anos 1990 a liberalização comercial e as privatizações, que abriram novas áreas para os investimentos estrangeiros, entre outras iniciativas, passaram a integrar a agenda da política econômica do país. Além disso, o país consolidou seus compromissos de liberalização com o acordo do Mercosul.

Na primeira década do século XXI, as exportações brasileiras foram beneficiadas com o aumento dos preços das *commodities* agrícolas e minerais. A queda da participação das manufaturas na pauta de exportações do país não é, porém, o único fator destacado no debate sobre a "desindustrialização" das exportações brasileiras. As exportações de manufaturas perdem espaço no comércio mundial por questões associadas ao desempenho da produtividade, tema que é objeto de vários capítulos deste livro.

No campo do comércio exterior, um argumento que se destaca é a opção por políticas que privilegiam a consolidação e a formação de cadeias produtivas locais no lugar de integração com as cadeias globais/regionais. Essa escolha lembra o processo de substituição de importações, que já provou ter custos elevados. Outro aspecto refere-se ao baixo grau de abrangência em termos de mercados e áreas cobertas pela agenda de acordos comerciais do Brasil. Mesmo no âmbito do Mercosul, e no escopo mais amplo da integração sul-americana, são identificados no campo comercial mais retrocessos que avanços.

Por último, o tamanho do mercado interno brasileiro e o tratamento historicamente favorável ao capital estrangeiro ajudaram a colocar o Brasil entre os principais receptores de investimentos diretos estrangeiros no grupo dos países em desenvolvimento. No entanto, para não se repetirem os custos do modelo de substituição de importações, um ambiente que favoreça a capacidade de absorção da economia e estimule a transferência tecnológica e a inovação é fundamental para que se possa melhor aproveitar os benefícios que este fluxo pode oferecer ao crescimento econômico.

O motor do crescimento econômico do Brasil sempre esteve pautado no mercado interno. No entanto, uma política de comércio exterior que viesse a favorecer a concorrência nos mercados doméstico e internacional propicia ganhos de eficiência que poderiam oferecer ganhos de crescimento.

Referências

BACHA, E.; DE BOLLE, M. (Org.). *Futuro da indústria no Brasil*: desindustrialização em debate. Rio de Janeiro: Civilização Brasileira, 2013.

BCB. Banco Central do Brasil. Evolução dos fluxos de investimento estrangeiro direto. *Relatório de Inflação*, v. 13, n. 3, p. 64-67, 2011.

BANCO DE DADOS IBRE. 2012. Disponível em: <portalibre.fgv.br>.

BAUMANN, R. *Regional trade and growth in Asia and Latin America*: the importance of productive complementarity. Santiago: Cepal; Nações Unidas, 2010a.

BAUMANN, R. (Org.). *O Brasil e os demais BRICs*: comércio e política. Brasília: Cepal; Ipea, 2010b.

____; CERATTI, R. *A Política comercial dos Brics com seu entorno e efeitos para o Brasil*. Brasília: Ipea, 2012. (Texto para Discussão, n. 1745)

BNDES. *Privatization in Brazil 1990-1994, 1995-2002*. Apresentação preparada pela área de privatização e reestruturação. 74 slides. Rio de Janeiro, 2002.

BONELLI, R. (Org.). *A agenda da competitividade no Brasil*. Rio de Janeiro: Fundação Getulio Vargas, 2011.

BONELLI, R.; PINHEIRO, A. C. *Competitividade e desempenho industrial*: mais que só o câmbio. Rio de Janeiro: Instituto Nacional de Altos Estudos, abr. 2002. (Estudos e Pesquisas n. 432). Disponível em: <htpp://forumnacional.org.br>. Acesso em: 20 nov. 2012.

BRASIL. *Internacionalização de empresas brasileiras*. Brasília, 2009.

BRICS MONITOR. *De Los Cabos a Nova Délhi*: a agenda econômica e financeira do G-20 e dos Brics. Rio de Janeiro: Brics Policy Center, 2012.

CANUTO, O.; CAVALLARI, M.; REIS, J. G. *Brazilian exports*: climbing down a competitiveness cliff. Washington: World Bank, 2013. (Policy Research Working Paper, n. 6302)

CARNEIRO, D. D. Crise e esperança: 1974-1980. In: ABREU, M. P. (Org.). *A ordem do progresso*: cem anos de política econômica republicana (1889-1989). Rio de Janeiro: Elsevier, 1990. p. 295-322.

CEBRI. *Domestic industry*: development in the context of the international crisis Evaluating Strategies. Rio de Janeiro: Centro Brasileiro de Relações Internacionais, 2012.

CEPAL. *Dos estudios sobre empresas transnacionales en Brasil*. Santiago: Nações Unidas, 1983. (Estudios e Informes de la Cepal, n. 31)

CINDES. *A política comercial brasileira*: novas motivações e tendências. Rio de Janeiro, Breves CINDES 37, ago. 2010. Disponível em: <www.cindesbrasil.org>. Acesso em: 10 nov. 2012.

DECOM. *Relatório anual do Departamento de Defesa Comercial*. 2011. Disponível em: <www.mdic.gov.br>.

ECLAC. *Foreign direct investment in Latin America and the Caribbean*. Briefing paper. Santiago: Nações Unidas, 2010.

____. *Foreign direct investment in Latin America and the Caribbean*. Briefing paper. Santiago: Nações Unidas, 2011.

FERREIRA, P.; ROSSI JR., J. New evidence from Brazil on trade liberalization and productivity growth. *International Economic Review*, v. 44, n. 4, p. 1383-1405, 2003.

FRANCO, G. *A regulação do capital estrangeiro no Brasil*: análise da legislação e proposta de reforma. Rio de Janeiro: Departamento de Economia, PUC-RJ, 1990. (Texto para discussão, n. 246)

____. A inserção externa e o desenvolvimento. *Revista de Economia Política*, v. 18, n. 3, p. 121-147, 1998.

____; FRITSCH, W. *Foreign direct investment in Brazil*: its impact on industrial restructuring. Paris: OECD Development Centre, 1991.

____; ____. *Investimento direto*: teoria e evidência empírica. Rio de Janeiro: Departamento de Economia, PUC-RJ, 1988. (Texto para discussão, n. 185)

FUNCEX. Fundação Centro de Estudos de Comércio Exterior. 2012. Disponível em: <www.funcex.com.br>.

FDC. Fundação Dom Cabral. *Ranking das transnacionais brasileiras 2010*: repensando as estratégias globais. Belo Horizonte: FDC, 2010.

____. *Ranking das transnacionais brasileiras 2011*: crescimento e gestão sustentável no exterior. Belo Horizonte: FDC, 2011.

____. *Ranking das transnacionais brasileiras 2012:* os benefícios da internacionalização. Belo Horizonte: FDC, 2012.

HAUSMANN, R.; HWANG, J.; RODRIK, D. What you export matters. *Journal of Economic Growth*, v. 12, n. 1, p. 1-25, 2007.

HIRATUKA, C.; SARTI, F. *Investimento direto e internacionalização de empresas brasileiras no período recente.* Brasília: Instituto de Pesquisa Econômica Aplicada (Ipea), 2011. (Texto para Discussão, n. 1610)

IBRE. *Boletim macro*: setor externo. Set. 2012. Disponível em: <portalibre.fgv.br>.

IGLESIAS, R. M.; COSTA, K. O investimento direto brasileiro na África. *Textos Cindes*, Rio de Janeiro, n. 27. 2011.

____: MOTTA VEIGA, P. Promoção de exportações via internacionalização das firmas de capital brasileiro. In: PINHEIRO, A. C.; MARKWALD, R.; PEREIRA, L. V. (Org.) *O desafio das exportações*. Rio de Janeiro: BNDES, 2002. p. 367-446.

JENKINS, R.; PETERS, E. D. (Ed.). *China and Latin America Economic relations in the twenty-first century*. Studies Deutsches Institut für Entwicklungspolitik. Bonn; Mexico: German Development Institute / Deutsches Institut für Entwicklungspolitik (DIE) e Center for Chinese-Mexican Studies (Cechimex), 2009.

LARA RESENDE, A. *Estabilização e reforma*: 1964/1967. In: ABREU, M. P. (Org.). *A ordem do progresso*: cem anos de política econômica republicana (1889-1989). Rio de Janeiro: Elsevier, 1990. p. 213-231.

LAZAROU, E. *The sixth EU-Brazil summit*: business beyond the usual? Policy brief. 8. European Strategic Partnership Observatory. 2013.

MDIC/APEXBRASIL. *200 Anos de Comércio Exterior do Brasil*. Produto Multimídia. 2012. Disponível em: <www.aprendendoaexportar.gov.br/200anos/html/index.html>.

MRE. Ministério das Relações Exteriores. *Guia legal para o investidor estrangeiro no Brasil*. Brasília: MRE-BrasilGlobalNet, 2012.

PEREIRA, L. V. *A agenda brasileira de crescimento das exportações*: principais questões. Oxford: Centre for Brazilian Studies, Oxford University, 2003. (Working Paper Series CBS 44)

____. As diretrizes da política de comércio exterior e a competitividade: o que mudou? In: BONELLI, R. (Org.). *A agenda de competitividade do Brasil*. Rio de Janeiro: FGV, 2011. p. 143-171.

____. Brazil trade liberalization program. In: LAIRD, S.; CORDOBA, S. F. (Ed.) *Coping with trade reforms*: a developing country perspective on the WTO industrial tariff negotiations. Nova York: Palgrave Macmillan, 2006. p. 140-157.

____. Los acuerdos comerciales regionales en la agenda brasileña. *Foreign Affairs*, v. 9, p. 67-78, 2009.

____. O efeito China nas exportações brasileiras na América do Sul: um mapeamento. *Conjuntura Econômica*, Rio de Janeiro, v. 66, n.10, p. 44-48, out. 2012.

____; DE SOUZA, A. L. S. Exportações brasileiras na primeira década do século XXI: desempenho e fontes de crescimento. In: BONELLI, R. (Org.). *A agenda de competitividade do Brasil*. Rio de Janeiro: FGV, 2011. p. 323-378.

PINHEIRO, A.C.; GIAMBIAGI, F.; GOSTKORZEWICK, J. O desempenho macroeconômico do Brasil nos anos 90. In: MOREIRA, M. M.; GIAMBIAGI, F. (Org.). *A economia brasileira nos anos 90*. Rio de Janeiro: BNDES, 1999. p. 11-41.

____; DE ALMEIDA, G. B. O que mudou na proteção à indústria brasileira nos últimos 45 anos? *Pesquisa e Planejamento Econômico*, v. 25, n. 1, p. 199-222, 1995.

____, MARKWALD, R.; PEREIRA, L. V. (Org.). *O desafio das exportações brasileiras*. Rio de Janeiro: BNDES, 2002.

RIOS, S.; IGLESIAS, R. Desempenho das exportações brasileiras no pós-boom exportador: características e determinantes. *Textos Cindes*, n. 16, 2010.

____; MOTTA VEIGA, P. O regionalismo pós-liberal na América do Sul. *Breves Cindes*, n. 10, 2008.

RODRIGUEZ, F.; RODRIK, D. *Trade policy and economic growth*: a skeptic's guide to cross national evidence. 1999. (NBER Working Paper, n. 7081). Disponível em: <www.nber.org/papers/w7081>. Acesso em: 20 jul. 2012.

SECEX/MDIC. Secretaria de Comércio Exterior. Ministério do Desenvolvimento Indústria e Comércio. 2012. Disponível em: <www.mdic.gov.br>.

UNCTAD. *World investment report 2012*: towards a new generation of investment policies. Nova York; Genebra: Nações Unidas, 2012.

VIANNA, S. B. *A Política econômica no segundo governo Vargas* (1951-1954). Dissertação (mestrado) — Departamento de Economia, Pontifícia Universidade Católica, Rio de Janeiro, 1987.

WILLMORE, L. N. Controle estrangeiro e concentração na indústria brasileira. *Pesquisa e Planejamento Econômico*, v. 17, n. 1, p. 161-190, 1987.

WORLD BANK. Brazilian Foreign Direct Investment and Trade with Africa. *Bridging the Atlantic*: Brazil and Sub-Saharan Africa, South-South partnering for growth. Washington: World Bank, 2011. cap. 5, p. 79-96.

WTO. World Trade Organization. *International trade statistics*. 2012a. Disponível em: <www.wto.org>.

____. *Statistics database*. 2012b. Disponível em: <www.wto.org>.

_____ **Capítulo 11**

A experiência brasileira de inovação tecnológica na agropecuária

Mauro de Rezende Lopes*
Ignez Vidigal Lopes**
Daniela de Paula Rocha***[1]

1. Introdução

O desempenho da agropecuária brasileira foi pouco dinâmico durante o período de 1970 a 1985. O padrão de expansão da produção dava-se pela incorporação de novas áreas na fronteira agrícola, enquanto a produtividade por hectare mantinha-se praticamente estagnada na maior parte das culturas, devido à queda da fertilidade natural dos solos.

Na lógica do modelo de substituição de importações (1950-88), a prioridade da política econômica estava voltada para induzir o desenvolvimento da indústria doméstica. Nesse contexto, à agricultura cabia dar sustentação à industrialização do país através da transferência de capital e trabalho do campo para o complexo urbano-industrial. Os principais instrumentos de política restringiam as exportações agrícolas, criando reserva de mercado de matéria-prima para a indústria. Além da política comercial, controles de preços garantiam comida barata e salários estáveis que facilitavam o desenvolvimento do setor industrial. Assim, o setor agropecuário sofria fortes obstáculos ao seu crescimento.

---

* Membro do Conselho Consultivo do Instituto Brasileiro de Economia da Fundação Getulio Vargas (FGV/IBRE).
** Pesquisadora do Instituto Brasileiro de Economia da Fundação Getulio Vargas (FGV/IBRE).
*** Pesquisadora do Instituto Brasileiro de Economia da Fundação Getulio Vargas (FGV/IBRE).
1. Participaram deste capítulo os assistentes de pesquisa Rafael de Castro Bomfim e Carlos Marmello.

Apesar de políticas setoriais compensatórias, como o crédito rural a taxas subsidiadas e a garantia de preços mínimos ao produtor, a produção de grãos dava sinais de estagnação. Assim, desde o final dos anos 1970 recorreu-se com frequência a importações expressivas de grãos para assegurar o abastecimento interno. Ao mesmo tempo, esgotava-se a fronteira agrícola tradicional, localizada nas regiões Sul e Sudeste do país.

A ameaça do desabastecimento — diante do acelerado processo de urbanização e industrialização do país — motivou a criação, em 1973, da Empresa Brasileira de Pesquisa Agropecuária (Embrapa), empresa estatal que promoveu a estruturação do Sistema Nacional de Pesquisa Agropecuária, com o objetivo de desenvolver tecnologias voltadas para o aumento de produtividade e fazer o país vencer a defasagem em relação aos níveis que prevaleciam em outros países produtores de grãos.

Outro fato importante foi o desenvolvimento de tecnologias que viabilizaram a incorporação à produção de lavouras do cerrado brasileiro, região de solos planos, porém de baixa fertilidade e elevada acidez, até então vocacionada exclusivamente à pecuária. Essas terras eram bem mais baratas que as das regiões Sul e Sudeste e estimularam os investimentos nas explorações agropecuárias.

Entretanto, a reforma macroeconômica e a abertura comercial dos anos 1990 foram primordiais para o grande salto no desempenho do setor. A estabilização econômica e a liberalização do comércio eliminaram os principais gargalos que impediam o crescimento da produção.

A agropecuária se modernizou e, desde o início dos anos 2000, tem sido capaz de abastecer o crescente mercado interno e fortalecer sua posição competitiva na exportação de excedentes, situando o país como o maior exportador mundial de diversos produtos agrícolas e agroindustriais. Quando comparado a alguns países da América Latina (Argentina, Chile, México e Colômbia), entre 2001 e 2009, o Brasil foi o que apresentou a maior taxa de crescimento ao ano do valor bruto da produção agropecuária (4,5%). As taxas de crescimento dos outros países analisados, considerando o mesmo período, ficaram entre 2,2% (Chile) e 3% (Colômbia) (Fuglie, 2012). O resultado foi o aumento da participação do Brasil no valor bruto da produção agropecuária regional.

A agricultura brasileira moderna, que emergiu no século XXI, é um setor competitivo e integrado ao mercado. O governo tem procurado incorporar os pequenos produtores no processo de crescimento. Tem se empenhado em facilitar seu acesso à terra. No entanto, o programa de Reforma Agrária no Brasil tem tido resultados frustrantes. A mera distribuição de terra não é suficiente para assegurar o aumento da produção e da renda no contexto da agricultura brasileira moderna e competitiva, que requer serviços de assistência técnica que o setor público não consegue prover em qualidade e quantidade. Ademais, a grande expansão da agricultura fez desaparecer os latifúndios improdutivos, reduzindo o estoque de terras passíveis de desapropriação para fins de reforma agrária, segundo a legislação brasileira.

O objetivo deste capítulo é analisar os aspectos que contribuíram para que a agropecuária brasileira deixasse de ser um fator de gargalo para o crescimento da economia, passando a sustentar taxas elevadas de crescimento ao longo da última década.

O capítulo está organizado em seis seções. Após a introdução, a segunda seção trata da evolução das políticas e do desempenho do setor. A terceira seção discute a importância da inovação tecnológica na agricultura brasileira. A quarta seção apresenta a estrutura da agricultura brasileira que resultou do avanço tecnológico no setor. A quinta seção analisa os limites ao crescimento da agricultura no Brasil. O capítulo se encerra com as considerações finais.

2. A evolução das políticas e o desempenho do setor

Ao longo do período de quatro décadas (1960 a 1990), a agricultura sofreu fortes obstáculos ao seu crescimento. Elevadas tarifas de importações protegiam a indústria, aumentando o custo dos insumos (fertilizantes, defensivos etc.); controles sobre a exportação de produtos agrícolas represavam os excedentes de produção no mercado interno, criando reserva de mercado de matéria-prima para a indústria, à custa da depressão dos preços, reduzindo a rentabilidade do setor. O câmbio sobrevalorizado atuava como um imposto implícito sobre um setor que é essencialmente exportador. Havia a combinação de dois vieses na política setorial: um antiexportação *(anti-export bias)* e um viés de comida barata *(cheap food policy)*, cujo resultado final, conhecido na literatura, era deprimir os preços dos alimentos (Lopes, 1977). Na realidade, a combinação dessas políticas destinava-se a substituir as importações e favorecer a industrialização (Lopes, Lopes e Rocha, 2011). A intervenção dos governos no mercado se fazia através de agências *(marketing boards)* com monopólios na comercialização em produtos como café, álcool, açúcar, trigo. Outros produtos (grãos, cereais, fibras) sofriam intervenções em seus mercados por meio da formação e da venda de estoques públicos sem regras preestabelecidas, gerando riscos nos mercados.

Essas intervenções dos governos se intensificaram a partir de 1970 até o final da década dos anos 1980, em razão do agravamento do processo inflacionário. Importações de grãos pelas agências estatais eram vendidas com subsídios no mercado interno. Os preços dos alimentos eram mantidos artificialmente baixos e as exportações de alguns produtos foram objeto de proibições (embargos).

O setor agrícola era "compensado" com instrumentos como o crédito de custeio a taxas de juros subsidiadas, destinado a facilitar a adoção de tecnologia e expandir a produção. Preços baixos de alimentos eram manipulados para manter baixos os salários e os custos da industrialização. Enquanto as políticas macroeconômicas discriminavam o setor via preços e via mercado, as políticas compensatórias eram uma forma de transferências diretas, através do crédito subsidiado para o custeio e a comercialização, com fortes impactos alocativos e distributivos. Eram políticas caras que ajudavam a penalizar as contas públicas e alimentavam o processo inflacionário, que atingiu níveis insuportáveis na década de 1980.

A combinação de políticas de taxação das exportações com as de controles de preços através de políticas de subsídios não foi eficiente e acabou por estagnar o setor e ameaçar o abastecimento interno (Lopes, Lopes e Rocha, 2011).

O longo período de discriminação deixou marcas profundas no setor agrícola, na forma de empobrecimento dos produtores rurais e no baixo investimento público, sobretudo em educação e infraestrutura. O baixo nível de escolaridade impediu o acesso dos produtores às novas tecnologias exigentes em conhecimento e que dependem da escolaridade para facilitar sua adoção e sua adaptação às características específicas de cada propriedade rural.

Em 1989, iniciou-se, então, um processo de reforma da política macroeconômica e a abertura comercial, que atravessou toda a década de 1990 e introduziu mudanças profundas: liberalização do comércio, com a redução unilateral de tarifas (1990); eliminação dos impostos diretos sobre as exportações (1996); estabilização da moeda (1994); e o câmbio flutuante (1999). A agricultura beneficiou-se das reformas macroeconômicas. A estabilização da economia impôs cortes nos gastos com o financiamento das safras agrícolas e com a comercialização, tendo sido extintos os *marketing boards* e criados novos instrumentos de financiamento da agricultura nos mercados financeiros, menos intervencionistas.

Observa-se, porém, que essas políticas também tiveram alguns impactos desfavoráveis sobre o setor agrícola, notadamente entre 1994 e 1999. A abertura comercial combinada com o câmbio ainda sobrevalorizado e baixas cotações no mercado internacional acarretaram, logo após as reformas, um forte fluxo de importações de algodão, arroz, milho e trigo que pressionou os preços no mercado interno. O setor sentiu o impacto da concorrência do produto importado com subsídio na origem, nos países exportadores. Este foi o caso, por exemplo, das exportações de algodão dos Estados Unidos para o Brasil, que levou a que muitos agricultores abandonassem o plantio desse produto em algumas regiões do país.

Apesar das dificuldades iniciais, as reformas plantaram as condições para a emergência de uma nova agricultura no país, colocando o Brasil entre as maiores nações agroexportadoras do mundo. Os frutos dos investimentos no sistema de pesquisa agropecuária estruturado na década de 1970 permitiram que o Brasil substituísse a política de subsídios por uma política de investimentos em pesquisa agropecuária. A ênfase das políticas passou a ser, então, de ciência e tecnologia dentro de um modelo definido de inovação tecnológica.

O gráfico 1 ilustra as principais etapas das reformas das políticas que impulsionaram a agricultura brasileira.

Gráfico 1
Evolução das políticas econômicas que afetaram a agricultura brasileira

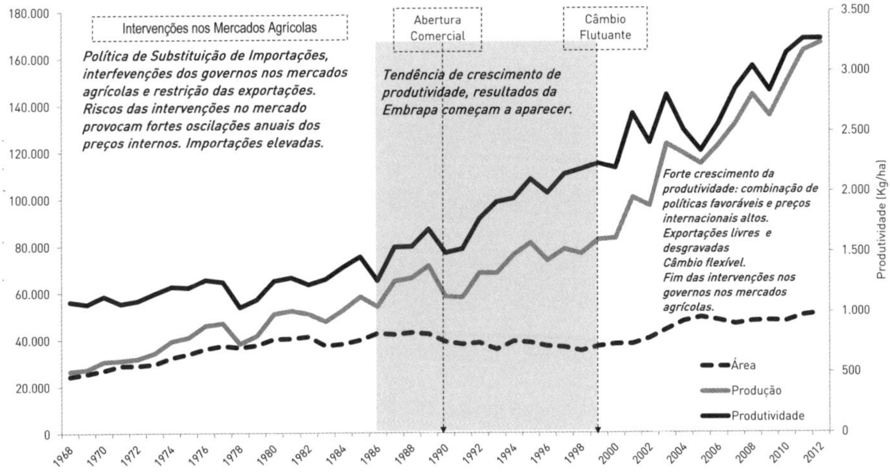

Fonte: Lopes, Lopes e Rocha (2011). Atualizado e adaptado pelos autores.

O avanço da produção e da produtividade permitiu uma melhora nos padrões alimentares dos brasileiros: de 1977 a 2007 os preços reais das cestas básicas diminuíram 2,02% ao ano e 62,7% nos 30 anos no período considerado (Alves et al., 2010). Além de assegurar o abastecimento do mercado interno, a agricultura brasileira gerou excedentes exportáveis. O país é o primeiro exportador mundial em açúcar, café, suco de laranja, etanol, carne bovina, frango e fumo; o segundo em soja em grão, farelo e óleo; o terceiro em milho; e o quarto em couros, peles, carne suína e algodão.

Nos últimos 17 anos, de 1994 a 2011, a participação da agropecuária no PIB do Brasil, em termos médios, foi de 6%; sendo 3,4% das lavouras e 2,6% da pecuária. Quando consideramos o PIB do agronegócio, ou seja, o somatório dos valores gerados pela agropecuária como um todo, incluindo os segmentos ligados ao setor, como fornecedores de insumos e processadores/distribuidores dos produtos, verifica-se que a participação das indústrias de insumos nesse PIB foi de 2,5%; as indústrias que fornecem produtos para o setor contribuíram com 7,8% do PIB; e todos os serviços ligados ao setor, com destaque para a distribuição, contribuíram com 7,9%. Consideradas todas as atividades ligadas à agropecuária, a taxa média de contribuição ao PIB do Brasil atinge 24,2% (Cepea/USP, 2012). No gráfico 2 estão descritas as taxas médias de crescimento anual.

Gráfico 2
Crescimento anual — taxas médias no período de 1994 a 2011

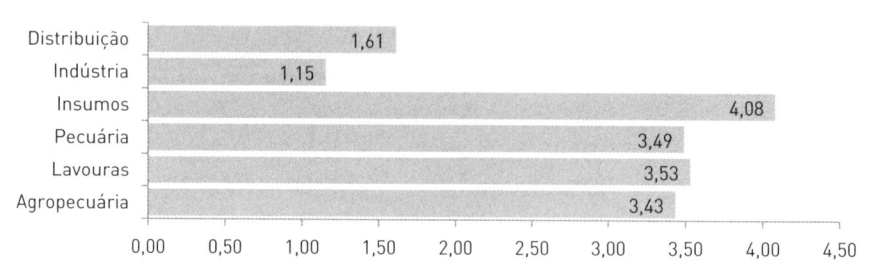

Distribuição	1,61
Indústria	1,15
Insumos	4,08
Pecuária	3,49
Lavouras	3,53
Agropecuária	3,43

Fonte: Cepea/USP (2012). Elaborado pelos autores.

A participação de cada segmento no PIB do agronegócio em 2011 está representada no gráfico 3.

Gráfico 3
Participação de Cada Segmento no PIB do agronegócio em 2011 (em %)

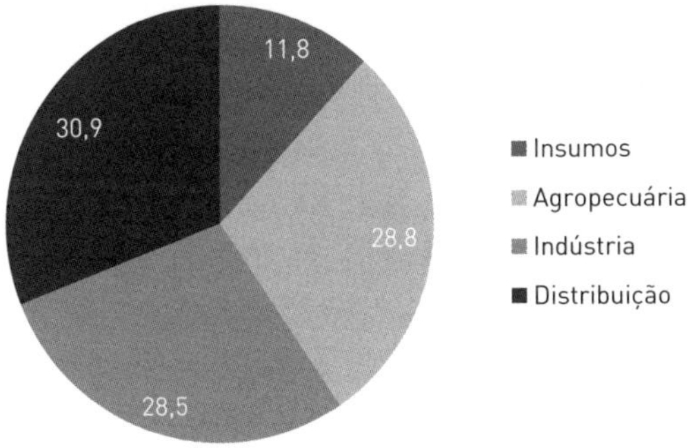

- Insumos: 11,8
- Agropecuária: 30,9
- Indústria: 28,8
- Distribuição: 28,5

Fonte: Cepea/USP (2012). Elaborado pelos autores.

3. A importância da inovação tecnológica na agricultura brasileira

Não foram apenas os impactos de mudanças nas políticas pós-1990 que explicam o desempenho do setor agropecuário brasileiro. Um elemento crucial foi a criação da Embrapa em 1973 e o modelo geral de inovação tecnológica brasileira adotado pela pesquisa pública em tecnologia biológica e mecânica, pelas indústrias de insumos, máquinas e equipamentos e, sobretudo, pelos produtores que validaram o modelo escolhido nos anos de 1970 a 1990.

3.1 O modelo geral

A Embrapa parte da hipótese da inovação tecnológica induzida, segundo a qual, a partir de uma dotação inicial de fatores de produção — terra e trabalho —, uma mudança nos preços relativos desses fatores é em si um estímulo para desencadear a inovação direcionada para economizar na utilização do fator que se tornou relativamente mais caro (Hicks, 1963). Nessa hipótese, a inovação é endógena e induzida: onde a terra era o fator mais escasso, a pesquisa desenvolveu a tecnologia biológica, poupadora de terra, com sementes com elevado grau de resposta a fertilizantes, defensivos e produtos agroquímicos. Esse foi o caso das tecnologias adotadas nos estados do Sul do Brasil. No Sul e parte do Sudeste predominam minifúndios em pequenas parcelas de terras, em larga medida não passíveis de mecanização. A solução tecnológica adotada foi a intensificação nos cultivos com sementes desenvolvidas pelos sistemas de pesquisa agropecuária e uso de fertilizantes.

Onde o fator trabalho era mais escasso, a pesquisa desenvolveu a tecnologia mecânica, poupadora de trabalho, com o uso de tratores, colheitadeiras, máquinas e equipamentos. Essa foi a tecnologia adotada nos estados do Centro-Oeste brasileiro, a partir dos anos 1970.

Essa teoria da inovação tecnológica induzida, que é endógena no processo de desenvolvimento agrícola, deixa pouco espaço para o papel de políticas públicas dirigidas à determinação do curso futuro de inovação tecnológica e desenvolvimento institucional. Em outras palavras, políticas de subsídios a insumos biológicos, máquinas e equipamentos. Segundo este modelo, intervenções dos governos nos mercados de insumos e máquinas podem ter efeitos negativos no crescimento da agricultura, na alocação eficiente de recursos escassos em fins alternativos e na distribuição (concentração) da terra e renda na agricultura.

Exemplos de políticas que não eram orientadas pelas questões específicas de cada região e, logo, contrariam a lógica do modelo de inovação tecnológica induzida podem ser citados. Desde 1960 até o final dos anos 1990, por exemplo, o crédito rural foi subsidiado com o pretexto de indução da tecnologia na agricultura. O crédito se destinava a reduzir o custo de sementes e fertilizantes. No final dos anos 1970, porém, já havia ficado claro que essa política induzia uso além do ótimo técnico e econômico de fertilizantes (Smith, 1977). Ainda assim, esses subsídios persistiram até o final dos anos 1990.

A compra de máquinas agrícolas tem sido financiada desde os anos 1990 com juros subsidiados. O Banco Nacional de Desenvolvimento Econômico e Social (BNDES), através do Programa de Modernização da Frota de Tratores Agrícolas e Implementos e Colheitadeiras (Moderfrota), oferece crédito com taxas reais de juros próximas de zero. Embora não haja pesquisa que comprove a má alocação do capital em máquinas, o nível de endividamento dos produtores gerou inadimplência.

Apesar dos exemplos citados, a criação da Embrapa lançou as sementes para uma nova forma de se fazer política agrícola no Brasil. O papel do Estado foi reservado para prover a infraestrutura e o treinamento de capital humano de alto nível para o desenvolvimento de ciência e tecnologia. Ficou claro que as instituições de ciência e tecnologia na agricultura precisaram se adaptar a novas formas de organização da pesquisa, por exigência da necessidade de organizar recursos humanos e financeiros escassos, de forma a concentrá-los em centros de excelência, inclusive com quadros multidisciplinares, capazes de interpretar os sinais de variação de preços relativos de produtos e insumos, orientando a pesquisa e validando-a (Binswanger e Ruttan, 1978). Esse modelo inspirou a estruturação da pesquisa agropecuária no Brasil.

Observa-se que, antes da Embrapa, o modelo de pesquisa era descentralizado, o que facilitava a dispersão de recursos humanos e financeiros. Com a adoção do modelo de inovação tecnológica induzida, as instituições brasileiras tiveram de formar quadros altamente treinados e concentrá-los em centros especializados de pesquisa. Um exemplo foi o caso da necessidade de concentrar geneticistas e especialistas em biotecnologia em centros de recursos genéticos, onde ficariam depositados bancos de germoplasma e pesquisas em engenharia genética.

A Embrapa treinou no exterior mais de 1.500 pesquisadores, e possui hoje 9.800 empregados e 2.400 pesquisadores, sendo 2 mil com doutorado, distribuídos em 47 centros nacionais temáticos, de produtos, de ecossistemas regionais e serviços, além de centros especiais, como os de agroenergia, agrossilvopastoril (integração lavoura-pecuária), agroflorestal, monitoramento por satélite e nanotecnologia aplicada à agricultura. Merece especial destaque o centro de recursos genéticos da empresa que produziu variedades transgênicas de soja, milho, trigo, feijão e algodão, entre outros produtos da agropecuária.

Um aspecto importante é que, à medida que os governos foram reduzindo os subsídios agrícolas — por força de uma melhor disciplina fiscal —, os recursos para pesquisa foram poupados dos cortes de recursos. A pesquisa foi fomentada devido ao bom desempenho da Embrapa em muitos produtos, tais como em cereais, grãos e oleaginosas, e em setores como pecuária bovina, leite, frangos e suínos.

3.2 Fatores que contribuíram para o avanço tecnológico na agricultura

Os investimentos públicos no Sistema Nacional de Pesquisa Agropecuária, iniciado com a criação da Embrapa, refletiram-se nos avanços percebidos, sobretudo a partir de meados de 1980, em pesquisa genética, no desenvolvimento de indústrias de apoio, melhoria da capacidade técnica dos produtores brasileiros e no capital humano.

A cadeia de geração de valor na agricultura tem seu começo na pesquisa, mas passa também pela indústria, pelas empresas de distribuição de insumos e máquinas, todos os três elos gerando conhecimento para o agricultor, que o transforma em produto. No Brasil as indústrias de insumos fazem pesquisa em tecnologia e adicionam valor, que, em última instância, é onde se mede o desempenho do setor. O país tem uma indústria de insumos moderna e competitiva para a agricultura (sementes, defensivos e máquinas), porque é uma indústria aberta ao capital estrangeiro, além de não ser protegida por tarifas na importação. Fica difícil entender e analisar o desempenho da agricultura sem analisar o desempenho das indústrias de insumos. Esses dois desempenhos são indissociáveis.

A partir dos anos 1990, a importação de fertilizantes começa a crescer aceleradamente para fazer face ao consumo, enquanto a produção nacional estabilizou-se. A partir de 2002, produção e o consumo nacional crescem aceleradamente, como decorrência do crescimento agrícola no Brasil. Em 2008, o Brasil já ocupava a posição de quarto maior consumidor de fertilizantes do mundo (com 5,8 milhões de toneladas); atrás da Índia (com 15,4 milhões de toneladas); dos EUA (com 20 milhões de toneladas); e da China (com 35 milhões de toneladas), de acordo com a Associação Nacional de Difusão de Adubos (Anda, 2012).

Quanto à indústria de máquinas agrícolas instalada no país, ela teve um impacto direto sobre o bom desempenho recente do setor. Ela foi fundamental no desenvolvimento do Centro-Oeste brasileiro, uma região absolutamente carente de força de trabalho e com solos densos e pesados, que tem evoluído tecnologicamente de forma significativa, destinando suas vendas também para o exterior.

De acordo com a Associação Nacional dos Fabricantes de Veículos Automotores (Anfavea), nas últimas três décadas, a produção de tratores de rodas quadruplicou. As vendas internas triplicaram. E o Brasil, de importador de tratores, passou a exportador. As exportações desses tratores aumentaram 24 vezes, de 1980 a 2012. A produção de colheitadeiras, em número de unidades, manteve-se relativamente constante desde 1995. Mas é nesse tipo de máquina que a tecnologia mais se destacou. O mesmo número de unidades produzidas colhe hoje uma área muito maior do que no passado. A produção dessas máquinas permaneceu quase constante, mas há um aumento extraordinário da potência e da eficiência das mesmas. Isto se deve à pesquisa das montadoras que aumentam muito a qualidade e a eficiência da tecnologia mecânica.

Com o crescimento acelerado recente da agropecuária brasileira, consolidou-se o parque industrial provedor de insumos para a agropecuária. Nossos estudos indicam que dão apoio à atividade agropecuária 567 empresas, sendo 267 de produção de adubos e fertilizantes; 36 de colheitadeiras; 57 de tratores; 33 de produção de implementos agrícolas; 234 de produção de defensivos, inseticidas, fungicidas e herbicidas; 141 de sementes; 82 de assistência técnica privada; e seis de treinamento, capacitação e assistência técnica de agricultura de alta precisão (Conab, 2011).

Com a capacitação técnica dos produtores, da pesquisa e da indústria de insumos, o Brasil exporta produtos de alta tecnologia. Muito embora acredita-se que o Brasil — como muitos países — exporte *commodities*, na verdade há um modelo muito bem-sucedido de inovação tecnológica incorporado aos produtos, testado e validado pela capacitação técnica dos produtores; há um complexo industrial de elevados padrões tecnológicos, que são o *benchmarking* das indústrias similares no mundo; e há um conjunto de médias e pequenas empresas prestadoras de serviços técnicos. Esse grande complexo é parte integrante do desempenho do agronegócio brasileiro.

3.3 A capacidade técnica dos produtores brasileiros

Os produtores do Sul migraram para o Centro-Oeste, nas décadas de 1970 e 1980, e chegaram até o Amapá, no extremo norte do país, desenvolvendo uma agricultura moderna. Recentemente, ocuparam a região do Mapitoba (Maranhão, Piauí, Tocantins e Bahia), as novas fronteiras agrícolas do Brasil (ver Mapa da Ocupação do Território Brasileiro pela Agricultura). Os agricultores gaúchos, catarinenses, paulistas e paranaenses levaram consigo capital humano e domínio da experiência com tecnologias biológicas e mecânicas. Nessas últimas, conheciam as operações de máquinas sofisticadas. Nas biológicas, detinham a competência de experimentar e, sobretudo, aprimorar as técnicas de cultivos e de manejo de bovinos, aves e suínos. Os exemplos mais expressivos dessa competência são a ocupação do Centro-Oeste (os Cerrados), mencionada, e o domínio da agricultura de precisão, que consiste em gerir as operações de máquinas a partir de informações armazenadas em computadores das máquinas, que são guiadas por GPS.

Os Cerrados brasileiros, maior fronteira agrícola do país, eram considerados solos pesados, de difícil manejo, impróprios para os cultivos com a tecnologia conhecida. Inicialmente eles foram usados para a pecuária bovina. Com as modernas tecnologias e a soja tropical os produtores dominaram as práticas agrícolas que tornaram as terras produtivas para duas safras anuais, de plantio da soja e, em seguida, do milho. O manejo dos solos, através de práticas adequadas de plantio direto, os protege contra a erosão, contribuindo para sustentabilidade do meio ambiente. Hoje utilizam a agricultura de precisão, que garante elevados rendimentos.

Os produtores precisam ser eficientes, já que o Centro-Oeste está situado no interior do país, distante dos portos do Atlântico e sem ligação com o Pacífico. Além disso, a produção para a exportação, que exige produtividade, acabou estimulando a produção de produtos de consumo interno. As culturas de exportação exercem competição pela área cultivável forçando os produtores de produtos de consumo básicos a serem muito eficientes também, devido ao elevado custo de oportunidade das áreas usadas nas lavouras do mercado externo.

Quando os preços caem, é necessário aumentar a eficiência para sobreviver em um setor tão competitivo quanto o setor agrícola. Em consequência, o produtor que não incorpora tecnologia corre grande risco de perecer no mercado. À medida que novas tecnologias são criadas, os preços caem e os produtores têm de adotar novas tecnologias — essa é a conhecida *treadmill hypothesis* na literatura (Lopes, 1977). Isso decorre do fato de que há custos a amortizar dos investimentos já feitos. Esse é conhecido, na literatura, como risco tecnológico.

3.4 Investimento em capital humano

A formação de capital humano no Brasil nas carreiras de agrônomos, veterinários, engenheiros agrícolas e florestais é feita majoritariamente pelas universidades públicas. De acordo com o Conselho Federal de Engenharia e Agronomia (Confea, 2012), de 1994 a 2011 a taxa média de crescimento anual de formação de agrônomos e veterinários foi de 12,7% e a de técnico agrícola foi de 20,1%. No mesmo período, a taxa média de crescimento do PIB agropecuário foi de 3,4% e do PIB do agronegócio como um todo foi de 2,1%. O crescimento da formação de capital humano superou em muito o crescimento dos dois PIBs setoriais. Essa força de trabalho (profissionais, técnicos agrícolas) faz parte indissociável do modelo de inovação e desenvolvimento da tecnologia na agricultura brasileira, porquanto todos os profissionais de agronomia são responsáveis por decodificar os pacotes de tecnologia — que são desenvolvidos pela pesquisa — e são responsáveis pela atualização tecnológica dos agricultores e da agricultura brasileira.

Nos últimos 15 anos, quando os produtores formaram fazendas corporativas (propriedades que são empresas de pessoa jurídica) e grandes empresas se formaram na agricultura brasileira, com fundos de investimento nacional e estrangeiro na fronteira agrícola do Centro-Oeste, todos encontraram profissionais bem treinados e experientes que viabilizaram investimentos em propriedades de 20 a 150 mil hectares de lavouras, que são hoje o *benchmarking* mundial de exploração agropecuária. Todos encontraram também uma força de trabalho de campo, com os técnicos agrícolas bem formados em manejo de plantas, rebanhos e criatórios que viabilizaram a ocupação do interior do Brasil. Os técnicos agrícolas foram formados com especialização em todos os produtos agropecuários e mais em ecologia, infraestrutura rural, operação e manutenção de máquinas, processamento de produtos, meteorologia, todos formados em centros de excelência em cada especialidade. O mapa 1 mostra a evolução da ocupação territorial pela agricultura através dos principais fluxos migratórios.

Esse capital humano de qualidade, apesar de não ser suficiente para atender toda a demanda da agricultura, que cresce rapidamente, é parte indissociável do modelo de desenvolvimento tecnológico da agricultura do Brasil, por facilitar para os produtores a adoção de tecnologia biológica e mecânica. Sem ele seria muito difícil o Brasil ter atingido os atuais níveis de desenvolvimento rural. Grande parte desse capital humano está na fronteira agrícola onde está o *benchmarking* da tecnologia. Contudo, para o Brasil como um todo, e na agropecuária em particular, o nível de escolaridade formal é muito baixo. Isso leva a que uma grande parte da população rural não contribua para o desempenho do setor.

Além das escolas técnicas, o Serviço Nacional de Aprendizagem Rural (Senar), que é uma instituição que tem como proposta atuar em atividades que auxiliem na profissionalização no campo e na melhoria da qualidade de vida

Mapa 1
Ocupação territorial pela agricultura

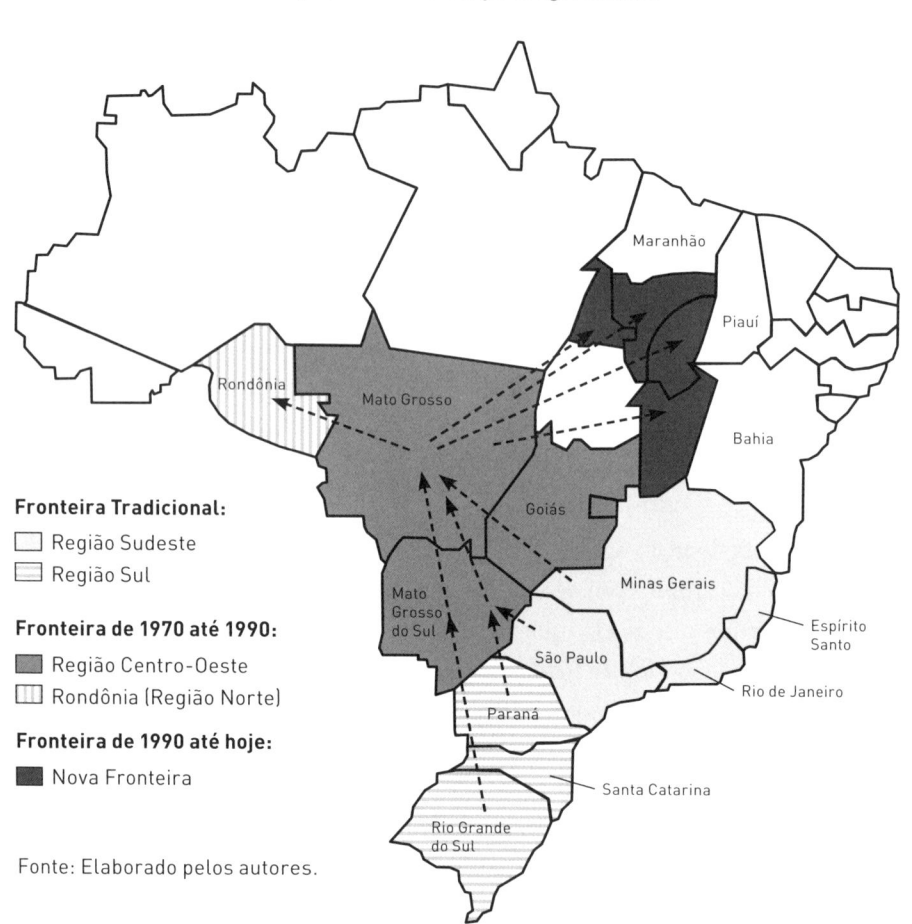

Fronteira Tradicional:
☐ Região Sudeste
☐ Região Sul

Fronteira de 1970 até 1990:
■ Região Centro-Oeste
⊞ Rondônia (Região Norte)

Fronteira de 1990 até hoje:
■ Nova Fronteira

Fonte: Elaborado pelos autores.

no meio rural, tem exercido um papel fundamental no treinamento da mão de obra agropecuária. A forma de atuação do Senar é por meio de atividades divididas em formação profissional, visando o melhor desempenho das funções agropecuárias, uma vez que qualifica essa mão de obra; e também através da promoção social, do desenvolvimento de talentos e de programas especiais, como o de alfabetização de jovens e adultos, o do empreendedor rural e o programa de inclusão digital rural.

Os recursos financeiros disponibilizados para os treinamentos são provenientes dos próprios produtores rurais por meio de contribuições mensais obrigatórias (compulsórias). Em um único ano (2011), o número de pessoas contempladas pelo Senar no item formação profissional foi de 632.243.

Os cursos/treinamentos oferecidos pelo Senar, na categoria de formação profissional, consideram as especificidades regionais e estão definidos em sete linhas de ação: agricultura, pecuária, silvicultura, aquicultura, extrativismo, atividades de apoio de exploração de agricultura com reflorestamento e pecuária e atividades relacionadas à prestação de serviços.

3.5 Investimentos em pesquisa genética

Há alguns anos, as sementes com tecnologia da Embrapa respondiam por grande parte da produção de soja do Brasil; hoje, a participação dessas sementes caiu de forma expressiva. Esse fato ocorreu, principalmente, com sementes de soja e milho. Essa redução de *market share* da empresa pública não se deve essencialmente à insuficiência de recursos para pesquisa pública, mas aos volumes maiores de recursos privados dedicados à pesquisa genética e produção de sementes para atender a um mercado em forte expansão; e às necessidades de investimento em novas moléculas de defensivos complementares às sementes. Empresas como a Monsanto, Dupont, Syngenta, Dow, Basf e Bayer CropScience passaram a investir em genética e biotecnologia com grande volume de recursos, uma vez que o Brasil apresentava um crescimento sustentável de produção e o mercado brasileiro de insumos era suficientemente grande para fazer parte de estratégias comerciais das grandes empresas de produção de sementes e defensivos do mundo.

Em meados da década de 1990, o Brasil abriu seu mercado de inovação tecnológica. Em 1997, foi aprovada a Lei de Proteção de Cultivares e Propriedade Intelectual, que atraiu o interesse das grandes empresas para o setor de tecnologia. A regulamentação para liberação das culturas transgênicas no Brasil ocorreu em 2005.[2] Assim, com o tempo, as instituições públicas de pesquisa (IPPs) foram perdendo *market share* no mercado de sementes. As grandes empresas desse setor passaram a investir em pesquisa na fronteira do conhecimento em genética para sementes.

---

2. Desde então, a Comissão Técnica Nacional de Biossegurança (CTNBio), organismo encarregado de aprovar sementes geneticamente modificadas no país, liberou 32 variedades – um número reduzido de sementes em relação às necessidades do país.

O passo seguinte das grandes empresas para aumentar o *market share* foi o desenvolvimento de pacotes tecnológicos, com sementes, agroquímicos e demais insumos, em associação com as empresas de venda de insumos (revendas) e *traders* compradores dos produtos finais. Esse sistema substituiu uma parte do crédito rural oficial, já que os financiamentos bancários foram reduzidos devido às dívidas dos produtores nos anos anteriores. Essa substituição ocorreu por força de financiamentos das grandes empresas produtoras dos insumos, que passaram a ser a única fonte de crédito para muitos produtores.

Com relação ao mercado de sementes, a vinda de grandes empresas internacionais promoveu aquisições de pequenas e médias empresas, consolidando o mercado. A rivalidade entre concorrentes impôs disciplina de investimento em pesquisa de ponta. As grandes empresas lançaram no mercado variedades com equilíbrio entre produtividade e resistência a pragas e doenças. Quanto aos clientes, a decisão dessas empresas foi mantê-los como compradores permanentes de seus produtos, oferecendo facilidades na obtenção de crédito, o fornecimento de defensivos e a garantia de compra dos produtos, ou seja, através da associação das grandes empresas com as *traders*.

Em suma, a contribuição das grandes empresas de sementes para o crescimento da agricultura no Brasil foi muito grande, porquanto a semente é o "pacote", o invólucro de tecnologia, com atributos tais como capacidade de resposta a fertilizantes, resistências a pragas e doenças, rendimentos mais elevados e melhor resposta aos tratamentos de agroquímicos. A contribuição dessas empresas foi maior ainda quando consideramos que elas fornecem grande parte dos produtos agroquímicos, com financiamento antecipado, facilidades de compras pelas *traders*, que atuam com elas no mercado. Com o financiamento antecipado, grande parte dos produtores que plantavam para vender hoje vende antecipado para plantar (usando os recursos das vendas antecipadas para comprar insumos).

Os agentes de assistência técnica e vendedores das grandes empresas de insumos substituíram uma grande parte da assistência técnica nas esferas federal, estadual e municipal; sem eles teria sido muito difícil levar a tecnologia a um grande número de produtores nas sucessivas fronteiras agrícolas do Brasil, de Norte a Sul e de Leste a Oeste. Além disso, os órgãos oficiais de extensão não teriam recursos para fazer o papel de promoção da tecnologia agrícola como fez o setor privado. E esse impulso do crescimento da agricultura foi feito com uma transição de forma suave do governo para o setor privado; o governo foi sendo substituído primeiro na assistência técnica e depois na pesquisa genética. Aos poucos a genética pública está sendo substituída pela genética privada.

4. Estrutura da produção e da renda na agricultura brasileira

Conforme exposto, o Brasil conseguiu obter ganhos de produtividade, especialmente após 2000, por meio da adoção de tecnologia por parte dos produtores agropecuários. A tecnologia, na verdade, foi uma das grandes impulsionadoras da elevação da produção nacional, resultado das pesquisas de instituições públicas e privadas e da capacitação técnica dos produtores.

A pergunta que se faz é: quem são os grandes responsáveis por esse desempenho? Segundo o último levantamento do Censo Agropecuário do país (ano de 2006), há 5,2 milhões de estabelecimentos agropecuários.

Para entender melhor a estrutura produtiva brasileira, Lopes e colaboradores (2012) identificaram três classes de renda líquida total com base nos estabelecimentos (unidades agrícolas) do Censo Agropecuário brasileiro: A/B, C e D/E. A classe C está compreendida no intervalo de renda mensal de US$ 450 a US$ 2 mil, e anual entre US$ 5.500 e US$ 24.500; a classe D/E apresenta valores abaixo do limite inferior da C e a classe A/B possui valores acima do limite superior ao da classe C.

Deve-se destacar que há complementaridade entre a produção das diversas classes de renda. A produção de grãos, em grande parte concentrada na classe A/B, propicia o fornecimento de matéria-prima a baixo custo para a alimentação dos animais, beneficiando assim a produção de leite, ovos, suínos e aves produzidas pelos produtores das classes C e D/E, e pelos próprios produtores da classe A/B.

Do total dos 4,7 milhões de estabelecimentos analisados, 1,1 milhão (total das classes produtivas A/B e C) foi responsável por 92,4% do valor bruto da produção agropecuária. Salienta-se que 78,8% do valor do produto foi gerado apenas pela classe A/B (300 mil estabelecimentos). No extremo oposto, os 3,6 milhões de estabelecimentos que compõem a classe D/E (76,9% do total estudado) geraram apenas 7,6% do valor da produção. No que concerne à área total desses estabelecimentos (298,69 milhões de hectares), 63,2% desse total pertence às classes A/B e C e 36,8% à classe D/E, e a área média da A/B é de 430 hectares e a da C é de 76,8, enquanto a da D/E é de 32,2 hectares. Constata-se, portanto, que muitos produtores são de subsistência, observando-se uma elevada concentração da produção destinada ao mercado.

Os dados demonstram com clareza que os estabelecimentos rurais brasileiros abrangem dois grupos bastante distintos. Um que domina a tecnologia e outro que não tem acesso aos novos modos de produção. O primeiro grupo é formado por grandes e médios produtores e, também, por pequenos produtores cooperativados ou integrados à indústria de alimentos. A esses corresponde a maior parcela da produção agropecuária (Classe A/B e C). O segundo grupo é formado por um contingente numeroso de produtores que não tiveram acesso à tecnologia agropecuária (Classe D/E).

O Brasil teve perdas significativas da população rural. Em 1970, 44% da população brasileira vivia no meio rural; em 2010, essa parcela representava apenas 15% (IBGE, 2012). A tecnologia tornou o Brasil uma importante nação agroexportadora, porém enfrenta o desafio de incorporar cerca de 1,4 milhão de produtores da classe D/E. Se o foco das políticas no passado foi o de aumento da produção, o foco atual tem buscado instrumentos de maior acesso dos pequenos produtores, sobretudo o crédito.

Nosso diagnóstico, porém, é que a difusão de tecnologias para os produtores da classe de renda D/E é que permitirá elevar a renda desse grupo. O papel das políticas públicas é crucial. Do contrário, a difusão de tecnologia acaba sendo assimilada por produtores que, além de terem acesso à orientação técnica (pública ou privada), possuem meios próprios de se financiarem e/ou que têm maior facilidade de acesso aos financiamentos públicos e privados.

Deve-se destacar, também, que o nível de escolaridade é extremamente baixo no meio rural, o que dificulta ainda mais a difusão e a assimilação de novas tecnologias pelos produtores. Há um grande desafio pela frente também em termos de treinamento da mão de obra rural na utilização de práticas agrícolas apropriadas para cada região do país.

Apesar da criação, em 1996, do Programa Nacional de Fortalecimento da Agricultura Familiar (Pronaf), que é uma linha de financiamento para atender os pequenos produtores rurais, esta é seletiva e concentrada, atendendo principalmente os produtores que geram maiores níveis de renda e estão localizados, especialmente, na região Sul do Brasil. A tentativa dessa linha de atingir os produtores com baixa geração de renda não produziu resultados satisfatórios, e um dos maiores problemas foi o da inadimplência. Para esse público, na verdade, políticas de financiamento dissociadas de assistência técnica não melhoraram a renda desses produtores e podem estimular a migração dos próprios produtores e/ou de seus familiares para os centros urbanos.

Procurando-se alcançar esse contingente de produtores, está em fase de discussão por parte do governo brasileiro a possibilidade de criação de um órgão de assistência técnica pública em nível nacional com o intuito de reestruturar o sistema atual de assistência técnica pública, que atualmente é restrito ao atendimento de um número limitado de produtores agropecuários.

Políticas adequadas devem ser repensadas para essa parcela de estabelecimentos rurais com baixa geração de produção. Há um conjunto de produtores que podem ser enquadrados em políticas de financiamento e de assistência técnica. Existe também um grupo com um número considerável de estabelecimentos que seriam mais bem atendidos somente por políticas sociais de transferência de renda. Políticas de financiamentos não resgatariam esses produtores da pobreza, não sendo efetivas para esse público.

O grande desafio do país é continuar crescendo com inclusão, que se torna possível com a elevação do nível de escolaridade dos produtores, treinamento da mão de obra rural, políticas de financiamento atreladas à assistência técnica aos produtores que ainda possuem chances de continuarem como fonte principal de renda a atividade agropecuária. Estímulo à formação de grupos de pequenos produtores visando à produção e comercialização deverá ser também prioridade.

Com relação aos desafios mencionados nesta seção, em particular aqueles destinados a mitigar a pobreza no campo, vale destacar duas formas para organizar pequenos produtores e trabalhadores rurais: cooperativas, consórcios e condomínios agrários. Essas formas de organização apresentam potencial para a inclusão econômica e social de grande parcela de produtores das classes de renda mais baixa na agricultura.

O cooperativismo contou historicamente com o apoio da política agrícola, com medidas de isenção de impostos, apoio creditício e outras. As cooperativas agropecuárias floresceram principalmente no Sul do país, onde as propriedades são menores e onde predomina a cultura europeia de organização da produção. Produtores cooperados beneficiam-se de ganhos de escala na compra de insumos e no processo de venda, armazenagem, transporte e distribuição na produção.[3]

O Programa de Consórcios e Condomínios Agrários foi desenhado em meados dos anos 2000 para permitir aos pequenos produtores e aos trabalhadores sem terra terem acesso a áreas para exploração agropecuária. Os condomínios são soluções melhores para a obtenção de terras e os consórcios soluções mais adequadas para o acesso compartilhado dos produtores ao maquinário agrícola.

O Brasil está empenhado em um grande esforço de permitir que trabalhadores rurais tenham acesso à terra por meio de um programa amplo de reforma agrária. Entretanto, a experiência internacional tem demonstrado que o arrendamento, através de um condomínio agrário, pode ser uma forma de acesso desse público-meta à produção a um custo social relativamente baixo. Essa forma de organização permite ao grupo alcançar escalas técnicas viáveis e economias de custos que seriam impossíveis através da forma convencional de organização — o núcleo formado pelo produtor e sua família.

Um pressuposto importante é a alocação mais eficiente do recurso mais escasso no meio rural: o capital. O objetivo é utilizar o capital (físico, financeiro e humano), próprio ou de terceiros, com a finalidade primordial de gerar renda. A geração de renda permitirá a compra futura da terra, sendo, portanto, uma proposta de uma "escada" de acesso de pequenos produtores e trabalhadores rurais à futura propriedade da terra.

O programa está baseado na premissa de que a tecnologia na agricultura vem incorporada sob a forma de sementes melhoradas, capazes de dar alto nível de resposta à fertilização; fertilizantes e adubos; defensivos etc. Estes são os componentes da tecnologia biológica. Mas há também a tecnologia na agricultura que vem incorporada a implementos, máquinas e equipamentos. E estas formas de tecnologia — a biológica e a mecânica — estão associadas ao capital. Por essa razão o acesso ao capital — em conjunto com a assistência técnica — é muito importante para gerar renda na pequena propriedade. Se o capital é escasso, é necessário concentrar esforços para se ter acesso a ele, nos níveis mínimos recomendados pela assistência técnica. E o acesso a capital fundiário, terras e máquinas pode ser alcançado com formas associativas, consorciadas, em arranjos solidários entre o público-meta desses sistemas.

---

3. No Brasil há cerca de 1.568 cooperativas agropecuárias com 940.632 cooperados (cerca de 18,4% de todos os produtores rurais brasileiros).

Pesquisas realizadas em meados dos anos 2000 (FGV, 2006) indicaram que o retorno do capital empregado em implementos, máquinas, equipamentos e insumos agrícolas é muito elevado em termos de aumento de produção e renda; e que os produtores com limitados recursos de capital devem empregar seus recursos escassos nessas formas de capital e, preferivelmente, não imobilizá-los em terra.

5. Limites ao crescimento da agricultura no Brasil

5.1 Obstáculos para o crescimento da agricultura

O Brasil tem uma área equivalente a 851 milhões de hectares. Mas a pergunta é: Qual o potencial de crescimento de áreas de aproveitamento agropecuário no Brasil? De acordo com estimativas recentes (Age/Mapa, 2012), o Brasil utiliza 235,1 milhões de hectares nas explorações, sendo 49,6 milhões em grãos, fibras e oleaginosas; 160 milhões em pastagens; 4,7 milhões em florestas plantadas; 9,1 milhões em produção de cana de açúcar; e 11,7 milhões em culturas permanentes (café, cacau, cítricos, bananas etc.). O restante está ocupado com unidades de conservação (133 milhões de hectares), como parques nacionais. Cerca de 108 milhões são terras indígenas; 268 são Áreas de Reserva Legal e Preservação Permanente dentro das propriedades rurais. As cidades, hidroelétricas, estradas e pontes ocupam 26 milhões de hectares. Assim, feitos estes abatimentos de áreas compromissadas com a legislação ambiental e ocupações urbanas, restam 80,8 milhões de hectares. Além disso, dos 160 milhões de hectares em pastagens, há 9,1 milhões de hectares de pastagens degradadas que podem ser convertidas em terras de cultura, ou pastagens plantadas, de elevados índices de cabeças de gado bovino por hectare (Lopes, Lopes e Rocha, 2011).

A análise da disponibilidade de terras é apenas um indicador parcial do potencial da agricultura do Brasil. Se, independentemente da recuperação das áreas em pastagens degradadas, utilizássemos os 80,8 milhões de hectares disponíveis para plantar cereais, grãos, fibras e oleaginosas, a produção atual aumentaria 120%. A terra, portanto, apesar do rigor da legislação ambiental, não é um fator limitante ao aumento da produção brasileira.

Um estudo recente (OECD, 2010) indica que até 2020 o Brasil deverá aumentar sua produção de alimentos em 40% para atender a demanda mundial. A agricultura brasileira tem potencial para seguir crescendo nos próximos 10 anos, de acordo com projeções disponíveis (Mapa, 2012). Nos próximos 10 anos, a produção de milho deverá aumentar 18%; soja em grão, 25%; óleo de soja, 21%; farelo de soja, 19%; trigo, 22%; carne de frango, 56%; carne bovina, 32%; e carne suína, 22%. O crescimento da produção irá atender as necessidades de consumo doméstico, além de gerar excedentes exportáveis: os percentuais de crescimento anual potencial das exportações são elevados, acima de 2%, exceto no caso do óleo de soja. Comparando-se os percentuais de crescimento da produção com os das exportações podemos concluir que o mercado externo oferece oportunidades e é a vocação da agricultura brasileira.

Tabela 1
Projeção do crescimento da produção, consumo e exportações entre 2011-12 e 2021-22 (%)

Produtos	Produção		Consumo		Exportações	
	Anual	Período	Anual	Período	Anual	Período
Milho	1,67	18,06	1,77	19,17	2,86	32,57
Soja em Grão	2,26	25,05	1,96	21,47	2,78	31,58
Óleo de Soja	1,95	21,29	2,31	25,65	0,80	8,29
Farelo de Soja	1,81	19,68	2,49	27,90	1,09	11,46
Trigo*	2,02	22,13	1,21	12,73	0,77	7,98
Carne de Frango	4,55	56,06	2,78	31,54	3,05	35,00
Carne Bovina	2,84	32,27	2,42	27,00	1,84	20,01
Carne Suína	2,01	21,99	1,73	18,70	2,10	23,12

Fonte: Mapa (2012). Elaborado pelos autores.
* No caso do trigo optou-se por medir as importações

No entanto, para realizar o potencial do crescimento agrícola é preciso enfrentar alguns desafios. Os principais obstáculos que limitam o crescimento da agricultura incluem infraestrutura e logística, dentre outros fatores.

Outro problema é a insuficiência da pesquisa: o Brasil investe apenas 1,6% do seu PIB em ciência e tecnologia, 0,8% são recursos do setor público e 0,8% do setor privado. Doze por cento do total do investimento em ciência e tecnologia (C&T) são investidos em agropecuária, o que corresponde a 0,2% do PIB (Arraes, 2012). Isso demonstra que o papel crucial da Embrapa e de pesquisas na área agrícola poderia ter um efeito multiplicador ainda maior no setor agropecuário brasileiro.

Além do tema de pesquisa, o Brasil necessita de grandes investimentos para ocupar os quase 90 milhões de hectares cultiváveis do país. Além do capital nacional, os investimentos estrangeiros diretos têm contribuído para a exploração de novos agronegócios. De acordo com o Banco Central, de 1996 a 2000 foram investidos no agronegócio no Brasil, com capital estrangeiro, US$ 73,81 milhões. No período de 2001 a 2008 os investimentos estrangeiros no agronegócio superaram US$ 224,77 milhões. Esses investimentos, portanto, triplicaram de um período para outro. Contudo, novas legislações podem limitar os investimentos estrangeiros e nacionais no agronegócio do país. A primeira é o Código Florestal, que pode limitar áreas em cultivo atual e restringir a abertura de novas áreas. Outro debate diz respeito à limitação de aquisição de terras por estrangeiros no Brasil.

A legislação ambiental brasileira exige que toda propriedade rural possua uma reserva de vegetação nativa (Reserva Legal) em percentuais que variam de 80% (na área de Amazônia Legal), 35% (no Cerrado da Amazônia) e 20% (no restante do país). Além disso, áreas da propriedade consideradas frágeis, como margens de rios, de lagos, e entorno de nascentes, estão sujeitas à proteção permanente. No caso de margens de rios, a área de proteção varia de 30 a 500 metros, dependendo da largura do rio, e no caso das nascentes, um raio de 50 metros em seu entorno. Em 2012, o novo Código Florestal (Lei nº 12.651, de 25-5-2012) passou a exigir a recomposição dessas áreas em todas as propriedades que não respeitaram as áreas de proteção e instituiu mecanismos facilitadores para seu cumprimento.[4]

A legislação brasileira restringe a aquisição de terras por estrangeiros (pessoa física) não residentes no país e à pessoa jurídica estrangeira, não autorizada a funcionar no país, segundo a mais recente interpretação da legislação brasileira em vigor.[5] A aquisição de arrendamento deve atender as seguintes precondições: seja residente no país, seja pessoa jurídica estrangeira autoriza-

---

4. A recomposição será feita ao longo de 20 anos, através das seguintes modalidades: regeneração natural da reserva nativa, reflorestamento intercalado de espécies nativas regionais e exóticas. No caso da Reserva Legal, poderá ser feita sua compensação também por meio do arrendamento ou da compra de reserva legal excedente existente em outras propriedades, desde que localizadas no mesmo bioma.
5. Parecer da Advocacia Geral da União (AGU) nº 1/2008, publicado no *Diário Oficial da União* (DOU) em 23-8-2010.

da a funcionar no país, ou seja, pessoa jurídica brasileira com participação de capital estrangeiro. A aquisição de terras por estrangeiros que preenchem as precondições acima está sujeita ainda a um conjunto de restrições relacionadas ao tamanho (em hectares) da área da propriedade e é o dobro no caso da pessoa jurídica (em relação à pessoa natural).

Em adição, a aquisição de imóvel rural por estrangeiro que preenche as precondições está ainda sujeita à aprovação dos órgãos federais (Instituto Nacional de Reforma Agrária — Incra — e Ministério da Agricultura). O projeto a ser explorado no imóvel também deve ser aprovado pelas autoridades competentes responsáveis pela política ambiental. Para imóveis pequenos — cujo tamanho é estabelecido para cada município — é dispensada a aprovação do Incra.

5.2 As limitações ao crescimento devido à logística

Este item é o maior obstáculo ao crescimento do setor. A logística — que é um dos elos que agrega valor às cadeias agropecuárias — não corresponde às necessidades da agricultura brasileira, dado que não há infraestrutura satisfatória para nenhum dos meios de transporte (rodoviário, ferroviário e fluvial). Além disso, os portos não oferecem serviços de qualidade. Com isso, como as *commodities* são produtos de baixo valor agregado, o Brasil acaba "exportando fretes e serviços portuários" caros e de baixa qualidade. Apesar de o país ter vantagens comparativas na produção, essas vantagens vão se dissipando ao longo das cadeias, com os custos de transporte e serviços portuários.[6]

A matriz de transportes no Brasil, para a agricultura, é invertida. Transportamos cargas de menor valor pelo meio de transporte mais caro, o rodoviário. Além disso, o transporte por rodovias representa um total de 58% de toda a carga; pelas ferrovias transportam-se 25%; por vias fluviais transportamos apenas 13% (sendo esta mais barata), e sobre os dutos, apenas 4%. Isso afeta diretamente todos os produtos agropecuários, pois o escoamento se dá por

---

6. Por exemplo, a infraestrutura desempenha um papel importante na viabilidade econômica do cultivo do milho e da soja. Isso porque o Brasil tem hoje um sistema de culturas em conjunto: o milho na safra de inverno e a soja na safra do verão. A infraestrutura que serve a uma cultura é a mesma que serve à outra, tanto mais agora que o milho se destina, em grandes volumes, à exportação. O milho tem sua comercialização substancialmente onerada, por ser um granel de baixo valor específico.

estradas. Os custos de transportes não afetam só a comercialização. Afetam toda a rentabilidade desses cultivos, uma vez que todos os fretes de insumos, máquinas, equipamentos e combustíveis para a produção são também diretamente afetados.

Um dos principais obstáculos na logística se refere à ligação com o Pacífico, dada a importância do mercado asiático para o Brasil. Uma das possíveis soluções que proporcionariam fretes relativamente baratos para o transporte de soja para os mercados asiáticos seria o chamado Corredor Atlântico-Pacífico, uma rodovia ligando o Brasil, Bolívia e Chile. Essa estrada iria cobrir uma distância total de 4.700 km, do porto de Santos (Brasil) para Arique, Iquique, e Antofagasta (Chile).[7]

No caso de ferrovias, são necessários grandes investimentos. A maioria das terras agrícolas no Brasil — exceto no caso do Centro-Oeste — está localizada em regiões montanhosas, conhecidas como "mar de montanhas". Como tal, as obras no leito da ferrovia são dispendiosas. As empresas estrangeiras estão interessadas em trechos de distâncias mais curtas que exigem menos investimentos e têm um retorno muito alto, como os desvios em torno de grandes cidades e os trechos como os da Bahia, Vitória, Belo Horizonte, o Desvio Ribas, no Paraná, e muitos outros de elevadas taxas de retorno. Além de tudo, as ferrovias existentes no Brasil são antigas e não permitem que as composições trafeguem em condições operacionais com composições maiores, com velocidade e baixo custo.

5.3 Programa de investimentos em logística: rodovias e ferrovias

O governo federal recentemente tomou a decisão política de implementar um plano ambicioso de investimentos em rodovias e portos, através de concessões, e em ferrovias, através de parcerias público-privadas, no Plano Nacional de Investimento em Logística, que identificou a necessidade de investimentos ao redor de US$ 70 bilhões. Para atingir essa meta, o governo decidiu fazer parcerias com o setor privado. E o setor privado decidiu fazer

---

7. Além disso, parte da ineficiência no transporte rodoviário é devida à falta dos chamados Anéis Viários, ou estradas em torno das grandes cidades que evitem o tráfego de caminhões dentro da cidade, e ao acesso direto aos portos ou outras estradas. De acordo com o Ministério dos Transportes, cerca de 70% das rodovias federais precisam de investimentos em conservação e recuperação, uma vez que estão em condições precárias.

captações de recursos no país e no exterior, como algumas concessionárias de rodovias já fazem.

O plano será gerido pela Empresa de Planejamento e Logística S/A, criada especialmente para fazer os editais, homologar, adjudicar e monitorar as licitações. No citado plano há ferrovias, rodovias e portos de grande interesse da agricultura.

Assim, em agosto de 2012, o governo, reconhecendo que não havia recursos públicos para recuperar cerca de 30 anos de atraso de investimento em infraestrutura, decidiu criar uma oportunidade para o setor privado participar do Programa de Investimentos em Logística com investimentos em rodovias, ferrovias e portos. As metas desse programa são: a) ampla e moderna rede de infraestrutura; b) logística eficiente; c) modicidade tarifária.[8]

O programa prevê ampliar a escala dos investimentos públicos e privados em infraestrutura de rodovias e ferrovias nas seguintes linhas de ação: a) duplicar os principais eixos rodoviários do país; b) reestruturar o modelo de investimento e exploração das ferrovias; c) expandir e aumentar a capacidade da malha ferroviária.

A questão dos portos mereceu um tratamento especial e foi objeto de um programa à parte. A capacidade portuária total é muito abaixo da demanda atual para as exportações de todos os granéis agrícolas no Brasil. Se usamos projeções de demanda futura, verificamos que há gargalos nas instalações portuárias e nas áreas de retaguarda, porque sem área de estacionamento para caminhões, eles ficam parados em longas filas ao longo das rodovias. A ineficiência das operações portuárias é uma ameaça real de desenvolvimento futuro da agricultura no Brasil. A maioria dos bons portos disponíveis não é eficiente devido ao fato de operar além da sua capacidade.

Os portos que requerem investimentos imediatos são alguns dos mais importantes do país: Santos (São Paulo), Sepetiba (Rio de Janeiro), Paranaguá (Paraná), Rio Grande (Rio Grande do Sul), Itaqui (Maranhão) e Santarém (Pará); para não mencionar os portos em rios como no rio Paraná. A maioria dos portos precisa de dragagem a fim de se ter uma profundidade de confiança para operações com navios de maior porte. Os portos são mal servidos de conexões e acesso por rodovias e ferrovias. O governo federal, que opera os

---

8. Modicidade tarifária é o princípio pelo qual os valores das tarifas devem ser acessíveis aos usuários, de modo a não onerá-los excessivamente, pois o serviço público, por definição, corresponde à satisfação de uma necessidade ou conveniência básica dos membros da sociedade.

portos, tem falta de fundos para os investimentos complementares que contribuirão para um melhor funcionamento das instalações portuárias.

O aumento da movimentação de cargas deverá ser quatro vezes maior até 2030. A demanda nos 34 portos mais importantes do país subirá de 258 milhões para 975 milhões de toneladas por ano, o que representa um salto de 277%, segundo o Plano Nacional de Logística Portuária (PNLP).

A utilização total da capacidade instalada existente será atingida em 2013 no Sudeste, em 2014 no Sul, em 2015 no Norte e em 2016 no Nordeste. Com isso, estima-se que será possível aumentar a capacidade anual dos portos para 1,1 bilhão de toneladas, em 2030.

A conclusão importante desses relatos que lidam com a capacidade produtiva *versus* capacidade de infraestrutura é que o crescimento futuro da agropecuária em produção, exportação e suprimento interno vai exercer pressão substancial sobre a infraestrutura no Brasil. A expectativa do governo brasileiro é atrair investimentos nacionais e estrangeiros de grande porte.

6. Conclusão

O objetivo deste capítulo foi analisar os aspectos que contribuíram para que a agropecuária brasileira deixasse de ser fator de gargalo para o crescimento da economia, passando a sustentar taxas elevadas de crescimento ao longo da última década. Com tal desempenho, foi capaz de abastecer o crescente mercado interno e, ao mesmo tempo, fortalecer sua posição competitiva na exportação de excedentes de diversos produtos agrícolas e agroindustriais.

A experiência brasileira mostrou que a política de substituição de importações que vigorou no Brasil por cerca de quatro décadas discriminou contra o setor agrícola e impediu que seu crescimento médio no período fosse compatível com o potencial do setor. As políticas de impostos combinadas com subsídios destinados a compensar o setor, através de crédito subsidiado para a produção e comercialização, aquisição de excedentes a preços mínimos, apesar de contarem com recursos generosos, não foram capazes de impactar o crescimento do setor.

O desempenho da agricultura após as reformas macroeconômicas e setoriais da década de 1990 realizou-se sob a pressão por promover um forte ajustamento necessário para sobreviver sem o forte apoio governamental propiciado nas décadas anteriores. O setor se beneficiou muito das reformas econômicas, da estabilização da economia e da liberdade de comércio. Sendo essencialmente *tradable*, o setor foi favorecido pela implantação do câmbio flutuante e tem crescido a taxas elevadas, mesmo sem os subsídios que lhe deram suporte nas décadas passadas.

Além das reformas, alguns fatores tiveram papel importante para a sustentação desse desempenho, podendo-se destacar a adoção de tecnologia e ganhos expressivos de produtividade, que alavancaram a competitividade do setor e permitiram o país atingir posição proeminente entre as nações agroexportadoras. Outros fatores importantes nesse processo foram: a) desenvolvimento de um modelo de inovação tecnológica; b) competência dos produtores em tecnologia, com o domínio da tecnologia do Cerrado; c) investimentos em capital humano; d) investimentos privados na indústria de insumos e máquinas. Essas foram as condições de impulso da agricultura.

Mas as reformas da política macro e setorial exerceram o papel mais importante, pela magnitude das mudanças introduzidas, como: drástica redução da intervenção estatal na comercialização; redução de impostos incidentes nas exportações; maior liberdade de exportação, com redução dos mecanismos de reserva de mercado e garantia de matéria-prima para a indústria nacional. A adoção do modelo de inovação induzida pelos preços relativos dos fatores de produção demonstra, na experiência brasileira, que o Estado não deve intervir nos mercados de produtos (com restrições às exportações, importações para controle de preços e políticas de interferência na comercialização); nos mercados de insumos, máquinas e equipamentos; e não deve intervir com subsídios, sob pena de distorcer os incentivos econômicos dos mercados internos e externos, levando os produtores a tomar decisões que não otimizem o uso de recursos próprios ou de terceiros. Quando se liberou a agricultura e esta recebeu os estímulos dos preços externos, ela atraiu o investimento privado, do qual dependem a inovação e a fronteira tecnológica.

As mudanças operadas nos incentivos ao setor foram cruciais para o bom desempenho recente. Apesar dos baixos investimentos do Estado em infraestrutura, o padrão de desenvolvimento da agricultura brasileira pode ser tomado como modelo para liberar as amarras típicas do baixo crescimento que tem caracterizado economias estagnadas em níveis médios de renda. No período recente a agricultura brasileira passou a ser financiada por grandes empresas de produção de sementes e produtos agroquímicos; e atraiu investimentos de fundos privados nacionais e estrangeiros, sob a forma de *equity financing* em *corporate farms* (fazendas corporativas) e grandes projetos de grupos brasileiros e estrangeiros, através de investimentos estrangeiros diretos.

Na visão retrospectiva do passado recente da agricultura há algumas lições interessantes. O Brasil as aprendeu pagando um preço elevado e hoje os governos evitam interferir nos mercados, devido à persistência da memória das experiências do passado. Os produtores estão submetidos a riscos diversos, como riscos tecnológicos, climáticos, dos preços de mercado e riscos financeiros, e têm muita dificuldade em lidar com os riscos institucionais, associados a mudanças de políticas pelas instituições públicas no horizonte de amortização de seus investimentos, riscos que envolvem inclusive a decisão sobre se permanecem ou abandonam o meio rural.

Essas mudanças não foram (nem podem ser) feitas em curto espaço de tempo. No Brasil levamos décadas para entender que a agropecuária cobra um preço elevado quando adotamos políticas contra as forças de mercado. Os processos decisórios dos produtores são complexos e fragilizados por grandes riscos. Essa realidade precisa ser reconhecida por parte dos *policy makers* do setor público, evitando-se uma visão muito simplificada do papel que a agricultura desempenha no processo de crescimento.

Referências

AGE/MAPA. *Projeção de produção 2011/12 a 2021/22*. Brasília: Assessoria de Gestão Estratégica, Mapa, 2012.

ALVES, E.; SILVA E SOUZA, G.; BRANDÃO, A. S. P. Por que os preços da cesta básica caíram? *Revista de Política Agrícola*, n. 2, p. 14-20, 2010.

ANDA. Associação Nacional de Difusão de Adubos. Estatísticas de Consumo de Fertilizantes no Brasil. 2012. Disponível em: <www.anda.org.br>. Acesso em: 18 dez. 2012.

ARRAES, P. *Embrapa* — parcerias estratégicas para a competitividade da agricultura brasileira. Brasília: Embrapa, 12 dez. 2012.

BINSWANGER, H. P.; RUTTAN, V. W. (Ed.). *Induced innovation*: technology, institutions, and development. Baltmore; Londres: The Johns Hopkins University Press, 1978.

CEPEA/USP. *PIB do agronegócio*. Nota metodológica e estatísticas — dados de 1994 a 2011. 2012. Disponível em: <www.cepea.esalq.usp.br>. Acesso em: 6 dez. 2012.

CONAB. *Indicadores agropecuários*. Brasília, 2011.

CONFEA. Conselho Federal de Engenharia e Agronomia. *Profissionais registrados no Sistema Confea/Crea até 05/12/2012*. Disponível em: <http://ws.confea.org.br:8080/EstatisticaSic/>. Acesso em: 5 dez. 2012.

Contini, E. et al. Dinamismo da agricultura brasileira. *Revista de Política Agrícola*, Edição Especial de Aniversário do MAPA — 150 anos, 2010. p. 42-64.

FGV. Fundação Getulio Vargas. *Manual de operações*: programa de arrendamentos e parcerias para consórcios ou condomínios de produtores rurais. FGV — Centros de Estudos Agrícolas, 2006. Disponível em: <www.maurorezendelopes.com.br/vivaTerra/arquivos.html>. Acesso em: 11 dez. 2012.

FUGLIE, O. K. *Productivity growth and technology capital*. In the global agricultural economy. Washington, DC: Economic Research Service, U.S. Department of Agriculture, 2012.

HICKS, J. R. *The theory of wages*. Londres: MacMillian and Co. Ltd., 1963.

IBGE. Instituto Brasileiro de Geografia e Estatística. *Censos demográficos*. Disponível em: <www.ibge.gov.br/home/estatistica/populacao/censo2010/sinopse/sinopse_tab_brasil_zip.shtm>. Acesso em: 14 nov. 2012.

LOPES, I. V. et al. Perfis das classes de renda rural no Brasil. *Revista de Política Agrícola*, n. 2, p. 21-27, abr./maio/jun. 2012.

LOPES, M. de R. The mobilization of resources from agriculture: a policy analysis for Brasil. PhD (dissertation) — Purdue University, West Lafayette, 1977.

____; LOPES, I. V.; ROCHA, D. P. As políticas de competitividade na agricultura brasileira. In: BONELLI, Regis (Org.). *A agenda de competitividade do Brasil*. Rio de Janeiro: Editora FGV, 2011. p. 79-111.

OCDE. *Projeção de produção de alimentos até 2020*. Paris: OCDE, 15 jun. 2010.

SMITH, G. Credit subsidies and inefficiencies in input use in Brazilian agriculture. In: SCHUH, G. E. *Agricultural development*: lecture notes. West Lafayette: Department of Agricultural Economics, Purdue University, 1977. p. 31-52.

Capítulo 12

Políticas públicas, degradação ambiental e crescimento econômico no Brasil

Ronaldo Seroa da Motta*

1. Introdução

O Brasil tem sido reconhecido por seu sucesso em manter estabilidade econômica com melhoria no nível e na distribuição da renda. Nos últimos 10 anos é inegável que o crescimento da renda e as políticas sociais associadas a uma taxa de câmbio favorável induziram uma ampliação de consumo, em particular dos mais pobres (Neri, 2012; SAE, 2012).

O país também tem sido reconhecido por seu desempenho ambiental no uso de energias renováveis, como hidroeletricidade e etanol, a criação de unidades de conservação, que já ocupam 8,8% do território,[1] e a recente redução drástica da taxa do desmatamento na Amazônia.

Carraro e colaboradores (2012) apresentam um índice de sustentabilidade estimado para diversos países que agrega indicadores econômicos, sociais e ambientais. O Brasil aparece na 13ª colocação de acordo com esse índice, enquanto estaria classificado em 30º lugar se o critério fosse apenas renda *per capita*. Rússia, África do Sul, China e Índia aparecem, respectivamente, no índice de sustentabilidade em 21º, 30º, 39º e 40º lugar, em posições muito próximas às que teriam em termos de renda *per capita*. Ou seja, entre os Brics, o país é o que apresenta o maior desempenho em sustentabilidade em grande parte devido às conquistas sociais e ambientais.

---

* Professor associado da Faculdade de Ciências Econômicas da Universidade do Estado do Rio de Janeiro (Uerj).
1. Um total de 750.476 quilômetros quadrados.

No entanto, para garantir a sustentabilidade econômica e social desse desempenho há inúmeras questões a serem resolvidas para aprimorar, por exemplo, o sistema educacional e o ambiente de negócios (Giambiagi e Castelar, 2012). Já a garantia de sustentabilidade ambiental desse crescimento, com a contínua expansão do consumo, vai requerer um maior esforço de controle ambiental. E esse esforço certamente afetará os custos e os preços da economia. Essa é uma realidade que o Brasil terá que considerar no desenho e na execução de suas políticas públicas de forma que a necessidade de conciliação entre crescimento e meio ambiente não crie perda de ineficiência e acentue a desigualdade social.[2]

O Brasil já dispõe de uma avançada legislação ambiental. Essa legislação se inicia de forma sistêmica em 1981 com a Política Nacional do Meio Ambiente (PNMA), que adotou os instrumentos de licenciamento e zoneamento e o princípio do poluidor pagador.

O licenciamento é o processo em que o órgão ambiental autoriza a operação de atividades com impacto ambiental relevante e, portanto, é o instrumento mais forte de controle ambiental. Por causa disso, esse instrumento teve sua implementação mais rápida e ampla, apesar de ter sido objeto de constante debate, e muitas vezes de revisão, nas últimas quatro décadas.

O zoneamento foi muito efetivo na relocalização de atividades industriais que hoje no país inteiro estão afastadas dos centros urbanos residenciais, mas só recentemente tem sido adotado para a localização de atividades agropecuárias tendo em vista os esforços atuais de controle do desmatamento.

O princípio do poluidor pagador avançou mais na sua concepção *ex post* de indenização por danos ambientais, inclusive com a lei de crime ambiental. No entanto, a adoção desse princípio para a criação de pagamentos pelo uso dos bens e serviços ambientais só avançou recentemente no caso dos recursos hídricos e resíduos sólidos. Essa legislação define penas de reclusão aos infratores das normas ambientais, estendendo inclusive essa responsabilização aos gestores públicos. Com base nessa legislação, se tem observado uma atuação muito forte do Ministério Público junto aos gestores públicos e privados, com embargo de obras e aplicação de multas e ações indenizatórias, muitas vezes em contraposição a decisões dos órgãos ambientais ou mesmo questionando-as judicialmente.

---

2. Atualmente é muito comum se referir à sustentabilidade ambiental do crescimento econômico quando se criam as bases de uma "economia verde". Ver, por exemplo, Seroa da Motta e Dubeux (2011).

A PNMA criou também o Conselho Nacional de Meio Ambiente, que tem sido o grande fórum da política ambiental no país, onde estão representados todos os níveis governamentais e entidades da sociedade civil para definir a normatização ambiental ou sua apreciação antes de se tornar lei. Já o Sistema Nacional de Informação Ambiental, também criado na lei, avançou pouco, comprometendo a efetividade do monitoramento da qualidade ambiental no país, o que em muitos casos prejudica a responsabilização por danos ambientais.

O arranjo institucional de governança ambiental no Brasil é, assim, muito complexo, pois além de abrigar várias esferas de governo, também se articula com aquelas que regulam atividades ambientalmente impactantes, tais como saneamento e energia, e com o Poder Judiciário. Nota-se que a concepção de uma execução descentralizada onde os estados e municípios compartilham responsabilidades com a União sobre as questões ambientais no seu território, embora desejável, muitas vezes gera conflitos de jurisdição.

A opinião pública de certa forma apoia a gestão pública ambiental. Estudo recente (MMA, 2012) mostrou que na última década as questões ambientais passaram de 12ª para a sexta maior preocupação dos brasileiros, ficando atrás somente de saúde, criminalidade, emprego, educação e corrupção. Nesse caso, as principais questões ambientais seriam as relacionadas com florestas, recursos hídricos, resíduos sólidos e qualidade do ar.

Por isso, parece oportuno avaliar os marcos regulatórios que já existem no país que visam mitigar os efeitos do aumento de consumo sobre a qualidade ambiental resultantes de fontes de degradação, tais como desmatamento, gases de efeito estufa, energia, resíduos sólidos, recursos hídricos e saneamento.

Exceto no controle do desmatamento e na contribuição na mitigação de emissões de gases de efeito estufa, os instrumentos econômicos e de governança adotados nessas políticas ainda não conseguiram ser implementados de forma que os objetivos de controle ambiental fossem alcançados. Ao contrário, há indicações de que os efeitos da degradação associados a essas fontes estão se acentuando. Ademais, as restrições ambientais aos projetos de infraestrutura têm sido compreendidas como uma grande fonte de incerteza regulatória.

Dessa perspectiva, iniciamos com uma breve análise das evidências sobre a relação entre padrão de consumo e degradação ambiental no Brasil. Em seguida, discutimos os principais marcos regulatórios setoriais que afetam a pressão de degradação ambiental no país e as propostas de ajustes nos instrumentos de precificação e governança que poderiam aumentar sua efetividade e equidade. Essa é a principal contribuição do capítulo, pois a experiência brasileira ilustra alguns dos principais desafios nessa área. Ao final, concluímos.

2. Padrão de consumo e degradação ambiental no Brasil

O crescimento econômico pode levar a padrões de consumo ambientalmente mais limpos por conta do desenvolvimento tecnológico, da menor participação do consumo na renda e de sua composição (por exemplo, equipamentos de maior eficiência energética, veículos com menor emissões), que permitem que a degradação associada ao consumo seja menos intensa por unidade de renda. Se essa premissa estiver certa, o crescimento do consumo aumentaria o nível de degradação só até determinado nível de renda *per capita*. A partir desse limite, a atividade econômica começaria a gerar um menor impacto no nível de degradação. Assim, a relação entre renda e degradação ambiental poderia ser representada por uma curva em forma de 'U' invertido. Isto é, a taxa de degradação cresce junto com a renda até que esta atinge um valor limite e começa a diminuir a partir daí.[3] Desse modo, conhecer a tendência e a magnitude da relação renda/degradação é importante para analisar o desenho das políticas ambientais, especialmente nos países com políticas de inclusão social.

Seroa da Motta (2004) tratou dessas questões no contexto da economia brasileira antes da recente expansão do consumo da última década e os resultados mostraram que, no Brasil, a intensidade de degradação por unidade de renda nos domicílios brasileiros diminuía quando crescia a renda, mas que, no agregado, o aumento de consumo resultava num aumento de degradação por domicílio.[4] Isto é, uma relação positiva contínua entre o nível de degradação gerado por domicílio e seu nível de renda e não na forma de U invertido.

---

3. Evidências empíricas para a Environmental Kuznets Curve (EKC) apresentam problemas de identificação econométrica e a forma de U invertido não é encontrada para todos os tipos de recurso natural ou poluição e, muitas vezes, quando é, os níveis de renda onde ocorreria a inflexão são extremamente altos. Isso tudo leva à conclusão de que não seria trivial uma solução para as questões ambientais endógenas ao crescimento econômico. Ver texto seminal de Grossman e Krueger (1995) e uma revisão das evidências empíricas em Johansson e Kriström (2007).
4. Isto é, o efeito escala é maior do que o efeito tecnológico.

Por isso, num cenário de distribuição de renda haveria um aumento da degradação gerada, embora esse aumento seja proporcionalmente menor do que a variação da renda transferida.[5] Entretanto, como é o total de degradação que cria seus custos externos negativos, há necessidade de maior controle ambiental à medida que a renda cresce. Porém, como a intensidade de degradação por unidade de renda é maior entre os mais pobres, eles teriam de pagar mais por unidade monetária de consumo caso os custos forem repassados através dos preços. Isso seria um peso extra, dado que são essas famílias menos privilegiadas que já sofrem a maior parte dos impactos negativos da degradação, por sua baixa capacidade de realizar gastos médicos, habitar regiões menos poluídas e ter acesso a saneamento.

Dessa perspectiva, a precificação da degradação ambiental (via tributos, mercados de direitos ou pagamentos por serviços ambientais), complementarmente aos instrumentos de controle (padrões, licenciamento, zoneamento, etc.), pode vir a ser uma opção, pois sua aplicação reduz os custos de controle social e gera, ao mesmo tempo, receitas que podem ser recicladas na economia para criar espaço para as políticas compensatórias direcionadas aos pobres. Todavia, conforme veremos, em grande parte devido a desajustes nas estruturas de governança, ainda há pouca efetividade na aplicação de instrumentos econômicos nos marcos regulatórios que procuram minimizar a degradação ambiental no país.[6]

3. A evolução recente do padrão de degradação no Brasil

Nesta seção, ao analisar marcos regulatórios ambientais, veremos que os esforços de controle ambiental foram mais efetivos apenas no controle do desmatamento e de emissão de gases de efeito estufa. Já nos setores de energia, resíduos sólidos, recursos hídricos e saneamento, a despeito da criação de novos marcos regulatórios, o desempenho foi pior, inclusive com indicações de que o padrão de degradação, associado ao crescimento do consumo, está se acentuando.

---

5. Ou seja, a degradação é um bem inferior.
6. Ver Seroa da Motta (2011a).

3.1 Desmatamento

Nas últimas duas décadas, o Brasil foi construindo um arcabouço institucional que tem demonstrado uma alta efetividade no controle do desmatamento, tal como mostra a tabela 1. Nessa tabela se observa que a área desmatada em 2012, embora ainda tenha sido de 4.656 km², corresponde a 25% da área desmatada em 2005.

Tabela 1
Área desmatada na Amazônia Legal

Ano	2005	2006	2007	2008	2009	2010	2011	2012
Área Desmatada (km²/ano)	19014	14286	11651	12911	7464	7000	6418	4656
Índice (2005=100)	100	75,1	61,3	67,9	39,3	36,8	33,8	24,5

Fonte: Prodes. Disponível em: <www.obt.inpe.br/prodes/index.php>.

O arcabouço combina instrumentos legais, como o Código Florestal,[7] com ações integradoras de políticas públicas, como as previstas pelo Plano de Ação para a Prevenção e o Controle do Desmatamento na Amazônia Legal, de 2004, que possibilitou aperfeiçoar as técnicas de monitoramento por satélite e criou mecanismos de governança centralizados e mais ágeis à disposição do órgão federal ambiental (Instituto Brasileiro do Meio Ambiente e dos Recursos Naturais Renováveis — Ibama) para articular ações em conjunto com as Forças Armadas e a Polícia Federal. A isso foram adicionadas ainda outras medidas específicas de maior cunho econômico. Por exemplo, a efetivação do zoneamento ecológico que regula os tipos de atividades econômicas por tipo de solo florestal com restrição ao crédito agrícola para proprietários não adequados às suas normas ambientais e recursos a fundo perdido para projetos com geração de renda extraída de atividades de conservação florestal.[8]

---

[7]. O Código florestal regula como as áreas de florestas devem ser respeitadas pelas propriedades privadas e públicas. Os artigos mais controversos desse código tratam da exigência de que uma parte da cobertura vegetal nativa de cada propriedade seja mantida intacta na forma de reserva ou área de preservação.
[8]. Por exemplo, o Fundo Amazônia analisa e paga projetos sustentáveis que comprovem resultados na redução do desmatamento.

Com apoio de entidades ambientalistas se estabeleceram acordos voluntários nos quais os produtores de soja e os frigoríficos na Amazônia se comprometem a não expandir a produção em área desmatada ilegalmente.

Assunção, Gandoura e Rocha (2012) estimam que essas medidas evitaram cerca de 62 mil quilômetros quadrados de desmatamento no período 2005-09, aproximadamente metade do desmatamento que efetivamente ocorreu no período. Ao mesmo tempo que o desmatamento caiu, a produção agrícola brasileira bateu novos recordes — o crescimento da agropecuária no período 2000-11 foi de 53,5% (média de 4% ao ano real), contra 46,8% do PIB nacional.[9] As exportações do setor também cresceram acima da média nacional e o país tornou-se o terceiro maior exportador mundial agrícola, apenas abaixo dos Estados Unidos e da União Europeia (Mapa, 2011). Isso foi consequência principalmente do aumento da produtividade, que explica a razão de a expansão ter sido simultânea à intensificação das políticas de controle ambiental.

Esses resultados indicam que houve um descolamento, mesmo que parcial, entre crescimento econômico e conservação florestal. Porém ainda persiste um alto nível de desmatamento, como mostra a tabela 1.

Para dar prosseguimento a essa tendência, tal como destacam Seroa da Motta e Young (2012), o uso de instrumentos econômicos deve ser agora intensificado na forma de esquemas de pagamentos de serviços ambientais que criem incentivos e compensações para usos da terra que conservem a cobertura vegetal e, assim, protejam as encostas, os mananciais de água e a biodiversidade.

Esses autores também propõem mudanças nas políticas de direitos de propriedade da terra na Amazônia. Isso porque nessa região grande parte da conversão das florestas se dá de forma legal no processo de titulação de terras de propriedade pública ainda sem destinação específica. Ou seja, após cinco anos de ocupação e exploração, o agricultor pode solicitar a titulação da terra beneficiada por suas atividades desde que respeitadas as áreas de preservação exigidas no Código Florestal. Esse processo faz com que a conversão da floresta seja motivada principalmente para obtenção dessa titulação, na expectativa de que a fronteira agrícola venha valorizar a terra ocupada. O resultado é que metade da área desmatada é hoje abandonada ou se utiliza de uma pecuária de baixa produtividade devido à frustração dessas expectativas por conta do ritmo e da direção do movimento da fronteira agrícola.

---

9. IBGE, Contas Nacionais.

Dessa forma, uma opção seria leiloar uma pequena fração dessas terras devolutas para concessões com fins específicos de usos agropecuários, um tipo de reservas agropecuárias, em áreas de baixo impacto ambiental e com alta aptidão agroecológica. A parte restante dessas terras seria convertida em unidades de conservação. A concessão das reservas, por sua vez, seria realizada gradualmente e com exigências no padrão ambiental das atividades a serem lá realizadas. Com esse sistema de concessões se estabeleceria um mercado formal e seguro de terras para acabar com a prática ineficiente do desmatamento improdutivo criando, ao mesmo tempo, condições de oferta de terra para ampliação do agronegócio no país.[10]

Os recursos dessas concessões, por sua vez, poderiam ser utilizados para financiar pagamentos pelos serviços ambientais dos proprietários de terras com áreas florestais; ou seja, fontes de renda ecologicamente sustentáveis que desestimulassem a conversão de floresta nas áreas já privatizadas.

3.2 Gases de efeito estufa

O Brasil confirmou no Acordo de Copenhagen, firmado em 2009, na Conferência das Partes 16 da Convenção-Quadro das Nações Unidas sobre a Mudança Climática (CQNUMC), suas metas nacionais voluntárias de redução de emissões de gases de efeito estufa (GEE). Essas metas foram definidas na Política Nacional sobre Mudança do Clima (PNMC) criada em 2009.[11] Além de amparar as posições brasileiras nas discussões multilaterais e internacionais sobre combate ao aquecimento global, a PNMC é, na verdade, um marco legal para a regulação das ações de mitigação das emissões e adaptação do país. Esse marco dita princípios, diretrizes e instrumentos para a consecução das metas nacionais, independentemente da evolução dos acordos globais de clima.

A PNMC projeta as emissões nacionais de gases do efeito estufa para o ano de 2020 em 3.236 milhões tCO_2eq. Para alcançar o compromisso nacional voluntário, porém, o país deverá reduzir entre 38,6% e 38,9% dessas emissões

---

10. Se essas reservas cobrissem, por exemplo, 10% da região amazônica, seriam 40 milhões de hectares, quase a área total atualmente dedicada à produção de grãos no país.
11. Lei nº 12.187, de dezembro de 2009, regulamentada pelo Decreto nº 7.390, de dezembro de 2010.

projetadas. Como se observa na tabela 2, o esforço de redução de emissões se concentrará principalmente no uso da terra (controle de desmatamento), cujas emissões só poderão subir 11% no período. O esforço também será significativo na agropecuária, que só poderá aumentar suas emissões em 50%. Todavia, as emissões dos setores industriais e de resíduos sólidos ainda poderão crescer 172% e as de energia, 140%. No total, mesmo com as reduções, as emissões nacionais ainda subiriam 47% até 2020.

Tabela 2
Metas de redução de emissões de gases de efeito estufa no Brasil

Emissões (mi tCO_2eq)	Uso da terra	Agropecuária	Energia	Outros	Total
Observado em 2005	1268	487	362	86	2203
Metas para 2020	1404	730	868	234	3236
Variação 2005-2020 (%)	11	50	140	172	47

Fonte: Seroa da Motta (2011b) com base em Brasil (2009a, 2009b).
Nota: Outros processos industriais e tratamento de resíduos.

Metas nacionais concentradas no controle do desmatamento representam uma vantagem comparativa para o Brasil, pois a redução do desmatamento é, sem dúvida, menos restritiva ao crescimento econômico do que as ações de mitigação relativas ao consumo de energia e às atividades industriais que outras economias emergentes têm de adotar.

Entretanto, como vimos na subseção acima, o controle de desmatamento já tem sido bastante efetivo nos últimos anos e, de acordo com Azevedo (2012), as emissões decorrentes de desmatamento diminuíram 64% e já estão quase nos mesmos níveis que as de energia e agropecuária. Logo, esforços futuros de redução de emissões de GEE terão de se concentrar também em outros setores e tal exigência será igualmente importante para o posicionamento do país no novo acordo global, já aceito no âmbito da CQNUMC, que deverá entrar em vigor em 2020.

Com as atuais reduções de emissões pelo uso da terra, os esforços futuros terão de ocorrer nos setores de agropecuária, indústria, residências, transporte, resíduos sólidos e saneamento, a exemplo do que já acontece em outras economias, inclusive emergentes. Seroa da Motta, Couto e Castro (2012) resenham curvas de custos marginais de abatimento de CGE no Brasil e indicam que há oportunidades de baixo custo para redução de emissões de GEE, em particular com tecnologias de conservação energética, mas essas requerem políticas apropriadas para remoção de falhas e barreiras de mercado e, para tal, há que aprimorar o marco regulatório.

A PNMC indicou também os instrumentos econômicos que promoverão a consecução das metas nacionais por meio de planos setoriais que poderão contar com subsídios creditícios e fiscais específicos e também com um possível mercado de direitos de emissões de GEE.[12] O desenvolvimento dos planos setoriais, caso seja articulado com instrumentos econômicos adequados, oferecerá oportunidades para que o país aumente a eficiência da sua transição na direção de uma economia de baixo carbono.

A coordenação dos planos, contudo, ainda está restrita ao Comitê Interministerial sobre Mudança do Clima (CIM), situado na Casa Civil da Presidência da República. No entanto, o papel do CIM precisa ainda ser aprimorado. Por sua natureza, o CIM deveria ser a instância de definição de política onde se daria a definição dos princípios e escopos dos instrumentos financeiros e as regras do mercado de carbono sem participar da gestão destes instrumentos. Além disso, uma agência própria e específica para as questões sobre mudança do clima deveria ser criada para supervisionar metas e administrar a aplicação desses instrumentos.

Assim, o sucesso da PNMC dependerá da articulação entre os planos setoriais e a gestão dos incentivos econômicos, que vão exigir uma estrutura de governança transparente, tecnicamente ágil e autônoma. Uma estrutura que seja a última instância administrativa que garanta normas regulatórias estáveis formuladas com canais efetivos de participação e de prestação de contas. Só com isso será possível transformar metas de redução de GEE em oportunidades para o crescimento do país e diminuir incertezas que possam prejudicar as importantes decisões de investimentos privados em tecnologias limpas.

A regulação da PNMC deveria, portanto, adotar uma estrutura de governança semelhante à de outros setores regulados, em que uma agência autônoma é responsável pela implementação dos objetivos do marco regulatório

---

12. O chamado mercado de carbono onde agentes econômicos podem transacionar seus direitos de emissão de GEE, tal como já acontece, por exemplo, na Comunidade Europeia.

disposto em lei, conforme antes mencionado.[13] Tal iniciativa daria início à articulação entre os governos federal e estaduais, o setor privado e as organizações não governamentais, e esforços nesse sentido deveriam estar na pauta das discussões atuais dos planos setoriais.

3.3 Energia

Evidências mais recentes confirmam o padrão de degradação energética associado à renda no Brasil. Na tabela 3, observa-se que no período 2005-11 a participação das energias renováveis se manteve praticamente constante, em torno de 46%, enquanto o consumo residencial *per capita* de eletricidade e a intensidade energética do setor de transporte cresceram, respectivamente, 24 e 14%. No mesmo período, a intensidade energética de toda a economia cresceu 17%.[14] Esse desempenho energético correspondeu a um aumento na emissão de gases de efeito estufa de 33% (Azevedo, 2012). Nos próximos anos, o padrão de intensificação energética tenderá a se acelerar ainda mais, tendo em vista as últimas alterações no marco regulatório do setor elétrico com o objetivo de forçar uma redução de tarifas de eletricidade maior do que 20% em 2013, inclusive para uso residencial.

Além disso, diferentemente de muitos países, inclusive China, não se adotaram ainda no Brasil padrões de edificações sustentáveis. Portanto, esse setor dinâmico da economia poderá congelar padrões de alta intensidade energética que no futuro seriam muito onerosos de reverter (Unep, 2012).

Outro aspecto relevante que precisa ser considerado é o potencial aumento da produção de petróleo com as reservas do pré-sal. Este, contudo, não precisa induzir necessariamente a maior participação das energias fósseis na matriz energética. Em outros países, como Noruega e Reino Unido, as altas reservas de óleo não afetam uma posição atuante e de liderança no combate ao aquecimento global.

O grande desafio será, contudo, a competição entre os esforços de Pesquisa e Desenvolvimento (P&D) que serão exigidos na exploração do pré-sal e os esforços de inovação em energias renováveis e produtos sustentáveis. Num

---

13. Ver, por exemplo, Seroa da Motta (2009).
14. Embora tenha havido um crescimento notável em energias alternativas, em particular eólicas, sua participação é ainda relativamente muito pequena no agregado.

Tabela 3
Matriz energética brasileira (em %)

Fontes	2005	2006	2007	2008	2009	2010	2011
Não renovável	52,7	52,6	51,3	51,6	53,1	52,6	54,2
Petróleo	42,0	42,1	40,6	39,7	42,1	42,1	42,4
Gás natural	8,8	8,3	8,1	9,0	8,7	9,0	9,3
Carvão vapor	1,2	1,0	1,0	1,1	0,8	0,8	0,8
Carvão metalúrgico	0,1	0,0	0,0	0,1	0,1	0,0	0,0
Urânio (u_3o_8)	0,7	1,1	1,6	1,7	1,4	0,7	1,6
Renovável	47,3	47,4	48,7	48,4	46,9	47,4	45,8
Energia hidráulica	14,5	14,2	14,4	13,4	14,0	13,7	14,3
Lenha	14,2	13,5	12,8	12,4	10,3	10,3	10,3
Produtos da cana	15,5	16,6	18,1	19,0	18,7	19,3	16,9
Outras renováveis	3,2	3,2	3,4	3,6	3,9	4,1	4,4

Fonte: Balanço energético brasileiro.
Disponível em: <https://ben.epe.gov.br/BENSeriesCompletas.aspx>.

país ainda incipiente na área de recursos humanos especializados, a magnitude dos esforços tecnológicos do pré-sal pode dominar a captação desses recursos. Essa dominância pode colocar o país em atraso com outros esforços de inovação sustentável.

Esse atraso seria mais dramático com a possibilidade de utilização do gás natural do pré-sal para o avanço da energia térmica caso o país não consiga se desenvolver tecnologicamente, e ganhar escala de eficiência, em energias sustentáveis, em particular solares e eólicas.

Dessa forma, caberá à política nacional de tecnologia aproveitar igualmente os recursos humanos para fomentar pesquisa em ecoinovação e ecoeficiência na área energética.

3.4 Resíduos sólidos

Outro setor que intensificou seu padrão de degradação foi o de manejo de resíduos sólidos. O consumo *per capita* de embalagem, um dos maiores problemas na geração de resíduos sólidos, cresceu bastante no período 2005-08, em particular para plástico e alumínio, que foram acima de 20%, como mostra a tabela 4.

Tabela 4
Consumo *per capita* de embalagens no Brasil (Kg/hab)

Material	2005	2008	Variação (%)
Plástico	3,3	4,1	24,2
Vidro	5,1	5,5	7,8
Papel	19,2	21,9	14,1
Alumínio	1,4	1,8	28,6

Fonte: Milanez e Massukado (2012).

Além disso, houve, no mesmo período, uma redução nos níveis de reciclagem estimados para o país (tabela 5), inclusive para latas de alumínio, que sempre apresentaram altos níveis de reciclagem. A única exceção foi o vidro. Embora a coleta de lixo no Brasil seja quase universal, apenas um quarto do lixo coletado é disposto de forma ambientalmente correta e menos de 4% dos resíduos recolhidos são recuperados (SNIS, 2012). Esse desempenho correspondeu a um aumento de 8% nas emissões de gases de efeito estufa (Azevedo, 2012), sem mencionar os efeitos negativos à saúde humana.[15]

Tabela 5
Taxas de reciclagem no Brasil (em %)

Material	2005	2008	Variação (%)
Plástico[1]	12,9	11,8	-8,5
Vidro	45	47	4,4
Papel	68,2	66,5	-2,5
Alumínio[2]	96,2	91,5	-4,9

Fonte: Milanez e Massukado (2012).
Notas: (1) 2007 e não 2008 e (2) só latas.

A gestão de resíduos é um serviço municipal e as cidades estão enfrentando sérias restrições orçamentárias para lidar com a crescente demanda sobre esse serviço. Ele representa, na média nacional, cerca de 5% do seu orçamento e as tarifas aplicadas cobrem apenas metade dos custos totais (SNIS, 2012).

Quase 40% da coleta de lixo e do processamento são realizados por contratação de empresas privadas e quase 15% do processamento é feito pelas

---

15. Ver, por exemplo, Seroa da Motta e Sayago (2001).

associações de catadores autônomos, que ocupam quase 75 mil coletores autônomos em todo o país.

A nova Política Nacional de Resíduos Sólidos (PNRS),[16] criada em 2005 e promulgada em 2010, é uma tentativa de reverter essa situação com uma mudança radical no quadro regulatório do setor. Seguindo de perto as experiências europeias, a nova política estabelece a responsabilidade compartilhada da coleta e disposição dos resíduos sólidos entre fabricantes, importadores, vendedores, consumidores e municípios no ciclo de vida dos produtos. Essas alterações sofreram resistências tanto do setor privado quanto dos coletores autônomos devido às incertezas sobre os custos dessas operações de logística de coleta e destinação a serem cobertos pelos produtores e vendedores e também em função do deslocamento potencial das atividades dos catadores.

Para reduzir a incerteza e assimetria de informações com transparência e participação, a PNRS adota o mecanismo de "acordos setoriais", onde representantes do setor, com base em parâmetros técnicos e prazos estabelecidos na lei, determinam metas e cronogramas para a implantação da sua logística. A governança será regida pela Comissão Interministerial da Política Nacional de Resíduos Sólidos, coordenada pelo Ministério do Meio Ambiente, com representantes do governo federal e com possibilidades de participação de outros órgãos públicos, bem como de entidades públicas ou privadas.

Esses acordos, todavia, não têm tido êxito em sua implementação, tanto pela incapacidade de articular metas e cronograma entre representantes do governo e setor privado no âmbito da Comissão, como pela dificuldade em organizar junto aos órgãos econômicos e fazendários sua ampla demanda por incentivos financeiros e econômicos. Tudo indica que um modelo novo de governança seria necessário, tal como indicado no caso anterior da Política Nacional sobre Mudança do Clima (PNMC), no qual existiria uma agência reguladora tecnicamente capaz e autônoma para realizar esta nova mudança radical na gestão de resíduos no Brasil.

---

16. Lei nº 12.305, promulgada em agosto de 2010 e regulamentada pelo Decreto nº 7.404, de dezembro do mesmo ano.

3.5 Recursos hídricos

A disponibilidade hídrica média no Brasil de 33 mil m³/hab/ano é alta em termos mundiais. Todavia, o país tem alguns problemas locais sérios, onde essa disponibilidade já atinge níveis mínimos críticos, como em regiões de alta densidade populacional (quase sempre associada a um alto desenvolvimento econômico, como no estado de São Paulo), ou tem baixa vazão, como em regiões semiáridas (como é o caso de áreas do Nordeste).

A retirada de recursos hídricos superficiais no Brasil é de 1.592 m³/s, dos quais 47% retornam aos rios e 841 m³/s são efetivamente consumidos. O uso agropecuário corresponde a mais da metade desse consumo, enquanto a indústria é responsável por somente 7% (tabela 6).[17]

Tabela 6
Uso dos recursos hídricos no Brasil — 2005

Tipo de Uso	% do total
Irrigação	46
Animal	11
Indústria	7
Áreas Rurais	2
Áreas Urbanas	11

Fonte: ANA (2007).

Para mitigar esses efeitos, foi criada, em 1997, a Política Nacional de Recursos Hídricos (PNRH),[18] que introduziu o conceito de gestão por bacias hidrográficas, com instrumentos de planos, metas e de cobrança pelo uso da água para os rios federais (que cruzam mais de um estado), que foi seguida por outras legislações estaduais similares para rios estaduais. Sua implementação, entretanto, não conseguiu avançar além da criação de uma Agência Nacional de Águas (ANA) e alguns comitês de bacias. É interessante analisar a experiência da PNRH pois ilustra como a questão da gestão ambiental ainda é um desafio no caso brasileiro.

---

17. No setor agropecuário, os recursos hídricos são utilizados para irrigação e consumo dos animais.
18. Lei nº 9.433.

No caso da lei federal, os comitês de bacia são criados espontaneamente por seus usuários e a cobrança é facultativa à decisão dos comitês. A cobrança é um ato "condominial" e não impositivo. Do ponto de vista legal, constituiu-se em uma opção para evitar a caracterização da cobrança como um tributo (imposto ou taxa), o que requereria uma lei complementar específica e, portanto, um processo político muito mais difícil. A cobrança como tributo exigiria também uma apropriação pelo Tesouro e tramitação orçamentária que se tentou evitar para garantir autonomia de gestão.

Entretanto, esse caráter participativo na determinação da cobrança acaba tendo de acomodar vários interesses conflitantes e o instrumento perde sua efetividade. Por exemplo, a única experiência desse novo sistema que foi totalmente implementada foi o Comitê para a Integração da Bacia do Rio Paraíba do Sul (Ceivap), em que a cobrança, tal como se observa em outros países com regulação similar, acabou sendo muito baixa e simbólica para os usos agropecuários que dominam o consumo, recaindo em grande parte na indústria (Seroa da Motta et al., 2004).

Entretanto, a PNRH exige que todos os recursos da cobrança sejam alocados no orçamento federal e depois, através da ANA, distribuídos aos comitês. Essa tramitação tem criado descompassos entre o esforço de coleta e a efetiva utilização dos recursos na bacia. Essa centralização da arrecadação em detrimento dos comitês afetou sensivelmente o espírito descentralizador da nova lei e acabou sendo um obstáculo ao desenvolvimento do Ceivap, que depois de mais de 15 anos de existência não tem conseguido avançar muito na gestão da bacia. Uma revisão desse processo precisa ser realizada.

3.6 Saneamento

A cobertura do serviço de água tratada no Brasil corresponde a quase 95% na área urbana e, por questões de deseconomias de escala, é de apenas 28% nas áreas rurais, como mostra a tabela 7. Já a cobertura de esgoto, embora tenha crescido na última década, ainda é muito baixa, não passando de 64% na área urbana e quase nula na área rural.

A cobertura do sistema de água é mais extensiva do que a de esgoto porque a maior parte dos investimentos foi prioritariamente destinada ao fornecimento de água no setor urbano devido aos maiores e imediatos ganhos no bem-estar, tal como se observou também em outros países (Seroa da Motta, 2005).

Todavia, observamos um padrão bastante regressivo quando analisamos a cobertura dos serviços por classes de renda, em particular na coleta de esgoto nas áreas urbanas. A tabela 7 indica que a população com renda inferior a dois salários mínimos (SM) apresenta índice de cobertura abaixo da média nacional e as classes mais altas, com mais de 10 SM, apresentam, por sua vez, uma cobertura quase 6% maior na água e 20% maior no esgoto do que as classes mais baixas, de até 2 SM.

Tabela 7
Cobertura dos serviços de saneamento no Brasil — 2010
(% do número de domicílios com acesso aos serviços)

Serviço	Rede de Água Tratada		Rede Geral de Esgoto	
Classes de Renda	Rural	Urbano	Rural	Urbano
Todas	27,8	91,9	3,0	63,5
Renda até 2SM	27,7	89,5	2,4	52,4
Renda de 2-5SM	29,1	93,0	4,5	66,1
Renda de 5-10 SM	29,8	94,7	6,1	75,1
Renda > 10 SM	26,8	94,9	6,6	82,1

Fonte: IBGE, Censo Demográfico de 2010.

Conforme pode ser observado, o padrão de investimentos do setor não logrou universalizar os serviços, nem considerou termos distributivos, e estima-se que investimentos na ordem de 0,5% da renda nacional sejam necessários ao longo de 20 anos para que o país alcance níveis universais (LCA, 2011). Entretanto, a formulação de políticas para o setor de serviços de água e esgoto ainda é objeto de debates no Brasil, onde persistem questões controversas sobre vários aspectos regulatórios, tais como o nível de governo que detém o direito de fazer a concessão do fornecimento dos serviços, os critérios da política tarifária, as condições de cobertura universal e a estrutura de subsídios.

A própria Política Nacional de Saneamento Básico (PNSB),[19] de 2007, que criou o novo marco regulatório do setor, não foi capaz de obter soluções

---

19. Lei nº 11.447 regulamentada em 2010 pelo Decreto nº 7.217.

consensuais para essas questões. Esse fracasso criou um ambiente de incerteza regulatória que prejudica os investimentos, em particular os de cunho privado.

Há também riscos nas formas de concessão. As concessões às empresas privadas serão via licitações, mas os municípios poderão realizar contratos que dispensem licitações caso contratem empresas públicas de saneamento. Nesses casos a ausência de licitação poderá permitir que as negociações de contratos de serviços incluam outras questões, nobres ou não, para a determinação de metas e tarifas.

Faltam também no marco regulatório mecanismos que criem incentivos à eficiência, como a aplicação de princípios de tarifação que beneficiem as empresas com melhor desempenho na prestação dos serviços.[20]

O novo marco, contudo, avança na governança regulatória ao exigir transparência das metas, tarifas e subsídios nas operações dos serviços. Todavia, ainda há o que melhorar. Mas, para tal, há necessidade de reforçar uma governança regulatória técnica e autônoma. A capacidade institucional na maioria dos municípios brasileiros não é ainda suficiente para atuar num marco regulatório tão flexível e descentralizado e, portanto, existe a necessidade da ação federal, possivelmente com a criação de uma agência reguladora própria do setor de saneamento, com funções de assistência técnica e fomento aos municípios.

Neste formato, o papel do governo federal, diferentemente dos outros setores regulados, seria compartilhado com os municípios, sem ferir a competência de cada ente federado. Essa assistência tanto poderia se realizar com a transferência de poderes para a agência federal sob um contrato de gestão, como na formação de uma agência municipal ou intermunicipal, quando for o caso de consórcios. Como o governo federal detém grande parte dos recursos do setor, os critérios de distribuição desses recursos poderiam ser utilizados como incentivo a esse trabalho conjunto.

3.7 Licenciamento ambiental

Em que pesem os programas específicos e ambiciosos, a economia brasileira não consegue avançar na expansão de serviços de infraestrutura modernos

---

20. Ver, por exemplo, Seroa da Motta e Moreira (2006).

e eficientes devido a vários problemas regulatórios em que o papel do setor privado e os instrumentos de precificação e alocação de riscos são incertos (Salgado e Seroa da Motta, 2007). Há, inclusive, um debate quanto à incerteza regulatória do processo de licenciamento ambiental para explicar parte dos atrasos dos empreendimentos de infraestrutura.

A Política Nacional do Meio Ambiente de 1981 introduziu o instrumento de licenciamento ambiental no país para atividades potencialmente danosas ao meio ambiente. A participação dos atores econômicos e sociais no processo de licenciamento é realizada em audiências públicas, mas em qualquer fase do processo entidades civis, o Ministério Público ou um grupo de no mínimo 50 cidadãos podem interferir com questionamentos e solicitações. Esse processo participativo, contudo, não tem sido efetivo na resolução de conflitos, com resultados quase sempre contestados judicialmente.

Enquanto o processo de licenciamento para atividades industriais foi bastante simplificado ao final dos anos 1990, o oposto se observou para obras de infraestrutura. Nesses casos, os efeitos são tão variados que a análise do licenciamento acaba envolvendo um conjunto amplo de leis de proteção ambiental (biodiversidade, água etc.) e de instituições (ambientais, patrimônio, indígenas etc.) que podem entrar em qualquer fase do licenciamento resultando num processo complexo e demorado. Além disso, existem também conflitos de competência ambiental entre União e estados federados. Isso tudo cria um ambiente do qual resultam soluções negociadas que incluem investimentos não ambientais na forma de compensações (construção de estradas, escolas, hospitais etc.) e, portanto, gastos que não estão relacionados diretamente com o impacto ambiental e, assim, acabam por criar incerteza no valor total da obra e atraso na sua execução.

Estudo do Banco Mundial (2008) estimou que, para projetos de usinas hidroelétricas no Brasil, o empreendedor gasta em média 5% do custo total para adequá-los às exigências do licenciamento. Já o tempo médio total de licenciamento é de 6,5 anos. Embora próximo daquele observado, por exemplo, nos EUA e Noruega, esse tempo apresenta uma alta variação nem sempre associada ao grau de impacto ambiental do empreendimento.

CNI (2012) aponta que, no caso dos empreendimentos no setor de óleo e gás, a maior parte dos problemas e dos atrasos no licenciamento ambiental é decorrente da legislação falha, entraves burocráticos e problemas administrativos que nada têm a ver com a efetiva proteção ao meio ambiente. Este estudo também argumenta que a legislação que trata do processo de licenciamento ambiental do setor foi editada em 1994 e, portanto, não atende à dinâmica e ao padrão tecnológico atuais. O estudo também aponta, como o do Banco Mundial (2008), os conflitos de competência entre a União, estados e municípios e a atuação do Ministério Público pautada nas lacunas de legislação ou regulamentação.

Assim, os dois estudos citados apontam que a principal reforma no processo de licenciamento seria a unificação e a coordenação dos termos de referência que definem os estudos e os projetos ambientais a serem apresentados pelo empreendedor para o início do processo de licenciamento ambiental. A proposta é que esses termos não sejam mais dispostos de forma unilateral pelo órgão ambiental e passem a ser elaborados em conjunto com o empreendedor. Além disso, durante o licenciamento, todas as instituições devem manifestar-se de forma definitiva e as intervenções ao longo do processo devem ser regulamentadas com critérios de excepcionalidades.

Há também uma proposta de criação de mecanismos de resolução de conflitos entre os atores do processo de licenciamento antes de ser transferido para o Poder Judiciário, além da constituição de painel consultivo independente e de reputação internacional para atuar em projetos de alto risco social e/ou ambiental.

4. Conclusões

Procuramos aqui mostrar que a trajetória desejável da economia brasileira com crescentes níveis de renda e maior acesso ao consumo pelas camadas menos favorecidas da sociedade será indutora de uma pressão muito maior na base natural da economia, embora se observe que a intensidade de degradação por unidade de renda da economia brasileira tenda a diminuir com a melhoria da distribuição de renda.

A pressão de degradação acrescenta outro aspecto regressivo para a má distribuição de renda no país, na medida em que as famílias menos privilegiadas arcam com a maior parte dos impactos da degradação devido a sua baixa capacidade de incorrerem em gastos médicos, habitarem regiões menos poluídas e terem acesso a saneamento.

Isso evidencia ainda mais a necessidade de políticas ambientais que utilizem incentivos econômicos. Tal como a literatura econômica[21] postula e apresenta evidências, a cobrança pelo uso ou venda de direitos comercializáveis de uso dos recursos ambientais induz a adoção de soluções mais eficientes de redução do uso desses serviços e, portanto, minimiza o custo social do controle ambiental. Adicionalmente, cria novas fontes de receitas tributárias para financiar mecanismos de compensação para os mais pobres.[22]

Somente com instrumentos de maior eficiência e equidade que o controle ambiental pode deixar de ser um problema e tornar-se parte do processo de melhoria da qualidade de vida da população. Para tal, será preciso conciliar estas faces de realidade descritas e desenhar opções de gestão que harmonizem as políticas econômicas e ambientais.

Dessa forma, analisamos o desempenho dos marcos regulatórios setoriais que afetam a pressão de degradação ambiental e a legislação ambiental de licenciamento dos projetos de infraestrutura no país. Em todos os casos analisados, inclusive nas políticas de controle do desmatamento onde houve maior efetividade, esses esforços regulatórios ainda requerem vários ajustes nos instrumentos de precificação e governança.

Ou seja, ainda há muito que fazer para a internalização dos custos ambientais com uso de instrumentos econômicos, tais como tributação ambiental, certificados comercializáveis de poluição ou de exploração de recursos, sistema depósito-retorno, que atuam via preço e reduzem, assim, os custos de controle sendo mais custo-efetivos. Além do aspecto de geração de eficiência, esses instrumentos podem gerar receitas fiscais ou administrativas e viabilizar políticas compensatórias para aliviar os impactos ambientais sobre os pobres.[23]

Para articular metas, instrumentos e alocação de risco, será necessário também aprimorar os arranjos de governança dos marcos regulatórios. Esses terão que ser transparentes para evitar desvios resultantes tanto da influência e interesses dos regulados como daqueles de mudanças de governo ou oportunismo político. Dessa forma, há que se diferenciar o poder regulamentador do poder regulador. O primeiro normatiza a política do setor com instituições

---

21. Ver, por exemplo, Stavins (2004).
22. Ou com redução da carga tributária, por exemplo, no trabalho e, assim, incentivando a geração de emprego.
23. Ver, por exemplo, Seroa da Motta (2011c).

com alto grau de representatividade e o segundo aplica essas normas com alto grau de capacidade técnica e autonomia.

Por último, como já mencionado em Seroa da Motta (2011c), as magnitudes econômica e ecológica das questões ambientais são distintas e suas importâncias relativas têm de ser analisadas. É, portanto, necessário um exercício de priorização dos objetos das ações de política. Todavia, tal esforço requer uma iniciativa, que deve estar presente no interior do sistema de planejamento, de estabelecer concretamente este objetivo de gerar indicadores físico-químicos que avaliem o padrão de uso dos recursos ambientais associados a indicadores econômicos e sociais que avaliem sua inserção na economia.[24]

Em suma, com ajustes no aparato regulatório já existente, será possível criar no país as bases de uma economia que gere crescimento com preservação ambiental e inclusão social.

Referências

ANA. Agência Nacional de Águas. *Disponibilidade e demandas de recursos hídricos no Brasil*. Brasília: Agência Nacional de Águas, 2007.

ASSUNÇÃO, J.; GANDOURA, C.; ROCHA, R. *Deforestation slowdown in the Legal Amazon: prices or policies?* Rio de Janeiro: Climate Policy Initiative — CPI Rio, 2012.

AZEVEDO, T. R. *Estimativas de emissões de gases de efeito estufa no Brasil 1990-2011*, Relatório Preliminar. Brasília, 2012. Mimeografado.

BANCO MUNDIAL. *Licenciamento ambiental de empreendimentos hidrelétricos no Brasil*: uma contribuição para o debate. Brasília: Banco Mundial, jan. 2008. (Relatório n. 40995-BR)

BRASIL. MCT. Ministério da Ciência e Tecnologia. *Inventário brasileiro das emissões e remoções antrópicas de gases de efeito estufa*. Brasília, 2009a.

____. MCT. Ministério da Ciência e Tecnologia. *Cenários para oferta brasileira de mitigação de emissões*. Brasília, 2009b.

CARRARO, C. et al. *Quantifying sustainability*: a new approach and world ranking. Veneza: Feem, 2012. (Nota di Lavoro 94)

---

24. Ver, por exemplo, Seroa da Motta e Dubeux (2011).

CNI. *A contribuição do setor brasileiro de petróleo, gás e biocombustíveis para o desenvolvimento sustentável no país*. Confederação Nacional da Indústria/ Instituto Brasileiro de Petróleo, Gás e Biocombustíveis, Cadernos Setoriais Rio + 20. Brasília: CNI, 2012.

GIAMBIAGI, F.; CASTELAR, A. *Além da euforia*: riscos e lacunas do modelo brasileiro de desenvolvimento. Rio de Janeiro: Elsevier, 2012.

GROSSMAN, G. M.; KRUEGER, A. B. Economic growth and the environment. *Quarterly Journal of Economics*, v. CX, p. 353-377, 1995.

JOHANSSON, P.; KRISTRÖM, B. On a clear day you might see an environmental Kuznets curve. *Environmental and Resource Economics*, v. 37, n. 1, p. 77-90, 2007.

LCA. *Proposta de agenda do setor de abastecimento de água e de esgotamento sanitário no Brasil (2011-2014)*. São Paulo: LCA Consultores, 2011.

MAPA. *Projeções do agronegócio Brasil 2010/11 a 2020/21*. Brasília: Ministério da Agricultura Pecuária e Abastecimento, Assessoria de Gestão Estratégica, 2011.

MILANEZ, B.; MASSUKADO, K. M. *Diagnóstico dos resíduos sólidos urbanos*. Relatório de Pesquisa. Brasília: Ipea, 2012.

MMA. *O que o brasileiro pensa do meio ambiente e do consumo sustentável*. Edição 2012. Brasília: Ministério do Meio Ambiente, 2012.

NERI, M. *A nova classe média*: o lado brilhante da base da pirâmide. Rio de Janeiro: Saraiva, 2012.

SAE. *A nova classe média brasileira*: desafios que representa para a formulação de políticas públicas. SAE — Secretaria de Assuntos Estratégicos, 2012. Disponível em: <www.sae.gov.br/novaclassemedia/?p=204>. Acesso em: 5 jan. 2012.

SALGADO, L. H.; SEROA DA MOTTA, R. (Ed.). *Regulação e concorrência no Brasil*: governança, incentivos e eficiência. Rio de Janeiro: Ipea, 2007.

SEROA DA MOTTA, R. A ausência de regulação econômica em saneamento no Brasil. In: SALGADO, L. H.; ____ (Ed.). *Marcos regulatórios no Brasil*: o que foi feito e o que falta fazer. Rio de Janeiro: Ipea, 2005.

____. A política nacional sobre mudança do clima: aspectos regulatórios e de governança. In: ____ et al. (Ed.). *Mudança do clima no Brasil*: aspectos econômicos, sociais e regulatórios. Brasília: Ipea, 2011a.

____. A sustentabilidade ambiental do desenvolvimento. In: NETTO, A. D. (Coord.). *O Brasil e a ciência econômica em debate*: o estado da arte em economia. São Paulo: Saraiva, 2011b. v. 2.

____. Padrão de consumo e degradação ambiental no Brasil. *Ciência Hoje*, v. 35, p. 35-37, 2004.

____. Princípios de regulação econômica. In: RAMALHO, P. I. S. (Org.). *Regulação e agências reguladoras*: governança e análise de impacto regulatório. Brasília: Anvisa, 2009.

____.Valoração e precificação dos recursos ambientais para uma economia verde. *Política Ambiental*, v. 8, p. 179-190, jun. 2011c.

____; COUTO, L. C.; CASTRO, L. *Curvas de custos marginais de abatimento de gases de efeito estufa no Brasil*: resenha e oportunidades de mitigação. Brasília: Ipea, out. 2012. (Texto para Discussão 1781)

____; DUBEUX, C. Mensuração nas políticas de transição rumo à economia verde. *Política Ambiental*, v. 8, p.197-2007, jun. 2011.

____; MOREIRA, A. Efficiency and regulation in the sanitation sector in Brazil. *Utilities Policy*, v. 14, p. 185-195, 2006.

____; SAYAGO, D. Economic instruments for waste management in Brazil. In: ____ (Ed.). *Environmental economics and policy making in developing countries*. Cheltenhan: Edward Elgar Publishing, 2001.

____; YOUNG, C. E. F. *Agropecuária e produção florestal sem desmatamento*: oportunidades, riscos e instrumentos econômicos. Relatório Preliminar. Brasília: Greenpeace, 2012.

____ et al. *Economic instruments for water management*: the cases of France, Mexico and Brazil. Cheltenhan: Edward Elgar Publishing, 2004.

SNIS. *Sistema Nacional de Informações sobre Saneamento*: diagnóstico do manejo de resíduos sólidos urbanos — 2010. Brasília: MCidades/SNSA, 2012.

STAVINS, R. N. *The political economy of environmental regulation*. Cheltenhan: Edward Elgar Publishing, 2004.

UNEP. *2012 Emission gap report*. Nairobi: United Nations Environment Programme, 2012.